本刊的出版得到清华大学法学院凯原中国法治与义理研究中心的大力资助，特此感谢

中国法律史学会 主办

中国法律史研究

2016年卷

RESEARCH ON THE LEGAL HISTORY OF CHINA

执行主编 高旭晨
主编 吴玉章

社会科学文献出版社
SOCIAL SCIENCES ACADEMIC PRESS (CHINA)

文献研究

学术评议

晚学习作

学者专访

目　录

出版前言

经过诸位编辑认真而辛苦的工作，《中国法律史研究（2016 年卷）》终于呈现在读者面前了。

2015 年新年伊始，李林所长召集法制史研究室的各位同仁，面谈法律史学科建设与法律史学会发展问题。3 月初，李林所长再次召开法学所法律史学科会议，并围绕所里的学科建设问题发表重要意见，所里的一些资深研究人员，如刘海年、高恒、韩延龙、杨一凡、徐立志等先生与法制史研究室各位同仁参与讨论。会议议定事项有三：其一，推进中国法律史学会与法制史研究室的一体化建设，法制史研究室支持法律史学会开展各项工作；其二，规范中国法律史学会及所属二级学会的组织工作，按照组织章程每年开展活动；其三，法学研究所支持中国法律史学会恢复会刊的编辑出版、学会网站的重新运作以及学会优秀成果奖的评选。

会议之后，我们迅速组建了《中国法律史研究》编委会，由吴玉章、张生、高汉成组成。为便于开展具体的编辑工作，又组织了编辑部，由高旭晨、孙家红、王帅一负责编辑工作，由在读的法律史专业硕士研究生协助编辑工作。2015 年 10 月，孙家红赴法国访学，2016 年 8 月返回，而王帅一先后借调全国社科规划办、中央纪委驻社科院纪检组，因此本期编辑工作主要由高旭晨主持，2015 级法律史专业硕士研究生李飞、马子政出力甚多。

在清华大学法学院凯原中国法治与义理研究中心廖凯原先生的慷慨资助下，本刊再度与读者见面。对此，我们深表谢意！

本刊是学会的重要平台，是大家发表研究心得、切磋得失的场所。衷心希望学界同仁积极投稿，以自己的研究成果提升学会刊物的学术水平。

作为我会的重要学术刊物，法学所韩延龙研究员、马小红研究员、高旭晨副研究员等主持过《法律史论集》的编辑出版，后来，苏亦工研究员、齐钧副研究员接续主持编辑出版《法史学刊》。只是由于种种原因，刊物一度断档，学界同仁无不深感痛惜。陈甦书记、李林所长几次指示，希望学会同仁积极克服困难，尽快恢复刊物出版。法律史研究室张生主任、高汉成副主任积极响应，并给予了大力支持。本刊的编辑端赖法学研究所高旭晨先生和他领导的编辑工作组（马子政同学、李飞同学），他们不仅精心设计了本刊的大致栏目，而且还多方联系作者，有时还要屈己而求优质稿件。对以上人员表示感谢！

社会科学文献出版社的芮素平主任，不仅具备法史学研究的深厚素养，而且认真负责，她领导的责任编辑不失其领导的认真。

在本刊出版之际，上述几句话也算是一种感想吧！

中国法律史学会　会长　吴玉章

2016 年 8 月 23 日

专　论

明代典例法律体系的确立与事例的功能

杨一凡*

摘　要：明初变革传统律令体系，创立了以“制书”表述国家典章制度、以“例”表述“权宜之法”的法律体系。正德《大明会典》的颁行，标志着明代典例法律体系基本框架的确立。在新法律体系中，《会典》是整合包括律令在内的祖宗成法、全面规范国家政务和各项基本制度、居于“纲”的地位的“大经大法”；“例”为《会典》之“目”，是主要和广泛适用的立法形式。明代法律体系始终是按照“典为纲、例为目”的立法思路构建的，长期沿用的“律例法体系”说有失偏颇。本文以翔实的史料，揭示了明代洪武年间法律实施“以事例为主”的真相，揭示了洪武朝后近百年间的立法活动“以制定事例为主”的史实，论述了《会典》事例的内容构成和功能，指出事例在明代典例法律体系形成和确立过程中发挥了重大作用。

关键词：明代　典例体系　事例功能

变革传统的律令法律体系，确立以典为纲、以例为目的法律体系，是明王朝法制建设的一大成就。明代以前，中国古代法律体系从形成到不断完善，经历了四个历史发展阶段：战国是中国古代法律体系的生成时期；秦汉是以律令为主的法律体系初建时期，这一时期，律是用以表述行政、经济、刑事、民事、军政等方面的重要立法，是最基本的法律形式，令是仅次于律的重要法律形式；魏晋至唐宋是以律令为主的法律体系进一步发展和完善时期，以令典、律典为朝廷大法，规范国家的基本法律制度，是这一时期法律体系的重要特征；元代是以律令为主的法律体系向以典为

* 杨一凡，中国社会科学院荣誉学部委员、法学研究所研究员、博士生导师。

纲、以例为目法律体系的过渡时期。明代确立并为清代沿用的典例法律体系，具有法律形式简约、包容量大的优点，堪称中国古代空前高度完善的法律体系。

明代法律形式的称谓有典、制书、律、令、例等，其中例又有条例、事例、则例、榜例等称谓。在明代法律体系中，把所有因事而立、属于“权宜之法”性质的法令，统称为“事例”。本文仅就明代新法律体系创新和完善过程中事例的作用进行探讨。

一 明代典例法律体系的初创与事例的广泛适用

（一）朱元璋注重制例的起因及事例的广泛适用

明代的法律体系，以正德六年（1511 年）颁行《大明会典》（可简称《会典》）为分界，前后的内容构成有所不同。前者是以“制书”表述的国家典章制度为“常法”、以“例”表述可及时变通的法令为“权宜之法”的法律体系；后者是以典为纲、以例为目的法律体系。在后一种法律体系中，《会典》是整合祖宗成法、全面规范国家政务和各项基本制度、居于“纲”的地位的“大经大法”，《大明律》、《诸司职掌》等 13 种法律是“典”的组成部分；后嗣君主颁行的稳定性强的诸条例为“常法”，包括则例、榜例在内的事例为“权宜之法”。由于“制书”或《会典》规范的都是国家的基本典章制度，例则一直处于“目”的地位，因此，明一代法律体系始终是以“典为纲，例为目”的框架设计的，故可总称或简称为“典例法律体系”[①]。注重制例，提升例的法律地位，是明代法律体系的显著特色。以《大明会典》为“大经大法”，以“例”为主要和广泛适

① 学界（包括笔者）以往曾用“律例为主的法律体系”表述明一代法律体系，今天看来，这种概括不够全面、准确。明太祖朱元璋曰：“律者，常经也。条例者，一时之权宜也。”（《明太祖宝训》卷 3）朱元璋的这一名言，通常被作为论述明代法律体系的依据。其实，这句话说的是律与刑例的关系。以“律例法律体系”表述明代刑事法律体系，应当说是合适的。然而，如把明一代法律体系统称为“律例法律体系”，则不符合洪武至正德初百余年间多种国家“常法”是以制书而不是以律表述的史实，也忽视了弘治朝之后以《会典》为“大经大法”、律为《会典》之目和组成部分这一实际。为此，本文在论述明代法律体系时，区分历史阶段分别表述，并认为把明一代法律体系概括为“典例法律体系”更为恰当。

用的立法形式，则是明代中后期完善法律体系的重大创举。明太祖朱元璋在洪武年间变革传统律令体系的实践，为明代新法律体系的确立奠定了基础。

朱元璋之所以力主变革传统的律令体系，注重制例，与明初的治国需要和他的立法指导思想有密切关系，是他推行“常经”之法与“权宜”措置并用法制方略的必然产物，也是中国古代法律形式和法律体系演变的必然结果。

法律形式及其表述的立法成果是法律体系的基本构成要素。从秦汉至宋元，中国古代法律形式由简到繁。就明以前各代的重要法律形式而言，秦有律、命、令、制、诏、程、式、课等，汉有律、令、科、品、比，晋有律、令、故事等，唐有律、令、格、式，宋有律、令、格、式、编敕、制、敕、宣、御笔、断例、申明等，元有诏制、条格、断例等。各代为了推动国家法律的实施，于主要法律形式之外，还设置了不少补充法性质的法律形式。宋、元时期，随着社会经济的发展和时局的变化，原有的法律形式已不能适应立法的需要，统治者为区分效力层级、行为规范类别不同的立法，就不断使用新的法律形式和法律术语，致使法律形式众多、混杂，立法数量也空前膨胀。仅就宋代的编敕和元代条格的编纂而言，当时的官吏就难以通晓和掌握。宋代时新皇帝即位或每次改元，都有一度或数度的编敕，且一司、一路、一州、一县和朝廷各中央衙门又别有敕，据《宋史·艺文志》不完全记载，宋代各种编敕就有 80 多部。元代所颁格例也很繁杂，如《大元通制》有格例 2539 条，《至正新格》有格例 3359 条。在最高统治者的影响下，各级官吏也纷纷收集和汇编断例，有的甚至抄写几十册之多。由于法令冗繁，官吏任意出入，而“天下黔首蚩蚩然狼顾鹿骇，无所持循”。[①] 显然，宋、元的法律体系，已到了后世无法继受的境地。

明王朝建国之初，面临着许多严峻的社会问题。当此之时，中原未平，军旅未息，元朝仍有很大势力。经历连年战火，“郡县版籍多亡”，“百姓财力俱困”，[②] 经济陷于崩溃境地。参加反元的各族人民由于土地和

① 陈邦瞻撰《元史纪事本末》卷 11《律令之定》，中华书局，1979，第 84 页。
② 谷应泰撰《明史纪事本末》卷 14《开国规模》，中华书局，1977，第 195 页。

赋税不均的问题没有得到正当解决，又受到豪强地主和新的权贵们的横征暴敛，转而继续武装对抗新的王朝。在统治集团内部，也存在着激烈的争权夺利的争斗。如何尽快地变“乱世”为“海宇宁谧，民乐雍熙”的太平盛世？朱元璋认为，必须在恢复社会经济的同时，注重法律制度的重建。他把健全法制看作调整各种社会关系、恢复和巩固社会秩序的根本，认为，“纪纲法度为治之本”，“丧乱之后，法度纵弛，当在更张”。[①] 为此，他提出了“当适时宜”、“当计远患”、“法贵简当、稳定”和“治乱世用重典”等一系列法制建设的指导原则。[②]

从“当计远患”、“当适时宜”、“法贵简当、稳定”的指导思想出发，朱元璋强调立法要“常经”与“权宜”之法并重。他说：“法令者，防民之具、辅治之术耳，有经有权。”[③] 他主张“权宜”之法的制定需“贵不违时”，“常经”之法的制定要“贵存中道”、“可贻于后世”。朱元璋多次告诫臣下说：“谋国之道，习于旧闻者当适时宜，狃于近俗者当计远患。苟泥古而不通今，溺近而忘于远者，皆非也。故凡政事设施，必欲有利于天下，可贻于后世，不可苟且，惟事目前。盖国家之事，所系非小。一令之善，为四海之福；一令不善，有无穷之患，不可不慎也。”[④] 又说：“法贵简当，使人易晓。若条绪繁多，或一事两端，可轻可重，吏得因缘为奸，非法意也。夫网密则水无大鱼，法密则国无全民。”[⑤] 也就是说，法律制度的创设要注意防止“泥古”和“惟事目前”两种倾向，内容和形式应达到“法贵简当，使人易晓”的要求。基于上述思想，洪武年间，朱元璋实行了以“制书”名义颁布“常经之法”和以“例”的形式颁行“权宜之法”的双轨制立法方略。“制书”类法律规范国家的基本典章制度，用以传之后世；“例”是灵活性强、可随时变通、“当适时宜”的法律，用以补充常法之不足。

---

① 《明太祖实录》卷19。本书所引明代各朝《实录》，均据台湾中研院历史语言研究所校印本。此书系该所据国立北平图书馆（今中国国家图书馆）红格钞本缩微卷影印。

② 详见杨一凡《明代三部代表性法律文献与统治集团的立法思想》，收入韩延龙主编《法律史论集》第2卷，法律出版社，1999，第520～591页。

③ 吕本等辑《明太祖宝训》卷3，中国国家图书馆藏明万历三十年春秣陵周氏大有堂刻《新镌官板皇明宝训》本。

④ 《明太祖实录》卷163。

⑤ 《明史》卷93《刑法一》，中华书局，1974，第2280页。

洪武朝前期，国家百废待兴，统治者无暇精心制定国家的基本法律，加之缺乏变革法制的经验，常法的修订和定型处于滞后状态。洪武朝颁行的法律中，洪武二十六年（1393 年）颁行的《诸司职掌》，奠定了明朝的基本法律制度，《大明律》是明代刑事法律的代表，定型于洪武三十年（1397 年）。在《诸司职掌》颁布前的很长一段时间内，朝廷制定并定型的法律，除《大明令》外，主要是四部礼制类法律，即洪武三年（1370 年）修成的《大明集礼》，洪武七年（1374 年）颁行的《孝慈录》，洪武二十年（1387 年）颁行的《礼仪定式》及《洪武礼制》[①]。为弥补国家常法很不完备的缺陷，制定事例便成为明初的经常性立法活动。

在刑事法律的制定和实施方面，朱元璋从“用重典以惩一时，而酌中制以垂后世”[②] 的指导思想出发，在要求臣下多次修订洪武律的同时，为“治乱世”和惩治“奸顽”，刑用重典，常常律外用刑，并以事例形式颁布了大量的苛法峻令。[③] 特别是洪武十八年（1385 年）至二十年（1387 年）间，朱元璋先后发布了名为《御制大诰续编》、《御制大诰三编》、《大诰武臣》、《御制大诰》的文告。《大诰》四编共 236 个条目，其条目均为《大明律》所未设，同一犯罪的处刑，较《大明律》大大加重，不少刑罚苛刻无比。《大诰》其书，实际上是朱元璋以“诰”或“榜文”形式颁行的事例的汇编。《大诰》曾在洪武十八年至二十六年间实施。黄彰健先生认为，洪武年间刑法的实施真相是“以榜文为主，律为辅”[④]。当时的刑事事例很多是以榜文形式发布的，从这个意义上讲，黄先生的观点有其道理，但若用严格的法律用语表述，似改为“事例为主，律为辅”更为妥当。

在行政类法律的制定和实施方面，因《大明令》的规定过于简要，国家在行政、经济管理等很多方面无法可依，朱元璋适时发布了大量的事

---

① 《洪武礼制》颁行年代不详。该书是关于文武百官逢天寿圣节、正旦、冬至进贺礼仪，朝臣奉诏出使礼仪、祭祠礼仪，百官的服色、勋阶和吏员资格，奏启本格式、行移体式、署押体式以及官吏俸禄方面的法律规定。笔者据该书内容推测，其颁行时间应在明代前期。

② 《明史》卷 94《刑法二》，中华书局，1974，第 2320 页。

③ 详见杨一凡《洪武朝峻令、重刑禁例和法外用刑补考》，载杨一凡《明代立法研究》，中国社会科学出版社，2013，第 109 ~ 137 页。

④ 黄彰健：《明清史研究丛稿》卷 2，台湾商务印书馆，1977，第 262 页。

例，就国家机关的活动规则、行政和经济管理的各种措施做了详细的规定。洪武年间到底颁行了多少行政类事例，因文献缺失，无法精确统计，但从现存的大量明代史籍中，仍能搜集到上千个洪武朝颁行的这类事例，其中以正德《会典》所收事例为最多。据初步统计，正德《会典》各目次专设“事例”项下，收有洪武事例 708 条，其中行政类事例 675 件。洪武年间颁行的行政类事例中，以户部、礼部事例最多，兵部、吏部次之，其他各衙门事例再次之。现将该书所收 61 件洪武吏部事例列表述后（见表 1）。

表 1　正德《大明会典》载洪武朝吏部事例

目　次	所载事例总数	各年颁布事例名目	
吏部 卷 2－15	61	国初	①令有司保举人才（卷 15）
			②令官员以理致仕者待以优礼与现任同（卷 15）
			③定外官每年一朝（卷 15）
		洪武初	①定除授官员皆给勘合到任（卷 9）
			②定京官考核（卷 14）
			③定巡检考核（卷 14）
		二年	诏府州县官考课（卷 14）
		三年	①诏蒙古色目人易名改正（卷 13）
			②令官吏人等名字避讳（卷 13）
			③令官吏人等更名复姓（卷 13）
			④奏准府同知、知县、县丞考核无过者升迁（卷 14）
		四年	奏准钦天监官不考满（卷 14）
		六年	令察举官员有无过犯（卷 15）
		九年	①令仓库司局管钱谷官考核（卷 14）
			②令职官犯徒流杖者纪录（卷 15）
		十一年	令官员来朝察其言行功能分三等对待（卷 15）
		十二年	①奏准两广所属地有障疠者有司三年升调（卷 14）
			②令内外文武官年老致仕给诰敕（卷 15）
		十三年	①奏定公侯封号（卷 8）
			②令文武官六十以上致仕给诰敕（卷 15）
		十四年	令各处仓官考核（卷 14）
		十五年	令保举人才（卷 2）

续表

目　　次	所载事例总数	各年颁布事例名目	
		十七年	①奏定有封爵者给诰（卷8）
			②议定吏员考满升转（卷9）
			③令各地官员考核奏闻（卷14）
			④议定吏员考满（卷15）
			⑤令天下诸司官吏来朝正旦礼仪（卷15）
			⑥令举秀才人才（卷15）
		十八年	定教职授学正教谕（卷2）
		十九年	①更定中外诸司吏员役满转补资格（卷9）
			②定革改勘合（卷9）
			③令钦天监官奔丧不守制（卷13）
			④诏军民并吏胥人等不得更名易讳（卷13）
		二十三年	敕官员责任条例（卷15）
		二十五年	奏定巡检考满升降事宜（卷14）
		二十六年	①奏准江西浙江苏松吏不许于户部内用（卷9）
			②令仓官守制（卷13）
			③奏定教官训导任用事宜（卷14）
			④奏准教谕科举数考不通经有司内用（卷14）
			⑤奏准各衙门吏役满升用（卷15）
			⑥奏准在外承差选取（卷15）
		二十七年	①令行人于进士内除授（卷2）
			②议定吏员考满事宜（卷15）
		二十八年	①奏准军户人户充吏（卷9）
			②令阴阳医学官丁忧起复（卷13）
			③奏准各处仓官考核（卷14）
			④令内库官一年就满将原收物件与新官接管（卷14）
		二十九年	定外官三年一朝（卷15）
		三十年	①定土官承袭（卷8）
			②定王府官不考核（卷14）
		三十一年	①令府州县首领官不称职者发充吏役（卷7）
			②续定吏员出身事例（卷9）
			③奏准吏员丁忧不起复（卷15）

续表

目　次	所载事例总数	各年颁布事例名目	
		洪武年间	①定缺官临选（卷 2）
			②定进士选为庶吉士（卷 2）
			③定府州县首领官考满（卷 7）
			④令官吏给假省亲（卷 7）
			⑤定云南等地土吏考满后仍发原衙门着役（卷 9）
			⑥定合用印色（卷 13）
			⑦定纸札合用数目（卷 13）
			⑧定官吏有小功以上亲属干犯极刑于边远叙用（卷 15）

这里需要说明的是，洪武和明代各朝所颁事例，其文书常态或者是皇帝的诏令、敕令，或者是臣工的题奏、议奏文本，收入正德《会典》时，业已提炼，用极其精简的文字表述其最重要的规定。尽管如此，如整理成一个简明的统计表，篇幅仍相当可观。表 1“各年颁布事例名目”一栏中所列事例名目，是笔者根据事例的内容以概括性文字缩写的。

洪武年间以“制书”名义颁行的“常经之法”，是在选编、整理当时行之有效、具有普遍适用性的事例基础上修订而成；正德《会典》所收洪武事例，则都是各“常法”所不载且有参考价值的事例，这些事例仅是当时实际颁行事例的一部分。另外，正德《会典》还记载了数百条未书颁行时间的事例，参阅《明太祖实录》，可知其中不少事例颁行于洪武年间，故洪武朝颁行的事例的数量远比《会典》所记多得多。

正德《大明会典·凡例》曰：“事例出朝廷所降，则书曰‘诏’，曰‘敕’。臣下所奏，则书曰‘奏准’，曰‘议准’，曰‘奏定’，曰‘议定’或总书曰‘令’”。[①] 这就是说，无论是皇帝以诏、敕、令颁布的事例，还是以臣工奏准、议准、奏定、议定方式或程序颁布的事例，都可称为“令”。反过来，令也可称为“事例”，两者名异而实同。在明代新法律体系中，“事例”实是可变通的“令”的代称。明朝官修史书《明实录》中，有 460 余处把制例称为“著为令”的记载，就充分证明了这一点。

① 徐溥等纂修、李东阳等重校《大明会典》书首《凡例》，文渊阁四库全书本。

正德《大明会典》所记事例中，大多在事例开头写有“令”、“诏”、“敕”、“奏准”、“奏定”、“议准”、“榜谕”等字样，以此表述有关事例是以皇帝的诏、敕、令颁行的，还是由皇帝批准的臣工题奏或议奏的。这明确地表述了事例的来源和立法程序，也表明事例具有法律效力。

（二）洪武法律体系的结构框架及例的总类和功能

洪武年间，明代君臣在法制变革中，贯彻了朱元璋“常经之法”与“权宜之法”并用的法制建设方针，精心修“常法”以垂后世，注重制例以治乱世。洪武末，随着《诸司职掌》的颁行和《大明律》的定型，基本建成了新的法律体系，其结构框架如下。

洪武朝法律体系构成

常经之法：制书

大明令（临时治国总章程·洪武元年颁）

大明集礼（礼制·洪武三年修成）

诸司职掌（典章·洪武二十六年颁）

大明律（刑律·洪武元年颁，三十年定型）

其他“常法”：

宪纲（监察·洪武四年颁）

孝慈录（礼制·洪武七年颁）

洪武礼制（礼制·洪武年间颁）

大诰（刑事·洪武十八至二十年颁）

礼仪定式（礼制·洪武二十年颁）

皇明祖训（皇室家法·洪武二十八年颁）

稽古定制（礼制·洪武二十九年颁）

教民榜文（民间事务·洪武三十年颁）

军法定律（军事·洪武年间颁，已失传）

权宜之法：例

条例

事例

则例（事例的一种，主要表述钱物管理和财政收支标准方面的事例）

榜例（除个别以榜文公布的条例外，均属于事例性质）

其他各类事例

与魏、晋、隋、唐、宋法律体系比较，朱元璋确立的明朝新法律体系的最大优点，是把各朝纷杂的多种补充法的法律形式，简化为“例”，使法律形式更加简约，更易掌握和操作。新法律体系还对传统法律体系中的效力层级进行了变革。魏晋至唐宋法律体系中，以“令典”、“律典”为最高效力层级，两“典”之下设“常法”为第二效力层级，“权宜之法”为第三效力层级。明代新法律体系把前两个效力层级整合为一个层级，统称为“常经之法”，以“制书”名义颁布。这种做法，虽实现了法律效力层级的简约，但把综合性编纂的法律与专门性法律整合为一个法律效力层级，制书又各署其名，且未使用统一的法律形式称谓，无疑有编纂体例不够规范的缺陷。

在明初的法律文献中，有关例的称谓有“例”、“事例”、“则例”、“榜例”、“条例”五种。为了准确阐述事例的性质、功能以及它与其他形式例的相互关系，这里对五种法律术语的内涵和相关情况做一概述。

①条例。明代时“条例”的概念，是指“分条”编纂、列举“奏定之例”，是“条”与“例”合成意义上的法律用语。“条例”的含义有狭义和广义两种。广义性质的“条例”，是把各种形式的具有“条”与“事例”特征的例都称为“条例”。狭义性质的“条例”，在洪武朝是指由抽象条文组成、复数结构的事例，而洪武以后各朝，多把朝廷精心修订、稳定性较强、具有“常法”性质的法律文件称为“条例”。洪武年间，以“条例”命名的法规法令甚少，仅有“升赏条例”[①]、“马政条例”[②] 等几种。另外，正德《会典》卷 15《吏部十四》收入了洪武二十三年（1390 年）制定的《责任条例》[③]，卷 36《户部二十一》载，“洪武初，定盐引内

---

① 《明太宗实录》卷 11。

② 《明武宗实录》卷 46。

③ 徐溥等纂修、李东阳等重校《大明会典》卷 15《吏部十四 · 事例》，文渊阁四库全书本。《责任条例》颁行于洪武二十三年（1390 年），共 7 条，就布政司、府、州、（转下页注）

目条例”。这两个条例在正德《会典》中均记在“事例”项下。从洪武朝颁布的法律、当时的臣工题奏以及各种史籍的记载看，明初君臣所说的“条例”，是广义上的条例，事例、则例、榜例都属于条例的范畴，条例也是事例的同义语。

②事例。事例的本义是“以前事为例”。它是指在行政或审判活动中，通过处理某一事件或某一案例形成并被统治者确认为具有法律效力的定例。有关洪武年间事例的制定情况，前文已有介绍，不再赘述。

③则例。“则”是标准、等差或法则、准则、规则之意，“例”是指先例、成例或定例。则例作为法律用语始于唐、五代，主要用于表述官员俸禄、税收和礼仪方面的标准。宋、元时期，则例逐步成为一种法律形式，但在社会生活中的作用是很有限的。明代则例是事例的一种，是主要用以表述规范国家钱物管理和收支的标准及相关事项具体运作规则方面的事例。

明太祖从洪武元年始，就把用以表述国家钱物管理和收支的标准方面的事例称为“则例”。《续文献通考》卷 21 载：“优免则例：太祖洪武元年，诏民年七十之上者，许一丁侍养，免杂泛差役。”[①]朱元璋执政三十一年间，则例的颁行不曾中断。譬如，洪武三年（1370 年）六月，因大同粮储自陵县运至太和岭路远费重，采纳山西行省的建议，定“中盐输米则

（接上页注③）县分别治理管辖区域的职责及按察司、巡按御史究治渎职官员的责任做了明确规定。指出：“布政司治理亲属临府，岁月稽求，所行事务，察其勤惰，辨其廉能，纲举到任须知内事目，一一务必施行。少有顽慢，及贪污坐视恬忍害民者，验其实迹，奏闻提问。设若用心提调催督，宣布条章，去恶安善，傥耳目有所不及，精神有所不至，遗下贪官污吏及无籍顽民，按察司方乃是清。”府治理州、州治理县、县治理里甲，也要仿效布政司治理府的有关规定办理。“若布政司不能清府，府不能清州，州不能清县，县不能去恶安善，遗下不公不法，按察司方乃是清。”该条例还规定：“按察司治理布政司、府、州、县，务要尽除奸弊，肃清一方。耳目有所不及，精神有所不至，巡按御史方乃是清。傥有通同贪官污吏，以致民冤事枉者，一体究治。”条例要求各级官府“置立文簿，将行过事迹逐一开写。每季轮差吏典一名，赍送本管上司查考。布政司考府，府考州，州考县，务从实效，毋得诳惑繁文，因而生事科扰。每岁进课之时，布政司将本司事迹，并府州县各赍考过事迹、文簿，赴京通考。敢有坐视不理，有违责任者，罪以重刑”。《责任条例》颁行后，明太祖令各司、府、州、县“刻而悬之，永为遵守”。正德、万历间修订《大明会典》时，又将该条例全文收入。

① 王圻撰《续文献通考》卷 21《职役考》，明万历十三年松江府刻本。

例"，规定："令商人于大同仓入米一石、太原仓入米一石三斗者，给淮盐一小引。"[①]洪武六年（1373 年），"又定给赏则例。北平军士：永平、居庸、古北口为一等，密云、蓟州为一等，北平在城为一等，通州、真定为一等"。[②] 同年，"又令亲王钱粮就于王所封国内府分，照依所定则例期限放支，毋得移文当该衙门，亦不得频奏。若朝廷别有赏赐，不在已定则例之限"。[③] 洪武八年（1375 年）定"马夫免粮则例"："自京至宿州十三驿，马夫田租全免。自百善道至郑州，免三分之二。自营阳至陕西、山西、北平，免三分之一。"[④] 洪武十三年（1380 年）定"支给草料则例"："令广东、广西、福建、浙江、湖广、江西布政司，淮安、苏州等卫，马草不许科收，马料不许支给。"[⑤] 洪武二十一年（1388 年）十一月，编逃故军士鄙册，并制"月粮则例"："各处卫所军士有逃故者，令本官编成鄙册，送兵部照名行取，不许擅差人役于各府州县勾扰。其州县类造军户文册，遇有勾丁按籍起解。其民匠充军者，月支米八斗，牧马军士支一石。以后复令民丁充军在边操练者，月支米一石。"[⑥] 洪武二十四年（1391 年），朱元璋下令："公侯大官以及民人，不问何处，惟犁到熟田，方许为主。但是荒田，俱系在官之数，若有余力，听其再开。其山场、水陆田地，亦照原拨赐则例为主，不许过分占为已有。"[⑦] 洪武二十六年（1393 年）春正月，户部奏定"云南乌撒中盐则例"："凡输米一斗五升，给浙盐一引，输米二斗给川盐，输米一石八斗给安宁井盐，输米一石六斗给黑盐井盐。"[⑧] 同年二月，免各处解约泥污绢布者之罪，遂定"立拆纳则例"："令拣各布政司并直隶府州县解纳绢布。如泥污水迹堪染颜色及稍破坏者，皆不必赔。糜烂、破损不堪用者，准赔补，亦不治罪。因定拆纳绢布则例：每丝二十两及十八两，折绢一匹长三丈二尺、阔二尺，棉布每匹长三丈二尺、阔二尺

---

① 《续文献通考》卷 5《田赋考》，明万历十三年松江府刻本。

② 申时行等重修《明会典》卷 40《户部二十七·经费一·赏赐》，中华书局，1989，第 283 页。

③ 申时行等重修《明会典》卷 38《户部二十五·廪禄一·宗藩禄米》，中华书局，1989，第 272 页。

④ 黄宗羲编《明文海》卷 76 袁黄《苏州府赋役议》，中华书局，1987，第 726 页。

⑤ 《续文献通考》卷 4《田赋考》，明万历十三年松江府刻本。

⑥ 《秘阁元龟政要》卷 14，明抄本。

⑦ 申时行等重修《明会典》卷 17《户部四·田土》，中华书局，1989，第 112 页。

⑧ 《太祖实录》卷 224。

八寸，重三斤。”[①] 洪武二十七年（1394 年），定“灾伤去处散粮则例”：“大口六斗，小口三斗，五岁以下不与。”[②] 洪武二十八年（1395 年），“定开中纳米则例，出榜招商，于缺粮仓分上纳”。[③]

《明太祖实录》、《明史》、《诸司职掌》[④]、《御制大诰续编》[⑤]、《皇明祖训》[⑥]、《大明律附例》、《南京都察院志》[⑦]、《万历会计录》[⑧]、《金陵梵刹志》[⑨]、《国朝列卿纪》[⑩]、《南廱志》[⑪]、《春明梦余录》[⑫]、《国榷》[⑬]、《明文海》[⑭] 和《古今鹾略》[⑮] 等书都记载有洪武则例，计 78 件之多。

④榜例。“榜例”作为国家确认的法律形式始于明初，专指以榜文公布的定例。从先秦到元代，很多朝代都很重视运用榜文向臣民公布官方文书。就榜文的内容和功能而言，大体可分为两种类型：一是晓示、劝谕、教化类榜文，内容或是晓谕某一事项，或是公示某一案例，或是指陈时弊，申明纲常礼教和治国之道，意在使百姓周知，趋善避恶；二是公布朝廷和地方官府制定的法律、法令、政令，要求臣民一体遵守。明以前各代的榜文内容比较繁杂，各朝也未规定榜文是独立的法律形式。明建国后，朱元璋特别重视以榜文形式公布的法令，并把这类榜文定名为“榜例”。《续文献通考》卷 165 载：“太祖洪武榜例：凡管马官吏时常下乡，提督看验马匹，要见定驹若干，显驹若干，重驹若干，明白附写，以俟太仆寺官出巡比较……”[⑯] 万历《明会典》132 载：“洪武二十七年圣旨榜例：自古

---

① 《秘阁元龟政要》卷 16，明抄本。

② 舒化等纂修《大明律附例》卷 5《户律二》。

③ 申时行等重修《明会典》卷 34《户部二十一·课程三·盐法三》，中华书局，1989，第 238 页。

④ 《诸司职掌》，明嘉靖镇江府丹徒县官刊《皇明制书》14 卷本。

⑤ 《御制大诰续编》，清华大学图书馆藏明洪武内府刻本。

⑥ 《皇明祖训》，明刻《皇明制书》不分卷本。

⑦ 施沛撰《南京都察院志》，日本内阁文库藏明天启刻本。

⑧ 张学颜等纂《万历会计录》，明万历十年刻本。

⑨ 葛寅亮撰《金陵梵刹志》，明万历刻天启印本。

⑩ 雷礼撰《国朝列卿纪》，明万历徐鉴刻本。

⑪ 黄佐撰《南廱志》，民国景明嘉靖二十三年刻增修本。

⑫ 孙承泽撰《春明梦余录》，清乾隆内府刻本。

⑬ 谈迁撰《国榷》，张宗祥点校，中华书局，1988。

⑭ 黄宗羲编《明文海》，中华书局，影印本，1987。

⑮ 汪砢玉撰《古今鹾略》，清抄本。

⑯ 王圻撰《续文献通考》卷 165《兵考》，明万历三十年松江府刻本。

到如今，各朝皇帝差军守卫皇城，务要本队伍正身当直。"[①]《皇明经济文录》卷 32 载："伏读洪武三十年榜例内一欵：本地茶园人家，除约量本家岁用外，其余尽数官为收买。私卖者，茶园入官。"[②] 明初，"榜例"是事例的一种形式，以榜文公布的"事例"、"则例"，都统称"榜例"。

《明太祖实录》、《明史》、《明会要》[③]、《大明律》[④]、《御制大诰》[⑤]、《诸司职掌》、《教民榜文》[⑥]、《南京刑部志》[⑦]、《条例备考》[⑧]、《南京太仆寺志》[⑨]、《续文献通考》、《续文献通考补》[⑩]、《马政记》[⑪]、《日知录》[⑫]、《日知录之余》[⑬]、《客座赘语》[⑭]、《杨一清集》[⑮]、《名臣经济录》[⑯]、《春明梦余录》、《明经世文编》[⑰]、《皇明经济文录》、《本兵疏议》[⑱] 和《余冬序录》[⑲] 诸书都记有洪武榜例。《南京刑部志》记载的洪武榜例最多，为 45 件。

⑤例。各种例的总称或泛称，也可作某一形式例的简称，条例、事例、则例、榜例亦简称"例"。

在明初"治乱世"的社会背景下，法律的实施情况往往是"以事例为主"，这就决定了事例在当时的法制建设中发挥了极其重要的作用。洪武事例的功能，概括起来有以下三个方面。

其一，在"常经之法"编纂滞后的情况下，事例的大量颁行，从各方

---

① 申时行等重修《明会典》卷 143《兵部·守卫》，中华书局，1989，第 730 页。
② 万表撰《皇明经济文录》卷 32《九边》，明嘉靖刻本。
③ 龙文彬撰《明会要》，中华书局，1956。
④ 刘惟谦等撰《大明律》，明万历刻《皇明制书》20 卷本。
⑤《御制大诰》，明洪武内府刻本。
⑥《教民榜文》，明嘉靖刻《皇明制书》14 卷本。
⑦ 曹栋撰《南京刑部志》，明嘉靖刻本。
⑧《条例备考》，日本内阁文库藏明嘉靖刻本。
⑨ 雷礼撰《南京太仆寺志》，明嘉靖刻本。
⑩ 朱奇龄撰《续文献通考补》，清抄本。
⑪ 杨时乔撰《马政记》，文渊阁四库全书本。
⑫ 顾炎武撰《日知录》，清乾隆刻本。
⑬ 顾炎武撰《日知录之余》，清宣统二年吴中刻本。
⑭ 陆粲、顾起元撰《客座赘语》，清抄本。
⑮ 杨一清撰《杨一清集》，中华书局，2001。
⑯ 黄训编《名臣经济录》，文渊阁四库全书本。
⑰ 陈子龙撰《明经世文编》，明崇祯平露堂刻本。
⑱ 杨博撰《本兵疏议》，明万历十四年刻本。
⑲ 何孟春撰《余冬序录》，明嘉靖七年刻本。

面健全了明初的法律制度。当时颁行的有关职制的事例，详细规定了各衙门职掌和活动规则，规定了官吏选任、考核、奖惩、监察等方面的制度，对于保障国家机器正常运转和强化吏治发挥了重要作用。当时颁行的有关户役、田宅、仓库、课程、钱债、市廛方面的事例，就田制、赋役、盐法、茶法、钱法、钞法、税法、漕运、马政和俸饷等法规法令的实施细则做了详细规定，较好地完善了明王朝的经济和财政管理制度。恢复社会经济是明初的国政要务，当时明太祖有关鼓励人民开荒，推行鱼鳞册和黄册制度、粮长制度等方面的法令，也是以事例形式发布的。洪武年间还颁布了大量的祭祀、仪制和宫卫、关津、厩牧、邮驿等方面的事例，全面地健全了国家的礼制和军事制度。

其二，朱元璋为“治乱世”，刑用重典。他的所有苛法峻令，几乎都是以事例形式颁布的。洪武年间，朱元璋于《大诰》之外，以事例形式颁布了许多为明律所未设的刑事禁例。比如，洪武二十二年（1389 年）八月二十九日颁布的榜文规定：“今后法司精审来历，设有仍前所告，动经五六十及百余人、一二十者，审出诬告情节得实，将好词讼刁民凌迟于市，枭首于住所，家下人口移于化外。”洪武二十六年（1393 年）八月榜文规定：“朝廷命礼部出榜晓谕，军民商贾技艺官下家人火者，并不许穿靴，止许穿皮劄𩋾。违者，处以极刑。此等靴样一传于外，必致制度紊乱，宜加显戮。”洪武二十七年（1394 年）三月初二日颁布的榜文规定：“今后里甲邻人老人所管人户，务要见丁着业，互相觉察。有出外，要知本人下落，作何生理，干何事务。若是不知下落，及日久不回，老人邻人不行赴官首告者，一体迁发充军。”洪武三十年（1397 年）二月十三日榜文云：“奉圣旨：如今军卫多有将官用战船私下卖了，工部出榜去各处张挂。但有卖官船的，凌迟处死，家迁一万里。私买者同罪。”洪武三十一年（1398 年）正月十六日颁布的榜文规定：“今后敢有将官船私下卖者，正犯人俱各处以极刑，籍没其家，人口迁发边远。”① 朱元璋的重刑政策，猛烈地打击了贪官污吏，有利于澄清吏治，但颁行的严刑事例，多为律外用刑，虽然收效一时，但后患无穷。

其三，事例是“常法”的法源。如果把洪武年间制定的《诸司职掌》、

① 以上均见庞嵩等撰《南京刑部志》，美国国会图书馆藏明嘉靖三十五年刻本。

《教民榜文》、《礼仪定式》等常经之法与当时颁行的事例进行比较，就不难发现，这些常法都是在编纂或修订事例的基础上形成的。比如《诸司职掌》中，就收入了洪武年间颁行的则例 15 件、榜例 7 件。该书的其他条款，也大多取于之前发布的事例。事例与常法的关系是："常法"颁布前发布的事例，是修订"常法"的基础文书，"常法"颁布后发布的事例，则因"常法"未设而制定，它是"常法"的补充。"常法"编纂水准的高低，往往与先前颁行的事例有密切关系。

二　明代典例法律体系的确立与事例的功能

（一）永乐至弘治年间事例编纂的成就及弊端

明太祖死后，从洪武三十一年（1398 年）闰五月建文帝即位到弘治十年（1497 年）编纂《大明会典》，明朝历建文、成祖、仁宗、宣宗、英宗、景帝、宪宗七帝，达近百年之久。这一历史时期立法的基本状况可概括为：一遵祖宗成宪，"常法"的制定无所建树；广颁事例，以例补法。

"遵循祖宗成宪"是朱元璋为后嗣君主立下的一条戒规，也是他要求子孙在法律制度问题上恪守的原则。他死前留下遗训："已成立法，一字不可改易。"① "群臣有稍议更改，即坐以变乱祖制之罪。"② 朱元璋立此遗训，目的是保障他颁行的成法传之万世，但他忽略了"法随情变"、"当适时宜"这一立法原则，给后世创新法制造成了障碍。明成祖兴靖难之役，以建文帝"变乱祖制"为罪名，在法制建设方面也极力推崇祖制。永乐之后的仁宗、宣宗、英宗等君主，也都仿效明成祖，打起"恪守祖训"的旗号。在这种历史背景下，累朝在健全"常法"方面，仅做了两件事，即在洪武朝颁行的《宪纲》和宣德朝颁行的军政条款的基础上，整合几朝颁布的相关事例，颁行了《宪纲事类》和《军政条例》。

《军政条例》是有关清理军政，勾补、编发军役，根捕、起解逃军等

① 《皇明祖训》序，载《中国珍稀法律典籍续编》第 3 册，黑龙江人民出版社，2002，第 483 页。

② 《明史》卷 93《刑法一》，中华书局，1974，第 2279 页。

方面的规定和禁例。明英宗正统年间颁行的《军政条例》，辑录了宣宗宣德四年（1429 年）颁行的军政事例，并收入了英宗正统元年（1436 年）至三年（1438 年）颁行的军政事例。《皇明制书》十四卷本、十四卷补刻本中，收录了《军政条例》。由于有关明代军政方面的立法多已散失，因而此书是考察当时军政特别是逃军问题的重要史料。

英宗正统四年（1439 年），把洪武《宪纲》与几朝君主有关官吏监察的事例汇编为《宪纲事类》一书刊行。据《明实录》载，洪武四年（1371 年）正月，“御史台进拟《宪纲》四十条。上览之，亲加删定。诏刊行颁给”；①洪武六年（1373 年）四月，“重刊《律》、《令》、《宪纲》，颁之诸司”②。洪武二十六年（1393 年）三月颁行的《诸司职掌》中，对十二道监察御史照刷卷宗衙门、监察御史职掌及出巡、照刷文卷、追问、审录、问拟刑名等一应事宜做了详细规定。在此之后，惠帝、成祖、仁宗、宣宗历朝对《宪纲》均有增补。宣德年间，鉴于当朝与前代官制有所变化，中外宪臣对于《宪纲》有任情增益的情况，明宣宗屡次敕令臣下遵行洪武朝所定监察法规，并下令礼部同翰林院儒臣修定《宪纲》：“以洪武、永乐以来，祖宗所定风宪事体著在简册者，悉载其中，永示遵守，而益之以训戒之言。凡出臣下所自增者，并削去之。”③书成，宣宗皇帝去世，《宪纲》未及颁行。英宗“嗣位之初，切以风宪为重”，群臣也请求早日颁行《宪纲》。于是，朝廷依宣德时修订的《宪纲》为蓝本，补充了正统初颁行的有关事例条款。正统四年十月二十六日，英宗敕谕“礼部即用刊印，颁布中外诸司遵守”④。

各朝遵崇太祖遗训不编纂新的成法，然而制书所载有限，随着社会经济的发展和各种新的问题不断出现，行政、经济、军政、教育诸方面管理规则多有缺失，刑事案件的案情也日趋复杂和多样化，《大明律》、《诸司职掌》等成法的规定已难适应变化了的现实需要。因谁也不愿意承担“变乱祖制”的罪名，几朝君主只能采取以广颁“事例”等权宜之法对“常经之法”进行补充，或对一些不适用的条款进行间接修正。各朝的事例或是

① 《明太祖实录》卷 60。
② 《明太祖实录》卷 81。
③ 《宪纲事类》，载《中国珍稀法律典籍集成》乙编第 2 册，科学出版社，1994，第 31 页。
④ 《宪纲事类》，载《中国珍稀法律典籍集成》乙编第 2 册，科学出版社，1994，第 31 页。

皇帝以诏敕的名义直接发布，或是由六部、大理寺、都察院等中央衙门议定或朝臣题奏，由皇帝批准实施。

从各种史籍记载看，永乐到弘治中叶各朝颁行事例的数量，用“浩瀚”二字形容当不为过。比如，旧钞本《皇明条法事类纂》中，辑录了明宪宗在位 23 年间颁布的刑事事例 922 件，平均每年 40 件；明孝宗弘治元年至七年颁行的刑事事例 328 件，平均每年 46.8 件。而正德《会典》仅选编了宪宗朝刑事事例 21 件，平均每年 0.91 件；孝宗朝刑事事例 25 件，平均每年 1.6 件。与《皇明条法事类纂》所收两朝事例每年平均为 40 余件的情况比较，可知收入正德《会典》的永乐至弘治朝刑事事例，只是实际颁发事例的很小一部分。明朝的事例有吏、户、礼、兵、刑、工六类，通常情况下，颁行的其他类事例要比刑例为多，故这一时期实际颁行的各类事例的总数，应是刑例的多倍。

永乐至弘治各朝编纂的事例，内容极其广泛，涉及职制、公式、户役、田宅、婚姻、仓库、课程、钱债、市廛、祭祀、仪制、宫卫、军政、关津、厩牧、邮驿、贼盗、人命、斗殴、诉讼、受赃、诈伪、犯奸、捕亡、断狱、营造、河防等各个方面，从国家机关的活动规则到民间事务的管理，凡是需要解决的新问题而“常法”没有明文规定的，都通过制定事例补充法律的不足，或修正法律中过时的条款，从而完善了国家法律制度。

为使读者具体了解事例在完善国家法律制度中的作用，这里仅举两例说明。

比如，在《诸司职掌》中，对于民间种植桑株及丝绵、树株果价的征纳、解运、交库等事宜做了以下原则规定：“凡民间一应桑株，各照彼处官司原定则例起科。丝绵等物，其丝绵每岁照例折绢，俱以十八两为则，折绢一匹。所司差人类解到部札付，承运库收纳，以备赏赐支用。其树株果价等项，并皆照例征收钱钞。除彼处存留支用外，其余钱钞一体类解本部，行移该库交收。仍将存用数目，出给印信通关，具本入递奏缴，本部查领，附卷作数。其进纳绢匹钱钞一节，俱照依后项金科课程条款，一体施行。”永乐以后各朝在具体实施过程中，又颁布了多个事例。“宣德二年，添设浙江钱塘、仁和、海宁、新城、昌化、嘉兴、海盐、崇德八县县丞各一员治农。”“正统八年，令各处不出蚕丝处所，每绢一匹折银五钱，解京支用。”[1] 成化元年（1465 年）、十年、十一年、十九年，又发布了添设一些地区专理农桑之政官员的事例。成化二十一年（1485 年）发布事例，就受灾之年免奏事例等做了规定：“国朝重恤民隐，凡遇水旱灾伤，则蠲免租税，或遣官账济。蝗蝻生发，则委官打捕，皆随时与地而异。”

又如，关于马政，《诸司职掌》明确了有关负责马政管理的机关，并规定：“凡太仆寺所属十四牧监九十八群，专一提调牧养。孳生马骡、驴、牛，其养户俱系近京民人，或五户十户共养一匹，每骡马岁该生驹一匹。若人户不行用心孳牧，致有亏欠倒死，就便着令买补还官。每岁将上年所生马驹起解，赴京调拨。本寺每遇年终比较，或群监官员怠惰，或人户奸顽致有马匹瘦损，亏欠数多，依例坐罪。”洪武以后各朝，先后颁行了 120 多件事例，就加强马政管理的实施细则及需要解决的问题做了详细规定。永乐十五年（1417 年），定南方养马例；宣德七年（1432 年），“令法司及陕西布按二司杂犯死罪应充军者，发陕西太仆寺养马”；正统四年（1439 年），“奏准应天、凤阳等处孳生陪补马驹，南京太仆寺官同南京兵部委官及御史分投印俵”；天顺八年（1464 年），“奏准各处医兽每周设定两名，每县一名，岁终更替”；成化四年（1468 年），“令北直隶京师附近系官草场，不许内外官豪势要妄指求讨，托故投献。违者，许科道官纠劾，及各衙门追究治罪”；弘治九年（1496 年），“令锦衣卫草场地亩征收租银许本卫收贴补马草”。[2]

永乐至弘治年间，累朝因遵崇祖制，不敢变乱明太祖钦定的“常法”，把制定事例这种权宜之法作为朝廷的基本立法活动，致使事例浩瀚，“一事三四其例者有之，随意更张每年再变其例者有之”[3]。因事例过多，前例与后例的内容往往有冲突之处，使人难以遵守。为此，各后嗣君主继位之初，都宣布不许妄引先年事例。明成祖登极诏曰：“建文年间上书陈言有干犯之词者，悉皆勿论。所出一应榜文条例，普皆除毁。”[4] 永乐十九年

---

① 以上引文均见徐溥等纂修、李东阳等重校《大明会典》卷 19《户部》，文渊阁四库全书本。

② 以上引文均见徐溥等纂修、李东阳等重校《大明会典》卷 122《兵部》，文渊阁四库全书本。

③ 《皇明条法事类纂》卷 48《陈言干碍法司条例须要会议例》，载《中国珍稀法律典籍集成》乙编第 5 册，科学出版社，1994，第 920 页。

④ 《明太宗实录》卷 10。

（1421 年），他又重审："法司所问囚人，今彼一依《大明律》拟罪，不行深文妄行榜文。"[①] 宣宗、英宗、景帝、宪宗、孝宗在登极诏中，也都宣布不准妄引条例。各朝对事例的适用，一般都是强调执行现行事例，先年事例只有经过皇帝钦准后才能继续适用。"事例冗琐难行"，成为这一时期法制建设的重要弊端。

（二）整合刑事事例为《问刑条例》，完善刑事法律体系

明孝宗弘治年间，是明代法律体系再次变革并走向完善的时期。这一时期，把累朝刑事事例整合修订为《问刑条例》，实现律、例并用，以例辅律而行，标志着明代刑事法律体系进一步健全和完善；把《大明律》全文和其他 12 种祖宗成法有效部分编入《大明会典》，并赋予《问刑条例》与律并行的效力，意味着以律和刑例为基本法律形式的刑事法律体系，在"以典为纲"的法律框架下，成为典例法律体系的有机组成部分。

有明一代，《问刑条例》是《大明律》之外最重要的刑事法律，首次颁布于弘治十三年（1500 年）。在此之前，因《大明律》已难完全适应变化了的司法实际的需要，各朝都颁行了大量的刑例，用以补充律条。随着时间的推移，事例日渐冗琐，施行过程中问题丛生。修正祖宗成法，已成为朝廷的当务之急。

宪宗朱见深成化年间，要求改变"事例冗繁"状况的呼声越来越高。当时，由于"唯祖宗成宪是式"的观点仍处于主导地位，加之朱见深对制定《问刑条例》持举棋不定的态度，制定《问刑条例》一事也随之夭折。

弘治年间，要求改革刑例立法、制定《问刑条例》的呼声再次高涨，并逐渐成为多数朝臣的共识。弘治元年（1488 年）九月十四日，刑部尚书何乔新会同都察院、大理寺复奏说：

> 窃惟律例兼行，其来久矣……盖律者，万世之大法；例者，一时之权宜。例之为用，所以辅律之不及者也。自成化元年以后，一应条例虽出于臣下之所建明，实本于先帝之所裁处，其间亦有深意焉。且如造妖书妖言者，律该正犯处斩，例则全家发烟瘴地面充军，盖虑其

① 《明太宗实录》卷 236。

造言以惑众也。略卖良人者，律该坐以徒流，例则连家小发边远充军，盖恶其使人骨肉生离也。盗仓粮者，于律止坐杂犯绞，而近年盗边粮至一百石以上者，有充军之例，盖虑其因盗而乏军需也。犯私盐者，于律止坐徒罪，而近年贩私盐至二千斤以上者有充军之例，盖为其私贩以亏国课也。似此之类，难以枚举，所以救时之弊，亦皆辅治而行者。一概革去，虑恐百弊重生。异时法不足以惩奸，言律者又复申明旧例，未免烦渎圣听，不可不详加斟酌也。[①]

弘治五年（1492 年）七月，刑部尚书彭韶议曰：

> 刑书所载有限，天下之情无穷。故有情轻罪重，亦有情重罪轻，往往取自上裁，斟酌损益，著为事例。盖比例行于在京法司者多，而行于在外者少，故在外问刑多至轻重失宜。宜选属官汇萃前后奏准事例，分类编集，会官裁定成编，通行内外，与《大明律》兼用。庶事例有定，情罪无遗。[②]

在这些上书中，主张制定《问刑条例》的朝臣强调了这样几个观点。一是律例并行，由来已久，例有辅律的作用，所谓删定《问刑条例》违背祖制的观点是错误的。二是祖宗制定的刑书所载有限，而世情却在不断变化，如不度势立法，便难以惩奸。三是对现行事例不能不加分析地全部否定，采取“一概革去”的态度，这些事例也是经臣下奏请由皇帝批准实行的，其中不少事例，有其“辅治”深意和不可取代的作用。正确的做法应该是：既把那些“冗琐难行”、内容前后矛盾、轻重失宜的例革去，也将那些“经久可行”的例分类编集，删定成新的《问刑条例》。朱祐樘采纳了这些正确意见，“弘治五年，命刑部尚书彭韶删定《问刑条例》”，后又令“尚书白昂会九卿会议”，择事例可行者 279 条，于弘治十三年（1500 年）二月颁行天下。

弘治《问刑条例》共 279 条。与《大明律》律文比较，有 114 条系新增条款，其他均是对律文的补充条款。从内容上看，弘治《问刑条例》对

---

① 《皇明条法事类纂》附编《奏革幼军在逃等件重复不便事件》，载《中国珍稀法律典籍集成》乙编第 6 册，科学出版社，1994，第 110 页。

② 《明孝宗实录》卷 65。

明律的增补，突出表现在以下方面：其一，对宗藩权力做了较严格的限制；其二，加强了有关禁止贩卖官私引盐和盗掘矿产等方面的经济立法；其三，扩大了赎刑和充军刑的范围。

弘治《问刑条例》发凡起例，突破了“祖宗成法不可更改”的格局，对《大明律》中不适当的部分予以修正，革除了明开国百年来因事起例、“冗琐难行”、“轻重失宜”的弊端，使刑例整齐划一和条文化，得以“永为常法”，“辅律而行”，其在明代立法史上所起到的积极作用是不能低估的。

弘治《问刑条例》在弘治、正德、嘉靖三朝实行 50 年之久。然而，明代中叶世态多变，社会矛盾层出不穷，旧例中的一些规定，很快便显得“过时”，大量新的问题，需要用新例加以规范，于是许多名目不一的事例又应运而生。正德十六年（1521 年），武宗死，世宗登基。他在即位诏中又不得不明令重申：“凡问囚犯，今后一依《大明律》科断，不许深文，妄引参语，滥及无辜。其有奉旨推问者，必须经由大理寺审录，毋得径自参奏，致有枉人。近年条例增添太繁，除弘治十三年三月初二日以前曾经多官奉诏会议奏准通行条例照旧遵行外，以后新增者悉皆革去。”① 不过，他维护祖宗成法的愿望并未行得通，因实际需要，世宗又不断颁定了许多新的事例，再次出现了“法令难行，轻重失宜”的弊端，修订弘治《问刑条例》已是势所难免。嘉靖初年，陕西巡抚王荩、巡抚保定等府都御史王应鹏等人上疏，“请定条例，以明法守”。此议被世宗所拒绝，并于嘉靖七年（1528 年）闰十月降旨：“内外问刑衙门，但依《大明律》及弘治十三年条例行，不必再行编集。”② 此后，虽仍有人不断提出修订《问刑条例》，均被驳回。直至嘉靖二十七年（1548 年）九月，刑部尚书喻茂坚上疏奏请修定《问刑条例》，方得到世宗的批准，命“会官备查各年问刑事例，定议以请”③，因茂坚去官，便诏尚书顾应祥等定议。嘉靖二十九年（1550 年）十二月，刑部尚书顾应祥将重修《问刑条例》奏进，世宗诏：“诏刊布内外衙门一体遵守。今后问刑官有任情妄引故入人罪者，重治”。④ 至

① 《明世宗实录》卷 1。
② 《明世宗实录》卷 94。
③ 《明世宗实录》卷 340。
④ 《明世宗实录》卷 368。

此，《问刑条例》第二次得以修正。后世称此次修订的《问刑条例》为嘉靖《问刑条例》。

嘉靖《问刑条例》共376条，其中名例律90条、吏律33条、户律65条、礼律9条、兵律51条、刑律121条、工律7条。《明史·刑法志》记嘉靖《问刑条例》"增至249条"，是不对的。嘉靖三十四年（1555年）二月，刑部尚书何鳌等奏上律例九事，"俱允行"。[①] 此9条全文载于美国国会图书馆所藏嘉靖三十五年（1556年）刊本《南京刑部志》，称为"续准《问刑条例》"，其中名例律2条、吏律2条、兵律2条、刑律3条。内容均为对嘉靖《问刑条例》有关条款的进一步明确规定，其与嘉靖二十九年条例合为385条。[②] 与弘治《问刑条例》相比，嘉靖《问刑条例》所因袭者为251条，所因而略做修改者28条，新增者近百条。如加上续准《问刑条例》，新增者为106条，可见增补和修正幅度仍是比较大的。

嘉靖《问刑条例》与弘治《问刑条例》比较，新增的内容主要有以下几个方面：其一，进一步限制皇族成员及各级官吏的法外特权；其二，进一步强化礼仪和等级制度；其三，加强对边地沿海贸易管理；其四，以重典治理流民。从量刑来看，嘉靖《问刑条例》的刑罚较之弘治《问刑条例》有加重的趋势。特别是充军条款和适用对象、范围，又较弘治《问刑条例》有大幅度增加。《明史·刑法志》云："充军之例为独重。《律》充军凡四十六条，《诸司职掌》内二十二条，则洪武间例皆律所不载者。其嘉靖二十九年条例，充军凡二百十三条，与万历十三年所定大略相同。"嘉靖《问刑条例》一方面因袭弘治《问刑条例》，对其中部分条款的有关规定加以明确；另一方面又针对社会现实问题补充了许多重要的条款，它在明代三次修订《问刑条例》的过程中，发挥了承上启下的作用。嘉靖《问刑条例》的修订，进一步巩固了《问刑条例》与《大明律》并行的法律地位。

《问刑条例》第三次增修是在万历年间。万历二年（1574年）四月，

① 《明世宗实录》卷419。

② 嘉靖《重修〈问刑条例〉》，载《中国珍稀法律典籍集成》乙编第2册，科学出版社，1994，第435～507页。

刑科给事中乌升等奏请续增条例，神宗下旨：“《问刑条例》依拟参酌续附。”[①] 此后即着手对《问刑条例》进行修订，直至万历十三年（1585 年）方修订完毕。刑部尚书舒化于万历十三年四月四日奏请颁行，神宗于四月十一日颁旨：“这《问刑条例》既会议详悉允当，着刊布内外衙门永为遵守。仍送史馆，纂入《会典》。问刑官如有妄行引拟及故入人罪的，法司及该科参奏治罪。”[②] 而后，又依舒化的建议，对流行于世的《大明律》律文进行核对，将《律》、《例》合刻，“律为正文，例为附注”，[③] 并编入万历十五年（1587 年）刊行的《大明会典》。对于《问刑条例》来说，这是一次全面的、严肃的修订。

自嘉靖二十九年（1550 年）重修《问刑条例》至万历十三年再修《问刑条例》，相隔只有 35 年。上距嘉靖三十四年（1555 年）续增《问刑条例》只有 30 年。其间陆续颁定的各种事例数量有限，故万历《问刑条例》的修订，不是重在增补，而是旨在对嘉靖《问刑条例》按照较高标准的规范化要求进行加工。

万历《问刑条例》共 382 条，“除各例妥当，相应照旧者共一百九十一条；其应删应并应增改者共一百九十一条”。[④] 其革除弘治时颁定、嘉靖时沿用的条例 10 余条，新增 30 条，沿旧例并加以修正者 161 条。依《大明律》律文后附条例分类，万历《问刑条例》名例律为 91 条，吏律为 31 条，户律为 69 条，礼律为 9 条，兵律为 51 条，刑律为 123 条，工律为 8 条。“《条例》申明颁布之后，一切旧刻事例，未经今次载入，如比附律条等项，悉行停寝。”[⑤] 在此之后，《大明律》和万历《问刑条例》作为明后期的主要刑事法律，再未变动。

明代《问刑条例》与律并行，前后达 140 余年之久。沈家本先生在评

---

① 舒化撰《重修问刑条例题稿》，载杨一凡编《中国律学文献》第 3 辑第 2 册，黑龙江人民出版社，2006，影印本，第 113 页。

② 舒化撰《进新刻〈大明律附例〉题稿》，载杨一凡编《中国律学文献》第 3 辑第 2 册，黑龙江人民出版社，2006，影印本，第 127 页。又舒化等纂修《大明律附例》，南京图书馆藏明万历十三年刻本。

③ 《明神宗实录》卷 160。

④ 舒化撰《重修问刑条例题稿》，载杨一凡编《中国律学文献》第 3 辑第 2 册，黑龙江人民出版社，2006，影印本，第 122 页。

⑤ 见舒化等纂修《大明律附例》卷 30《工律》“修理桥梁道路”条后附例。

价明代清理刑例、修订《问刑条例》时，对于它的几次修订，特别是万历《问刑条例》的修订给予肯定，指出，它的历史作用是“立例以辅律，非以破律”[①]。这一观点是公允和符合实际的。弘治、嘉靖、万历三朝“度势立法”，定期整理、清理累朝颁行的事例，把仍合时宜、具有稳定性的事例编入《问刑条例》，及时对《大明律》过时的条款予以修正，又针对当时出现的社会问题适时补充了新的规定。这种做法，既保持了明律所应具有的权威性和稳定性，又利于国家法律的实施。

《问刑条例》系国家“常法”，具有相对的稳定性，与《大明律》具有同等法律效力，可以在司法审判活动中广泛适用。编入《问刑条例》的事例，已属于“常法”的组成部分，其性质、法律效力与一般属于“权宜之法”的事例大不相同。经明孝宗钦准，这种事例汇编形成的“常法”称为“条例”。弘治《问刑条例》以“条例”命名，是明代立法技术的一大进步。在此之后，朝廷新制定的“常法”，多是以“条例”定名，从而使立法更加规范化。

（三）明代典例法律体系的确立与正德《会典》事例

1. 颁行《大明会典》是明代以典为纲、以例为目法律体系基本框架定型的标志

《大明会典》的编纂始于弘治十年（1497年）三月。其时，孝宗以累朝典制散见于简册卷牍之间，百司难以查询，民间无法悉知，于弘治十年三月敕大学士徐溥、刘健等编纂《大明会典》。十五年（1502年）十二月成书，凡180卷。但未及颁行，明孝宗去世。明武宗继位后，于正德四年（1509年）五月，命大学士李东阳等重校，六年（1511年）颁行，世称正德《会典》。

正德《大明会典·凡例》云：“会典之作，一遵敕旨，以本朝官职制度为纲，事物名数仪文等级为目。”由此可知，《会典》编纂之始，就确立了以典制为纲、以事则为目的指导思想和编纂原则。修成的正德《会典》，以六部和其他中央机构官制为经，以事例为纬，分述开国初至弘治十五年

---

① 沈家本撰《寄簃文存》卷7《万历〈大明律〉跋》，载沈家本撰，邓经元、骈宇骞点校《历代刑法考》第4册，中华书局，1985，第2263页。

百余年间各行政机构的建置及所掌职事。其书弁以宗人府 1 卷，2 ~ 163 卷为六部掌故，164 ~ 178 卷为诸文职，末 2 卷为诸武职。该书事类纲目，一依洪武二十六年（1393 年）刊布的《诸司职掌》为主。通过修订，保留了《诸司职掌》、《大明律》全文，从《大明令》、《皇明祖训》、《大诰》、《大明集礼》、《洪武礼制》、《礼仪定式》、《稽古定制》、《孝慈录》、《教民榜文》、《军法定律》和《宪纲》等 11 种成法性质的制书中，选编了仍适合明代中期行用的有关条款，从国初至弘治十五年颁行的事例中，编选了当时仍可行用和具有参阅价值的事例，编成"足法万世"的一代之典。

正德《会典》是全面整合祖宗成法和历年事例的结晶。它的纂修和颁行，弥补了祖宗成法因时局变化立法缺口过大或有些条文过时的缺陷，有效地解决了事例浩繁、官吏无法掌握的弊端，使法制归于一统。正德《会典》详细地规定了明朝的基本法律制度，是国家的"大经大法"。

正德《会典》的颁行，标志着明代以典为纲、以例为目的法律体系基本框架的定型。明初的法律体系，从法律效力层级讲，由以制书名义发布的各种"常法"与"权宜之法"事例两个层级构成。常法既包括《大明令》和《诸司职掌》这类综合编纂的法律，也包括《礼仪定式》和《教民榜文》这类只适用于某一领域的法律，法律称谓各书其名，立法形式不够规范和统一，显得有些杂乱。正德《会典》颁行后，明朝的法律体系从法律效力层级讲，则由"大经大法"、"常法"和"权宜之法"三个层级构成，《会典》是国家的"大经大法"，明太祖颁布的《大明令》、《大明律》、《诸司职掌》、《大明集礼》等 13 种法律是"典"的组成部分，后嗣君主颁行的稳定性较长的行政、刑事诸条例为国家"常法"，包括则例、榜例在内的一应事例为"权宜之法"。这种以典为纲、以例为目的法律体系，法律形式简约，效力层级分明，内容包容量更大，更方便官吏掌握，因而被明代后期各朝乃至清代所沿袭。

关于《大明会典》的性质，学界尚有争议，有"官修史书"说、"行政法典"说等不同观点。本文采用国家"大经大法"的提法，主要理由如下。（1）关于《大明会典》编纂的宗旨，明正德《大明会典·御制〈明会典〉序》云："俾内而诸司，外而群服，考古者有所依据，建事者有所师法。"明统治者编纂《大明会典》有双重意图，一是明法度令官民共守，二是诏示一代典籍备后世查考。（2）《大明会典》是一代典章和法律的汇编，它不同于一般典制体史书的编纂，自始至终都是国家的立法活动。内容的选编以“不得与《会典》之制有违”为原则，现行法律须经严格清理、选择，可通行于世者，呈报皇帝定夺后方可入典。《大明会典》要由皇帝明令公布，命天下遵行。（3）从《大明会典》的内容看，除现行法律外，收入的前朝颁行的法律，基本上是两种情况，或是长期通行的基本法律制度，或是可作为百司参阅的法律条款。（4）查阅《明实录》等明代史籍，有许多立法与执法实践中“照依会典”、“查照会典”、“按会典开载”的记载，说明《大明会典》在治国实践中是作为一代大法被遵行的。（5）“官修史书”说忽视了《会典》与其他政书不同，它系整合祖宗成法而成，具有最高法律效力，并长期行用；“行政法典”说忽视了《大明会典》收入《大明律》全文，故还是按照明代统治对《会典》性质的表述，称其为“大经大法”为妥。用现代法律语言则可表述为：《大明会典》是全面规范国家政务和各项基本制度、经久常行、在国家法律体系中居于“纲”的地位的大法。

《大明会典》为国家的大经大法，自颁行之日起，一直要求天下臣民严格遵守。孝宗皇帝所写《明会典序》云：“朕祗承天序，即位以来，蚤夜孜孜，欲仰绍先烈，而累朝典制，散见叠出，未会于一。乃敕儒臣，发中秘所藏《诸司职掌》等诸书，参以有司之籍册，凡事关礼度者，悉分馆编辑之。百司庶府以序而列，官各领其属，而事皆归于职名，曰《大明会典》……百有余年之典制，斟酌古今，足法万世者，会稡无遗矣。特命工锓梓，以颁示中外，俾自是而世守之。”[①] 明代史籍中有关“遵《会典》”和依据《会典》处理行政事务的记载比比皆是。《明实录》中有上百件遵守《会典》行事的记载。仅以《明世宗实录》所载为例。如，嘉靖元年（1522 年）三月，“己未，鲁府新蔡王当浮，乞赐食盐，以《会典》有禁，不允。仍定为例。”[②] 嘉靖二年（1523 年）三月，“辛未，户部上言……今宜严禁私茶，陕西责之巡茶御史，四川、湖广守巡兵备，一切市茶未卖者验引，已卖者缴引截角，凡引俱南京户部印发，郡县无得擅印。痛革私税，一归于批验茶引所茶课司。其总镇守备家人头目豪贩者，抚按论劾无

① 徐溥等纂修、李东阳等重校《大明会典》书首《明会典序》，文渊阁四库全书本。
② 《明世宗实录》卷 8。

赦，仍以《大明会典》及律例所载申明榜示。”① 此建议得到世宗皇帝批准。嘉靖九年（1530 年）六月丙戌，吏科都给事中夏言上书，建议祭祀太庙、世庙时，由六科都给事中参与陪祭，世宗皇帝要求礼部议定，礼部“以与《会典》事例不合，罢之”②。嘉靖十四年（1535 年）正月丁丑，“周王睦播奏，王亲瑶役，乞一户全免。部覆：‘宜遵《会典》例，免二丁’。诏从部议”。③《明实录世宗》卷 497 载，嘉靖四十年（1561 年）闰五月癸卯，“云南抚按官以近例裁革关文，请给本省会试举人及乡试考官勘合。兵部言：‘各省新科举人，例应起关，仍照《会典》遵行。其聘取考官亦系公务，宜如顺天府事例一体应付。’从之”。

2. 关于《会典》事例

正德《大明会典》的编写方法，是在各目次下先选编祖宗成法即制书中的相关条款，在其后设“事例”专栏，将应收入的累朝历年事例以颁行时间为序，依次编入。

笔者详细统计了正德《会典》所收事例，共计 4831 件（详见表 2）。

表 2　正德《会典》所载事例

卷　次	目　次	洪武	建文	永乐	洪熙	宣德	正统	景泰	天顺	成化	弘治	不计	合计
卷 1	宗人府	1		2	1	1					2	9	16
卷 2 – 16	吏部	61	1	21	4	23	41	10	11	32	39	146	389
卷 17 – 41	户部	167	2	127	9	143	384	171	58	287	168	43	1559
卷 42 – 79	礼部	274	2	160	7	55	75	31	31	67	64	159	925
卷 80 – 125	兵部	74	3	71	3	65	62	16	28	94	140	92	648
卷 126 – 146	刑部	33	4	16	2	12	11	8	7	21	25	13	152
卷 147 – 160	工部	51		35		21	24	13	18	61	52	37	312
卷 164 – 166	都察院	1		2		10	18	5	3	19	11	29	98
卷 167	通政使司等	1		1						2		158	162
卷 168	大理寺	2		5			1			4	3	7	22
卷 169	太常寺	2										25	27

① 《明世宗实录》卷 24。

② 《明世宗实录》卷 114。

③ 《明世宗实录》卷 171。

续表

卷　次	目　次	洪武	建文	永乐	洪熙	宣德	正统	景泰	天顺	成化	弘治	不计	合计
卷 170	詹事府	2		1				1		2		31	37
卷 171	光禄寺	2		2			2			2		80	88
卷 172	鸿胪寺											24	24
卷 173	国子监	26		7		9	12	3	4	17	15	6	99
卷 174	翰林院			1		1	1				3	37	43
卷 175	尚宝司											32	32
卷 176	钦天监	5		1						4	4	40	54
卷 177	上林苑监			2			1					20	23
卷 178	僧录司	5										26	31
卷 179	中军都督府										1	51	52
卷 180	上二十二卫	1				1	1			1	2	32	38
合　　计		708	12	454	26	341	633	258	160	613	529	1097	4831

编入正德《大明会典》的累朝事例，约占全书篇幅的一半以上。事例在《会典》中有何功能？它与收入《会典》的常法条款是何关系？在执法或司法过程中能否援用？这里，以正德《会典》卷 22《户部七》有关赋役的记载为例，对上述问题加以探讨。

正德《会典》卷 22 先辑录了《诸司职掌》、《大明令》、《宪纲》中有关赋役的条款，然后在“事例”一栏记载了洪武三年（1370 年）至弘治十三年（1500 年）间颁行的 18 件事例。本文照录如后。

诸司职掌

凡各处有司，十年一造黄册，分豁上、中、下三等人户，仍开军、民、灶、匠等籍，除排年里甲依次充当外，其大小杂泛差役，各照所分上、中、下三等人户点差。

明令

凡民年八十之上，止有一子，若系有田产应当差役者，许令雇人代替出官。无田产者，许存侍丁，与免杂役。

宪纲

仰本府州县严督所属，凡有一应差役，须于黄册丁粮相应人户内，从公点差，周而复始。毋致放富差贫，作弊扰民。

事例

洪武三年，令各处军民，凡有未占籍而不应役者，许自首。〇十七年，令各处赋役，必验丁粮多寡，产业厚薄，以均其力。违者罪之。〇十八年，令有司第民户上、中、下三等为赋役册，贮于厅事。凡遇徭役取验，以革吏弊。〇二十一年，令税课司局巡拦，止取市民殷实户应当，不许佥点农民。〇二十四年，令寄庄人户，除里甲原籍排定应役，其杂泛差役，皆随田粮应当。〇令在外布政司、按察司、府州县官，俱给官钱买马，市民轮流看养。〇三十一年，令各都司卫所在营军士，除正军并当房家小，其余尽数当差。〇正统五年，令各府州县每岁查见在人户，凡有粮而产去，及有丁而家贫者，为贫难户，止听轻役。〇景泰元年，令里长户下空闲人丁，与甲首户下人丁一体当差。若隐占者，许甲首首告。〇令各处有司马夫，二十丁买马，十丁养马，俱于市民内佥充。〇成化六年，令有司马夫，不许占役丁多富户及办纳月钱。〇十五年，令各处差徭户分九等，门分三甲，凡遇上司坐派买办采办，务因所派多少定民输纳，不许隔年通征银两在官。〇弘治元年，令各处审编均徭，先查该年人户丁田，分为等第，止编本等差役，不许分外加增余银。若贫难下户，并逃亡之数，听其空闲，亦不许预收余银，负累见在里甲。凡额外滥设差役，尽行革罢。如违，听巡抚、巡按官纠举。不举者坐罪。镇守衙门，不许干预均徭。〇又令在京事故，校尉、力士、幼军、厨役、随住人口，照回当差。其有在京潜住，冒顶军匠者递回。〇四年，令各处郡王受封之后，若有入继亲王并病故无后者，原拨校尉悉发有司听差，不许容隐占用。〇五年，令顺天府所属人民，有私自投充陵户、海户及勇士、校尉、军厨，躲避粮差者，除本役外，其户下人丁照旧纳粮当差。〇七年，令布按二司及各府官马夫，于所属州县各佥中等三丁人户，十户共出银四十两，解送掌印官处，分给各官自行买马喂养。其州县者，于隔别府分佥充，亦征银解送各掌印官，分给买马喂养。〇十三年，奏准各布政司并直隶府州掌印官，如遇各部派到物料，从公斟酌所属大小丰歉坐派。若豪猾规利之徒，买嘱该吏，妄禀偏派下属承揽害民者，俱问发附近卫所充军。各该掌印官听从者，参究治罪。

上述《诸司职掌》、《大明令》、《宪纲》条款，系照录这三书中的有关条款而来，一字未改。[①] 后附的18件事例名，有弘治朝事例6件，其他12件为“先年事例”。将这些事例的内容与三书的条款及相关文献进行比较，可以得出以下几点结论。

其一，《诸司职掌》、《大明令》、《宪纲》的条款系原则性规定，而事例的规定比较具体。后者是前者的细则性补充规定，使赋役制度更加完善，但立法内容没有与前者冲突之处。由此可知，事例的制定遵循了国家“常法”确认的原则和精神，立例是为了“补法”和“辅法”。

其二，这些事例都是从累朝颁行的赋役事例选编而来。查明代法律文献可知，事例的原始文本，一般是皇帝的诏、敕和臣工的题本、奏本。《会典》所收事例，显然不是事例原件，而是对其内容的精练概括。

其三，收入的6件弘治朝事例，分别颁行于弘治元年、四年、五年、七年、十三年。按照当时的法律用语，称为“现行事例”。其他12件为“先年事例”，内有：洪武事例7件，分别颁行于洪武三年、十七年、十八年、二十一年、二十四年、三十一年；正统事例1件，颁行于正统五年；景泰事例2件，颁行于景泰元年；成化事例2件，分别颁行于成化六年和十五年。按照当时的法律用语，称为“先年事例”或“远年事例”。

“现行事例”是弘治朝正在实行的事例，具有法律效力，可在执法过程中援用。据《明神宗实录》载：“远年事例，不许妄援。”[②] 这就是说，其他12件先年事例，主要是供官吏在执法中参考。

编入正德《大明会典》的事例，都是经过精心挑选，或者是仍适用于现实国情的现行事例，或者是具有参阅价值的先年事例。明代史籍中有不少臣工要求把事例“纂入会典，永为定例”[③] 的记载。事例入《会典》后，成为“大经大法”的构成部分，它们虽存“事例”之名，但法律效力已发生变化，已不再是原来“权宜之法”性质的事例，而是属于国家大经大法的范畴。

---

① 分别详见杨一凡点校《皇明制书》，社会科学文献出版社，2013，第1册第7页，第2册第420页，第4册第1464页。

② 《明神宗实录》卷506。

③ 《明世宗实录》卷132。

（四）万历《会典》所辑正德、嘉靖、隆庆、万历事例

从正德六年（1511 年）到万历十五年（1587 年），正德《大明会典》实施了 76 年之久。嘉靖年间，由于两方面的原因，导致续修《会典》：一是正德、嘉靖年间又颁行了大量的事例，二是正德《会典》本身也有编纂不精道之处。《明世宗实录》卷 81 就嘉靖六年（1527 年）十月己酉世宗皇帝同意续修《会典》事做了这样的记载：

上阅《会典》，内载冠礼之仪，成化十四年有“礼成谒谢，奉先奉慈殿”之文。因问彼时未有奉慈殿，何差误若此？辅臣杨一清等言：《会典》一书，乃弘治九年孝庙命官纂修，大学士李东阳等议定《凡例》，以《诸司职掌》乃圣祖旧制，开具于前，而以累朝节年事例循序系于后。书久不完，传旨督责，乃催攒成编，故多差误。正德间，又尝略为校正，而有未尽者。此一代通典，百司之所遵行，后世以之为据，诚为至要。但纂修稍迟，故老凋丧案卷磨灭，如前项差错，恐益多矣。合令部院等衙门各委属官，将续定事例再行检勘，送史馆润色改正，庶几失之于前，犹可正之于后也。上曰：《会典》我朝之制，祖宗建造，如此之误可乎！朕每观览，不能无疑，卿谓今不图之，后愈无考也。诚宜修复，以成一代之制。

也有臣工以正德《会典》采集的资料有重大遗漏，要求续修《会典》。如嘉靖八年（1529 年）十二月丁丑，四川巡抚都御史唐凤仪上书云：

臣往年曾将法司相传辑录《条例全文》，誊一部，计六十四卷。始天顺八年乞弘治七年，所载皆列圣因时沿革之政令也。今重修《会典》，请得增入。诏送史馆采择。[①]

《大明会典》在嘉靖年间两次续修。嘉靖八年，将弘治十五年（1502年）至嘉靖七年（1528 年）续定事例，照前例查出纂集，以类附入。嘉靖二十四年（1545 年）至二十八年（1549 年），又诏阁臣续修新例。嘉靖

① 《明世宗实录》卷 108。

间前后续修达53卷，世称“嘉靖续纂《会典》”，然未颁行。

神宗万历四年（1576年）六月，重修《大明会典》，十三年（1585年）书成，十五年（1587年）二月刊行，世称“万历重修《会典》”，题为申时行等纂修，共228卷，增补了嘉靖二十八年（1549年）至万历十三年（1585年）事例。今存《大明会典》有内容简繁不同的两种版本，一般称引的《大明会典》，多指万历本而言。

万历《大明会典》以六部和其他中央机构官制为纲，以事则为目，分述明代开国至万历十三年两百余年间各行政机构的建置沿革及所掌职事。全典分文职衙门与武职衙门两大部分。文职衙门共226卷：宗人府1卷，吏部12卷，户部29卷，礼部75卷，兵部41卷，刑部22卷，工部28卷，都察院3卷，通政使司和中书舍人、六科、大理寺、太常寺、詹事府等、光禄寺、太仆寺、鸿胪寺、国子监、翰林院、尚宝司和钦天监、太医院、上林苑监等、僧录司等各1卷。最后为武职衙门2卷：五军都督府和锦衣卫等22卫各1卷。南京衙门事例附于各相关衙门之后。

万历《大明会典》详细记述了各国家机构的设置、有关制度和活动原则、冠服仪礼，并附有插图。在各官职下多列有详细统计数字，如田土、户口、驻军和粮饷等。正如序文所说，“辑累朝之法令，定一代之章程，鸿纲纤目，灿然具备”①，是明朝新的典章之大全。

与正德《大明会典》比较，万历《会典》更加规范和完善，主要表现在三个方面。

其一，把祖宗“制书”条款与累朝事例整合，以事分类，实现了典、例融合，使“大经大法”更加规范。万历《会典》是在修订正德《会典》和未颁行的嘉靖《会典》的基础上完成的。旧典“列《诸司职掌》等制书条款在前，历年事例附后。然《职掌》定于洪武二十六年，而洪武事例有在二十六年之前者，不无先后失序”②。加之书首无总目，很多卷目次下制书条款与事例的内容往往有交错之处，条理不够分明。万历《会典》改为把制书条款和相关事例合编，“从事分类，从类分年，而以凡字冠于事

① 申时行等重修《明会典》书首万历十五年《御制重修明会典序》，中华书局，1989，第2页。

② 申时行等重修《明会典》书首《重修凡例》，中华书局，1989，第2页。

类之首，各年俱以圈隔之”①。制书条款收入其中时，俱称其刊布时间，如《大明令》称洪武元年，《诸司职掌》称洪武二十六年。《御制大诰》、《大明集礼》、《洪武礼制》等书，也是仅称年份，不用书名。这样，各类事例按刊布年份排列，总目列于书首，各卷下标有事类名称。卷帙虽然浩瀚，但纲目分明，因革清晰。在整合祖宗成法和累朝事例时，正德《会典》收入了《大明律》及所附万历《问刑条例》全文，而融《大明令》等12种祖宗成法与累朝事例为一体。此种做法，意味着这些曾以“制书”名义颁布的祖宗成法作为独立的法典，从此淡出法律舞台，因而进一步实现了法制统一，使以典为纲、以例为目的法律体系更加完善。

其二，万历《会典》按照“至精且当”的要求校订，对旧典的款目和内容也多有损益。该书前《重修凡例》云：“会典款目事件，有遗漏当补者，如常朝无御门仪之类；有重复当并者，如粮储、税粮、草料、刍草之类；有次第未当者，如官制列选官后之类；有增目未尽者，如马政、军政之类；有合提纲而列为目者，如推升列选官下之类；有应立目而止附载者，如官舍、比试之类；有应合而分者，如朝觐、考察、水马驿之类；有应两载而未备者，如殿试附科举之后，而策士另载之类；今皆增补厘正。其有字义未妥者，皆更之，如吏部‘贡举’改为‘访举’，《诸司职掌》改为‘责任条例’之类。”“兵部镇戍，旧本纪载甚略，而别有文臣总督之目。然巡抚兵备官，皆有兵戎之寄，而九边各镇要害，节年经理，事例甚繁，皆宜备录。今以督抚兵备列于将领之次，各镇则有分例、有通例。凡边海防御事宜可考据者，皆书之。若各省直地方有未详者，姑阙以俟后。其九边仍括为图，列于图本之下，以备参考。其文臣总督旧目，则删之。”“内府营造，不载宫殿门楼，似为阙漏，今补书之。”经修改、校订、补辑，内容更为精当。

其三，万历《会典》在“嘉靖续纂会典”所收续定事例的基础上，又增补了嘉靖二十八年（1549年）至万历十三年（1585年）事例。全书共续编弘治十五年（1502年）至万历十三年事例4991件，使法典内容高度完善（详见表3）。

① 申时行等重修《明会典》书首《重修凡例》，中华书局，1989，第2页。

表 3　万历《大明会典》所载续编事例

卷　次	目　次	弘治	正德	嘉靖	隆庆	万历	合计
卷 1	宗人府		1	3			4
卷 2－13	吏部	34	33	188	67	109	431
卷 14－42	户部	82	240	821	175	167	1485
卷 43－117	礼部	32	63	388	80	143	706
卷 118－158	兵部	48	189	726	227	297	1487
卷 159－180	刑部	4	13	47	4	8	76
卷 181－208	工部	23	39	259	44	59	424
卷 209－211	都察院	4	10	97	25	26	162
卷 212	通政使司等		2	5			7
卷 213	六科	1	5	17		1	24
卷 214	大理寺			1		2	3
卷 215	太常寺	1	2	11	1	1	16
卷 216	詹事府等			1			1
卷 217	光禄寺	2	4	31	12	5	54
卷 218	太仆寺	1	1	1	1	2	6
卷 219	鸿胪寺			2	2	3	7
卷 220	国子监	1	3	22	5	4	35
卷 221	翰林院		1	7		2	10
卷 222－223	钦天监等	2	2	6	2		12
卷 224	太医院			8	5	8	21
卷 225	上林苑监等			2			2
卷 226	僧录司等			6			6
卷 227	五军都督府		1	4	1	2	8
卷 228	二十二卫			4			4
合　计		235	609	2657	651	839	4991

从表 3 可知，万历《会典》所收事例中，弘治朝（弘治十五年至十八年）235 件，平均每年 58.8 件；正德朝（元年至十六年）609 件，平均每年 38.1 件；嘉靖朝（元年至四十五年）2657 件，平均每年 59 件；隆庆朝（元年至六年）651 件，平均每年 108.5 件；万历朝（元年至十三年）839 件，平均每年 64.5 件。

在续编事例中，以户部、兵部为多，这表明明代中后期在经济不振、国家财政困难、外患不断的情况下，加强经济和军政管理仍是立法的重点。而吏部、礼部、工部和其他院寺监衙门事例相对较少，与这些领域原来法制较为健全或职掌范围有限的情况有关。

据万历《大明会典·重修凡例》，该书所收嘉庆二十八年（1549 年）以后六部等衙门事例，均为现行事例。万历《会典》的编纂，既收入了累朝的可供参考的事例，又详尽地收入了现行事例，从而成为内容高度完善的国家“大经大法”。

结　语

明代法律体系的变革，始终贯彻了明太祖“常经之法”与“权宜之法”并重的法律思想，坚持了“典为纲，例为目”的编纂原则。以正德《大明会典》颁行为分界，新法律体系的形成和完善经历了两个发展阶段。在创建新法律体系的漫长过程中，事例作为基本的法律形式发挥了重大作用。洪武年间，实行修“常法”以垂后世、制例以治一时的双轨立法方略，因“常法”编纂滞后，朝廷在治国实践中广泛制例，事例实际上成为当时行用的主要法律。永乐至弘治中叶百余年中，累朝遵崇祖宗成宪，“常经之法”编纂没有多少建树，以频繁颁行事例弥补“常法”之不足，事例在从各个方面完善国家法律制度的同时，产生了“冗琐难行”的弊端。弘治朝是明代立法的又一辉煌时期，《问刑条例》和《大明会典》的纂修，把法制建设提升到一个新的水平。弘治十三年《问刑条例》的颁行，使刑事法律体系空前完善。正德《会典》实现了对祖宗成法的整合，选编了 4800 余件累朝事例，极大地健全了明代的法律制度。万历《会典》把祖宗成法与累朝事例合编，以事分类，把适合国情和可供参阅的事例都纳入“大经大法”的范畴，实现了法制统一和新法律体系的高度完善。两部《会典》的内容，事例占很大比重。有明一代，事例在完善国家法律体系方面具有其他法律形式不可替代的功能和价值。

制度与思想

清代秋审之前奏：补论明代秋审

孙家红*

摘　要：明代秋审和朝审制度在继承汉唐以来“秋冬行刑”基础上多有发展，俨然为清代秋审和死刑监候制度之前驱。然而，长期以来，学术界对此关注研究并不充分。本文试图重新审视董康关于秋审的经典研究，结合明代法律人物王樵的秋审司法经验记录，对明代秋审制度的演进发生加以简单勾勒，并在充分肯定其历史贡献的前提下，重点揭示其制度局限。

关键词：清代秋审　董康　王樵

一　董康的秋审研究

《礼记·月令》关于“秋冬行刑”的记录，名义上说的是西周制度，但经后儒不断宣传演绎，致使这些思想内容在法律史上产生双重影响：一方面，这些文字所蕴含的精神奥旨，成为后世祖述秋审制度的一个重要源头；另一方面，该书描绘的“四时行政”的社会模式，成为后世王朝不断模仿的对象。但是，单凭《礼记·月令》如此单薄的记录文字，我们还不能说，在西周的时候，就已经存在秋审制度了。

从中国法律发展的历史来看，汉代关于“秋冬行刑”的事例渐多，常为后世称道。然而，正如孔子所言“文献不足，杞不足征”，除了《史记》、《汉书》中一些较为零碎的记载外，关于汉代秋决的制度规范，一直难得其详。上个世纪以来，在汉代考古方面，包括著名的《张家山汉简》、

* 孙家红，中国社会科学院法学所副研究员。

《悬泉汉简》在内，我们有许多重大收获，但距离完整拼凑出汉代法律制度的全貌，仍然十分遥远。尤其遗憾的是，截至目前，在数量众多的考古资料中，我们并未发现汉代“秋决”的直接记录。

及至唐代，明确规定，立春后，不决死刑。除特别严重犯罪“决不待时”外，禁止立春后、秋分前处决死刑。其后，两宋对唐朝法制多所继承，而于继承中略有损益。元朝则标新立异，“重刑不待秋分”。而真正将“天人合一”与“秋冬行刑”思想发挥极致，并最终确立秋审司法制度者，唯有明清两朝。尤其后者，上稽往古，下逮近世，使秋审最终成为一代“盛典”，在“三千年未有之变局”来临前，为中华传统法系留下一抹独特的亮彩。

此前，笔者曾就秋审制度在明清两朝的递进关系，有所论列。[①] 然因主题及视野所限，当时对于明代秋审着墨不多。借此机会，稍加补充，以见明代秋审与清代秋审之关联。

在近十年前《清代的死刑监候》一书写作之际，关于明代秋审研究的重要成果，甚感缺乏。遗憾的是，直到今天，除数篇普普通通的论文外，亦未见有显著进展。在极有限的研究成果中，董康（1867～1948 年）辑撰的《秋审制度》，绝对是一部值得注意的作品。主要有以下几方面原因。

第一，董康作为近代法学名家，亲身经历清末法律改革，并曾数次参与秋审司法。随后，又在民国政府乃至后来的日伪政权中，担任司法要职，具有丰富的法学研究和司法经验，深谙典章，熟于掌故。故其著述中，有许多内容属于亲历所得，对于我们研究近代法律史，几可视作一手资料。尽管其中存在不少瑕疵，以及尚待考证之问题，但总体上十分难得。

第二，董康对于秋审制度，具有浓厚感情。对于秋审制度的司法功能，更有其独到见解。他坚持认为，秋审在古代中国刑事司法体系中，对于慎重刑罚和减少死刑是一项十分成功的制度设计。辛亥鼎革后，董康曾多次建议恢复秋审制度，甚至主张结合英美等国经验，设立“减刑委员会”，专门处理死刑案件，以救当时司法之弊。[②] 但他的主张和建议，并未

① 孙家红：《清代的死刑监候》，社会科学文献出版社，2007，第 32～50 页。

② 参见董康《论秋审制度与欧美减刑委员会》，《法轨》创刊号，1933 年 7 月。

得到最高当局首肯，甚至被斥为思想老旧，使其耿耿于怀。

第三，1937年7月7日，卢沟桥事变爆发，北京随之沦陷。在随后成立的日伪政府中，董康出任司法要职，地位十分显赫。其法学造诣，更是深受日本人推崇，有“法界泰斗”之誉。尽管在此特殊时期，董康扮演的角色并不光彩，但也就是在此时期，董康对中国明清两代的秋审制度，进行了专门研究，并连续出版两部作品：《秋审制度》（1941年）和《清秋审条例》（1942年）。这两部书，不仅寄托了董康作为一名法律史家，对于“中华旧物”的独特情感，更为今天的人们，留下了重要学术成果。其中《秋审制度》一书，便是他专门研究明代秋审的作品。可惜的是，我们目前只见到该书“第一编”。或许董康原本有一个宏大的撰写计划，而最终未能全部实现。

该书以铅字蓝印，并用宣纸进行装订，这在民国出版物中，样式规格十分不俗。翻阅该书，我们发现，董康在追溯秋审制度的思想和制度渊源时，主要利用了《唐律》、《旧唐书》、《新唐书》、《唐六典》等基本史料。关于明代秋审制度的叙述，董康的史料来源，主要依赖：（1）《大明会典》，以万历本为主，兼用正统本；（2）《明史》“职官志”和“刑法志”中相关内容；（3）明代王樵（1521～1599年）的《方麓集》[①]。此外，他还略为涉及了伊璜的《罪惟录》、谈迁的《国榷》等。但不知何故，对于卷帙浩繁的《明实录》，董康并未采用。另观该书内容排列，除“绪言”外，大致包括“死刑决候之区别”、“朝审”、“热审”、“审录”等几个部分。今观其文字，基本都是从《明会典》（万历本）中抄袭而来。职是之故，该书在内容方面，创新不多，在著述方式上，有类“抄辑”之作。尽管如此，该书作为研究明代秋审制度的开创性作品，十分值得重视。

二　王樵的司法经验

秋审（或秋决）的思想根源，固然在于“天人合一”，但当这种思想落实到制度层面，却又十足彰显出中华古老的“慎刑”思想。一方面，为

① 该书原名《方麓居士集》，在董康笔下或称《方麓居士文集》。本处则沿袭“四库全书”说法，简称为《方麓集》。所引用版本，亦为影印文渊阁四库全书本。

求谨慎适用刑罚（尤其死刑），刻意增加司法程序（如三覆奏、五覆奏），力争每个个案都能获得实质正义。另一方面，为求国家长治久安，彰显最高统治者的仁政情怀，时不时地减少甚至停废死刑，也是秋审较为基本的制度功能。

明代秋审制度，首先行于南北二京，其后推广至各省。揆其名称，则大致先有“朝审”，而后有“秋审”。这里面，涉及一个小问题：朝审和秋审的区别何在？以空间地域言之，行于京师者即为朝审，行于外省者即为秋审；以时间维度言之，则不管是朝审，还是秋审，皆选在秋冬举行，也都可称作“秋审”。若以案件类型观之，朝审和秋审皆以死刑监候案件为专门的覆核对象，更无本质上不同。根据以往阅读经验，在明代官私文书中，似乎“朝审”一词的出现频率，略高于“秋审”。但董康认为，将明代朝审称作秋审，并无名实不符之嫌，因而将研究明代朝审和秋审的著作，直接命名为《秋审制度》。笔者对此深表赞同，今则遵其先例，除非在狭义上进行对举，也将明代朝审笼统称为“秋审”。

在明代秋审演进过程中，有四个时间节点值得注意。

（1）洪武三十年（1397 年）。据《明会典》载，当时已将死刑分为“决不待时”、“秋后处决”两类。前者包括十恶、强盗等 8 项，后者则包括诈伪、强奸、越皇城者、失误军机、发冢见尸、奸党、强占良家妻女、诬告人死罪已决等 51 项。[①] 这些内容，与《续通典》、《明太祖实录》中记录的明初朝审事例颇可互相印证。但历史记录较为零散，举办时期、司法程序、参与人员等也不太固定，可能那时还没有成为司法常规。

（2）天顺二年（1458 年）。当年九月二十五日，明英宗特发谕旨，要求从第二年——天顺三年开始，每年霜降后，由三法司（刑部、都察院、大理寺）出面奏请，会集京内衙门各官，将刑部在押的死刑人犯，逐一覆审。这一举措在清朝人撰写的《明史》中，被认为是明代朝审制度的开端。从此，明代朝审逐步从“热审”、“寒审”等多种审录机制中脱颖而出，意义不容小觑。

（3）弘治二年（1489 年）。明孝宗谕令南直隶及其他外省，于每年立秋时，将监候待决重囚，一应死罪囚犯，通行具奏。复由各该巡按御史会

① 申时行等：《明会典》（万历重修本）卷 173，中华书局，2007，第 882～883 页。

同地方都、布、按三司等官从公研审。“除情真罪当者，照例处决。果有冤抑者，即与辨理。情可矜疑者，径自具奏定夺。其未转详者，责令转详。未问结者，督同问结。俱要遍历衙门，逐一研审，著为定例。”① 在董康看来，这是明代将朝审向外省推广的关键一步，俨然已有“外省秋审”之实。

（4）弘治十年（1497 年）。这一年，将明律中关于死刑立决和秋决的条款，进一步详晰区分。据万历朝重修版《明会典》记载，经过这次厘析工作，结果获得“秋后处决”的斩罪 94 款，绞罪 75 款，② 数量十分可观，相关规定更趋细密。

其实，在明代司法体系中，作为“矜慎刑狱”（或曰“恤刑”）的制度设计，除朝审或秋审外，至少还有热审、审录两大类别。据《明会典》卷 177 记载，每年夏月小满后十余日，进行热审。热审之制，起于明成祖永乐年间，最初只在北京举行，且只复审轻罪——徒流以下案件，后来推广至南直隶和其他外省。及至成化一朝，又将重罪纳入覆审范围。成化十七年（1481 年），定五年一次“大审”——董康谓之“审录”，不仅兼含轻重罪刑，且包举南北两京及其他外省案件。

在前人研究成果中，包括董康《秋审制度》在内，动辄将明代的热审、审录（大审）等恤刑方式与秋审（朝审）混合言之。参观清代秋审制度，则可明显感到：明代秋审在与其他恤刑措施并行并举的过程中，其审录时间、审录对象、司法程序在不断完善，且渐渐自成一格，独立出来。所以，我们说，秋审制度在明代的演进，通过大量司法实践，存在一个从模糊到清晰的过程。

进而，我们不妨窥探一下明代秋审的运行实况。在《明实录》中，对于秋审活动多所记录，但这些记录往往侧重中央司法，对于基层司法罕有提及。明代距今六百余年，历经清朝、民国，乃至 1949 年后无数浩劫，留存下来的文书档案，有类凤毛麟角。当年董康撰写《秋审制度》时，曾经寻获 4 篇题疏文字，弥足珍贵，颇引笔者兴趣，谨据此略作发挥。

董康在《秋审制度》中，将朝审、热审、审录三者并举。然究其时机

---

① 《大明会典》（正统）卷 137，差官审录，间引自董康《秋审制度》第 4 章。

② 申时行等：《明会典》（万历重修本）卷 174，中华书局，2007，第 886 ~ 889 页。

选择，热审与秋审（朝审），一在盛暑，一在清秋，不可同日而语。至于审录，董康则又将其分秋审（每年举行）和审录（每五年举行）两种，在逻辑上颇不和谐。其实，董康完全承袭了《明会典》的分类套路。循此套路可知，董康寻获的四篇文字：《常镇等处会审疏》一篇，出自《明史》，属于“审录”；《钦恤疏》一篇，出自王樵的《方麓集》，属于“热审”；只有剩余的两篇，《会审重囚疏一》和《会审重囚疏二》，皆出自《方麓集》，属于严格意义上的秋审文牍。值得注意的是，这两篇秋审文牍，均出自同一个人王樵之手。

王樵（1521～1601 年），字明逸，号方麓，江苏金坛人。嘉靖二十六年（1547 年）进士，曾任刑部员外郎、南京刑部右侍郎、右都御使等职。史载，王樵一生“治律如经”，所著《读律私笺》30 卷，精核法理，“字比句栉，贯串折衷”，蔚为律学经典。其子王肯堂（字宇泰），在律学方面，克绍箕裘，大有青蓝之胜。以其先父遗著为基础，增补扩充，笺释疑义，刊有《律例笺释》，对清代律学影响至深且巨。王肯堂兼通佛理医术，所著《症治准绳》，流布广众，洵为中医学名著。

关于王樵、王肯堂父子的律学著作、学术造诣，邱澎生先生曾有过精彩论述①，本处无须赘述，有兴趣者自可参看。稍持异议者，邱先生在其文中言，当时人们对于王樵，“只看重他注释儒家经典，而未留意他同样费心注释法律条文的成绩”，似与事实不符。因为我们在明代过庭训、陆应阳等人的著作中看到，时人对于王樵的律学著作《读律私笺》，及其精研律学、守正不阿的认真态度，往往赞誉有加，不吝笔墨。②

笔者翻检四库全书本《方麓集》发现，其中收录的司法文牍实属有限。关于秋审者，仅有两件，且皆产生于王樵任职南京刑部时期。关于热审者仅有一件，则属王樵任职南京大理寺卿时期。三件文牍，皆被董康完整收入《秋审制度》。明代过庭训在《本朝分省人物考》中特别提到，王樵“一当热审，两虑重辟”。如果此话当真，则王樵参与秋审和热审的次数应该不多，而能够有幸留下这三篇文牍，实在难得。

---

① 邱澎生：《有资用世或福祚子孙——晚明有关法律知识的两种价值观》，原载《清华学报》第 33 卷，2004，复刊于《清华法学》第 9 辑，2006。

② 过庭训：《本朝分省人物考》卷 29，明天启刻本。陆应阳：《广舆记》卷 3，清康熙刻本。

案诸《明会典》（卷180），“靖难之役”后，明成祖朱棣下令：凡南京法司问拟该决重囚，将人犯、案卷一同解往北京刑部，审奏裁决。宣德以后，免于解京，改由南京大理寺审理允当后，按类上奏北京刑部。待收到北京回文后，再行处理。其中，死罪立决者，由南京刑部即行覆奏北京最高司法当局，择期处决；秋后处决者，则关在牢狱之中，等秋分后再行覆核。凡遇秋审，南京刑部照天顺二年谕旨所颁，于每年霜降后，将应该处决的死刑犯，会同南京五府、六部、都察院、通政司、大理寺、锦衣卫堂上官，以及六科，在南京太平门外的法司公馆，一起审录，将相关案件分作情真、矜疑等项，奏请北京最高当局裁决。

《方麓集》中收录的两件“会审重囚疏”，皆作于万历二十二年（1594年）秋审过程中。此时，王樵正担任南京刑部的右侍郎。在这两件奏疏的开头，王樵均完整引述了天顺二年九月明英宗关于秋审定例的谕旨，并追述了宪宗、世宗、神宗三朝关于秋审司法的若干新规。据此分析，撰拟秋审奏疏过程中，这些内容在形式上必不可少。另从引述内容看，天顺二年颁布秋审谕旨后，为求南北二京司法程序上衔接无碍，北京刑部曾经奏请，将南京秋审赶在霜降前举行，预拟裁判结果后，再将卷宗送北京覆核。这项合理化建议，先后获得宪宗、世宗两位皇帝批准。

明代秋审后，死刑监候案件的结果，大致有情真、有词、矜疑三种：“有词”即不服判决、尚有说辞，需要重新讯问，覆审请旨；“矜疑”者情有可原，或尚存疑点，则有可能被减等发落，或再加侦讯；只有“情真”（情真罪当）者，才有可能被当年交付处决。起初，秋审结果的分类较为牵混，以致南京刑部在秋审过程中，往往只将少数几名拟作“情真”或“矜疑”，而将大多数“概称有词”。一旦案件被归入“有词”，则必须重新进行覆审。这样一来，不仅迁延时日，牵累相关当事者和证人，更会使真正有罪之人有机可乘，增加司法成本。有鉴于此，万历二十一年十二月，针对南京秋审所暴露出来的问题，刑部再次提出变通办法，要求南京刑部在秋审中，将结果进行细分，矜疑、有词、情真者各为一项，每项单独上奏。揆其用意，重在控制各项结果比例，尤其不希望出现过多“有词”的情况。

正是基于这项新规，南京刑部右侍郎王樵在万历二十二年秋审过程中，将情真应决人犯（黄无思等3名）、有词不服人犯（傅八等8名）分成两次上奏。笔者推测，此外还应有一份“矜疑”案件的奏疏。或许该奏疏不是王樵本人起草，也就没有收录在《方麓集》中。

今观王樵这两件奏疏行文，首先引用天顺以来几位皇帝的秋审谕旨，紧随其后的，是各案“紧关略节”和“招罪缘由”。因为秋审“人命关天”，案件关键情节和人犯供招，必须记载清楚，以致这一部分，在奏疏中占很大篇幅。此外，秋审文牍的署名和具衔方式，也很值得关注。今据其中第一份奏疏，将所涉职衔人名进行列表（详见表 1）。

表 1　明万历二十二年（1594 年）南京刑部秋审职衔人名

	职衔人名		职衔人名
1	南京刑部右侍郎王樵	21	南京大理寺卿周思敬
2	南京中军都督府事、泰宁侯陈良弼	22	南京锦衣卫署都指挥同知梅应魁
3	南京中军都督府事、灵璧侯汤之诰	23	南京吏科署科事、南京兵科给事中卢大中
4	南京中军都督府署都督佥事于嵩	24	南京户科给事中任彦蘖
5	南京左军都督府掌府事、成安伯郭邦相	25	南京户科给事中伍文焕
6	南京左军都督府署都督佥事王治	26	南京礼科署科事、南京户科给事中任彦蘖
7	南京右军都督府掌府事、丰城侯李环	27	南京兵科给事中卢大中
8	南京右军都督府署都督佥事王椿	28	南京刑科署科事、南京户科给事中伍文焕
9	南京前军都督府掌府事、怀远侯常胤绪	29	南京工科署科事、南京兵科给事中卢大中
10	南京前军都督府署都督佥事胡大忠	30	南京浙江道监察御史柳佐
11	南京后军都督府掌府事、定西侯蒋建元	31	南京福建道监察御史章守诚
12	南京兵部尚书周世选	32	南京广西道监察御史陈惇临
13	南京兵部右侍郎邢玠	33	南京广东道监察御史陈所问
14	南京吏部尚书蔡国珍	34	南京贵州道监察御史段尚绣
15	南京吏部右侍郎刘楚先	35	南京云南道署道事、南京河南道试监察御史林培
16	南京户部右侍郎兼都察院右佥都御史边维垣	36	南京河南道监察御史聂应科
17	南京礼部右侍郎曾朝节	37	南京河南道试监察御史林培
18	南京工部署部事、南京兵部右侍郎邢玠	38	南京江西道署道事、南京贵州道监察御史段尚绣
19	南京都察院右佥都御史张养蒙	39	南京陕西道监察御史萧如松
20	南京通政使司右通政孟一脉	40	南京山东道试监察御史李文熙

续表

	职衔人名		职衔人名
41	南京山西道署道事、南京福建道监察御史章守诚	43	南京湖广道监察御史张蒲
42	南京四川道署道事、南京山东道试监察御史李文熙		

在奏疏中列衔者，皆为当时秋审活动的实际参与者，既众且广。除领衔者王樵来自南京刑部外，尚有来自：南京中、左、右、前、后五军都督府，兵部、户部、吏部、礼部、工部，都察院，通政司，大理寺，锦衣卫，吏、户、礼、兵、刑、工六科，浙江、福建、广西、广东、贵州、云南、河南、江西、陕西、山东、山西、四川、湖广等十三道衙署的多位长官。这与前面《明会典》所列名录大致相符，唯独多了“十三道监察御史”。每个职能部门，以派 1 人参与秋审计算，应该有 43 名官员。剔除其中人名重复者——很可能属于兼任，仍存 35 位，规模堪称壮观。在这其中，有的部门主掌法务，如刑部、刑科、大理寺、都察院，也有的部门，如户部、礼部，明显不是专职的法务部门。由此可见，当时秋审在刑部主导下，牵涉部门众多，只有彼此协调配合，才能做好这项工作。

这两件秋审文牍，还告诉我们，明代秋审虽以英宗天顺三年（1459年），为其独立之始，但一方面，与热审、审录等恤刑方式同时并存，彼此在概念上，仍难免发生混淆，另一方面，关于秋审结果的分类处置，长期以来不够规范，及至一个多世纪之后——万历二十一年（1593 年），南京刑部仍要接受来自首都的规训和整饬，足征明代秋审制度的发展并不顺畅。再从秋审结果类型看，清代的死刑监候案件经过秋审，一般有情实（情真）、缓决、可矜（或兼可疑）、留养（或兼承祀）四种结果。明代则至迟在万历二十年前后，已经具备了其中两种——情真和矜疑。然而，我们在明代其他审录活动中，也曾发现情真、矜疑之类的表述。可知，在于当时，情真和矜疑并非秋审司法所专用。

明代秋审制度，是在当时并行的多种恤刑方式中，逐渐得到突出，并独立发展出来的。即如王樵《审录重囚疏二》所列傅八一案，便鲜明体现了明代秋审的过渡性。万历二十一年（1593 年）五月，江西省南昌府进贤县民傅八，当时在南京居住，因为家庭细故，与兄弟傅九发生口角，遭到母亲李氏训斥后仍不服气，以致其母愤而轻生，投河自尽。南京刑部江西司审检明白，认为傅八“威逼母亲致死”，应问重罪。但当时《大明律》中，并无治罪明文，只得比照“殴父母致死律”，拟为斩监候。随后，又经南京大理寺审理允当，奉旨监候秋决。及至次年九月秋审，傅八提出，母亲李氏原来就有心理疾病，以致轻生自尽，随后被归入“有词”，上奏请旨。遗憾的是，我们在有限的明代史料中，并没有找到皇帝对于此案的最终裁决结果。

此案，在定案拟罪阶段，明代法律上并无治罪明文，以致需要通过援引比附的方式，才能拟定斩监候的罪刑。对比参观，清代对于此类案件的司法处理，则显得游刃有余。即如乾隆五年颁布的《大清律例》规定，若子孙威逼祖父母、父母致死，应比依殴祖父母、父母致死律，拟斩立决。[①] 清朝后期的《大清律例》则规定：若子孙不孝，致父母自尽，如审有触忤干犯情节（即主动对抗），以致忿激轻生，窘迫自尽者，即可拟为斩立决。若没有触忤干犯情节，但其行为属于违犯教令，以致父母抱忿轻生，则应拟为绞监候。[②] 由此可见——姑不论其刑罚轻重，清代关于此类案件的司法处理，显得更为成熟，更有法可依。当然，这里面有一个制度演进的缓慢过程，并不是一蹴可几的。

三　简单评价

对于明代秋审，董康曾给出极高评价。他认为，明代秋审“开今世各国刑法死刑与无期及有期自由刑并科之先声，实为法制史上建一最伟大之新纪元”，充满溢美。然论事论人，皆应力求全面，绝不可偏执一端。本处谨举几则史料，将明代秋审制度及其施行中的弊端，略加揭示。

其一，长期以来，明代秋审有一个不太成功的制度设计，即“鼓状”制度。按例，每岁秋审过后、行刑之前，家属尚可诉诸“鼓状”，即到都察院门口敲登闻鼓，递状呈词，请求覆核。值班御史接到“鼓状”后，则令人驰赴法场，刀下留人，覆核请旨。结果耗去许多时间，往往到了日暮

---

① 《大清律例》（乾隆五年本）卷 26，《刑律・人命》。

② 薛允升：《读例存疑》卷 34，《刑律・人命》。

更深，方能决定人犯生死。这样的做法，经常会扰乱正常的秋审司法，无异自寻烦恼。而且，人犯或人犯家属也有可能利用这个时间，打通关节，冀逃一死。是以嘉靖九年（1530 年）十一月，经刑部奏请，奉旨改为秋审决刑前三日，准许犯人家属提交“鼓状”，但当行刑之日，“鼓状”则一概禁止。①

其二，清代著名的秋审专家阮葵生，曾在他的文集中特别谈到明代朝审，并提出严厉批评。其言曰：

> 有明朝审之制，始终不善。初以吏部尚书主笔，已属不类，犹谓冢宰六曹之长，可以兼摄。至后来必遣一大珰莅之，巍然正坐，而部臣反左右侍，成何体制？此事一坏于成化十七年，再坏于正统六年。至末季，东厂司刑，西曹束手观望而已。②

在阮葵生看来，明代秋审最初并非由专掌司法的刑部尚书主笔，而由吏部尚书主笔，已有些不伦不类。及至后来，或派大太监（大珰）临场主持秋审，或由东厂等特务机关主持刑狱，刑部等官成为陪衬，只能束手观望，实在不成体统。以故，他给明代秋审的基本评价，就四个字——“始终不善”。阮氏所论，特别强调刑部对于秋审司法的主导权，乃是基于传统司法行政的制度逻辑。若以今日权力制衡、司法独立的角度观之，亦不无道理。

其三，理论上，对于秋审制度的建构实施，皇帝理应起到决定作用。但明代皇帝对于秋审的态度举措，并不理想。一方面，某些皇帝特别喜欢显示仁主之姿，在每年秋审过后，刻意免除或暂缓行刑。嘉靖和万历皇帝，便是比较突出的两位。另一方面，在君主附近，总免不了有一些佞幸之臣，专门窥伺君主意旨，投其所好，“逢君之恶”。翻检《明实录》，我们发现：有时刑部会特别选在一些“敏感时期”，奏请处决死刑犯人，以迎合皇帝的虚荣心。比如，嘉靖十三年（1534 年）秋审过后，刑部特别赶在皇帝郊祀典礼前，上奏决刑，皇帝则顺理成章，停止了当年秋决。及至次年，刑部故技重施，皇帝不经意间发现，结果招来一顿批评。但是，皇

---

① 《明世宗实录》卷 119，嘉靖九年十一月戊子。

② 阮葵生：《茶余客话》卷 6，宦官司刑。

帝最终还是俯顺舆情，停止了当年的秋决。[①] 更有甚者，万历皇帝雅好祥瑞，秋审过后，往往停止行刑。以致首辅张居正都看不过去，犯颜谏阻，劝其按照规矩，每年行刑。[②]

以往研究告诉我们，在古代集权专制的政治结构下，不仅皇帝是司法审判中的重要一环，皇权更是立法和司法权的重要组成部分。只有皇帝和皇权在其应有的位置上，发挥其应有的功用，才能保证集权专制体制正常运转。据此以观，明代秋审制度的各项要素，虽然已经基本具备，但从皇权政治对于秋审司法的积极影响来看，皇帝或皇权的作用比较有限，以致明代秋审的司法功能，不如后世更为彰显。

关于明代秋审制度设计方面的问题，以及司法实践中所暴露出来的弊端，我们当然还可以举出很多，但这些都不足以否认，明代秋审制度在“天人合一”思想制度化的过程中迈出了关键一步。

---

① 《明世宗实录》卷 180，嘉靖十四年十月己巳。

② 《明神宗实录》卷 30，万历二年十月癸丑。

论中国古代的保密与政治*

张　群**

摘　要： 中国古代有着比较深厚的保密传统。保密权关系到政治权力的分配与运行，与政局稳定、政治斗争互相交织，是考察中国古代政治史的一个重要窗口。实践中，保密制度在不断进步完善的同时，又一再废弛乃至遭到严重破坏。这有着管理、经费和技术等多方面原因，但政治原因是第一位的。中国古代从政治忠诚的高度，对泄密罪很少依法判决，而是更倾向于宁枉勿纵、从严从重。泄密案在一定程度上成为政治制度改革的推进器，但这些改革未必一定属于进步。保密是造成中国古代信息闭塞、文化落后、社会保守的重要原因，但不可完全归咎于保密，更不宜全盘否定保密的积极作用。

关键词： 皇权政治　泄密案件　保密管理　社会变迁

一　引言

在西方思想史上，对保密问题的研究主要从官僚组织和社会关系两个维度展开。前者以马克斯·韦伯（Max Weber，1864～1920 年）为代表，认为对保密行为的偏好是官僚机构与生俱来的特点。这种偏好起初是出于官僚机构执行其职能的需要，但这种正当的偏好往往转化为一种对保密行为本身的痴迷，即保密从实现组织目标的手段成为目的。尤其是当信息对官僚组织不利，易引起社会不满时，官僚组织及官僚们常常凭借着其专业

---

* 本文是国家社科基金后期资助项目“中国保密法制史研究”（编号：15FX019）阶段性成果。

** 张群，法学博士，北京大学近代法研究所兼职研究员，研究方向为法律史。

知识的优越性，以维护国家利益、公共利益和个人隐私为借口，拒绝公开某些公众本可了解的信息，使公众陷入“无知”状态，从而获得一种相对于公众的权力优势。后者以盖奥尔格·西美尔（Georg Simmel，1858 ~ 1918 年）为代表，认为保密是一种社会行为形式，是个人为保持自己的安全感和优越感而采取的蓄意隐瞒行为。[①] 但就社会影响来说，则以前者更为主流一些。观点最为激进的可能要数美国著名政治学家弗里德里希。他在 1972 年出版的《政治病理学：暴力、背叛、腐败、保密和宣传》（*The Pathology of Politics*：*Violence*，*Betrayal*，*Corruption*，*Secrecy*，*and Propaganda*）一书中，将保密（Secrecy）与宣传（Propaganda）相提并论，认为二者都是政治操纵的手段，前者是封锁消息、拒绝提供信息，后者则是提供虚假的或经过筛选的信息，其最终目的都是巩固统治；所谓泄密则是人民希望自己直接管理自己的表现。[②]

政治实践上，早在 1648 年主权国家诞生之日起，西方国家就将对信息流动的控制视为国家主权最重要的特征。当时所谓的信息，主要指与宗教信仰有关的信息。这种控制包括促进和阻碍两个方面。前者如美国建国之初，为促进新闻和出版自由，规定印刷品的邮寄价格低于信函。这成为后来全世界各国的通行规则。后者如 20 世纪 40 年代，美国政府实施的“三叶草行动”，对所有打进打出美国的国际电报进行秘密监听。[③] 这里所谓的促进和阻碍，实质上都属于对信息知悉范围的控制即保密。可以说，无论是理论还是实践，保密问题的关键都是保密和政治的关系，这也是我们考察中国古代保密史的一个基本出发点。

中国是个有着悠久保密传统的国家。在中国古代史上，“君不密，则失臣；臣不密，则失身”、“国之利器，不可以示人”、“忠臣不显谏，大臣奏事不宜漏泄”等箴言古训和“天机不可泄露”、“家丑不可外扬”等民间俗谚举不胜举，唐代法律中的“漏泄大事”罪和清代奏折保密制度，对整个东亚都产生了深远影响。但以上只是一个大致情况，学术上还有一些

① 参见〔德〕盖奥尔格·西美尔《社会学：关于社会化形式的研究》，林荣远译，华夏出版社，2002，第 261 页。

② Carl J. Friedrich，*The Pathology of Politics*：*Violence*，*Betrayal*，*Corruption*，*Secrecy*，*and Propaganda*，New York，Harper & Row，1972，pp. 176 – 177.

③ 参见沈逸《美国国家网络安全战略》，时事出版社，2013，第 4 页。

没有得到明确回答甚至有较大争议的问题，需要进一步研究。限于篇幅，本文主要从政治史和制度史角度，就保密和政治之间的关系进行初步探讨。主要讨论以下四个问题：一是保密制度与皇权的关系如何？二是中国古代保密制度一直在不断进步完善，为何又一再废弛乃至遭到严重破坏？三是中国古代为何对泄密罪很少依法判决，而是更多倾向于宁枉勿纵、从严从重？一些泄密案是如何推动政治制度的改革？这些改革是否一定是进步的？四是保密对中国古代文化发展、社会风气有着怎样的形塑作用？

二　保密与皇权

清代史学家王鸣盛在其名作《十七史商榷》卷37《台阁》中曾说："官不论贵贱，惟视其职之闲要，而闲要惟视时主之意向。"这话也适用于保密与皇权的关系。作为中国古代社会最高统治者，皇帝可以决定任何保密事项，可以授予或者剥夺任何官员的密奏权，还可以根据形势需要，决定是否将密奏内容公开，所谓"奏章非发抄，外人无由闻；非奉旨，邸报不许抄传"[①]。从根本上说，中国古代的定密和解密权几乎完全操于皇帝之手。

但因为牵涉权力大小和运行，大臣与大臣之间，甚至皇帝与大臣之间经常会就某一事项是否应当保密、对哪些人保密产生冲突。保密权的大小和变化也就成为观察中国古代皇权特别是君臣关系的一个重要视角。如关于内廷事务，宰相一般不得过问，但碰到刚正的大臣，则会要求知情甚至干预。如《资治通鉴》卷73《魏纪五》记载，曹魏明帝时，少府杨阜主动过问后宫人数。内廷官吏"守旧令"，对曰："禁密，不得宣露！"杨阜怒，杖吏一百，数之曰："国家不与九卿为密，反与小吏为密乎！"帝愈严惮之。《资治通鉴》卷196《唐纪十二》记载，唐太宗时，魏征也明确提出，内廷事务应当对宰相公开，不得保密："玄龄（当时的宰相）等为陛下股肱耳目，于中外事岂有不应知者！使所营为是，当助陛下成之；为非，当请陛下罢之。问于有司，理则宜然。不知何罪而责，亦何罪而谢

---

① 《明史》列传第141《王应熊》。

也!”到宋代，局面发生了较大改变，宋太宗甚至连对外出兵都对宰相保密，且厉行“将从中御”方式，皇帝或颁阵图，或发手令，其他人不得与闻。但仍有大臣（如田锡）敢于提出批评：“夫宰相非才，则罢之可也。宰相可任，岂有议边陲，发师旅，而不使与闻者哉!”①

这些故事表面上说的是保密中的知悉范围问题，实质上都涉及皇帝和宰相的权力划分，且都倾向于扩张相权，限制皇权。比如上述曹魏时期杨阜的故事，宋代司马光在《资治通鉴》中照录《三国志》原文，实际表明了当时人对皇权与相权的一种态度。明末清初顾炎武在《日知录》卷 5《阉人寺人》中也引用这个故事，用意也是政治上的。一些皇帝认为阉人寺人是“吾家事”，严禁大臣干预，大臣也以为是“天子之家事”，“不敢执而问”，顾炎武批判了这种态度和做法，认为“家之不正，而何国之能理乎”？主张“阉人寺人，属于冢宰，则内廷无乱政之人”，实际是要将阉人寺人的管理权放到以宰相为代表的外廷。后来清代将宦官管理放在内务府，虽然主要是承袭满洲包衣制度的历史做法,② 但与顾炎武代表的这股思潮似也不无关系。

官员保密权和“政治待遇”直接挂钩，不但影响君臣关系，也影响部门和官员之间的权力分配，因此部门和官员之间有所纷争也是常事。比如外交事务，皇帝一般不让其他官员插手，因此就引起许多争议。如宋仁宗时，著名大臣、庆历四谏官之一的余靖上奏，批评朝廷搞秘密外交：“臣窃见朝廷每有契丹遣使到阙，元昊差人来朝，大臣商量，唯欲秘密，两制、两省、御史中丞以下虽名侍从供奉之官，当时并不闻知。”③ 清末总理衙门成立后，独揽外交大权，一些职位较低、不能参与机要的言官，批评总署办事“秘密”、“专断”，主张把更多的问题交付廷议。如 1880 年就派曾纪泽赴俄改订崇厚所签中俄伊犁条约问题，少詹事宝廷曾数度上奏提出批评，认为总署大臣不过数人，虽然熟悉情形，“谋图恐有未周，似不若参以众议”。总署办事“素喜秘密”，措词“素喜游移”，遣使改约等事，“总应归诸廷议，不可专凭总理衙门独办，尤不可专凭使臣独办”。并提

① 《续资治通鉴长编》卷 30。

② 郑天挺：《清代包衣制度与宦官》，载《清史探微》，商务印书馆，2014，第 62 页。

③ 赵汝愚：《宋朝诸臣奏议》卷 49，载余靖《上仁宗乞令侍从与闻边事》，上海古籍出版社，1999，第 527 页。

出，上奏报告廷议结果时，应“由内阁主稿，不可由总理衙门主稿”，以防止总署大臣把持意见。① 历史上还有个别大臣为把持朝政，刻意保密，这自然更要引起其他大臣的不满甚至抗议了。

作为最高统治者，皇帝自然不会允许和放任此种情绪蔓延。如宋高宗时，秦桧专权，高宗也曾借机提醒他：“余尧弼（另外一位宰相）既参大政，朝廷事亦宜使之与闻。”② 清代雍正帝大力推行奏折，但同时要求，地方督抚在密折中请示获准的事项仍须通过正式程序上报中央有关部门，不得以有皇帝批示径自实施，为的就是防止督抚借奏折侵夺六部职权，打破官僚体系平衡，引起政局动荡。

> 凡为督抚者，奉到朱批之后，若欲见诸施行，自应另行具本，或咨部定夺；为藩臬者，则应详明督抚，候督抚具题，或咨部之后，而后见诸实行。若但以曾经折奏，遂借口已经得旨而毅然行之，则凡钱粮之开销，官员之举劾，以及苗疆之军务，地方之工程，诸如此类，督抚皆得侵六部之权，藩臬皆得掣督抚之肘矣。行之日久，滋弊必多，为害甚钜。③

马克斯·韦伯认为，支配关系中，支配者总是倾向于维持其少数地位，因为成员少，才有利于成员间迅速达成谅解，也才较易保持其意图、决议和知识的秘密性；一旦人数多，想保持秘密就更困难，或者根本不可能。因此支配天然具有秘密性。④ 这个理论在一定程度上可以解释中国古代皇帝对保密的青睐以及对权力的控制。

三 保密管理的困境

信息天然具有流动性和扩散性，所谓“若想人不知，除非己莫为”，“好事不出门，坏事传千里”。保密人为地干预其自然流动，必然会遭遇反

---

① 第一历史档案馆存《军机处录副奏折·外交类》卷 679，转引自吴福环《清季总理衙门工作制度和运转上的几个特点》，《新疆大学学报》1991 年第 3 期。

② 洪迈：《容斋续笔》卷 15《李林甫秦桧》，孔凡礼点校，中华书局，2015，第 311 页。

③ 《清世宗实录》卷 96，雍正八年七月甲戌。

④ 〔德〕马克斯·韦伯：《支配社会学》，康乐、简惠美译，广西师范大学出版社，2010，第 17 页。

抗。表现在保密管理中，就是一方面保密制度不断完善、保密管理不断加强、保密技术不断进步，而另一方面保密纪律废弛乃至遭到严重破坏的现象一再发生，其中又以中枢信息传递部门为最。这个问题在中国古代也较为普遍。如宋代规定，“两府台谏官等上殿奏事，左右侍臣悉皆屏退”。但到司马光时期，这个规定几乎荡然无存，“或有进至殿角板障门以里，与御坐相去不过数步，陛下德音及群臣敷奏之语皆可听闻”。司马光为此专门给皇帝上书《论上殿屏人状》，力主恢复原有制度，“左右侍臣并于殿角板障门外踏道下祗候”，并派遣官员监督问责，“如敢窃有觇听者，并具姓名闻奏，勘罪施行”，最后获得皇帝支持。① 明代通政司是负责收发文书的中枢部门，“于政体关系最重也”，但据陆容《菽园杂记》卷 9 记载，由于保密制度废弛，“一有讦奏左右内臣及勋戚大臣者，本未进而机已泄”，“被奏者往往经营幸免，原奏者多以虚言受祸”，对明代政治起了很坏的作用，“祖宗关防奸党、通达下情之意，至是无复存矣”。清代雍正皇帝即位头几年，督抚和在京衙门不重视保密，以致“关涉紧要之案与缉拿人犯”的本章和文书“未达朕前，已先传播于众口”。雍正五年三月丁未，皇帝专门给内阁发了一道谕旨，提出严厉批评，要求“嗣后一切本章，以及咨呈文书，除平常通行事件外，其有关涉紧要之案，与缉拿人犯之处，内外各衙门，应密封投递；各该管官，应谨慎办理，以防漏泄。倘有疏忽，将来事发之日，究问根由，必将漏泄之人及该管官员，从重治罪”②。在雍正帝的努力下，特别是推行奏折制度以后，泄密势头得到有效遏制。但即使如此，乾隆末年和珅专权时期仍然一度废弛，在军机处办公场所，“每有部院官以启事画稿为名，侦探消息，传播街市，目为新闻”，直到嘉庆帝亲政、诛杀和珅之后才有所好转。③

为什么保密制度会一再废弛呢？宋代司马光的上书、明代陆容的议论以及清代雍正帝的谕旨均有涉及，但多流于表面现象的批判，如不守旧制、不够慎密之类，对主客观原因进行深入分析的不多。南宋绍兴四年（1134 年）十一月，宋高宗赵构和大臣们曾就当时京城杭州泄密案件频发

① 司马光：《论上殿屏人状》，载《司马光奏议》卷 5，山西人民出版社，1986，第 52 页。

② 《世宗宪皇帝实录（一）》卷 54，雍正五年三月丁未条。

③ 《养吉斋丛录》卷 4。

问题进行过一次较为深入的探讨，可以作为我们分析的样本。根据李心传《建炎以来系年要录》卷82记载，主要观点有三：一是宋高宗的观点，认为主要原因是主事者管理不严，“由吕颐浩不知大体，虽鬻食物人亦纵之入，故事每漏泄”；二是尚书左仆射同中书门下平章事赵鼎的观点，认为是涉密场所不够严密，“旧置中书枢密于皇城内，如在天上，人何由知？自渡江屋浅而人杂，自然不密”；三是监察御史田如鳌的观点，认为是承办人员不能保守机密所致，“机事不密则害成，比来未行一事，中外已传，皆由省吏不密所致”。①

上述意见均不乏启发性。保密制度废弛首先需要从保密管理本身去找原因，如涉密场所是否安全妥当、涉密人员是否遵守纪律、保密制度是否科学合理、管理措施是否严格到位等。比如所谓涉密场所设置不当问题，在宋初就有人注意到：“京师职事官旧皆无公廨，虽宰相执政官亦僦舍而居，每遇出省或有中批外奏、急速文字则省吏遍持于私第呈押，既稽缓又多漏泄。”② 但在根本上还是应当从激励与约束机制上找原因。从历史记载来看，中国古代保密管理讲究赏罚并用，特别是对违规和泄密行为，除了严惩凶犯以外，还对举报者予以重赏。如宋高宗时规定，泄漏边机者，“并行军法”，举报泄漏边机者，“赏钱千缗”。③ 实践中许多重大泄密案件的曝光，很大程度上归功于检举揭发。但检举揭发行为更多取决于具体举报人员的胆识和公益精神，且敢于告密者始终只能是少数。从社会风气来说，也不宜大张旗鼓提倡。因此，在实践中，保密管理不得不更多依靠严刑峻法推动，对泄密行为倾向从严从重处置，这难免有边际效益递减的问题。从长期来看，严刑峻法只是权宜之计，思想教育、物质补偿等软性约束才是治本之策。

其次应当注意的是保密管理的外在环境。一是政治环境。顾炎武在《日知录》卷30《妖人阑入宫禁》中说：“自古国家中叶，多有妖人阑入宫禁之事，固气运之疵，亦是法纪废弛所致。”这一论断也适用于保密问题。保密纪律的严明是与政治清明、法治权威密切联系在一起的。首要的

---

① 李心传：《建炎以来系年要录》卷82，绍兴四年十一月庚戌。

② 转引自祝穆《古今事文类聚续集》卷5《皆无公廨》，文渊阁四库全书本，第927册，第101页。

③ 李心传：《建炎以来系年要录》卷82，绍兴四年十一月庚戌。

是皇帝是否以身作则。比如前文谈到的明代保密纪律废弛问题，根本原因就在皇帝的怠政，万历皇帝几十年不召见大臣（“有明中叶天子不见群臣”）[①]，整个朝廷纲纪全无，保密纪律当然也就随之废弛。另外是权臣专擅。如西汉时期，诸上书者皆为二封，署其一曰“副”，“领尚书者先发副封，所言不善，屏去不奏”[②]。王莽专政时甚至“令宦官左右发其封，自省之”[③]。唐玄宗时期，李林甫为相，“群臣不先咨宰相辄奏事者，即以他故中伤之”[④]。唐肃宗时期，元载专权，恐奏事者攻讦其私，乃请：“百官凡论事，皆先白长官，长官白宰相，然后奏闻”，并以上旨谕百官曰：“比日诸司奏事烦多，所言多谗毁，故委长官、宰相先定其可否”，这遭到刑部尚书颜真卿的强烈反对。从后来颜真卿被贬谪看，这场斗争是相当激烈的。[⑤] 南宋秦桧为相时，大臣们在轮对时不敢发言，“凡一时献言者，非诵桧功德，则讦人语言以中伤善类”。讲话的担心触犯忌讳，畏言国事，“仅论销金铺翠、乞禁鹿胎冠子之类，以塞责而已”。高宗就对秦桧说：“近轮对者，多谒告避免。百官轮对，正欲闻所未闻，可令检举约束。”《宋史》卷473《秦桧传》认为，高宗说这番话“亦防桧之壅蔽也”。后世权臣如明代严嵩、清代和珅等都曾使用这一伎俩。相比一般官员，大官僚专擅对保密制度的破坏则会影响到政治清明，其危害不可以道里计。这种情况下保密秩序和纪律的恢复也相对要困难得多。

二是经费问题。保密管理属于高成本活动。中国古代没有保密经费一说，相关费用记载也比较疏略，但可以推断一个大致情况。比如宋朝政府曾给官吏盖造房舍、清代奏折派遣专人递送等，均可算作保密管理支出，尽管这些只是间接意义上的。清代奏折递送费用相对直观和具体，可以做进一步分析。按照清代规定，军务奏折以及事务紧急者，准予使用驿递，也就是说动用国家经费；寻常事务则只准具折人自出盘费雇佣家人或者专差递送奏折。按照当时交通条件，内陆省份往返京师一趟少则十数日，多

---

① 赵翼：《陔余丛考》卷18《有明中叶天子不见群臣》，河北人民出版社，2007，第339页。
② 《汉书》卷74。
③ 《汉书》卷99《王莽传》。
④ 《旧唐书》列传134。
⑤ 《资治通鉴》卷224《唐纪四十》。

则一个月。至于云贵、浙闽、川陕、新疆等边陲地方，至少需时数月。这一趟下来所需食宿及其他相关费用委实不是一笔小数目，特别是对于自己派人递送，尤其如此。如乾隆三十四年十二月，台湾镇总兵章绅分遣三人于本月十四、十五、十六等日连进三折，每人给路费银八十两。乾隆帝知后，也认为："如此糜贵，于事何益?"[①] 乾隆三十三年时，还发生了总兵明达拒不支付奏折路费，致使守备甘廷亮自缢身死的严重事件。[②] 因此，一些廉俸较薄的中级官员一般很少使用奏折奏事，或者为省费用而于数篇奏折上填注不同拜发日期，雇人送至京师，分日投递（如台湾镇总兵柴大纪）。[③] 窥一斑而见全豹，这些事例说明在中国古代社会，尽管保密意识很强烈，保密要求很严格，保密管理也很认真，但受制于经费，恐怕许多要求和措施均难以落实到位，以至影响下情上传和政治进步。

三是技术因素。中国古代有所谓密码报送军情、实封密奏、蜡丸密书等保密技术措施。据《资治通鉴》卷 203 记载，武则天时期，依靠鱼保家的技术发明，密奏（匦函）制度才得以运行。"太后欲周知人间事，鱼保家上书，请铸铜为匦，以受天下密奏。"当时颇有精巧之名，"上各有窍，以受表疏，可入不可出。"[④] 但总的来说，还是比较落后与简陋。清代奏折保密制度号称完备，也不过给官员配备一个折匣并附锁钥而已。在交通闭塞、通信落后的古代社会，这样的保密技术也许还勉强可以维护国家秘密安全，但一旦遭遇现代科技，则只能听天由命，任人宰割。清末甲午战争惨败，一个重要原因就是清廷密码电报被日本破译而茫然不晓。近年中外保密经验也证明，密码电报通过技术创新已经基本实现了即使窃取也无法破译的目标，计算机化考试更杜绝了纸质化考试普遍存在的泄密隐患，但同时，网络环境下的泄密风险更大，维基解密和斯诺登事件的发生，让传统的保密制度和技术措施面临严峻挑战。这可能也是保密技术法规分量越来越大、地位越来越重要的原因。

---

① 《清高宗实录》卷 849，乾隆三十四年十二月。

② 《清高宗实录》卷 824，乾隆三十三年十二月。

③ 《清高宗实录》卷 1240，乾隆五十年十月。

④ 《资治通鉴》卷 203，并参见杨一凡、刘笃才：《中国古代匦函考略》，《法学研究》1998 年第 1 期。

四 泄密案的从重与从严

自秦汉以来的政治传统，均认为泄密关系人品与忠诚，故宁枉勿纵，从严从重。这里就历代发生的一些重大案例进行考察，着重探讨是依法裁判还是法外用刑，是从重从严还是从轻从宽，是教育为先还是严刑峻罚，以及其背后的原因。

现在看到的比较早的一个著名案例是《左传·襄公十四年》记载的“驹支不屈与晋”。驹支是依附于晋国的一个少数民族部落姜戎的首领。在一次朝会上，大臣范宣子宣布，最近诸侯没有像以前一样尊重晋国，这是由于姜戎把晋国一些机密泄露出去造成的，故剥夺驹支参加朝会的权力。驹支对此进行了有理有据的辩解：“我诸戎饮食衣服不与华通，贽币不通，言语不达，何恶之能为?”范宣子等一听，态度为之一变，允许驹支继续参加朝会。① 从这个案例不难发现，其时对泄密的处理非常严厉，实质上已经将保密与忠诚联系在一起。

其次较早的一个典型案例是东汉师丹泄密案。其情节较为复杂，可谓一波三折。师丹是当时一位学问渊博、深受皇帝信任和赏识的大臣，时任大司空之职。因年老体衰，有一次他让书吏代其起草封事（密折），不料书吏竟然将封事内容抄写传播。朝中大臣讨论后认为，“忠臣不显谏，大臣奏事不宜漏泄”，建议交廷尉治罪。廷尉认定师丹犯“大不敬”罪。给事中博士申咸、炔钦为师丹鸣不平，认为师丹让主簿起草“封事”，虽不够“深思熟虑”，但泄密者不是师丹，而且他对泄密行为也不知情，“以此贬黜，恐不厌众心”，这个意见让尚书省官员大为不快，对二人发起弹劾。皇帝将申咸、炔钦降级二等使用，同时策免了师丹。策免诏书公布后，尚书令唐林上疏提出不同意见，认为师丹地位崇高、学问深厚，因为这样一个小过罢黜，似未免过重，建议从轻处置：

---

① 参见杨伯峻《春秋左传注》第三册，中华书局，2009，第1005页。这个故事在清代还被选入《古文观止》卷2，题为《驹支不屈于晋》。

> 丹经为世儒宗，德为国黄耇，亲傅圣躬，位在三公，所坐者微，海内未见其大过，事既已往，免爵大重，京师识者咸以为宜复丹邑爵，使奉朝请，四方所瞻仰也。惟陛下财览众心，有以尉复师傅之臣。

最后，皇帝听从了唐林的意见，下诏赐师丹爵关内侯，食邑三百户。[①]这个案件掺杂许多政治因素（如皇帝及尚书省官员态度的前后变化），不是一个简单的刑事案件，但有一点是比较明显的，就是在师丹生活的时代，泄密已经属于政治上的“高压线”，一旦触及就意味着政治生命的终结，而且一般都倾向从重处理。

在魏晋南北朝期间，出现多个对泄密从轻甚至免于处罚的案例。最著名的是曹操战胜袁绍之后，缴获许多部下暗中与袁绍来往的书信，付之一炬，未予追究。但这属于非常时期的特别措施，正如曹操自己所言：“当绍之强，孤犹不能自保，况众人乎？”[②] 联系南北朝时期“漏泄禁中语”记载的不绝如缕，[③] 曹操之举似只能作为战争环境下的例外，属于政治权谋的范畴，不足为据。

唐代以后，泄密罪有了较明确的法律规定。唐代判牍集《龙筋凤髓判》卷1记载的中书舍人王秀“漏泄机密”案，堪称“以事实为根据、以法律为准绳”的典型。但这是比较理想化的状态（这个案例本就是虚拟的），实践中更多的还是从严从重处理的情况更多一些。如唐代贞观五年（631年）八月，张蕴古因泄漏帝语被斩于东市。史载，唐太宗事后对此很后悔，但他的一段夫子自道，却可以看出对泄密罪从重处罚的背后就是认为保密代表忠诚，泄密意味着背叛，故不可轻饶，“蕴古身为法官，与囚博戏漏泄朕言，此亦罪状甚重，若据常律未至极刑，朕当时盛怒，即令处置”[④]。

宋高宗时，惠迪因“泄漏狱情一事”受到处罚，“开封府条令罪至流徒，而大理法止于笞杖”[⑤]。宋时沿用隋唐五刑但采用折杖法，笞杖折臀杖

---

① 《汉书》卷86《师丹传》。

② 《资治通鉴》卷第63《汉纪五十五》。

③ 程树德：《九朝律考》，中华书局，2006，第236、375、405、435页。

④ 《历代名臣奏议》卷215《慎刑》，学生书局，1985，第2844页。

⑤ 孙觌：《鸿庆居士集》卷39《宋故国子博士惠公墓志》，文渊阁四库全书本，第1135册，第427页。

7 至 10 下，徒刑折脊杖 13 至 20 下，流刑除折脊杖 17 至 18 下之外，还附加配役一年至三年的刑罚。明显开封府的处罚力度要重于大理寺。

蒙古成吉思汗时期，发生了一件与“驹支不屈与晋”类似的泄密案例。按照蒙古的传统（“故事”），“论奏兵政机密，非国族大臣无得与闻者”[①]。1202 年，打败塔塔儿人之后，铁木真召集亲族会议，商量怎样处理俘虏。此前，成吉思汗父亲死于塔塔儿之手，遗言要将凡是比车轮高的塔塔儿男子全部杀死，妇幼则分给各家做奴婢。亲族会议最后决定，按照成吉思汗父亲的遗嘱处置。成吉思汗的弟弟别里古台[②]出帐后，不慎将此谋泄露给了塔塔儿人也客·扯连（成吉思汗娶了他的两个女儿也速正、也速干），于是塔塔儿人都在自己的袖子里藏了刀子，拼死反抗，蒙古军队遭受很大伤亡。铁木真因此严责别里古台，不让他参与亲族机密会议，“由于别勒古台泄露了我们亲族进行大议所议定的事，造成我军很大伤亡；今后举行大议时，不准别勒古台参加。会议时，别勒古台在外面整治，审判斗殴、盗窃、欺骗等案件。会议完毕、喝盏之后，别勒古台和答里台两人才可以进来”[③]。这个处罚是很重的。

明成祖时，礼部尚书李至刚岳父坐事被逮，当伏重法。李向成祖求情。明成祖问他，法司判狱轻重，“外人何以知之?”李回答说是右副都御史黄信告诉他的。明成祖认为黄信泄漏机密，事关朝廷纲纪，此风断不可长，立命将黄信处死。[④] 这次泄密并未造成严重后果，一切情况都在皇帝掌握之中，处以死刑似过于严厉。且相比起来，李至刚的请托行为更为恶劣，应予严惩，但李却逃脱处罚。明成祖之所以这样处理应该也主要是从政治上考虑的。明末崇祯年间，发生了著名的陈新甲泄密案。当时，明思宗朱由检迫于内外交困，密令兵部尚书陈新甲与皇太极议和，因事关重大，“戒以勿泄”。不料关键时刻，陈新甲泄露谈判文书：“一日，所遣职方郎马绍愉以密语报，新甲视之置几上。其家僮误以为塘报也，付之抄

---

① 《道园学古录》卷 18《贺胜墓志铭》。

② 别里古台（一作别勒古台）与合撒儿同为铁木真最得力的弟弟和伴当，蒙古创业史上常将他们三人并提，铁木真称帝后曾说：“有别里古台之力，哈撒儿之射，此朕之所以取天下也。”

③ 余大钧译注《蒙古秘史》第 154 节，内蒙古大学出版社，2014，第 243 页。

④ 《明史》卷 151《李至刚传》。

传，于是言路哗然。”帝怒，“恶其泄机事，且彰主过”，“弃新甲于市”。陈新甲泄密是无心之失，但直接造成明清议和夭折，后果极其严重，处以死刑并不冤枉。①

清代泄密案较多，这里介绍清代《刑案汇览》中两则对于丢失机密公文的马夫也比照常律，从重治罪的案例。

> 顺尹奏送良乡县马夫史玉于兵部递到公文，既经兵书申自添告知件数，乃急忙未及检点，致遗漏一件，未经递送。嗣查获原封，并未损动，讯明实系无心遗漏，惟系军机处紧要公文，未便仅照平常公文问拟，应比照沉匿军情机密文书马夫杖六十、徒一年例，量减一等，拟杖一百。（嘉庆二十五年四川司现审案）②
>
> 陕督奏，外委宋炳喜递送折奏要件，在途遗失，非寻常官文书可比，应将宋炳喜于临水驿站枷号三个月。（道光元年案）③

综上，自秦汉以来的政治传统，均认为泄密关系人品与忠诚，故宁枉勿纵，从严从重。

此外，还有如下几个问题需要探讨。第一，对中国古代泄密案从重处置的做法应当如何评价？按照现代观点，这种法外用刑的做法当然是不正确的。尽管泄密危害极大，关系忠诚，属于所谓政治性质的犯罪，应当严厉打击，但仍然应当依法办事，否则容易造成对法律的轻慢，对秩序的践踏，从整个国家的治理来说，是不好的苗头。

仔细考察可以发现，其实中国古人也是持这种立场和观点的。首先，中国古人在宏观上是倡导依法裁判、反对皇权干预司法的，依法审案的官员也总是受到赞扬。此类记载比比皆是。唐人杜佑《通典》卷169《刑法七》中专门胪列从周朝到唐代有关“守正”的故事，这里仅举几个典型例子。如汉文帝时期的张释之，为公正执法，敢于向皇帝发表不同意见。④武则天时期，徐有功“用法平，擢拜左台殿中侍御史，远近闻者无不相

---

① 《明史》卷257《陈新甲传》。

② 《刑案汇览》第一册，北京古籍出版社，2004，第433页。

③ 《刑案汇览》第一册，北京古籍出版社，2004，第433页。

④ 洪迈：《容斋五笔》卷1《张释之柳恽》。

贺”。当时有人将其与汉代张释之相提并论，并认为徐高于张。[①] 武则天时期，大理寺少卿胡元礼欲杀一囚，司刑丞李日知以为不可，往复数日，元礼怒曰：“元礼不离刑曹，此囚终无生理!”日知曰：“日知不离刑曹，此囚终无死法!”竟以两状列上，日知果直。[②] 沈括《梦溪笔谈》卷 10 记载，庆历中，有近侍犯法，罪不至死，执政以其情重，请杀之；范希文（范仲淹）独无言，退而谓同列曰：“诸公劝人主法外杀近臣，一时虽快意，不宜教手滑。”诸公默然。[③] 清代也有类似公正执法的故事。[④]

具体到泄密案件上，也有这方面的例子。如北周时期，出使北齐的使臣伊娄谦对背叛自己的部下宽大为怀，不予追究。《资治通鉴》卷第 172《陈纪六》记载：

> 初，（北周）伊娄谦聘于（北）齐，其参军高遵以情输于齐，齐人拘之于晋阳。周主既克晋阳，召谦，劳之。执遵付谦，任其报复。谦顿首，请赦之。周主曰：“卿可聚众唾面，使其知愧。”谦曰：“以谦之罪，又非唾面可责。”帝善其言而止。谦待遵如初。

以上案例可能与曹操焚毁部下给袁绍的密信一样，似也只能作为战争环境下的例外，不足为据。但作为宋代人的司马光的态度则是一清二楚的。司马光认为北周君臣的做法均有欠妥当：“赏有功，诛有罪，此人君之任也。高遵奉使异国，漏泄大谋，斯叛臣也；周高祖不自行戮，乃以赐谦，使之复怨，失政刑矣！孔子谓以德报怨者何以报德。为谦者，宜辞而不受，归诸有司，以正典刑。乃请而赦之以成其私名，美则美矣，亦非公义也。”司马光的这一议论可能和当时宋辽对峙的背景有关，但他强调朝廷纲纪和依法办事，这和现代人的观点是接近的。而且，这也并非司马光一个人的观点，而是中国古代有识之士的共识。顾炎武在《日知录》卷 2《殷纣之所以亡》中认为，纣王亡天下的原因除了一般所说的“不仁”外，法制废弛，上令不能下行，“卿大夫不从君令”，“小民不畏国法”也是重要原因。

---

① 《资治通鉴》卷 204。

② 《资治通鉴》卷 204。

③ 沈括：《梦溪笔谈》卷 10，齐鲁书社，2007，第 70 页。

④ 严迎春：《当司法与慈禧相遇》，《读书》2012 年第 3 期。

但是，按照历史学理论，古今社会条件迥异，我们不宜将现代人的意见强加于古人身上，这是不客观、不公正的。考虑到中国古代君主专制、司法不发达的实际情况，对于司法公正问题，似不宜过多苛求，具体到泄密罪的处罚上，不宜简单以是否依法裁判作为判断标准，主要还是看处罚的严厉程度与泄密的危害程度是否有一定相关性。如果罪刑大致相当，也就可以给予肯定评价，反之则否。按照这个标准，中国古代泄密罪的处置是从重从严，比较偏颇的。

第二，从历史记载看，中国古代官员泄密有多种原因，但大体以利己型、示好型、疏忽型居多，被迫泄密或者窃密的还是少数。① 因此，中国古人对于泄密案件的处理，并非简单严刑峻法了事，也注意从道德上斥责泄密行为的不忠，让其产生羞愧，进行现代所谓“思想政治工作”，力图达到“明刑弼教”的双重效果。如乾隆三十九年七月发生的奏事太监高云从泄密及交结外官案件，不但见诸实录，《啸亭杂录》卷1《不用内监》、《养吉斋丛录》卷25也有说及，是清代影响较大的一个泄密案。史载，案发后，乾隆帝大怒，当即下令将高云从斩首示众，与高云从有嘱托来往关系者各予严惩，负责稽查奏事处的御前侍卫春宁革职治罪，同时颁布谕旨对奏事处官员痛加斥责：

> 在京部院各衙门陈奏事件及外省督抚等□奏差弁赴宫门具折，设有奏事处官员接递，转交奏事太监进呈，所以严内外之防，使宦寺人等概不得与外人交接，法至善也。乃近来奏事官员日久懈弛，至有山东随至天津之参将王普与高云从认识，听其嘱托。高云从不过写字处下贱太监，何得与外省参将相识，则是太监等与外廷官员在宫门觌面交谈之处大致可知……大臣官员等并不得与太监交谈，如敢再有违犯，必将伊等从重治罪。②

涉及该案的最高级别官员是颇受乾隆帝信任的军机大臣于敏中，他不仅私托高云从探听朱批记名道府官员使用情况，高云从在外面买地惹上官

① 这个总结借鉴了美国学者的观点，参见盖里·罗斯《谁来监管泄密者？国家安全与新闻自由的冲突》，巩丽娟译，金城出版社，2013，第90页。

② 《清高宗实录》卷963，乾隆三十九年七月。

司，他又帮忙给地方官打招呼（“云从言敏中尝向询问记载，及云从买地涉讼，尝乞敏中嘱托府尹蒋赐启”）。最后，于敏中“部议革职，诏从宽留任”，但政治生命也宣告结束。乾隆帝对于敏中痛加斥责：

> 于敏中日蒙召对，朕何所不言？何至转向内监探询消息？自川省用兵以来，敏中承旨有劳。大功告竣，朕欲如张廷玉例，领以世职。今事垂成，敏中乃有此事，是其福泽有限，不能受朕深恩，宁不痛自愧悔？免其治罪，严加议处。

与前后发生的其他几起泄密案（如乾隆三十二年军机处章京王昶、赵文哲、徐步云、黄骏昌等泄露两淮盐引案）相比，[①] 该案危害并不那么明显，但乾隆帝借此大做文章，当然不仅仅是为严惩当事人，更是要借此杀鸡骇猴，以儆效尤。

第三，一般来说，泄密案都会给国家安全和政局稳定造成重大损害，但一些重大泄密案件中暴露的问题，有时也会成为统治者进行制度改革的动力。如唐代贞观五年（631 年）八月的张蕴古泄密案后，唐太宗认为，张蕴古罪状甚重，但依法不应处以死刑，这是他在震怒状态下做出的鲁莽决定。责怪臣下没有及时进谏、坚决劝阻（当然这在制度上是可以理解的），造成他犯了这样大的一个错误，为不再重蹈覆辙，酿成类似悲剧，乃下诏：“自今有死罪，虽令即决，仍三覆奏乃行刑。”[②] 这也是中国古代史上比较少见的因为泄密案而推动司法制度改革的案例。

又如清代实行奏折制度、设立军机处等重大改革，目的之一就是解决传统中枢决策制度和公文运转制度保密效果不佳的问题，而且也确实有效提升了清政府保密管理水平。[③] 这已是史学界共识，毋庸赘言。雍正五年（1727 年）发生的程如丝案，也直接推动了邸报发抄制度的改进。雍正五年十月，刑部奉旨将在押的原四川按察使程如丝“就地正法”，可就在刑部公文到川前五六日，程如丝突然自杀，显然是预先得到消息。经四川巡抚宪德查核，原来是邸报小抄泄密。

---

① 梁章钜：《枢垣记略》卷 16《题名二》。

② 《资治通鉴》卷 193，贞观五年。

③ 雍正年间，用兵西北两路，以内阁在太和门外，暴值者多虑漏泄事机，始设军需房于隆宗门内，选内阁中书之谨密者入值缮写，后名军机处。

> 程如丝著即处斩之部文到，在十月二十九日，而京报小抄到在前五日（十月之二十四日）。部文单行臣署，臣得而密之。若小抄则川省之文武大小各衙门皆有，一贵俱到，一看皆知。是通知程如丝之斩决，不在部文到之后，而在小报甫到之际，已五六日矣。

此次事件后，清廷除了按律处置有关人员之外，还特地下令，各省提塘抄发本章，有应密之事，必俟科抄到部十日之后，方许抄发。如有邸报先于部文者，该督抚将提塘参处。[①] 乾隆三十九年七月奏事处太监高云从泄密案后，乾隆帝对内外奏事处的人员结构、来源、工作制度都做了若干调整。

但是，泄密案推动的制度改革大多从消除泄密隐患、加强信息安全角度着力，有些属于亡羊补牢甚至是釜底抽薪的重大进步之举，有些则难免因噎废食甚至因小失大（特别是对信息利用来说），故不宜一概而论。如康熙帝鉴于起居注官员泄密事件，裁撤了存在半个多世纪的起居注衙门，就不是一项可以完全肯定的改革，到雍正时期就又恢复了。此类例子也有很多，不赘。

第四，由于许多泄密案都涉及重大政治问题，在进行案例分析时，不宜局限于简单的案情梳理和法律条文比对，还要从当时的政治和社会背景出发，多做一些考证工作，否则就会陷入就事论事的窠臼，难以获得全面准确的认识。以明末陈新甲泄密案为例，陈新甲被处以极刑，在法律上是没有什么问题的。但如果认真分析当时明朝的对清政策，则不免为陈氏喊冤。在风云变幻、民族危亡的 20 世纪 30 年代，著名历史学家陈寅恪先生有感时局，曾撰文评议此案，其意见颇有参考价值。陈先生认为，陈新甲被诛，“泄露事机，且彰主过”只是原因之一，更重要的还是明末社会舆论对和议的偏激态度。崇祯皇帝“劫于外廷之论，不敢毅然自任”，坚持和议政策，反而将支持自己、主张和议且奉旨行事的陈新甲处以极刑。表面上看是皇帝的残暴与昏庸，实质上则是政治上软弱的表现。“夫明之季年，外见迫于辽东，内受困于张李。养百万之兵，糜亿兆之费，财尽而兵

① 《清会典事例》卷 703《邮政 · 塘务》，中华书局，1990，转引自刘文鹏《清代提塘考》，《清史研究》2007 年第 4 期。

转增，兵多而民愈困。观其与清人先后应对之方，则既不能力战，又不敢言和。成一不战不和，亦战亦和之局，卒坐是以亡其国。”[①] 清代史学家赵翼也发表过类似意见。[②] 这也证明，所谓泄密，许多时候都只是表象，根子还在政治。

五　保密与社会变迁

一般都认为，浓厚的保密观念与严厉的保密制度是造成中国古代信息闭塞、文化落后、社会保守的主要原因。这是有一定道理的。比如 1708 年，清朝政府组织传教士们绘制中国地图，后用 10 年时间绘制了科学水平空前的《皇舆全览图》，走在了世界前列。但是，这样一个重要成果长期被作为密件收藏内府，社会上根本看不见，没有对经济社会发展起到什么作用。反倒是参加测绘的西方传教士把资料带回了西方整理发表，使西方在相当长一个时期内对我国地理的了解要超过中国人。习近平总书记 2014 年在给院士们的讲话中专门引用了这个故事，并做了如下评论：“这说明了一个什么问题呢？就是科学技术必须同社会发展相结合，学得再多，束之高阁，只是一种猎奇，只是一种雅兴，甚至当作奇技淫巧，那就不可能对现实社会产生作用。”[③] 这其实说的也是保密可能产生的弊端问题。又如《大明律》禁止民间私习天文，即严重阻碍了中国古代天文学的发展。更应该批评的是，这条禁令对大臣们却不适用，明仁宗曾以《天元玉历祥异赋》赐群臣，并对杨士奇说：“此律自为民间设耳，卿等安得有禁？”[④] 这明显有愚昧百姓的用意，实不足为训。当然，其根子都在专制统治，本就不是从保密角度可以完全解释的。

但同时，还要注意以下几个方面。

第一，虽然保密作为一种管理手段，也是要蓄意隐瞒、篡改甚至销毁

① 陈寅恪：《高鸿中明清和议条陈残本跋》（原载 1932 年 4 月《清华周刊》第 37 卷第 8 期），载《陈寅恪集·金明馆丛稿二编》，三联书店，2015，第 146 页；稿本载《陈寅恪先生遗墨》，岭南美术出版社，2006，第 1 页。

② 赵翼《廿二史札记》卷 35《明史》“明末书生误国”条。

③ 习近平：《加快从要素驱动、投资规模驱动发展为主向以创新驱动发展为主的转变》（2014 年），载《习近平谈治国理政》，外文出版社，2014，第 125 页。

④ 顾炎武：《日知录》卷 30《天文》。

一些信息，在某些时候也表现出非常权谋甚至阴险的一面（如毁尸灭迹、杀人灭口等），但不宜将保密与焚书坑儒、文字狱等活动相提并论。后者是大规模的有着明确政治目的的永久性地摧毁某种历史记忆或者意识形态的政治行为，是不折不扣的愚民举措，是对文化和思想的摧残与破坏，所谓“民可使由之，不可使知之”①；但保密只是一时一地的权宜之计，所谓“慎密，原为成事，事成便复昭然”②。虽然实际上未必做到。故对保密是总结经验教训的问题，对焚书坑儒等则是全盘否定、彻底清算的问题。

第二，一项保密政策，就文化发展来说，可能阻碍了科学文明的进步，但就政治方面来说，则似乎不宜简单否定，因为这里还有一个信息流动与国家安全问题——当然是在那个时代背景下。如汉代人就认为，中央应该对地方实行信息管控，以确保集权。汉代东平王请《太史公书》，朝臣以为《太史公书》有战国纵横之说，不可以与诸侯。唐人推而广之，“本朝诸王尚不可与，况外国乎！”③ 宋代正式规定，涉密敏感信息不得泄露，不得擅自印刷，更不得传播境外。“朝廷大臣之奏议，台谏之章疏，内外之封事，士子之程文，机谋密画，不可漏泄”，凡议时政得失、边事军机文字，以及内国史、实录，不得传写。本朝会要、实录不得雕印，违者徒二年，告者赏缗钱十万。擅自卖书给外国人的，处以两年徒刑。④ 高丽曾多次请求赏赐《太平御览》，均被宋代皇帝以“禁书难为传示外国”予以拒绝。⑤ 禁止输出的除了图书，还包括各类地图。益州驿馆曾以天下州府地图为壁画。宋仁宗知道后，担心被外敌利用，立即下诏禁止：“自今毋得以天下州府图供张都亭驿。”⑥

① 《论语·泰伯》。

② 左懋第：《详察密封疏》，载孙承泽《春明梦余录》卷25《六科》，北京古籍出版社，1992，第402页。

③ 唐代薛谦光语，转引自顾炎武《日知录》卷之29《徙戎》，上海古籍出版社，2012，第1120页。

④ 《宋会要辑稿·刑法》（刑法2之38），马泓波点校，河南大学出版社，2011，第294页；李焘：《续资治通鉴长编》卷481，元祐八年二月辛亥；周宝荣：《宋代的书稿审查》，《社会科学》1995年第5期；郎国华：《宋代的新闻控制现象浅析》，《华南师范大学学报》2000年第2期；林平：《略论宋代禁事涉边机政事图书流入异族政权》，《四川师范大学学报》2006年第6期。

⑤ 李焘：《续资治通鉴长编》卷480，元祐八年正月辛丑。

⑥ 李焘：《续资治通鉴长编》卷174，皇祐五年二月癸巳。

为了达到管控信息流动的目的，宋代还对来华外国人行动自由也予以限制，如宋哲宗元祐五年（1090 年），高丽使臣来华外出游览期间，“大则察采虚实，图写宫阙、仓库、营房、衢道所在曲折”，“小则收买违禁物货、机密文书”，御史中丞苏辙为此建议禁止高丽使臣外出游玩。① 随后，宋政府就高丽来华人员管理做出专门规定，重点也在限制其交往范围和行动自由。

> 自今同文馆高丽人出外置到物，并检察有违碍者，即婉顺留纳，以杂文钱给还价直。若系时政论议及言边机等文字，即问元买处，开封府检奉敕条晓示。进奉人到阙，关司录司晓示行人，情愿将物入馆交易，仍具姓名关本馆，照会监门不得阻节。日听十人番次出馆游看买卖，仍各差亲事官一人随。愿乘马者，于诸司人马内各借一匹并牧马兵士一人，至申时还。②

为防止外国使臣在入宋的沿途收集宋朝机密信息，宋政府还禁止随行人员擅自外出：“所有敌使随行三节人从，乞严行约束，勿放出馆。”③ 这些似乎都不宜简单否定，特别是不可想当然地将其与宋朝的积贫积弱联系起来，以此指责宋代没有大国气象。

第三，同其他事物一样，中国古代的保密活动也有一个发展的过程，信息管制并非一开始就如明清时期那样严厉。如前面提及的官员任命问题，其人选在未公开之前必须严格保密，其内部决策过程则即使任命公布之后也不得泄露。但按照顾炎武《日知录》卷 2《建官惟百》的说法，唐虞之时天子亲自任命的官员不过百人左右，其他人选都由这一百个官员决定，“天子不亲其黜陟者也”。皇帝连任命大权都放弃，还有什么保密的必要？后来，“人主之职日侵于下，其命于天子者多”，“有敕用州主簿、郡功曹者也”。保密范围自然也就随之扩大。这实际上都是由皇权和政治制度的变化决定的。又如图书保密问题，顾炎武曾批评明代的“秘书”、“国史”保密政策流毒无穷，使“天下之士于是乎不知古”、“天下之士于是乎

---

① 李焘：《续资治通鉴长编》卷 449，元祐五年十月癸丑。

② 李焘：《续资治通鉴长编》卷 449，元祐五年十月癸丑页。

③ 李心传：《建炎以来系年要录》卷 123，绍兴八年十一月戊申。

不知今”，但他也同时明确指出，这并非自古皆然。汉代时“天子所藏之书，皆令人臣得观之”，“晋、宋以下，此典不废”，“且求书之诏，无代不下，故民间之书得上之天子，而天子之书亦往往传之士大夫”；“司马迁之《史记》、班固之《汉书》、干宝之《晋书》、柳芳之《唐历》、吴兢之《唐春秋》、李焘之《宋长编》，并以当时流布；至于会要、日历之类，南渡以来，士大夫家亦多有之，未尝禁止”。但是，明代以后情况发生变化，一方面，“自洪武平元，所收多南宋以来旧本，藏之秘府，垂三百年，无人得见”，“天下之士于是乎不知古”。另一方面，“实录之进，焚草于太液池，藏真于皇史宬，在朝之臣，非预纂修，皆不得见，而野史、家传，遂得以孤行于世，天下之士于是乎不知今”[①]。就“国史”撰修本身来说，也有这样类似的演变过程。因为国史不同于前代史，涉及当代人事，敏感内容较多，为保机密，一般均将史馆设在禁中，“所以秘严之也”。但在唐时，一度允许主事者“随任修撰”，或者随着职务调整到外地，或者在家修撰。后来认为，“国史听人携带，究非慎重之道”，必须“赴馆撰录”，不得携带出馆，更不要说外地了。[②] 应该说，这样历史地发展地看问题才是比较可取的。

第四，不宜将当时一切知识落后都归咎于保密，有时还有一个信息技术落后、信息化水平低下的问题。比如由于档案管理利用制度落后，实践中一些重要法规文件常常查找不到，只能听凭口耳相传，难免以讹传讹甚至难以查证。《史记》卷107《魏其武安侯列传第四十七》记载，西汉时，窦婴为了营救好友灌夫，以持有先帝（汉景帝）遗诏（“事有不便，以便宜论上”）为由，要求面见汉武帝。但汉武帝事先不知道窦婴有这么一份所谓的先帝遗诏，在尚书（管理档案的机构）中也没有查到。最后，窦婴以矫诏罪（假传遗诏）被处死。这个故事涉及政治斗争，有许多未解之谜，但悲剧之所以发生，先皇遗诏保密到查无对证自然是一个重要原因，也以极端的形式证明保密可能造成连政府内部都无法实现信息共享，乃至信息彻底消亡的严重后果。宋代沈括《梦溪笔谈》卷11记载，宋太祖关于禁止河北地区食盐官卖的圣旨也曾陷入查无实据的困境（“求访两朝墨

① 顾炎武：《日知录》卷18《秘书国史》。

② 赵翼：《陔余丛考》卷17《唐时国史听随任修撰》，河北人民出版社，2007，第319页。

敕不获”)。明代陆容《菽园杂记》记载，一位新进官员在讨论“禁约娼妇”问题时，提出“黥刺其面”的建议。事后大家才发现这一提议严重触犯了朱元璋在《皇明祖训》的《首章》中的规定，“不用黥刺剕劓阉割之刑”，“臣下敢有奏用此刑者，文武群臣即时劾奏，将犯人凌迟，全家处死”。这一“事故”的发生和当时文献整理水平较低、检索不便等有很大关系，不宜苛责。

从历史上看，信息技术的落后为封锁消息和保密创造了有利条件。反之，现代报纸、广播、电视、网络等传播媒介的兴起，从根本上改变了信息存储和传输的途径和方式，许多原来应当或者可以保密的信息纷纷丧失可保性，保密范围、保密技术和保密制度也不得不随之改弦更张，但此前思想、制度和实践中蕴含的一些基本原理仍然是适用的。这也是保密史研究的价值所在。

“幼嫁从亲，再嫁由身”？

——试论清代妇女改嫁的自主权

吴正茂[*]

摘　要：以往学界认为，在传统社会和法律中，按照儒家礼制原则，婚姻不能自主，须经“父母之命、媒妁之言”方能成立。与此同时，在传统小说、戏曲等文艺作品中，自作主张的男女之情却是非常重要和常见的题材。尤其在明清通俗小说中，存在一种普遍流行的“幼嫁从亲，再嫁由身”说法。本文结合官方法律、民间习惯、司法案例、文学作品等多重史料，研究发现：清代法律背景下的妇女确实拥有一定的改嫁自主权，但这种自主权是不充分和不完整的，主要体现在反对逼嫁、强嫁的消极抗命性质的自主权，而且不愿改嫁的自主权必须在“守志”前提下，才能获得官方法律的保障，生动体现了传统官方法律与民俗习惯、“天理”与“人情”之间的冲突格局。

关键词：改嫁　自主权　民间习惯　情理

众所周知，在传统社会和法律中，婚姻不能自主，须经“父母之命、媒妁之言”方能成立，体现了儒家一向主张的“嫁娶不自专”[①] 的婚礼原则。不过，在传统小说、戏曲等文学作品中，自作主张的男女之情却是非常重要和常见的题材，[②] 生动阐释了罗素所谓的“文学与现实生活中对爱情截然相反的两种态度”[③]。但在此问题上似乎存在着一个例外情形，明清

* 吴正茂，汕头大学地方政府发展研究所副研究员，汕头大学法学院讲师。

① 《白虎通·嫁娶》，中华书局，1994，第452页。

② 如《梁山伯与祝英台》、《西厢记》，等等，不胜枚举。

③ 〔英〕伯特兰·罗素：《性爱与婚姻》，文良文化译，中央编译出版社，2005，第9章“人生中爱情的位置”。

时流行的通俗小说里有“幼嫁从亲，再嫁由身”[①] 的说法。那么，在法律上这种说法能否成立，或者，究竟在多大程度反映了历史的真实？

一　“身自嫁娶”问题

晚清法律家沈家本在《再醮妇主婚人说》[②] 中，曾经论及“身自改嫁”问题。他说：“或曰，如夫家、母家俱无例应主婚人，则奈何？曰，此律所谓身自嫁娶者也。夫家之翁姑，母家之父母以及至近亲属皆无其人，则身自改嫁者，亦事所常有。若在丧服已满之后，即为例所不禁。”这是针对清律“凡居父母及夫丧，而身自嫁娶者，杖一百”[③] 规定的学理解释，但清代律学家对其中的“身自嫁娶”理解是存在分歧的，并非都与沈家本的解释一致。沈之奇在《大清律辑注》中曾专门分析过该问题。他认为，“身自云者，谓嫁夫娶妻，即居丧男女之本身，所以别于为人主婚者，非谓不由主婚之人，男女身自主婚也。《笺释》云：‘非奉主婚之命，故罪之。其解甚谬’。”[④] 薛允升在《读例存疑》中，针对居丧嫁娶例中“自愿改嫁”的说法批评道：“若如此例所云，是直以醮妇为主婚矣。错误之至！”与此相关，他在嘉庆六年条例按语称：“如妇女强嫁后，情愿与后夫完聚者，照律听其完聚”，薛允升同样认为这种解释不符律意：“自愿与后夫完聚，与自愿守志大相矛盾。律文给与完聚，系专指失节者而言，此云照律听其完聚，亦属错误。”[⑤] 可见，沈之奇与薛允升仍然囿于儒家“嫁娶不自专”的婚礼原则，不承认身自嫁娶的合法性。但依据清律的主导精神，上下条文语境及《唐律疏议》的相关解释，沈之奇与薛允升的解释显然更符合立法原意。

---

① 笑笑生：《金瓶梅》第五回，中华书局，1998，第 86 页。又见《水浒传》第二十五回，“初嫁从亲，再嫁由身”，人民文学出版社，1997，第 335 页。

② 沈家本：《寄簃文存》卷 3，载《历代刑法考》，第四册（附），中华书局，1985，第 2115 ~ 2118 页。

③ 参见田涛、郑秦点校《大清律例》，法律出版社，1999，第 206 页。

④ 沈之奇：《大清律辑注》，法律出版社，2000，第 263 页。

⑤ 薛允升：《读例存疑》，见胡星桥、邓又天主编《读例存疑点注》，中国人民公安大学出版社，1994，第 212 页。

然而，从当时的民事习惯来看，承认改嫁妇女自己主婚之权，并非偶然的情形。据笔者统计，在清末至民国的《民事习惯调查报告录》的55例调查中，就有18例承认妇女在改嫁时的自主权，这是一个很高的比例了。《报告录》中还多见夫失踪后生死不明，其妇改嫁多由妇自主的情形。① 在清代司法案例中，也可以发现部分司法者对于妇女自主改嫁一定程度的允许和庇护。例如在《刑案汇览》“居丧嫁娶媒合人减首犯一等”一案中，孀妇朱氏系自行改嫁，但并未按“无主婚人不成婚礼者应以和奸论”，也未断离，与“居丧娶妻可以原情免其断离”的判决精神一致。② 在清代蒯德模《吴中判牍》中的丁四姐一案，司法者更是曲顺人情，维护了女子婚后私奔改嫁的婚姻，只是判决给前夫“偿以百元”而结案，将原本可以严判为“和奸”或“背夫在逃改嫁”的案件，“用儒家之权变，参佛氏之圆通，破小拘墟，成大欢喜”③。因此，综合以上的法律解释④、民间习惯和司法案例而言，上述“幼嫁从亲，再嫁由身”的说法，有其一定的现实依据。

妇女改嫁的这种自主权，与清律“男女婚姻”条中卑幼自娶妻的规定是不同的。清律规定：“若卑幼或仕宦或买卖在外，其祖父母、父母及伯叔父母、姑、兄姊后为定婚，而卑幼自娶妻，已成婚者，仍旧为婚。未成婚者，从尊长所定。违者，杖八十。”这种法律允许的婚姻自主权，与妇女改嫁中的自主权不可等同。律文所指的显然是男子，并没有赋予女子相对应的权限。而且，男子的这一婚姻自主权，实际上受到很大的限制，只

---

① 《民事习惯调查报告录》（以下简称《报告录》），中国政法大学出版社，2005，第623页；第624页，等习惯。

② 以上三段引述，分别出自祝庆祺编《刑案汇览》，北京古籍出版社，2000，第248页、252页、251页的三个案例。因该版本有较多舛误和删减，故本文均与与清道光棠樾慎思堂刻本对照使用。

③ 蒯德模《吴中判牍》，清啸园丛书，1883。

④ 沈家本对身自嫁娶的态度，可能源于他丰富的司法经验和对当时风俗民情的了解，也可能是受到了西方法律的影响。以沈家本对律学的精深掌握和对薛允升等人学说的熟悉，何以明知而故作别解呢？表面原因是对民俗中常见的自主改嫁情形的确认和沿用律学旧说（从上引沈家本一文看，之前的律学也曾出现过类似解释），但更深层的理论根据应出于对西方法律“个人主义”精神的一种“隐晦的”采纳，这与他“采用西法互证参稽”的修律指导思想也是一致的。类似这种“隐晦的”采纳，参见王瑞峰《中国近代法律转型中的价值和论证——以〈杀死奸夫〉为例》，载《清华法治论衡》（第8辑），2006。

是在非常特殊的情形下才能得到法律的认可。即必须是仕宦或买卖在外，而且必须业已先行成婚，显然不便再予改易，否则即使自行定婚，也还是以尊长所定婚姻为有效。两者相较，妇女改嫁在事实上可能具有更大的自主权。

清律“居丧嫁娶”条规定：“其夫丧服满，果愿守志，而女之祖父母、父母，及夫家之祖父母、父母强嫁之者，杖八十。”这就意味着，在法律上孀妇拥有一定的改嫁抗命权，这是初嫁之女在法律上所不享有的。清律的相关规定经历了一个变化。承袭明律“其夫丧服满，愿守志，非女之祖父母、父母而强嫁之者，杖八十”。对于这一律文上的改变，薛允升在《唐明律合编》中提出疑问：“（唐律）夫亡守志，祖父母、父母强嫁之者，并不科罪。明律亦遵守其法，不以为宽。现在律文，女之祖父母、父母与夫之祖父母、父母，均拟杖八十，究竟因何改定，并未叙明。是从古以来不应科罪者，而忽拟以罪名，殊不可解。”[①] 但我们比较更改前后的律文，发现更改后的律文赋予了孀妇更大的改嫁抗命权，即使其母家与夫家的祖父母、父母也无权强迫其改嫁了。主婚权是父母等尊长对卑幼的教令权之一，是父子之纲和父权在婚姻礼法中的体现；守志则体现了夫妇之纲和夫权。清律的相关变化，其具体缘由可能已经难以稽考，但法律的变化在客观上还是显示了“夫妇之纲”和夫权的进一步强化。

二　强嫁和逼嫁

与孀妇改嫁的自主权和抗命权相对应的，是违背孀妇意志的强嫁和逼嫁行为。在古诗《孔雀东南飞》[②] 和张爱玲《倾城之恋》[③] 这样的文学作品中，改嫁是由母家兄长等人迫使所致，但在清代司法案例中，绝大部分的强嫁和逼嫁行为都是夫家亲属实施的。除了上述“居丧嫁娶”条的规定，清代还对亲属强嫁孀妇修定了很多详细的条例予以惩处（详见《读例存疑》“居丧嫁娶”条所附条例）。薛允升评价说：“亲属强嫁之罪，愈改

① 薛允升《唐明律合编》，法律出版社，1999，第 334 页。

② 参见沈德潜选《古诗源》，中华书局，1963，第 73 ~ 76 页。题为“古诗为焦仲卿妻作”。

③ 参见《张爱玲集》，北京十月文艺出版社，2006。

愈严”[①]。在这种法律背景下，加之社会中基于各种原因[②]强嫁、逼嫁案件频频发生，因强嫁、逼嫁而引起的案件可说是当时的中央和地方司法中常见的案件类型，相关的记载也有很多。我们不妨从中选取一些有代表性的案例加以分析、讨论。

《新增刑案汇览》卷10，逼嫁孀媳不甘失节自缢案[③]。该案中，陈棕议逼孀媳胡氏改嫁，胡氏闻知不愿，泣求苦守，该犯复用言吓制，致使胡氏不甘失节，自缢殒命。法官认为案情实与强嫁无异，应按照条例规定的孀妇自愿守志，夫家强嫁，若孀妇不甘失节，因而自尽者，不论已未被污，夫之父母杖一百、徒三年处理。可见，清代法律对这种强嫁致死的案件，按照条例规定是作为威逼人致死来处理的。此案发生在翁媳之间，法律虽然赋予翁父对作为子女的儿媳的教令权，但当儿媳以守志为理由对抗翁父的改嫁教令时，法律是站在守志儿媳这一边的。亦即，在这一问题上，法律认为寡妇为其夫守志的“节义”比她作为子媳对翁父应尽的“孝道”更为重要。《续增刑案汇览》卷9，逼媳改嫁不遂致翁忿恨自尽案[④]，与此案类似。该案也发生与翁媳之间，但案情结果迥异。该案中岳来英因其子久出不归，欲将其儿媳岳叶氏嫁卖。即夺其应分之地抵欠，复禁次子岳金川资助，以绝其食，欲使该氏不能自存，希图嫁卖。法官认为，其如此待媳不仁，实属有乖父道。认为该氏守贞不从，与他事违反不同。后岳来英因该氏欲赴县控诉，恶其讦己之过，心怀忿恨轻生自尽。由此，法官认为，若将该氏照子孙违犯教令问拟绞候，殊觉情轻法重，应将岳叶氏比照子孙违犯教令，致父母自尽拟绞例量减一等，杖一百，流三千里。此案特别体现了翁父的教令权与儿媳守志意愿（即使是表面上的）发生强烈冲

① 《读例存疑点注》，第212页。

② 逼嫁、强嫁案件多发于基层社会中，与当时基层社会经济状况应有直接关系。但也有一些习俗和法律上的原因。贪图财礼的习俗，往往是发生该类案件的一个重要因素；另外，根据清律“立嫡子违法”条所附条例的规定，在财产上，守志的孀妇“合承夫分”。立法的初衷，应当是鼓励孀妇守志。但实际上，从众多逼嫁和强迫改嫁的司法案件来看，正因为孀妇有权承受和经管亡夫财产，往往使得占据家产的孀妇成为家中其他有分获得或者觊觎获得家产的人，必欲设法嫁之而后快。为了瓜分孀妇前夫财产，守志在家的孀妇反而成为他（她）们取得财产的严重障碍。孀妇和孀妇的子女，往往被他（她）们视为家中的负担和累赘。法律的这种近乎反讽性的副作用，可能是立法者当初没有预料到的。

③ 祝庆祺编《刑案汇览》第四册，北京古籍出版社，2000，第638～639页。

④ 祝庆祺编《刑案汇览》第四册，北京古籍出版社，2000，第278页。

突的情形。如果此案中自尽的不是翁父，而是如前案那样是守志儿媳，那么在处理上也应相类。尽管因为翁父自杀造成案件处理的截然不同，儿媳本来应受到法律保障的抗命之权不再适用，反而要为此承担违犯教令的法律后果，应验了俗语中“天下无不是的父母”之说，但法官在处理时还是明确指出该翁“如此待媳不仁，实属有乖父道”，并以此作为对违犯教令的儿媳减轻刑罚的依据。孀妇否定性的改嫁自主权还是受到司法的尊重。

《朱批奏折》嘉庆十一年十一月十一日案：“刘伦之母刘张氏素憎伊媳，且因其年轻无子，起意主婚改嫁。”① 本案涉及传统婚姻家庭中的一个非常棘手的问题：婆媳矛盾。顾炎武《日知录》卷13“分居”条：“有谓二女同居，易生嫌竞。”② 费孝通先生也认为，中国家庭间感情的结构是一个极其重要但被忽略的研究对象。③ 其中就提到婆媳争执的问题。这在司法案件中也有诸多体现。《朱批奏折》嘉庆十七年六月二十四日案：“王卞氏并不询明伊媳王吕氏愿否孀守，辄许嫁与崔治夫为妻……查王吕氏系该氏子媳，律得勿论。”④ 这里应该是出现了一个司法上的错判，如前所述，女之祖父母、父母与夫之祖父母、父母也没有强迫其改嫁之权，这是清律的一个变化，至少在乾隆五年编定的《大清律例》中已经将明律的相关规定更改了。该案处理是在嘉庆十七年，“律得勿论”的依据何在呢？可能是司法者沿用了旧律，未注意到或者特意不遵守已经改变了的律例规定。

清代赵幼班《历任判牍汇记》卷6“判王朱氏等堂词”⑤。此案中，婆婆王朱氏原欲逼寡媳曾氏改嫁，因不能夺其志，遂怀恨而朦控。法官饬令将曾氏领归王家。应得房租，每月取一半与曾氏，以作生计，免致婆媳同居，终久酿出祸端。司法不仅维护了孀妇的守志意愿，还对婆媳相处中的经济问题作出处理，免酿祸端，可谓体贴人情的判决。清代熊宾《三邑治

① 中国第一历史档案馆《朱批奏折》：“奏为遵旨审明利津县革生张仲春京控刘国栋等抢嫁刘巴氏一案按律定拟”。

② 顾炎武《日知录》，安徽大学出版社，2007，第778页。

③ 费孝通《乡土中国、生育制度》，北京大学出版社，1998，第149页。

④《朱批奏折》：“奏为遵旨审明乐陵县民妇王吕氏京控伊夫弟听唆逼伊改嫁等情一案按律定拟。”

⑤ 载杨一凡、徐立志主编《历代判例判牍》（第十二册），中国社会科学出版社，2005，第231～232页。

略》卷6“讯翟光玉一案”[①] 与上述案例相似。夫亡后，姑为之招夫抚子，媳不愿，亦不能出于勉强，应行断离。

《刑案汇览三编》卷9，兄妻图分遗产劝令夫弟妻改嫁不从吓逼自尽一案：

> 至夫兄妻图产强嫁弟妻致酿人命，应否亦照期功尊长科断，当时并未议及，历查近来亦无办过似此成案。伏思期功兄弟，本以天合，情谊最亲，其将弟妻强卖致令自尽，尚可照服制科罪。若兄妻与夫弟之妻特以人合，以人合者彼此本属无服，由其夫推之始降服小功，似难与实在期功尊长相提并论。且妻妾与夫亲属相殴，律内注明‘至死应同凡论’，则因强逼弟妻改嫁不从致令自尽，既无情谊之可言，岂复有尊卑之名分？遇有此等案件自应酌照凡人强夺妇女本例定拟，方昭情法之平。[②]

该案中对服制关系问题的讨论，很具有代表性，体现了清代礼学中热烈讨论的服制问题对于实际司法的直接影响[③]。此案中所议论的“情谊”，也是相关讨论所关注的重要问题。

《刑案汇览》卷7，强嫁兄妻致氏自尽驳案。[④] 本案属于卑幼主婚强嫁的情形，案件当事人是叔嫂关系。饶念八因其兄病故，遗妻曹氏，情愿守志。饶念八因嫂曹氏常与邻妇往来谈笑，恐招物议，令其迁移同居，曹氏不允。饶念八以曹氏年轻，日后虑有不端，声言将来败坏门风，不如早嫁，以免丢脸。曹氏与其争詈，族众处令饶念八服礼，饶躲避。后曹氏复往寻闹，饶念八詈其悍泼，并言将来定要嫁卖，以致曹氏气忿赴祖祠用刀自划殒命。原审法官将饶念八依因事与妇女角口，妇女一闻秽语气愤轻生拟流例，加等拟军处理。驳案法官认定，曹氏与邻妇往来说笑，系属常情。该犯何以忽虑及日后恐有不端，指斥其将来败坏门风不如早嫁，已有借端逼妇之心。迨族众处令服礼，该犯避匿。经曹氏复往寻闹，该犯又不

---

① 载杨一凡、徐立志主编《历代判例判牍》（第十二册），中国社会科学出版社，2005，第92页。

② 沈家本编《刑案汇览三编》清末稿本。

③ 参见张寿安《十八世纪礼学考证的思想活力》，北京大学出版社，2005。

④ 祝庆祺编《刑案汇览》（第一册），北京古籍出版社，2000，第249～230页。

好言劝慰，反觌面詈，并言欲行嫁卖。是该犯处心积虑，必欲将曹氏嫁卖，更属显然。若果有谋占资财，贪图聘礼情事，致其嫂不甘失节自尽，应照例拟缳首；即无谋占贪图情事，而强夺孀妇之志，逼令改嫁，以致自尽，该犯系曹氏功服卑幼，亦应按例科以极边充军。从而推翻了原审的认定。此案中，驳案法官明显有论心定罪、从严惩处的倾向。该犯并无逼嫁其嫂的事实，只是扬言要将其嫁卖，尚未付诸实际行动。“有借端逼妇之心”，也构成逼嫁，司法中对孀妇守志意愿的保护，可见一斑。本案涉及的另一个问题是卑幼主婚改嫁。在没有尊长主婚情形下的卑幼主婚，也不为法律所禁止。清律“嫁娶违律主婚人罪”条中，余亲主婚即包括卑幼主婚的情形。但本案中该犯系其嫂的功服卑幼，属于条例规定的加重处刑的情况。

《朱批奏折》乾隆三年案[①]，此案是卑幼主婚改嫁的一个非常极端的情形，案犯禹尊经竟然图财商谋强嫁亲母禹郭氏。苏抚庄有恭将该犯比照期功卑幼谋占资财将伯叔母姑抢嫁例拟以斩决。遵旨会议后认为，查子逼母嫁虽无治罪明条，但以亲生之子因财逼母改嫁，实为情法所不容。况禹郭氏矢志守节，而禹尊经设计图谋逼使失节，几致其母誓志捐躯，即与谋杀无异。蔑伦伤化，罪大恶极，不应如该抚所拟斩决，禹尊经应改为凌迟处死以快人心。这样的判决结果，仅从当时的法律上看，应该没有什么问题。但对于原本是本案的受害人的母亲禹郭氏而言，在情理上又会感受如何呢？强嫁和强嫁的上述处理后果，可能对她来说是精神上的双重打击。

清代的逼嫁和强嫁案件，往往与强占良家妻女相关或相转化：如《刑案汇览》卷9，图产空言逼嫁大功弟妻自尽；逼嫁胞叔之妾致氏忿激自尽；等案。

以上是清代实际司法案件中的强嫁、逼嫁。下面的文学作品也许可以帮助我们体会当时的情景，补充被遗漏的历史。其中生动形象的描写，可以启发我们进一步思考有关改嫁的法律与习俗、强迫与自愿、主婚与财礼等问题；并进而真切地了解和想象相关当事人的处境和心理。这里例举的

① 《朱批奏折》：“奏为遵旨会议苏抚庄又恭审题上元县禹尊经图财商谋强嫁亲母案事。”

是鲁迅著名小说《祝福》[1] 的片段：

新正将尽，卫老婆子来拜年了，已经喝得醉醺醺的，自说因为回了一趟卫家山的娘家，住下几天，所以来得迟了。她们问答之间，自然就谈到祥林嫂。

"她么？"卫婆子高兴的说，"现在是交了好运了。她婆婆来抓她回去的时候，是早已许给了贺家坳的贺老六的，所以回家之后不几天，也就装在花轿里抬去了。"

"阿呀，这样的婆婆！……"四婶惊奇的说。

"阿呀，我的太太！你真是大户人家的太太的话。我们山里人，小户人家，这算得什么？她有小叔子，也得娶老婆。不嫁了她，那有这一注钱来做聘礼？他的婆婆倒是精明强干的女人呵，很有打算，所以就将地嫁到里山去。倘许给本村人，财礼就不多；惟独肯嫁进深山野坳里去的女人少，所以她就到手了八十千。现在第二个儿子的媳妇也娶进了，财礼花了五十，除去办喜事的费用，还剩十多千。吓，你看，这多么好打算？……"

"祥林嫂竟肯依？……"

"这有什么依不依。——闹是谁也总要闹一闹的，只要用绳子一捆，塞在花轿里，抬到男家，捺上花冠，拜堂，关上房门，就完事了。可是祥林嫂真出格，听说那时实在闹得利害，大家还都说大约因为在念书人家做过事，所以与众不同呢。太太，我们见得多了：回头人出嫁，哭喊的也有，说要寻死觅活的也有，抬到男家闹得拜不成天地的也有，连花烛都砸了的也有。祥林嫂可是异乎寻常，他们说她一路只是嚎，骂，抬到贺家坳，喉咙已经全哑了。拉出轿来，两个男人和她的小叔子使劲的捺住她也还拜不成天地。他们一不小心，一松手，阿呀，阿弥陀佛，她就一头撞在香案角上，头上碰了一个大窟窿，鲜血直流，用了两把香灰，包上两块红布还止不住血呢。直到七手八脚的将她和男人反关在新房里，还是骂，阿呀呀，这真是……。"她摇一摇头，顺下眼睛，不说了。

---

① 鲁迅：《祝福》，载《彷徨》，人民文学出版社，1979。

> “后来怎么样呢？”四婶还问。
>
> “听说第二天也没有起来。”她抬起眼来说。
>
> “后来呢？”
>
> “后来？——起来了。她到年底就生了一个孩子，男的，新年就两岁了。我在娘家这几天，就有人到贺家坳去，回来说看见他们娘儿俩，母亲也胖，儿子也胖；上头又没有婆婆，男人所有的是力气，会做活；房子是自家的。——唉唉，她真是交了好运了。”
>
> 从此之后，四婶也就不再提起祥林嫂。

小说中，祥林嫂也遭遇了强嫁，但她的“不愿”，与其说是发自内心的不愿，更不如说是在当时的礼法观念下迫于情面不得不表现如此。这种情形，是现实中许多没有诉诸司法方式解决的逼嫁、强嫁事件的一个写照。①

三　改嫁自主权的有限性

从上述清代的法律规定和司法实践看，清代孀妇改嫁相对于初婚的一个突出特点，是主婚权的不完整性或分割性。体现在主婚人主婚权的不完整与孀妇自主权的不完整。前者要受到法定的孀妇“自愿改嫁”的限制；后者所受的限制更为复杂。其复杂性主要包括以下三个方面。一是孀妇的婚姻自主权要受到法定的婚礼形式制约，即使是少数实质意义上的自行主婚改嫁，也需要形式上的主婚人，使婚姻缔结合乎礼法规范。婚姻不得自专至少在形式上仍然是传统婚礼难以否弃的基本原则。二是所谓“自愿改嫁”，在法律上仅限于同意改嫁的自愿，而不是指选择具体改嫁对象方面的自愿。改嫁对象的选择权一般还是属于改嫁主婚人。因此，孀妇改嫁中

① 故事中对于初婚的聘礼和再婚的财礼的区分；聘礼和财礼数额，与实际的民间习惯相符。如果说在初婚中，婚姻论财的性质还犹抱琵琶半遮面，那么再婚的买卖婚姻性质就更加昭然若揭了。如河南省西平县习惯：“通常订婚，皆以启帖为凭，俗以适用财礼为可耻。惟孀妇再醮，多系出于贫户，故用财礼而不用启，其方式即由主婚人立契约为据，俗名‘人契’。”扶风县、乾县、归绥县等习惯都显示孀妇再醮财礼恒较聘金为重。并且，民事习惯中妇女改嫁还往往另有各种名目的再醮规费，也颇体现了改嫁婚姻近于赤裸裸的财产性。参见《报告录》第 816、852 页，等。

的自由意志仍然是不完整的。三是自愿还包括对主婚人改嫁之命的否决权。即孀妇拥有初婚之女所没有的抗命之权。然而，这是一种否定性和消极防卫性的自主权，而非积极主动的自主权。并且，这样否定性的自主权，是在孀妇自愿守志的意蕴下获得的。法律意在保护孀妇守志的意志，而不是其改嫁自主权。因此，孀妇反对强迫改嫁的唯一合法理由只能是其情愿为亡夫守志，而不能是对改嫁对象的不满意，或者对在亡夫之家生活状况的留恋等理由。尽管在客观上孀妇可以利用这一法律规定作为支持自己内心主张的借口，但如果孀妇的行为违背了守志的要求，则其仅有的这一点否定性的改嫁自主权亦将丧失，而不再受到法律的保障。这在汪辉祖记载的一个寡妇改嫁案中，有明显地体现：

> 逼嫁案者叶氏，年三十有四，初嫁于黄十七年而寡。再醮孙姓，未几夫死。前妻有子四岁，遗产二十余亩，惟一短雇工人秦某相依度日。缌麻侄孙乐嘉以瓜李之嫌，属叶辞秦另雇。叶诺之而迟久未覆。乐嘉诘秦，则以负傭值为词，久留如故。族长孙某与乐嘉商以人言可畏，劝其改适。叶以娶主难得妥人，请俟稍缓。会近邨周姓断弦，族长商之乐嘉，欲为叶作伐。秦某闻之，告叶。叶令秦作抱呈，告乐嘉等逼嫁，比县批查，族长等觅秦理讲，秦逸去。因斥叶不应妄告。叶诿秦主谋。即于是夜乘间投缳。县以乐嘉为首，照威逼小功尊长律问拟杖徒，府驳叶虽醮妇，既不愿嫁，未便强勒，应照威逼孀妇自尽例充发。及详院陈公以族长等商同嫁卖，必系意在图财，委钱塘县覆审，将族长拟绞，乐嘉拟流。抚军以罪名屡易，改委湖州府同知唐公若瀛审理。唐公曾署萧山，素知余，出详册见示余。见历次供情俱近支离，惟原验情节甚明。叶尸面抹脂粉，上著红衣，衬色衣，下著绿裙，紅小衣，花膝裤，红绣鞋。卧楼一间，内系叶室，中间版隔，无门，外即秦床。因语唐公曰，历讯皆舍其本也，不惟不应绞、不应軍，且不应徒也，一枚枷完结之案耳。唐公曰：何故？余曰，叶之死，距孙死不及一年，面傅脂粉，服皆艳妆，此岂守寡情形？舍十七年结发之恩，守十一月后夫之义，天下断无是情所谓守者。殆不忍舍秦耳。秦以贫傭工，断无无工价而长傭之理。乐嘉劝嫁之说，叶未严拒；周姓议姻之语，孙未面言。讼起于秦事发在逃，乐嘉等根问秦某

> 下落，并非威逼可比。是叶之轻生，由于秦去。惟秦是究，自得实情。唐公然余言，而诮余卢案者，兼诮余是案。杭城之官与幕，哗然如一口。唐公勒捕秦某到官，鞫实通奸，并无逼嫁情事，遂科秦奸罪。乐嘉等照不应律，分别杖枷详结，得行余志。[①]

对于该案，原先存在着两种解释体系：逼嫁的与奸情的。前者在之前的司法处理中一直占主导，叶氏也想要利用法律关于逼嫁的规定来维护其婚姻自主权。汪辉祖的发现和分析，使得案件的解释体系发生根本转换，司法者内心确信的天平直接向奸情的解释体系倾倒。奸情线索和证据的发现，完全推翻了先前的案情预设，成为影响案件处理结果的决定性因素。先前的案情预设，是基于常见的逼嫁案件情形。奸情的发现，彻底否定了该寡妇情愿守志的表述。守志本是一种主观的心态和意愿，难以确定其说的真假，但发生了奸情，则是在客观上摧毁了这一说法的真实性。对寡妇改嫁同意权的保护，是建立在守志的前提和基础之上，一旦守志不成立，逼嫁的罪名也就不成立了。改嫁失节之妇，反而具有了保全宗族颜面的正当性。从中可以更加明显看出，法律的出发点和主旨，在于维护守节的伦理，而非孀妇的改嫁自主权。

汪辉祖的判断一定是准确的吗？很有可能他的思路揭示了案情真相。但汪辉祖据以怀疑存在通奸情形的线索，也可以有其他言之成理的解释。即便在汪辉祖自己对该案的叙述中，也透露出此前的司法者也认识到可能存在通奸（瓜前李下），为何没有循此追查呢？汪辉祖的发现，应该是非常明显的案情线索，而且原验情节已经附于详册之中，原审法官应该不可能忽略不察。案情中的逼嫁情节应较为明确而通奸又难以查证，才可能致使原审法官没有将案情朝着通奸的方向认定。因此，其实不能完全排除这样的可能性：唐公等后来办理案件人员抱着“死者已矣，何不救生”的态度，按此思路对该雇工诱供、逼供迫使其承认奸情。但汪辉祖对此疑难案件的判断思路确实容易让当时的人接受，这本身即是一个值得思考的问题。

① 汪辉祖《病榻梦痕录》卷 2，台北商务印书馆，1980，第 100～103 页。

美国当代学者麦柯丽就汪辉祖的叙述进一步发挥了她的历史想象：“这位两度嫁人的妇女深爱着她的雇工情人，如果不诉诸法庭就不能阻止其夫家的族长为她包办另一桩婚姻。但她也不能直截了当地对知县说：‘我丈夫的族人不让我和我深爱的雇工同床共枕；你应该命他们让我随心所欲。’没有哪个地方官会受理她的控诉，更不会同意她的请求。通过她乐于助人的代理人，她想她至少可以阻止族人为她安排第三次婚姻。她用以对抗在社会地位及意识形态上都比自己强大得多的对手的武器是捏造强迫寡妇改嫁的控诉。从技术上说，她的控诉是真实的。但清朝反对寡妇再婚的禁令是为了褒扬宋明理学的价值观念（在本案中，就是提倡孀妇的贞操）。该寡妇几乎正是利用法律来试图嘲弄孀妇守节的信条并继续她与她那雇工的‘通奸勾当’（汪辉祖语）。”“不幸的是，她那落魄情夫更深刻地意识到了自己无助的社会力量以及挑战族人努力的无望。他或许并不是一个薄情郎，因为他现实地意识到他们面对那样的阶级和意识形态的力量所做的抗争是徒劳的。不管她是因为得知其情郎已放弃抗争而感到绝望，还是因为与其夫族交锋而愤怒难遏，抑或二者兼有，总之，她在 34 岁时，身着华丽的新娘嫁妆结束了自己的生命。”① 这种从现代女性的视角，将此案当事人描述和想象成为了爱情而抗争的勇敢而悲情的形象，有可能但也未必揭示了本案的真实情况。然而将这种对案件的理解和态度与汪辉祖相比较，其中显示的传统与现代相关观念的巨大差异，却非常耐人寻味。

值得一提的是，本案中叶氏自杀时衣饰和装扮，是汪辉祖据以发现案件事实的一个重要线索。在当时的社会观念下，寡妇面敷脂粉和身着颜色艳丽的衣物，确实与世俗对寡妇行止的要求相违背。例如《海阳纪略》：“寡妇之礼，宜垢面毁形，脱珥去饰，乃汪氏常施朱而傅粉。”② 该案也是寡妇不愿改嫁，但其行止与守志不符。除了上述装扮不合乎寡妇身份，还经常出游且长时间不归，因而被其婆婆和夫族亲房等控以淫奔败行，要求法官斥其改嫁。虽然该寡妇截发不从，但法官仍维护夫族的要求，判其应改嫁。

---

① 〔美〕麦柯丽：《挑战权威——清代法上的寡妇和讼师》，载高道蕴、高鸿钧、贺卫方编《美国学者论中国法律传统》，清华大学出版社，2004，第 561～562 页。

② 廖腾煃：《海阳纪略》，清康熙 32 年刻本。

不是出于守志目的而不愿改嫁的妇女意愿，常常被被司法所否定。清代叶晟《求刍集》中记载了一个案件①，该案中冉氏在夫未亡时即与梁夏通奸，夫亡后竟居于梁夏之家。后冉氏之兄控告到县，判将冉氏领去别居。后由亲属主婚将冉氏再嫁与杜时习。梁夏因私情难断，令其妻约会冉氏。冉氏即于昏夜逃走，杜时习控告差拿。后冉氏与梁夏被拿获于英山口之草沟内。审讯中，冉氏自己辩解说："我不愿嫁，恨为人所卖，而欲告状。"法官评断说："试问，不愿嫁者，果矢柏舟之操耶？抑难断藕丝之牵耶？明有夫而不愿，阴有夫而愿之，何也？"因而，除了判责梁夏之外，仍将冉氏判给杜时习，任其自为去留。本案中法官的评断，进一步说明了不愿嫁未必出于"柏舟之操"，而法律所保障的，绝不是脱离"柏舟之操"的"不愿嫁"。

四 结论

总之，清代妇女改嫁中显示了一定程度和一定意义上的自主性，这是改嫁不同于初嫁的一个重要的特点。改嫁妇女能够拥有一定的自主之权，除了上述法律的因素，其自身的年龄、阅历、交游、改嫁时本应主婚之人的情形（如已经去世或衰老等），都会在实际上促成这种自主性。而且，民间妇女改嫁的实际自主权已经超出官方法律允许的范围。但正如《报告录》所言："孀妇自主改嫁，虽与现行律例不合，然夫家或母家余亲，类多与孀妇痛痒不甚相关，与其听命于惟财是视之余亲，固不如孀妇自主之为得也，似与善良风俗尚不相背。"②

妇女改嫁中的自主权，对儒家"嫁娶不自专"，必须由父母之命为之的传统观念造成了一定的冲击。儒家经典如《诗经·齐·南山》："娶妻如之何，必告父母。"《孟子·滕文公下》："不待父母之命、媒妁之言，钻穴隙相窥，逾墙相从，则父母国人皆贱之。"男女在特殊情形下，如《周礼·地官·媒氏》所规定："中春之月，令会男女，于是时也，奔者不禁。"但据戴震的解释，只是针对"三十之男，二十之女，贫不能婚嫁者，

① 杨一凡、徐立志主编《历代判例判牍》（第九册），中国社会科学出版社，2005，第290页。
② 《报告录》，第782页。

许其杀礼。”[①] 总体上，我们今天看来，儒家对婚姻制度安排的一个重要缺点，是对于男女爱情的忽略。男女婚嫁中的爱情和自由意志，尽管多见之于文学作品中，但却不是现实中的礼法所重视的问题。或如熊十力先生所言：“常谓西洋伦理由男女之恋爱发端，吾人伦理由亲子之慈孝发端，此是东西根本异处。”[②] 但这种制度安排与自然的人性、人情似有所背离。钱钟书先生曾论述道：“唐末王周《西塞山》第二首，‘匹妇顽然莫问因，匹夫何去望千春；翻思岵屺传《诗》什，举世曾无化石人！’谓《陟岵》此篇，虽千古传诵，而征之实事，子之爱亲远不如妇之爱夫。殊洞微得间。……历代诵说《孝经》，号召孝治。然而，约定有之，俗成则未，教诫（ethic）而已，非即风会（ethos），正如表章诏令之不足以考信民瘼世习耳。”[③]

当然，妇女改嫁的自主权，远不足以构成对儒家婚姻制度总体安排的挑战和威胁。相反，从法律关于自愿改嫁的规定来看，法律上的改嫁自主权正是在儒家鼓励守志的语境下获得的。如果说爱情体现了一种自由意志，那么法律为这种自由意志设定了条件和边界[④]。清代妇女改嫁中所包含的自由意志空间仍然是相当有限的。现实中大量的逼嫁和强嫁案件，以及如祥林嫂那样身不由己、听人摆布的改嫁，都体现了缺乏自主性的改嫁仍然是相当普遍的状况。

通过上述分析，我们还可以发现，官方法律与民间习惯存在一定的冲突。不仅如此，上述分析也显示了，在传统法[⑤]的内部，作为法理的儒家思想，也不是完全内在和谐及固定不变的。如果我们把“嫁娶不自专”视为一种自古皆然的“天理”，而把民间和部分司法者对自主改嫁一定程度的允许看作一种基于“王道本乎人情”的“情理”，两者关系也体现了传统法内在精神的一种冲突格局。

---

① 戴震：《诗摽有梅解》，载《戴震文集》，中华书局，1980，第10页。

② 熊十力：《十力语要》，上海书店出版社，2007，第252页。

③ 钱钟书：《管锥编》（一）《诗经、陟岵》，生活·读书·新知三联书店，2001，第195页。

④ 参见〔英〕哈耶克：《自由宪章》（中国社会科学出版社，1999），第二篇“自由与法律”，特别是其中第十章“法律、命令和秩序”的相关引述和讨论。

⑤ 此处所言的“法”，并不以狭义的官方法律为限，而是包括民间习惯法、司法活动的过程等，更接近于法社会学意义上的法律概念。

清代命案中的“追埋葬银”

——从立法到司法的历史考察

李　明*

摘　要：清代律例中对“追埋葬银”的规定多见于“人命”门，罪犯由于过失等因致人死，死囚遇国家恩赦免死，因存留养亲等而适用收赎等，在这一类的命案中，人犯免于处死但需要给付苦主一定数额银两。本文着重关注“追埋葬银”的额度问题，在律例文字表达上该数目直接承袭明代，但在司法中却存在另一套实践逻辑，在经历变动、调适和复归后终清一代“追埋葬银”数额未改，由此而伴生的最大问题即“追埋葬银”所具有的意义的“价值”贬值，这在与同时期命案私和中“命价”的比较之下愈发突出。《大清律例》中例文虽是“因时立法”，但对于措置不断发展变化的具体实践仍存在着较大间隙。

关键词：追埋葬银　命价　人命私和　立法与司法　《大清律例》

从清代刑科题本的案件拟判所见，对命案的处理意见中存在有“追埋葬银”① 的判决，它通常发生在命案中的人犯由于各种原因被允许不用偿

---

* 李明，中国人民大学清史研究所博士研究生。

① 明清两代的律例中多使用“追埋葬银”，较少出现“烧埋银”，它在形式上与元代的“烧埋银”有联系而在实质上有区别，《元典章》：“凡杀人者虽偿命讫，仍征烧埋银五十两。”《元史·刑法志》：“诸杀人者死，仍于家属征烧埋银五十两给被害人。”均转引自张群：《烧埋银与中国古代生命权侵害赔偿制度》，见范忠信、陈景良主编《中西法律传统》第4卷，中国政法大学出版社，2004，第295页。张群、张松在《中国少数民族的“赔命价”习惯法》（韩延龙主编《法律史论集》（第6卷），法律出版社，2006，第409～419页）一文中指出清初存在的追银赔人之例。已有的研究往往径将明清的“埋葬银”视为是元代“烧埋银”的接续，这只看到了二者表面上的“连续性”，元代大部分的命案均需征烧埋银给苦主（罪犯可能被处死），而明清两代“追埋葬银”主要集中在过失杀人或因过失致人死亡及适用收赎的案件中（罪犯基本上不会被处死），（转下页注）

命，而需要向受害人的亲属交付一定数额赔偿金的情形。律例中明确规定，“追埋葬银”这部分的赔偿金主要是给付尸亲用作营葬之资，除此之外并无其他名目的赔偿。贯通考察有清一代，“追埋葬银”的数额由于清代律文的稳定性而保持一成不变，例文虽“因时立法”但并未“破”律，而相较于官方司法管控领域之外、清代同时期命案私和中给付被害人赔偿以期买和不报官的“命价”数额的变动不居，它由于数额固定而罔顾追付银两实际购买力的消缩，使得清中后期开始“追埋葬银”同样遭遇了意义的“贬值”。“杀人偿命”，但是在“杀了人”却于合法程序下不用以命相抵的案件中，哪些情形适用于“追埋葬银”？《大清律例》中规定“追埋葬银”的额度随着经济情势的变动是否有变化？其历史实效如何，法律意义为何？本文将首先考察律例中所见“追埋葬银”的文本表达变迁历程；进而考察该项文本规定在清代尤其是乾隆、嘉庆时期的案件拟判中的具体实践；最后通过联系清代命案私和中的“命价”，横向比较讨论清代“追埋葬银”所具有的意义的“价值”贬值，例证《大清律例》中例文与社会实践之间的“间隙”问题。

一　清代律例中“追埋葬银”

清律中“追埋葬银”的规定出现在斗殴及故杀人，戏杀、误杀、过失杀伤人，疯病杀死人，弓箭伤人，车马杀伤人，窝弓杀伤人，威逼人致

（接上页注①）仅从这一点区别来看，元代适用的“烧埋银”与明清的“追埋葬银”性质很不相同，这种内在的“断裂性”决定了不可将二者混为一谈。对元代烧埋银的研究，还有〔日〕岩村忍：《元代法制中的人命赔偿——试论烧埋银与私和钱》（载《蒙古学资料与情报》，1989年第1期），李典蓉：《蒙元的馈遗：试论“烧埋银”对中华法典的影响》（见朱勇主编《中华法系》（第1卷），法律出版社，2010），文章对烧埋银的性质、渊源及适用等有讨论。陈郁如在《论〈大清律例〉中的埋葬银制度：历史渊源、司法适用及其性质功能》（收入华东政法大学法律史研究中心编《法律史的世界》（上），法律出版社，2011）一文初步梳理了清代埋葬银在《大清律例》中的条文规定，并以乾隆元年的部分刑科题本中案件为例分析，文章认为埋葬银不止具有丧葬费用补偿功能，还具有精神上损害补偿效果。该文对清代追埋葬银律条规定的整理并不完备，并且条文历时性的变动等情形并未反映出来，加之讨论的时间点仅限于乾隆元年这一年，追埋葬银在实践中的具体情形事实上更为复杂，远没有体现出制度的动态迁衍，因此其得出的结论也仅限于局部范围。

死，止科奸罪，决罚不如法，五刑赎罪以及旗人犯罪诸条之中。[①] 从这些条目所从属的律例门类及在司法实践中的使用频次来看，无疑刑律中“人命”门格外重要，它包括了“戏杀误杀过失杀伤人”、“车马杀伤人”、“窝弓杀伤人”、“弓箭伤人”和“威逼人致死”诸条；此外，这些也是各种命案中经常被援用的条目。本文对“追埋葬银”情形的讨论将主要以“人命”门为核心加以论述。本节拟溯至明律的规定，贯通而下考察在有清一代的迁衍与定型。

明代刑法典《大明律》中刑律“人命”门计有二十条，其中涉及“追埋葬银”有如下四条。（甲）“戏杀误杀过失杀伤人”条中规定：“凡初无害人之意而偶致杀伤人者，皆准斗殴杀伤人罪，依律收赎，给付被杀被伤之家，以为营葬及医药之资。”[②] 但在律文正文中并未明确规定“给付”的具体数额。（乙）“车马杀伤人”条：“若于乡村无人旷野地内驰骤，因而伤人致死者，杖一百，并追埋葬银一十两。”[③] （丙）“窝弓箭杀伤人”条[④]：“凡打捕户于深山旷野猛兽往来去处，穿作坑穽及安置窝弓，不立望竿及抹眉小索者，笞四十。以致伤人者，减斗殴伤二等。因而致死者，杖一百、徒三年，追征埋葬银一十两。”[⑤] （丁）“威逼人致死”条：“凡因事威逼人致死者，杖一百。若官吏公使人等非因公务而威逼平民致死者，罪同。并追埋葬银一十两。”[⑥]

---

① 相关条文的整理可参考张硕在《清前期埋葬银制度研究》（安徽大学 2013 年硕士学位论文）一文中对《大清律例》、康熙朝及雍正朝《大清会典》中条目的细绎制表，第 20～26 页。

② 《大明律》（收入“皇明制书”，明嘉靖刻本），见杨一凡点校《皇明制书》第 3 册，社会科学文献出版社，2013，第 981 页。（甲）、（乙）、（丙）、（丁）序号为笔者为行文讨论方便所添加，原文并无。

③ 《大明律》（收入“皇明制书”，明嘉靖刻本），见杨一凡点校《皇明制书》第 3 册，社会科学文献出版社，2013，第 983 页。

④ 在明律中仅“窝弓箭杀伤人”律中规定“追征埋葬银一十两”，而“弓箭伤人”律中规定“因而致死者，杖一百，流三千里”，没有说明需要追银。而在清律中有“窝弓杀伤人”和“弓箭伤人”不同两条，均注明需要追银十两。《读例存疑》中“弓箭伤人”条下载，原来律条末尾没有“仍追给埋葬银一十两”的字句，“乾隆五年，按总注内载仍追给埋葬银一十两，因增入律注。”见薛允升原著，胡星桥、邓又天等点注《读例存疑点注》，中国人民公安大学出版社，1994，第 604 页。

⑤ 《大明律》（收入“皇明制书”，明嘉靖刻本），见杨一凡点校《皇明制书》第 3 册，社会科学文献出版社，2013，第 984 页。

⑥ 《大明律》（收入“皇明制书”，明嘉靖刻本），见杨一凡点校《皇明制书》第 3 册，社会科学文献出版社，2013，第 984 页。

在《弘治问刑条例》中开始出现对（甲）条的具体化补充规定两条。“一、收赎过失杀人，绞罪。追钞三十三贯六百文，铜钱八贯四百文，与被杀者之家营葬。二、应该偿命罪囚，遇蒙赦宥，俱照大明令，追银二十两，给付被杀家属。如果十分贫难者，量追一半。”至《万历问刑条例》则首次出现“折银十二两四钱二分”的表述：“收赎过失杀人绞罪，追钞三十三贯六百文，铜钱八贯四百文，与被杀者之家营葬。共折银十二两四钱二分。”[①] 其他（乙）条、（丙）条、（丁）条规定“追埋葬银一十两”如旧。[②] 应该说，弘治与万历年间这些确定下来的对律文的补充性具体化的规定，已然成为有清一代沿用之本，并且在适用案件类型与追付数额上均无变化。

清承明律，《大明律》中这些条目的规定在清代大致均被沿袭，甚至是在具体的偿付数额上也没有发生变化。变化的是在律文的附例部分，针对具体的个案情形，例文的规定日益详密繁多。

顺治三年《大清律集解附例》中（甲）“戏杀误杀过失杀伤人”条下除原律文外，增有“条例”二则：“一、应该偿命罪囚，遇蒙赦宥，俱追二十两，给付被杀家属。如果十分贫难者，量追一半。二、收赎过失杀人绞罪，与被杀之家营葬，折银十二两四钱二分。”[③] 这两条例文与上文对比，不难发现它显然只是对明代弘治、万历间刑条例进行了简单的初步整理与沿袭，其他（乙）（丙）（丁）三条中所规定的“追埋葬银”数额未变，均是一十两。[④]

雍正三年《大清律集解附例》中刑律之“人命”门，与上述相应的（甲）（乙）（丙）（丁）四条，其律文的规定基本一致，（乙）（丙）（丁）三条中所规定的“追埋葬银”均是一十两。[⑤] 在（甲）“戏杀误杀过失杀

---

① 黄彰健编《明代律例汇编》（下册），卷19，《刑律二人命》，中研院历史语言研究所专刊之七十五，第812~813页。

② 黄彰健编《明代律例汇编》（下册），卷19，《刑律二人命》，中研院历史语言研究所专刊之七十五，第816页。

③ 《顺治三年奏定律》，王宏治、李建渝点校，收入杨一凡、田涛主编《中国珍稀法律典籍续编》第5册，黑龙江人民出版社，2002，第329页。

④ 《顺治三年奏定律》，王宏治、李建渝点校，收入杨一凡、田涛主编《中国珍稀法律典籍续编》第5册，黑龙江人民出版社，2002，第331页。

⑤ 朱轼、常鼐等纂修《大清律集解附例》，清雍正三年内府刻本，收入《四库未收书辑刊》第1辑第26册，第327、330、331、332页。

伤人”条下的“条例”中，有“原例”两条（即顺治三年《大清律集解附例》中该条下“条例”二则原文照录）外，并有“增例”两条：“一凡捕役拿贼，与贼格斗而误杀无干之人者，仍照过失杀人律，于犯人名下追银十二两四钱二分给付死者之家。一疯病杀人者，从犯人名下追取埋葬银十二两四钱二分给付死者之家。”① 乾隆五年《大清律例》中对如上规定一仍其旧，并且在（乙）（丙）（丁）三条中追埋葬银的数额依旧是“一十两”。②

历来《大清律例》卷二“诸图”中“过失杀伤收赎图”均载明：“过失杀：绞，依律收赎，折银十二两四钱二分，给被杀之家营葬。”③ 可以在司法程序中适用“收赎”的有如下几种情形：“收赎之例有六：一曰老幼废疾、工役乐户、妇人及一应轻赎者；一曰限内老疾；一曰存留养亲；一曰诬轻为重；一曰军职正妻，例难两决，及妇人有力者余罪；一曰过失杀。凡此数者，其收赎之名虽同，而赎法则各别。”④ “过失杀”是适用收赎的情形之一，但收赎并不仅限于此，其中尤其值得注意的还有“存留养亲”等。雍正《新例要览》中所收雍正二年十月“拟追各项埋葬银两例”，该定例详细整理开列了追埋葬银两计有十种情形，其中最后一条即是“定例留养，如系有力之人，情重，追银五十两；情轻，追银三十两；果系贫难，非卖身鬻子不能给银，此等无力之人，情重二十两，情轻十两，追付死者家，如不给银，仍将该犯照原议治罪。”⑤ “存留养亲”很早就在收赎之列，但在律例中明确对存在“留养”情节的命案做出“追埋葬银”的规定，该例出现的时间不会太早。

综括可知，在清代的司法实践中，“追埋葬银”主要有如下几种情形：第一，行为主体由于过失致人死亡，并非有意，在这种情形下适用收赎，

① 朱轼、常鼐等纂修《大清律集解附例》，清雍正三年内府刻本，收入《四库未收书辑刊》第 1 辑第 26 册，第 328 页。

② 乾隆五年《大清律例》，郑秦、田涛点校整理，收入刘海年、杨一凡主编《中国珍稀法律典籍集成》丙编第 1 册，科学出版社，1994，第 356、359、360 页。

③ 刘统勋等纂修《大清律例》，故宫藏清乾隆三十三年武英殿刻本，收入《故宫珍本丛刊》第 331 册，海南出版社，2000，第 43 页。

④ 王明德撰《读律佩觿》卷二“收赎”，何勤华等点校，法律出版社，2000，第 50 页。

⑤ 《新例要览》，清雍正十年石室堂刻增修本，收入《四库未收书辑刊》第 1 辑第 26 册，第 736、737 页。

给银是十二两四钱二分，这在实践中囊括有各种情节；第二，死囚在遇到国家的赦免后，需要追银给死者家属，这在清代“追埋葬银”的案件中最为高频援用，追银数额是二十两，至清晚期数额不变；第三，是上文中所述（乙）（丙）（丁）有关“车马杀伤人”、“窝弓杀伤人”、“弓箭伤人”、“威逼人致死”等情节，此类均是追银十两，但在司法中实际上很少使用。第四，除以上几种类型外，诸如“定例留养”、“保辜限外”等例内未完全载明的其他情形。“是律例内应该偿命人犯，或蒙赦宥减等，或例内不应抵命即减为军流徒杖等罪者，均应勒追埋银……应追埋葬银两之案，除例内载明外，其余各案总视其原犯是否应该偿命为断。”① 由此可见“追埋葬银”在清代命案中是否作为一种科罚的内容出现，取决于人犯是否会偿命，如果不用以命相抵，那么就必须对尸亲给付埋葬银。不同的追银数额，背后的法律依据不同，“一应该偿命罪囚，遇蒙赦宥，俱追银二十两，给付被杀家属，如果十分贫难者，量追一半。一收赎过失杀人绞罪，与被杀之家营葬，折银十二两四钱二分”②。适用遇赦或收赎的不同情形则追银数额也随之不同，这是不同案件中出现不同追银数额，可以借此覆按把握的一个准则。

可以个案加以审视的是对“过失杀”追银的规定，它在律例中多有调整，并且不断有新的情节增入，反映了清初立法和司法中背离与回归的复杂情形。康熙朝《大清会典》“刑律”门，对“戏杀误杀过失杀伤人”条的责罚内容流变进行了详细梳理，国初对于“过失杀伤人”，并没有追银的规定，而是直接鞭笞，赔人一口；康熙三年出现追银四十两的规定，但四十两的追银，不是“追埋葬银”而是声言“赔人给银”，同时“责四十板”，该例是适用于旗人；至康熙四年民人遇赦免死方可适用追银四十两，如不能给银，可“将本人给与未奴”。不过很快便发生了变化，停止“追银赔人”之例。康熙七年正式厘定过失杀伤人，“照律追营葬银十二两四钱二分，给被杀之家”；康熙十年进一步规定如蒙宥免死犯，“停其赔人给银四十两之例，仍照律追银二十两，给付被杀家属”。此外，关于“捕役

① 《刑案汇览》卷31《戏杀误杀过失杀伤人·命案减等著追埋葬银两》道光六年说帖，见点校本《刑案汇览全编》，法律出版社，2007，第1662页。

② 伊桑阿等纂修《大清会典（康熙朝）》卷120，刑部12，律例11，刑律2，人命，收入《近代中国史料丛刊三编》第73辑第726册，文海出版社，第5998页。

误杀无干之人”的情形，康熙十年题准“停其追银四十两之例，于本犯名下，追银十二两四钱二分，给与被杀之家”；康熙八年亦最终题准“疯病杀伤人”，亦是追银十二两四钱二分，[①] 事实上，此两条在顺治《大清律集解附例》中早已如是规定，上文已述。由此可以推知，至康熙初年时，对于“捕役误杀无干之人”，司法实践中出现过追银四十两的情形；而对于“疯病杀伤人”，顺治三年律早已规定要追银，而康熙六年曾对此题准免议，至康熙八年才题准归复到如上的规定。

很显然，在立法上顺治三年律袭用明代律例遗产，然而在司法实践中却参用了关外的某些既有责罚规定，如过失杀伤人在国初多是鞭打赔人，其中追银四十两，亦当是此前旗人中已有的做法，但到康熙初逐渐全部停用了这些规定，复归到明代追埋葬银的条例上来，并且参照袭用明代律例的相关规定相仍不改，同时在立法上规定案件适用的律例依据不断精细化。

二 清代“追埋葬银”的司法实践

在清代具体的案件判拟中，这些律例规定是否被援引落实成为依据？本文拟选取时间段稍靠后的嘉庆朝，以杜家骥主编《清嘉庆朝刑科题本社会史料辑刊》所收入题本信息作为考察的数据来源，对此作初步的量化分析。归纳来看，适用“追埋葬银”的情形共有如下几类。

第一类是案件在恩旨（恩诏，或恩赦）之前，或秋审应入缓决，或申请改流例，或应准免罪。按题本所记录嘉庆朝恩旨而出现“追埋葬银”之例，计有嘉庆元年正月初一之2例；嘉庆四年十一月二十七日之2例（其中有一例同时符合嘉庆五年四月十四日恩旨）；嘉庆十年八月二十五日之3例（其中有一例同时符合嘉庆八年正月初四恩诏）；嘉庆十一年正月初四之15例；嘉庆二十三年九月初五之1例；嘉庆二十四年正月初一之1例；嘉庆二十五年八月二十七日之22例（其中有一例讲明需要“追埋葬银”，但未明确讲其数额）。

第二类是人犯亲老丁单，符合留养之例而存留养亲者计9例（其中1

---

① 伊桑阿等纂修《大清会典（康熙朝）》卷120，刑部12，律例11，刑律2，人命，收入《近代中国史料丛刊三编》第73辑第726册，文海出版社，第5999～6001页。

例同时符合恩诏之例）。

第三类是符合救亲情切之例，援例两请。例载：人命案内，如有父母被人殴打，实系事在危机，其子救护情切因而殴死人者，分别减等，援例两请。这种情形计有 5 例。

第四类是被害人在保辜限外身死而从轻处置者。具体而言，原殴非致命之处，又非极重伤越五日后因风身死（1 例）；致命之处而伤轻，因风身死在十日之外（6 例）；他物保辜正限二十日之外，余限十日之内，而被害人因伤身死，系他物伤保辜正限二十日外，余限十日之内（4 例）；保辜律载刀伤人者限三十日，被害人因伤身死在保辜正限外，余限十日之内（1 例）等四种情形，共计 12 例。

此外，尚有人犯双瞽，实系笃疾，系斗杀而无谋故别情而判有追“追埋葬银”1 例；情急吓戳，一伤适毙，年岁未及，照例收赎而判有追“追埋葬银”1 例。以上总共 74 例。[①]

这些嘉庆时期的题本案例中，无一例外，凡在拟判中出现“追埋葬银”，其数额全部为追银 20 两，共计 70 例，另外数例则概言“在于该犯名下照追埋葬银两，给付尸亲收领，以资营葬”[②]。似乎追银数额是不言自明、毋庸赘言的。

在张伟仁先生主编整理的《明清档案》中，目前可以看到最早是顺治十三年陕西地区一案，因恩赦人犯“免死，杖一百，追埋葬银二十两给尸亲家属收领”，但查无尸亲收领且人犯赤贫难完，因此题报咨部。[③] 雍正朝此类案件依旧是追付二十两。雍正十三年十一月初三日山东青州府昌乐县赵翠调戏元氏致令自缢身死一案中，人犯判拟秋后处决，因遇恩赦，仍向赵翠名下照例追埋葬银二十两，给付尸亲收领。”[④]“抵命遇赦，追银二十

① 杜家骥主编《清嘉庆朝刑科题本社会史料辑刊》共三册，天津古籍出版社，2008。

② 《直隶开州民张廷会将欠债人殴伤身死案》（嘉庆十六年十二月），参见杜家骥主编《清嘉庆朝刑科题本社会史料辑刊》，天津古籍出版社，2008，第 934 页。

③ 顺治十三年十一月十九日《陕西巡抚王继文题报重犯处斩日期应否追埋葬银请旨定夺》，见《明清档案》档案号：A29－91。

④ 刑科题本乾隆元年十一月十二日《刑部尚书徐本等题为山东青州府昌乐县人赵翠调戏元氏致令自缢身死议准案》，转引自陈惠馨、顾忠华《论传统中国的法律教育——以法体系之价值内涵为中心的学习制度》，见许章润主编《清华法学（第九辑）》，清华大学出版社，2006，第 97 页。

两”是在“追埋葬银”中适用最多的一条，正如上文已经统计的《清嘉庆朝刑科题本社会史料辑刊》中的数据，因恩赦而“追埋葬银”共计 46 例，占到了 62%。

从《刑案汇览》中相应律条下收录的案例来看，如“车马杀伤人”条（收录“嘉庆二十年案”、“嘉庆二十年奉天司案”两例）和“弓箭伤人”[①]条（收录“道光六年说帖”、“乾隆三十四年题准案”两例）下的案例，均没有出现追银十两的处置结果。此外，结合笔者目前所查阅到的刑科题本数据来看，较少见到追银十两的案例。[②] 在“车马杀伤人”条、“弓箭伤人”条（或“窝弓箭杀伤人”条），司法机关在实践中，对于相关案件往往没有出现追银十两的处理意见。此外，在出现有追银的案件中，更多见的是追银二十两，甚至是在收赎的案件中，不是追十二两四钱二分[③]而是二十两。《刑案汇览》收录的一份嘉庆三年的说帖记载了四川地区的一起案件，12 岁的杨继敞吓戳致毙 16 岁的杨学全，“核与援案声请之例相符，相应声明恭候钦定。倘蒙圣恩，准其减等，臣部行文该督将杨继敞减为杖一百，流三千里，仍照例收赎，并追埋葬银二十两，给付尸亲具领”[④]。

---

① 《刑案汇览》中仅收录有“弓箭伤人”条下案例，没有收录“窝弓箭杀伤人”条及其案例。

② 笔者在《刑案汇览》中翻检到一例“追埋葬银十两”的案件：道光五年直隶地区，武弁李崇绅饬兵丁杖责郭幅仁，郭被责气忿，自缢身死，“虽郭幅仁死由自缢，究因该弁滥责所致，应将李崇绅比照将无辜之人滥刑拷讯致毙，照非法殴打致死律杖一百徒三年，追埋葬银十两”。（《刑案汇览》第 60 卷《决罚不如法·武弁杖责无辜致令气忿自尽》，见前引 18，第 3113 页。）与此紧密相关的是《大清律例》中《刑律·决罚不如法》的规定：“凡官司决人不如法（如应笞而用杖）者，笞四十；因而致死者，杖一百。（当该官吏）均征埋葬银一十两，（给付死者之家。）行杖之人各减一等。（不追银。）……若监临（有司、管军）之官，因公事（主令下手者，）于人虚怯去处非法殴打，及亲自以大杖或金刃、手足殴人至折伤以上者，减凡斗伤罪二等；致死者，杖一百，徒三年，追埋葬银一十两。”（见道光六年本《大清律例》，张荣铮、刘勇强、金懋初点校，天津古籍出版社，1995，第 647 页。）“决罚不如法”条属于刑律中的“断狱”门，它与本文中以“刑律·人命”门为对象的讨论稍有区别。

③ 以《刑案汇览》中实际作出追银十二两四钱二分给付死者之家，以资营葬的审判结果的案件来看，粗略检得有如下 4 例：“被击马惊碰毙人命罪坐所由”（卷 31“戏杀误杀过失杀伤人”，道光二年陕西司通行，第 1664 页）；“黑夜被贼殴抢戳贼误毙同伙”（卷 32“戏杀误杀过失杀伤人”，道光二年山西司说帖，第 1708 页）；“卑幼过失杀伤功服尊属”（卷 41“殴大功以下尊长”，嘉庆十三年说帖，第 2127 页）；“和奸十四岁处女内伤身死”（卷 52“犯奸”，嘉庆十二年说帖，第 2694 页）。相较而言，追银“十二两四钱二分”的案件确实数量为少。

④ 祝庆祺等编《刑案汇览三编》之《刑案汇览》卷 4《衅起戏耍恃长欺幼准其声请》，北京古籍出版社，2004，第 117 页。

参照清人对收赎追银的理解，从侧面可以加深我们对于“追埋葬银”意义的释读。王明德针对过失杀中的收赎指出，“无心之失曰过。宥过无大，故虽杀人乎，其罪亦可原，勿论可也。然而被杀者，则已死矣。变起仓卒，衣衾棺椁之需，其家焉能立备？苟不为之斟酌以处此，则或至暴露焉，亦未可知，将何以慰被杀者之魂，安被杀之家，其一切生者之念，而并以广朝廷泽及枯骨之仁耶？倘惟治过失杀者以过失之罪，亦不过止于杖一百而已，将死者之殡殓于何足备。故斟酌于棺殓殡埋之需，而计其所费，则已几及于三等有力之徒列矣。一以体生死之隐情，一以全眚灾之肆赦，情法两尽，法无复加矣”[①]。由此可见，给付“银十二两肆钱二分”的目的是基本满足被杀之家对死者安葬的费用需要。但本文认为，“追埋葬银”的意义绝非仅止于此。

雍正二年“拟追各项埋葬银两例”中言辞切切强调人犯所交埋葬银一定要追付给死者之家，“查各银两非惟薄示罪人之罚，亦以少安既死之心，令地方官照数追给，取具收领，然后释放；若未给付，将该犯管押监禁，勒限追给，如未给付无收领，而捏称将本犯释放者，告发，犯人不准援免，地方官一并议处”[②]，其意义在于一则以示惩罚，二则安抚尸亲。但乾隆五十九年说帖“埋葬银两并无尸亲毋庸著追”[③] 的记载似乎又提示了一些别的面相：

> 奉天司查：著追埋葬银两，原以凶犯既得幸邀宽减，死者无人抵偿，是以酌给银两给付尸亲，用示矜恤。是此等银两，专为被杀家属而设，与收赎等银例应入官者不同。若因死者查无亲属，即行入官，殊与营葬等字义不合。向缘例无明文，各省办理未能画一。兹奉饬核奉天司免死减流人犯陈四保留养一稿，又直隶司刘治帼殴伤刘忠因风身死拟流一稿，各该省均以查无尸亲，声请毋庸追取埋葬银两。职等公同商酌，埋葬银两查明并无尸属者，应请概予免追，并传如各司，画一遵办。

① 王明德撰《读律佩觿》卷二“收赎”，何勤华等点校，法律出版社，2000，第54页。

② 《新例要览》，清雍正十年石室堂刻增修本，收入《四库未收书辑刊》第1辑第26册，第737页。

③ 《刑案汇览》第4卷“给没赃物”，《刑案汇览》卷31《戏杀误杀过失杀伤人·命案减等著追埋葬银两》道光六年说帖，见点校本《刑案汇览全编》，法律出版社，2007，第313～314页。

这里提示我们，追给银两一方面确实是营葬所需，另一方面，中国自来有“杀人偿命”的观念，在此类命案中人犯由于当时法律所允许的种种原因而得以“合法”地免死宽减，杀人者可以不被执行死刑，而对死者进行抵偿的是具有象征意义的银两赔付，通俗而言，即用以抵命的不是“命”而是“钱”，由此以期情法两平。在本条刑部所拟的说帖中规定死者如果没有“尸亲”，那么埋葬银不用追给。① 揆其情理，受害人即使没有尸亲，但是对死者进行营葬仍是必须的环节，然而规定不用追埋葬银，由此可窥其一隙之明乃在于追埋葬银更重要的是针对死者亲属，在法律允许人犯不被执行死刑以命相抵的情形下，追埋葬银以钱的形式来针对死者家属对死者之命作替代性的补偿，故而“追埋葬银”也因此具有抚慰“尸亲”的社会补偿功能。

从实用理性的角度及诸多案件中反映出的实情来分析，对死者家庭支付埋葬银对于尸亲来说，远比将人犯处决以命相抵更乐意于接受。笔者甚至在刑科题本所记录的案件中，发现死者父亲主动要求招人托和，希望凶手给银补偿而匿报不究的情形。“萧正之父萧载高于乾隆六年将田一段典与林明，契价六两五钱，历年纳租一石。乾隆十六年早稻收割，租未偿还。六月十八日，林明挑犁赴田起耕，欲图还租，萧正闻知，执持木棍往阻向殴林明，林明将挑犁木棍抵御，戳伤萧正左肋，萧正用棍还殴，林明复棍殴萧正额门偏左，萧正头撞林明，林明又棍殴萧正顶心偏左，萧正伤重倒地。林明随即奔逸……（萧正）延医调治不效，至七月初六日殒命。萧载高因系贫穷，托林钦往向林明说合处给番银一百员，将萧正收敛。林钦得林明谢银三员，乡保郭炎开得林明钱五百五十文匿报。”② 这则案例至少说明，追付“埋葬银”对于尸亲来讲尚有部分的经济补偿功能，这种对于人命“价值”的衡量是命案中的当事双方在心中所顾及的重要因素。然而清代律文的成法却并没有为审判的司法官员、律例的修纂者对人命价值

---

① “（埋葬银两查明并无尸属者，概予免追，乾隆五十九年续有部议增注）应追埋银之案，若无尸属，追银入官，辜限外十日后伤风身死之犯，减半追埋银十两。”见王又槐撰《办案要略·作看》，清光绪十八年浙江书局刊本，收在刘俊文主编《官箴书集成》第 4 册，黄山书社，1997，第 776 ~ 777 页。

② 刑部尚书阿克敦《题为会审福建永春州民人林明因典田欠租起衅殴毙萧正私和一案依律拟绞监候请旨事》，乾隆十七年五月二十六日，刑科题本，档案号：02 - 01 - 07 - 05098 - 006，中国第一历史档案馆藏。

的权衡考量留下太多的历史活动空间，因为案件的判拟得遵循律例条文，例文不能突破律文的规定，而律文是“祖宗成宪”，不可变动，终清之世清廷并未对律文有多少改易。

清朝在构筑本朝法律体系之时，直接取用前朝既有资源，这在草创之阶无可厚非。然而当国家制度大备之后，却未能根据社会实际做出调整，表现出了承袭的顽固性。以追银“十二两四钱二分”为例，它首次出现于万历十三年的《万历问刑条例》中，考其源流，据《律例根原》“戏杀误杀过失杀伤人”条乾隆五年按语：“考《笺释》：‘收赎过失杀人绞罪，赎银十二两四钱二分’，即律图内收赎杂项，绞、斩五钱二分五厘之数合成。盖缘前明钱钞并收，故收赎图内折银数目，俱照前代钞数折算。”[①] 它对律文中规定“追埋葬银”的数额来源作出了说明，即参照前明折算而成。在光绪二十九年刊本《大清律例汇辑便览》之“过失杀伤收赎图”中对于“过失杀”一项中仍明确注明：“绞，依律收赎，折银十二两四钱二分，给被杀之家营葬。”[②]“明时每钞一贯，折银壹分贰厘五毫，每钱七百文，值银壹两。老幼等类不忍加刑，示罚而已，无取赎锾之多，止以钞数按贯折算，其赎甚轻。虽罪止斩绞，止银五钱二分五厘，至过失杀伤收赎系给被杀伤之家为营葬及医药之赀。若仅照钞数，按贯折算，失之太少，竟照钱数按贯折算，又失之太多，因以二分钱数八分钞数合而计之。明律所谓钱钞兼收之例也，其折银之法，如绞罪依律收赎，该四十二贯，以钱数二折得八贯四百，用七归归之得银一拾二两，又以钞数八折得三十三贯六百，折银四钱二分，共该银一十二两四钱二分。”[③] 明代折算“追埋葬银”的数额“十二两四钱二分”，历一两百年到了清代仍然采用该数额，并且终清一代未有调整。至清后期，在过失杀人至数命的情形下，仍然是适用该“追埋葬银”数额给付给被害人家属，咸丰十年《读律心得》载：“过失杀人之案，仍照律收赎，杀至数命者，按死者名数，各追银十二两四钱二分，给各亲属收领，毋庸加等

① 吴坤修等编撰《大清律例根原》第 3 册，卷 79，郭成伟主编，上海辞书出版社，2012，第 1269 页。

②《大清律例汇辑便览》，据光绪二十九年刊本影印，成文出版社，第 1 册，第 179 页。

③《大清律例汇辑便览》，据光绪二十九年刊本影印，成文出版社，第 1 册，，第 181 页。

治罪。”① 即使不考虑各个时代银钱比价，万历时的“十二两四钱二分”到了乾隆嘉庆时期，在经历了18 世纪的通货膨胀之后，它的价值肯定不是岿然不变，当然更不可能升值。

三　与清代命案私和中“命价”的横向比较

不论是清代律例中规定的“追埋葬银”“二十两”或收赎追银“十二两四钱二分”，还是上文所述清代司法实践中命案追银“二十两”，“追埋葬银”的数额在有清一代的司法管控领域都是确定且一成不变。然而在清代的人命私和案件中，不论是出于营葬之资，还是由于抚慰封口的目的，给付给被杀之家的银两数字，常常在数量上超过了20 两。② 民间私和中的命价给偿数额一方面肯定参照了“追埋葬银”的数额，因为笔者整理发现有一定数量的案件中，贿和银两数即在 10 至 20 两之间；③ 另一方面，由于凶手经济能力等因素，私和赔偿的额度会超过20 两并呈现出较大的浮动幅度。现以刑科题本中所见福建地区命案私和偿付数据整理如下：

---

① 刘衡纂辑《读律心得》卷 2，见杨一凡编《中国律学文献》第 3 辑第 5 册，黑龙江人民出版社，2006，第 607 页。

② 陈郁如：《埋葬银性质之研究——以乾隆时期刑科题本中“调戏本妇致本妇羞忿自尽类型案件”为研究》（台湾政治大学 2005 年法研所学位论文，见中南财经政法大学法律文化研究院主办法律史学术网，http://flwh. znufe. edu. cn/article_ show. asp? id = 1487，最后访问日期：2014 年 6 月 8 日。）该文第四节“乾隆年间的社会状况”，对律例及案例中埋葬银的数额在乾隆年间所代表的价值，在综合考虑银钱比价、米麦时价、官员俸禄、房价及婚丧费用等情形后，该文认为在乾隆时期对一个普通家庭来讲，二十两的埋葬银“是一笔很大的金额”。该文节略正式出版时亦持该论，见陈郁如：《论〈大清律例〉中的埋葬银制度：历史渊源、司法适用及其性质功能》，收入华东政法大学法律史研究中心编《法律史的世界》（上），法律出版社，2011，第 137 页。

③ 刑科题本中所见命案私和部分数据：乾隆九年广东从化县 18 两（档案号：02 - 01 - 07 - 04688 - 003，中国第一历史档案馆藏，以下仅注明档案号）；乾隆二十三年云南宾州斋银 10 两（档案号：02 - 01 - 07 - 0693 - 013）；乾隆二十三年湖北云梦县 16 千钱（档案号：02 - 01 - 07 - 0702 - 010）；乾隆四十七年浙江云和县圆丝市平银 10 两（档案号：02 - 01 - 07 - 1687 - 003）；嘉庆十三年湖南沅陵县元银 19 两，折实库平纹银 17 两 1 钱（《清嘉庆朝刑科题本社会史料辑刊》，第 1715 页，以下仅注明页码数）；嘉庆十四年山西紫阳县超度银 20 两（页 1749）；嘉庆十五年贵州兴义府九三银 20 两，折库平纹银 18 两 6 钱（第 1768 页）；嘉庆十五年浙江桐庐县钱 20 千文，核银 20 两（第 1786 页）；嘉庆十九年广西河池州因 18 两（档案号：02 - 01 - 07 - 2613 - 013）；嘉庆二十一年贵州郎岱厅九五色银 15 两，折库平纹银 14 两 2 钱 5 分（档案号：02 - 01 - 07 - 2598 - 005）。

表1 乾嘉道时期福建地区命案私和所见“命价”数额

案件时间	案件地点	受害人性别	私和赔偿额度	刑科题本档案号（或引据《清嘉庆朝刑科题本社会史料辑刊》中案件所在页码）
乾隆二年	福建上杭县	男	18 两	02-01-07-04333-007
乾隆五年	福建永福县	男	11 千文	02-01-07-0110-004
乾隆十二年	福建古田县	男	因索欠殴伤致死。向尸母甘氏处和，出钱 44 千文，猪二口作钱 6 千文，谷一石八斗作钱 1200 百文，又将田 33 亩 5 分，山木一林作价银 230 两 5 钱，写契给与甘氏收租养老	02-01-07-04983-001
乾隆十三年	福建台湾府诸罗县	男	因欠银角殴致死。出番银 20 员	02-01-07-04931-003
乾隆十六年	福建侯官县	女	尸父收田一亩	02-01-07-0441-010
乾隆十六年	福建台湾府淡水县	男	取讨饼钱角口殴死。番银 100 元	02-01-07-05225-004
乾隆十九年	福建台湾府彰化县	男	番银 100 员	02-01-07-0563-007
乾隆二十年	福建台湾府诸罗县	男	争水殴死。愿出番银 300 员，另棺木银 5 员	02-01-07-05386-002
乾隆二十四年	福建安溪县	男	造坟起争执殴死。出番银 25 员，是亲房。其中现交番银 10 员做棺敛费用	02-01-07-05707-002
乾隆三十年	福建闽县	男	索欠起衅伤毙。所欠会钱 3600 文免追，给尸妻 20 千文收敛丈夫尸骸，余钱听其妻留存吃用	02-01-07-06065-005
乾隆三十二年	福建安溪县	女	因索找屋价相争伤毙。出番银 30 圆料理，其中买棺木 3 圆，办祭 1 圆，谢牌谢务各得 5 圆，殷桂三个妹子各得 3 圆，给地保陈端植 1 圆，给谢士玉 2 圆等。死者为人犯亲母舅	02-01-07-06282-003
嘉庆五年	福建汀州府上杭县	男	因欠债被索殴伤跌塘溺毙。给尸母番银 40 圆	02-01-07-08788-007

续表

案件时间	案件地点	受害人性别	私和赔偿额度	刑科题本档案号（或引据《清嘉庆朝刑科题本社会史料辑刊》中案件所在页码）
嘉庆十五年	福建归化县	男	受赃钱 15 千文，折实纹银 15 两。服属小功	页 1761
嘉庆十六年	福建宁化县	男	出钱 47 千文，折实纹银 47 两。人犯系死者胞叔，服属期亲	页 1814
嘉庆二十三年	福建宁化县	男	索借纠纷殴毙。尸妻受番银 140 圆。死者为人犯共曾祖堂叔	02－01－07－10118－020
道光元年	福建永春州	男	因索追田租刀毙。出番银 400 圆。死者为人犯缌麻服侄	02－01－07－10810－015

注：关于白银一两合制钱数，清廷当局大体想维持千文一两的比价，据彭信威先生所著《中国货币史》中“清代制钱市价表”的整理统计，乾隆二年至二十五年，大体在 700 至 900 间，乾隆三十一年突破 1100，此后至乾隆六十年，没有低于 880。见氏著，上海人民出版社，1988，第 823 页。据林满红“清代的银钱比价变化趋势图”所整理数据来看，大致从乾隆末嘉庆初期开始直至道光二十年（1840 年）鸦片战争后，走势一直上扬，银贵钱贱，峰值近 2355；但在 1850 年前后开始急剧下降并有波动直至清末，但此段中最低点也没有低过嘉庆十一年即 1806 年前后的数值（该数值约 1100）。见氏著《银线：19 世纪的世界和中国》，江苏人民出版社，2011，第 3 页。

经由菲律宾传到中国的墨西哥银元流入福建等沿海地区，闽粤人称这些洋银为“番银”。还是以刑科题本所见案件中当时的番银折算比价来看，在嘉庆二十一年浙江长兴县的命案报告中有这样的记载：“洋钱二十圆，核实库纹银十二两”①，那么番银 100 圆应折白银 60 两，当然该折算比率在不同时期乃至不同地区必然存在有起伏波动，但变化幅度在相近的时间段前后通常不会太大。如据此来审视上表中所整理开列出来的福建一省之内不同地区在该时间段中人命私和案件中的“命价”数额，很显然，很大一部分私和案件中的赔偿“命价”数额超过了 20 两。正如上文已经论及，在目前搜集到不同时间及地区的案件数据中，确实存在一定数量的私和案件中“命价”数额是少于 20 两的，这种情形尤其在偏远地区如云南、贵州等，以及受害人为女性的案件中更为多见。

① 嘉庆二十一年一月《浙江长兴县民邱炳球殴伤小功堂弟邱炳珏身死私和匿报案》，见前引 21，第 1872 页。

此外，正如表格中所标识出来的，私和命案中的当事双方常常存在有五服关系，一方面这是由于传统中国聚族而居，共同的生活区域中活动的都是“熟人”使然，另一方面，正是由于五服关系，它成为两造“愿意”私和，私和能够得以发生的重要前提条件。然而即使服属亲谊，私和的“命价”数额也没有太少。当然，赔付的数额在很大程度取决于凶手自身的经济能力，它是凶手实际偿付能力与受害者家属的期望，以及外在参照标准之间，几个因素相互作用所达成的结果。这个外在的参照标准，包括他们所见闻相类似情形下命价的给付额度，当然也必然包括官方所规定的追给“埋葬银”的数额。

如果按照官方所表述的，“追埋葬银”是用于营葬所需，那么实际中尸亲将所得的银两有多少是花销在了棺木、衣衾及入殓等安葬事宜之上？在乾隆九年广东从化县因讨要买肉的钱银而起衅致死，私和赔给的 18 两银中，8 两用于买备棺衾，还剩余 10 两。[①] 乾隆二十二年直隶河间府景州的图奸案中，妇女服毒身死，凶手买和，给尸母 5 亩地种，并 5 两银子买棺木。[②] 乾隆四十九年浙江浦江县殴妻致死一案中，出钱 8400 文作佛事超荐。[③] 嘉庆十四年贵州铜仁府的一起私和匿报案中，给钱 4000 文买备衣棺装殓，又许给银十两超荐。[④] 道光六年河南信阳州一案中，给付女性死者私和大钱 24 千文，其中 12 千文买棺殓埋。[⑤] 由此可以断定，即使是官方所要求“追埋葬银” 20 两的数额，尸亲在用此料理完死者的安葬后尚有部分余留。尸亲获得官方所规定的“埋葬银”，事实上也兼具有部分的经济上的补偿功能，在咸丰九年刊刻的《律例便览》中《名例律·犯罪存留养亲》条下的“注”文中补充指出：“凡斗杀等案，及殴妻致死之犯，奉旨准其留养承祀者，将该犯（枷两月责四十）斗杀等案追银二十两，给死者家属养赡。”[⑥] 很显然，在当时人的理解中，追银不仅是用于营葬，还有用于“养赡”的目的，不然在众多案件中尸亲均格外重视“埋葬银”的给

① 刑科题本，档案号：02-01-07-04688-003，中国第一历史档案馆藏。
② 刑科题本，档案号：02-01-07-0653-014，中国第一历史档案馆藏。
③ 刑科题本，档案号：02-01-07-1582-006，中国第一历史档案馆藏。
④ 嘉庆十四年九月《贵州铜仁府差役汤贵误伤舒双应身死私和匿报案》，第 1745 页。
⑤ 刑科题本，档案号：02-01-07-2923-001，中国第一历史档案馆藏。
⑥ 转引自张晋藩主编《清代律学名著选介》，中国政法大学出版社，2009，第 288 页。

付，并且官方也对此一再申明督促落实，而在民间也出现有虽事去时迁，因追要“埋葬银”而再酿命案的悲剧。在咸丰二年湖北民人马启富的供词中称“父亲马茂春于道光二十六年被桑溵安殴伤身死……桑溵安殴伤小的父亲身死，问了绞罪，道光三十年恭遇恩赦释回，小的因他应出埋葬银两没有付给，于咸丰元年六月十六日投保杨崑山往向所讨，好替父亲超度”①。马启富因索讨埋葬银两起衅戳伤桑溵安身死，又成命案一起。

《刑案汇览》中道光十一年说帖记载了贵州地区一件“殴死盗田园贼犯”的案例，王呈祥、邓得宽将偷窃包谷的郭占银、郭得先父子殴毙，本来俱拟绞监候，因为案件在道光十一年正月十二日恩旨以前，“王呈祥、邓得宽应准减为杖一百，流三千里。死系罪人，毋庸着追埋葬银两。”② 这起案件中“死系罪人，毋庸着追埋葬银两”，则说明在清代的例文中有特别规定不需要追埋葬银的情形，其中之一即是死者系有罪之人，其死是罪有应得，故凶手不必追给埋葬银两。由此可窥一隙之明，即清代律例中运用了“追埋葬银”的规定，来调剂了法律的“法”与“情”之间的平衡：追给埋葬银则兼有抚慰苦主的用意（所以没有苦主就不用追给）；不追给埋葬银则是对死者是有罪之身的示惩。

以上从不同案件的记录分析了“追埋葬银”所具有的某些特征，这些特征是命案私和案件追给银两的情形所不具有的。然而在历时性的视域中，我们将“追埋葬银”与命案私和中的“命价”加以对比，则又将发现“追埋葬银”在当时所存在的一些问题。

光绪八年山西巡抚张之洞在“动支厘金银两抵补铁价片”中曾有这样一段议论：“查例支价脚定自百年以前。谨案国初至雍乾之世，百产丰盈，物价轻贱，百工庶物以及转移职事之闲民，僦直无多。考之本朝掌故及前人文集笔记，大率其时每银一钱抵今日三钱之用。自俸饷大端与夫一切工程料物价值，当日皆综核而出之。故同一银数，昔则常觉有余，今则日形不足。凡涉例价，无不皆然。百年来物价人工日贵，而浮费耗蠹日益多，

① 湖北巡抚龚裕《题为审理公安县民人马启富因索讨埋葬银两起衅戳伤桑溵安身死案依律拟绞监候请旨事》，咸丰二年正月二十日，刑科题本档号：02－01－07－12135－001，中国第一历史档案馆藏。

② 《刑案汇览》卷 21《殴死盗田园贼犯例有明文》，第 771 页。

承应官物者由此困矣。”[1] 张之洞揆诸文献，对比今昔，在讨论民间承应官物者所面临的困境时，指出由于百年以前所定的价格在时境变迁后早已不敷开销，昔日“每银一钱抵今日三钱之用”，近人彭信威先生的研究同样指出，“清朝货币的购买力，继续下降。三百年间，白银的购买力，约减成三分之一，以铜钱计算的物价，涨成六七倍。然而除了咸丰年间曾发生过一次大规模的货币贬值之外，币值的变动，是渐进的”[2]。因而涉及固定“例价”的事物，莫不面临有同样的问题。在司法领域，不论是律文的“十二两四钱二分”，还是例文的“二十两”，一两百年间均未参照社会的变动作相应的修改。律例规定追银数额的固定化造成的是国家经济情势尤其是物价变动条件下，追银所实际发挥的补偿功能的盈缩涨消，它反映出的是律例内容与司法实践二者存有的间隙问题；而到了清中后期民间命案私和案件中“命价”数额常常高于律例规定的“追埋葬银”的数额，正是二者脱节后所形成的客观后果。

可堪比较的还有晚清对妇女犯罪收赎银数太微少，不足以示警戒的讨论，光绪三十一年在上给皇帝的奏折中刑部对此指出：“现在笞杖改为罚金，满杖即应十五两，本属折中之数。而律图收赎满流，仅四钱五分，即纳赎亦不过一两三钱。相衡以下，转（似当为“轻”——引者注）重悬殊……至收赎旧例，不特与新章轻重背驰，抑且法轻易犯……臣等公同商议，拟请嗣后凡妇女犯罪……其寻常各案，准其赎罪。徒一年折银二十两，每五两为一等，五徒准此递加。由徒入流，每一等加十两，三流准此递加。”[3] 刑部认为收赎银两的数额太少，容易滋生“法轻易犯”的流弊，并且为配合新律的实施，建议规定徒刑最低等级即需折银 20 两，按此算法，则最高等级“满流”需折银 70 两。藉此亦可估量到了清晚期 20 两之于“命价”其分量之转轻，因为徒一年的“折价”即为 20 两。

括而言之，清代律例中“追埋葬银”的规定在清初经历短暂变动后很快归复到明代的成法条文上来，并且此后《大清律例》虽迭经修纂，但在

---

① 转引自杨端六编《清代货币金融史稿》，武汉大学出版社，2007，第 67 页。

② 彭信威：《中国货币史》，上海人民出版社，1988，第 819 页。

③ 光绪三十一年《刑部奏妇女犯罪收赎银数太微不足以资警戒拟请酌量变通折》，见《大清新法令 1901－1911》上海商务印书馆编译所编纂《光绪新法令·司法》第 1 卷，李秀清等点校，商务印书馆，2010，第 291 页。

例不破律的原则指导下，“追埋葬银”数额在例文中并未与时修订，只是在针对案件情节上随着例文增多而推进了精细化程度，此外，清代立法者也尚未具备足够的自觉意识运用经济的手段来参与到法律的调节，这要到 1907 年大清刑律草案中出现罚金刑的相关规定，才逐步引起了人们的重视，而在当时人看来，恪守祖宗成宪才是绵延国祚的治道，这一点反映到司法实践中拟判“追埋葬银”的众多案件中，即是高度一致的数目字固定性。清律中规定此类案件中虽“杀人”但并不用以命相偿，“追埋葬银”的意义在于仓促中为受害者家属提供备办营葬所需，同时兼具有部分“养赡”的经济补偿功能，并以此调节司法活动以期情法两平，立意不可谓不善。然而，由于律例的固定性，一两百年间社会经济情势与物价水平起伏波荡，执行固定数额的“追埋葬银”在事实中遭遇了严峻的“贬值”而导致了它所具备的“补偿”功能的缩水，这一点在与同时期国家司法管控领域之外的命案私和类案件比较时表现尤为突出。在命案私和中给付银两的数额，它一方面肯定参考了“追埋葬银”的数目字，同时它也是综合考虑凶手经济给付能力、参照所在区域先例与惯常标准以及尸亲的额度期待等方面因素的协商结果，它在实践中常常远远超出了律例中“追埋葬银”的数目字，具有较大的灵活性。通常我们认为，《大清律例》在律文不被允许被“轻议纷更”之后，以例文的增删修订调节司法以保证应对“情伪无穷”的实践，然而当我们将这幅清代律例的司法鸟瞰图景进一步清晰放大时发现，例文在努力追赶现实的脚步，却依旧难以望其项背。

问题意识、史料拓展与研究路径

——关于上海法租界会审公廨（1869～1931）研究的回顾与检讨

侯庆斌[*]

摘　要：会审公廨是上海租界中审理华洋司法纠纷的重要机构，近年来不断受到上海史和法律史研究者的关注。受限于史料，目前学界对公共租界会审公廨的研究相对充分，对法租界会审公廨的研究则非常滞后。本文主要回顾并检讨了1980年代以来有关上海会审公廨的研究成果。基于法国外交部的档案资料，以上海公共租界会审公廨为参照物，就上海法租界会审公廨的研究提出一些思考。在充分挖掘利用法文资料的基础上，学界有望通过研究法租界内的司法实践对上海法租界会审公廨的组织结构、司法权限、诉讼程序和适用法律有全面的了解。同时，在比较法的视野中考察法租界会审公廨与公共租界会审公廨司法实践的差异，能够揭示大陆法传统和普通法传统对上海租界司法的影响。

关键词：法租界会审公廨　公共租界会审公廨　司法实践　华洋诉讼

混合法庭（英语：mixed court；法语：cour mixte）是西方殖民势力不断东扩的产物。借助领事裁判权，西方列强在印度、埃及、土耳其和中国等地相继建立了一系列混合法庭。混合法庭在中国近代史上被称为会审公廨。自十九世纪六十年代末，会审公廨陆续出现在上海、天津、汉口、厦门的租界中，由中方谳员和外国陪审会同审理洋人为原告华人为被告，或租界华人居民之间的违警案件、刑事案件和民商事诉讼。其中上海租界会审公廨出现最早，影响最大，久已受到学界的重视。不过限于史料，目前学界对上海公共

* 侯庆斌，法国里昂高师东亚学院与华东师范大学历史系联合培养博士研究生。

租界会审公廨的研究比较充分，对法租界会审公廨的研究则相对滞后。

1867 年，英美等国领事开始正式与上海地方政府接洽，筹立审理华洋诉讼的一般机构。1869 年总理衙门与英美等国订立《上海洋泾浜设官会审章程》（以下简称《会审章程》），其中第一款规定华人为被告的华洋诉讼由中方谳员依据清朝法律审理。当时法国公使认为这损害了法国人在租界中的权益，所以拒绝签字。[①] 最终的结果是，1869 年《会审章程》实际上只在公共租界内有效。上海法租界会审公廨成立于 1869 年 4 月 13 日。与近乎同时成立的上海公共租界会审公廨不同，法租界会审公廨的出现基于上海道台和法国驻上海领事之间的口头协议，起初并未签署具体的会审章程。[②] 所以法租界会审公廨无论在权力结构还是在司法实践方面都具有自身的特色。晚清时期法租界会审公廨由法国领事馆和上海道台各派一名代表共同审案。辛亥革命之际，法国领事夺取了上海法租界会审公廨的控制权，开启了法国政府全面控制上海法租界司法事务的时代。民国时期，北洋政府和国民政府就接收会审公廨一事与法国政府展开多次谈判，几经周折，双方最终达成协定。1931 年 8 月 1 日，国民政府正式宣布收回上海法租界会审公廨，并将之改组为上海第二特区法院。

本文首先梳理有关上海公共租界会审公廨的研究成果，试图揭示会审公廨历史中一些值得研究的共性问题和已有研究成果的不足；其次，简要回顾自民国以来上海法租界会审公廨的研究成果；再次，对目前已知的重要史料做一梳理；最后，针对法租界会审公廨的研究，提出一些建设性思考，以求教于方家。

一　上海公共租界会审公廨的研究现状

虽然晚清时期会审公廨的审判信息时常见诸报端，但直到民国初年，

① 〔法〕梅朋（Ch. B. Maybon），傅立德（Jean Fredet）：《上海法租界史》，倪静兰译，上海译文出版社，1983，第 441 页。

② 1869 年上海道台与法国领事达伯理（Dabry de Thiersant）议定《法租界会审公廨协议》，这个口头协议没有详细界定法租界会审公廨的司法权限和诉讼程序，只是规定法租界会审公廨不受《会审章程》的约束，同时还规定凡《会审章程》赋予外国领事的权力，法国领事以最惠国待遇而同样享有。参见编辑室编《上海外事志》，上海社会科学院出版社，1999，第 131 页。

会审公廨的危害性才真正得到中国政府重视。北洋政府和国民政府相继与列强展开外交谈判，商讨改组和收回会审公廨的可行性。20 世纪二、三十年代，中国的民族主义情绪高涨，会审公廨作为西方国家攫取中国主权的例证而备受关注。它的存废引发了多种讨论。上海公共租界工部局为维护租界制度，极力宣扬会审公廨存在的合理性；[①] 中国学者则将之与废除领事裁判权相联系，揭露会审公廨在华洋诉讼中偏袒外国人，并肆意蚕食中国司法主权的事实。[②] 自 20 世纪 80 年代，随着上海租界档案的开放，学界对会审公廨的研究逐步积累的一些成果。

1. 上海公共租界会审公廨的历史与影响

洪佳期的《上海公共租界会审公廨研究》是大陆第一篇以会审公廨为题的博士论文。[③] 作者梳理了会审公廨演变的过程，介绍了它的诉讼程序和适用法律等规章制度。关于会审公廨的功能，作者在司法职能之外注意到了一般研究者所忽略的行政职能。会审公廨中方谳员是上海道台和租界当局的中介，一段时期内参与对租界华人的日常管理。不过作者缺乏对法院实际操作层面的分析，尤其缺乏对一般案例的分析，没有展现普通人与司法制度之间的互动。与国家主权受到侵害，抑或租界华人权利不得伸张的视角不同，中国台湾地区学者杨湘钧力图超越这些带有政治正确色彩的论述，他从权力关系出发，对上海公共租界会审公廨的历史进行解读。在《帝国之鞭与寡头之链：上海会审公廨权力关系变迁研究》一书中[④]，作者以“帝国之鞭”代指上海地方官，他们是国家权力的代理人，兼顾了立法、司法与行政的角色。作者认为公共租界的政制是“寡头政治”。租界

---

① Report of Justice Feetham，上海市档案馆，U1 – 1 – 1234；Anatoly M. Kotenev, *Shanghai: Its Mixed Court and Council*, North-China Daily News and Herald, 1925.

② 孔昭焱：《上海领事裁判及会审公廨》，荣华印刷所，1932；郝立舆：《领事裁判权问题》，商务图书馆，1930；梁敬錞：《在华领事裁判权论》，商务印书馆，1930；夏晋麟：《上海租界问题》，中国太平洋国际学会，1932。蒯世勋等：《上海公共租界史稿》，上海人民出版社，1980。

③ 洪佳期：《上海公共租界会审公廨研究》，博士学位论文，华东政法大学法律系，2005。同类研究可参见陈策《上海公共租界法权变迁问题研究：基于会审公廨、临时法院、特区法院的考察》，博士学位论文，复旦大学历史系，2009；余华川：《从上海公共租界会审公廨看中西法律制度和思想的冲突与融合》，博士学位论文，华东师范大学国际关系学院，2005。

④ 杨湘钧：《帝国之鞭与寡头之链：上海会审公廨权力关系变迁研究》，北京大学出版社，2006。

寡头包含了工部局董事会、北京公使团、上海领事团和租界外籍精英人士。会审公廨的历史就是上海地方政府与租界寡头之间权力斗争的历史。与大陆的此类成果相比，本书有两个突出特点：作者首先选取1864年、1869年、1911年和1927年四个公共租界会审公廨历史上重要的时间截点，细致描述了中外势力在争夺会审公廨控制权过程中的此消彼长；其次，作者借鉴福柯的规训（discipline）理论来分析法院组织结构和司法实践，将会审公廨作为社会控制的工具加以考察。

杨湘钧的尝试并非个案。西方学者 Thomas B. Stephens 在1985年的博士论文 *Order and Discipline in China: The Shanghai Mixed Court 1911 - 1927* 中就使用规训一词来分析会审公廨。① 作者用大量篇幅反思中国法律史研究中的西方中心论倾向。他认为西方法理学范畴不足以解释中国的司法实践和法律文化。与西方的法律理论（legal theory）相对应，Stephens 将传统中国的司法实践提炼为一套规训理论（disciplinary theory）。两者的区别在于，前者强调司法独立，依法断案和权责相符，后者则致力于维护礼教秩序，强调义务，漠视权利，并不依靠精确的法律条文审理案件。作者认为会审公廨在晚清时期由于没有明确的民法和商法，所以并非西方意义上的司法机构，而是一个规训机构。进而指出，民国期间列强对会审公廨的接管并不成功，因为会审公廨并没有能力单独执行判决，很多时候需要上海地方政府的配合，所以它的运作是失败的。本书最突出的局限在于，作者对西方中心论的反思并不彻底，在结论部分仍然将西式法庭作为评判会审公廨是否成功的标准，而且作者使用的资料基本限于英美外交档案和英文报纸，中文资料的缺失直接影响了作者对会审公廨司法运作的认识。在他之后，Tahirih Victoria Lee 在博士论文 *Law and Local Autonomy at the International Mixed Court of Shanghai*② 中既使用了英美外交档案，又使用了上海图书馆和上海档案馆的中文资料，较为完整地还原了会审公廨的历史。在谋篇布局方面，作者并没有以时间顺序，而是以司法管辖权限、诉讼程序

① Thomas B. Stephens, *Order and Discipline in China: The Shanghai Mixed Court 1911 - 1927*, University of Washington Press, 1992. 值得注意的是，该作者一方面大量使用 discipline 一词，另一方面却丝毫不提及福柯的名字。

② Tahirih Victoria Lee, *Law and Local Autonomy at the International Mixed Court of Shanghai*, PH. D. Dissertation, Yale University, 1990.

和适用法律为专题展开论述。作者认为会审公廨的司法权限并不拘泥于条约章程的规定，而是在实践中有很大的灵活性，应将会审公廨的历史视为一个整体，讨论会审公廨实际上的司法权限。作者不以时间作为叙事主轴的另一个原因可能与她的关怀相关。透过会审公廨的历史，Lee 试图从长时段考察英美法律在中国的影响。她认为会审公廨的影响表现在三个方面：一是会审公廨的司法实践具有很强的地方属性；二是会审公廨为现代中国引入了民事、刑事两大司法范畴，同时催生了现代意义上的律师群体；第三，在中国最大的通商口岸，会审公廨将法律与经济联系的更加紧密。与前述几种著作不同，作者着重突出了会审公廨与上海地方精英之间的关系，她认为以英国法律模式管理下的会审公廨，增加了上海精英的话语权和商业机会，维护了地方精英的利益。

2. 罪行认定、裁量以及对公正的理解

考察一个法院的历史，不仅包括它的组织结构和司法权限，还应涉及法庭的司法效率和公正性问题。尽管中外学者在会审公廨司法实践的公正性问题上没有直接的交锋，但从他们各自的表述中不难看到双方的差异。西方学者尤其注重会审公廨审案过程中西方的司法观念和诉讼程序在上海的积极影响，其中隐含着“传统 - 现代”、“中国 - 西方”的二分法。以 1911 年为分界线，清代法律之不完备、刑罚之严酷、行政人员之低效与民国时期会审公廨在外国领事单独控制下的公正高效形成了鲜明对比。正是西方司法理念的引入，使会审公廨与中国其他地区的地方法院大不相同，构成了近代上海繁荣稳定的因素之一。相比之下，大陆学者一面肯定会审公廨在中国法律现代转型中的积极意义，另一方面，会审公廨的存在为外国领事、陪审和律师操纵华洋诉讼提供便利，构成了近代中国屈辱历史的一部分。① 这些研究实际上都不同程度存在主题先行的成分，他们只选取对自己最终观点有利的案件进行分析，由此导致对会审公廨的司法实践评价迥异。

一般而言，评价会审公廨的公正性需要考察程序正义和实体正义两个方面。例如时人评论中便指出，会审公廨名为中国法庭，但在程序上牵就

---

① 上海租界法制史近年来受到越来越多的重视。一般性研究可参考王立民等主编《上海租界法制研究》，法律出版社，2011。王立民等主编《上海法制与城市发展》，上海人民出版社，2012。

洋人。其中外国陪审和中方谳员语言不通，唯有借助翻译，导致“法庭上不闻中国语言，专便外国律师和西捕耳”[①]。至于判决中的实体正义，它涉及中西双方对罪行认定、裁量以及对公正的理解。在 1905 年一起杀人案中，某华人因怀疑邻居与他的妻子通奸，在争执中用刀杀死了该邻居。在审讯过程中，被告一再声称是自卫导致的误伤。而根据巡捕房的调查和法医的刀伤报告，被告有蓄谋杀人的嫌疑。在英国陪审的强烈要求之下，被告以谋杀罪被判死刑。鉴于此案涉及死刑的执行，依据《会审章程》，需要移交上海县衙。随后上海县令在英国人不知情的情况下重审此案，认定被告妻子通奸事实成立，将被告无罪释放。英国领事要求就判决进行交涉，被上海县令拒绝。[②]

这则案例揭示了租界内华洋诉讼中中西法律文化之间的冲突及其解决方式。一方面，清政府未必如研究者想象的那么软弱，在租界内重大刑事案件的审理中，上海县衙和上海道台仍然能够对最后裁决产生决定性的影响；另一方面，英国陪审做出的判决比较符合现代人的想象，而上海县衙的判决则同样有法可依，按照清律的规定，被告的妻子因通奸获罪同样合情合法。中西法律文化之间在刑事司法上的冲突，最终只有制度层面的权力分配机制来解决。

对于现代意义上的民事和商事案件，情况则略有不同。Lee 指出，按照《会审章程》，会审公廨只有权审理罪至笞杖的轻罪案件，涉及徒流死刑之类的重罪案件，则须移交上海县衙，经逐级审转复核之后才能执行。从法律的角度分析，她提出会审公廨的司法权限在属地管辖权和属人管辖权之外，还存在着一个“以刑罚定义的管辖权”（jurisdiction defined by punishment）。它根据量刑的尺度，反向定义了会审公廨司法审判的范围，即只要不涉及徒流死之类的重罪，会审公廨均有权审判。这是会审公廨不同于一般法庭的最大特征，为西方法律参与租界华洋诉讼提供了法理依据。[③] 这个观察无疑极具启发性。传统中国的国家法中刑事法条异常繁复

① 姚公鹤：《上海闲话》，上海古籍出版社，1989，第 8 页。

② 该案的详细审理经过可参见 Tahirih Victoria Lee, *Law and Local Autonomy at the International Mixed Court of Shanghai*, PH. D. Dissertation, Yale University, 1990, pp. 23 – 29.

③ Tahirih Victoria Lee, *Law and Local Autonomy at the International Mixed Court of Shanghai*, PH. D. Dissertation, Yale University, 1990, p. 45.

而民商事法条极不完备，使外国陪审员在华洋之间或华人之间的民商事案件中，有了自由裁量和使用西方法律判案的便利条件。比如在晚清华洋商业纠纷中，民间习惯有时以口头协议为准，而会审公廨多以书面协议和签名印章为准，华商几次败诉后，上海的某些商人团体甚至会提醒华商一定要和洋商签订书面合同，以免日后在诉讼中处于不利地位。①

尽管司法公正的内涵难以获得一致的定义，但在会审公廨的研究中却是一个无法回避的问题。如何评价会审公廨判决的公正性？大清律、清末民初制定的新法、地方习惯、西方法律在审判中究竟发挥了多大作用？以往研究多是定性研究，缺乏定量的统计，仅凭少数个案，便断定会审公廨中大量使用西方法律，进而造成司法不公，自然难以令人信服。而且上海租界华洋诉讼异常复杂，当事人的国籍、法官的素养、律师的作用、行政人员的效率、中西司法观念的冲突、华洋官员之间的权力斗争等，都有可能影响最终的判决结果。因而对会审公廨判决结果的评价绝非是对公正概念进行法理学意义上的重新定义，而是探索清末民初的上海社会对司法公正的共识及其形成过程。这其中包含了中西成文法之间的冲突、西方法律与上海地方习惯之间的冲突。除了冲突的面向，我们还应注意到西方法律对清末以来中国近代成文法和上海地区民商事习惯的渗透和改造。

3. 一个规训机构？

西方法理学多围绕权力与正义展开对法律的讨论，而杨湘钧受到福柯的启发，关注司法实践背后的权力运作，探索一种基于权力关系变迁的司法实践，来呈现会审公廨的统治技术与特色。他比以往的研究者更加关注中外政治势力在会审公廨立法、司法和行政上的权力之争与势力消长。在解读会审公廨案例时，更加注重分析上海地方政府的态度和西方列强的角色。杨湘钧的专著在近年会审公廨研究中最具参考价值，但他在理论上的大胆尝试似乎导致了新的问题。

首先，会审公廨是否是一个福柯意义上的规训机构？按照福柯的经典论述，规训是一种特殊的权力技术，它既是权力干预和监视个人活动的技术，又是制造知识的手段，这些知识反过来又为权力的监控服务。狭义的

① 蔡晓荣：《晚清华洋商事纠纷之研究》，博士学位论文，苏州大学历史系，2005，第126～127页。

规训机构指军队、监狱、医院和学校等；广义的规训机构便是现代社会，它被视为大大小小的规训机构的联合体，它的终极目的是实现对社会中每个个体的控制和监视。规训的三个手段是：层级监视、规范化裁决与检查。根据上述定义，将会审公廨等同一个规训机构显得非常牵强。因为其内部并不存在层级监视和检查。至于“规范化裁决”，杨湘钧在行文中一度将会审公廨中极为有限的立法活动和会审公廨所适用的法律等同于纪律。[①] 其实这也有悖于福柯的原意。福柯认为一切规训系统内部都有一套微观惩罚机制，确定了一套内部惩罚或是超法律惩罚的原则，惩罚的同时还包括奖励，这种规范化裁决便是纪律。杨湘钧在理论层面混淆了纪律与法律之间的区别，法律的作用对象是某类行为范畴，而规训的对象是具体的人。法律诉诸条文，根据普遍标准来判定行为的性质，而纪律的目的是为了区分个人。[②] 由于上述对福柯的误读，作者夸大了会审公廨的规训特质。即便不讨论会审公廨所立之法的性质究竟是纪律还是法律，我们首先应该质疑，在实际审判过程中，法庭主要援引中西成文法或上海地方习惯，还是更多的援引这些所谓的纪律？现有研究并没有人对案件进行了量化统计，因而很难识别各类法律规范被法庭援引的力度。缺少了定量研究，也就无法对会审公廨的规训性质加以说明。另外，会审公廨在多大程度上楔入上海社会并实现了对个体的监视与控制？似乎没有可靠的资料加以证明。会审公廨在上海的影响力和介入租界居民日常生活的程度显然不能直接画等号其所谓的规训特质，再次打了折扣。作者自称受了福柯的“全景敞视主义”的启发，但居于“全景敞视主义”式规训中心地位的，与其说是会审公廨，毋宁说是工部局董事会和上海领事团。租界中的日常行政和社会控制，有赖于工部局、巡捕房和会审公廨等多方机构的相互配合，片面拔高会审公廨在租界治理中的地位，与史实并不相符。

限于史料，作者在描述会审公廨的所谓规训作用时极少分析租界居民

① 杨湘钧：《帝国之鞭与寡头之链：上海会审公廨权力关系变迁研究》，北京大学出版社，2006，第 201 页。

② 〔法〕福柯：《规训与惩罚》，刘北成、杨远婴译，三联书店，2003，第 206 ~ 207 页。如何理解福柯对法律（law）与规定（regulation）的区分，有学者认为 regulation 具有任务导向性（task oriented），可能演变为自我规训；而 law 则具有禁止性（prohibitive），是一种对人的外在要求。参见 Alan Hunt，Gary Wickham，*Foucault and Law*，Univesity of Michigan，1994，p. 22.

的反应，会审公廨对社会的控制被简化为一个单向施加的过程。而实际上，所谓“被统治者”面对规训时的反应恰恰也是福柯理论中的薄弱环节。[①] 规训概念应用于中国研究之中，福柯的缺陷便更加明显。早有研究者指出近代中国租界、租借地的历史，是西方殖民者和被统治者相互作用的历史，不能仅仅从宏观层面，更要从微观层面来考察。[②] 在杨湘钧以及 Stephens 的著作中，除了有限的几个案例之外，我们很难考察会审公廨究竟在多大程度上影响和形塑了上海租界社会的日常生活和诉讼习惯，更无从得知，租界华人居民对租界会审公廨的态度，以及租界华民利用法院维权过程中表现出的策略。

虽然在理论移植上存在一些问题，但是杨湘钧等人指出的上海租界会审公廨中法律、权力与司法公正之间的关系却值得研究者再思。在一个法制不够完善的租界社会中，华洋权力关系确实能够对法庭审判的走向施加影响。

4. 地方性视角

20 世纪 80 年代以来，中国学界关于近代租界研究，多围绕革命叙事和现代化叙事展开。革命叙事下的租界历史是列强对中国欺凌、榨取以及中国民众反抗的历史，现代化视角则关注西力东渐的积极意义。对于前者，杨湘钧已经做了深入的批评，[③] 而对后一种思路，仍有反思的空间。有学者认为上海公共租界会审公廨作为英美法律移植的个案影响了中国法制现代化的进程。[④] 这种观点似有放大会审公廨历史意义之嫌。众所周知，近代中国的司法改革肇始于晚清，沈家本和伍廷芳曾被清廷委以重任，致力于革除旧弊修订新律。伍廷芳虽然有英美法律的教育背景，但是他长期

---

① 西方学界对规训概念进行过很多反思。比如法国历史学家米歇尔·德·塞尔托（Michel de Certeau）提出了“反规训”的概念，用以表述下层民众面对规训时的反应和技巧。法国社会学家布尔迪厄（Bourdieu）提出“策略”的概念与福柯针锋相对，同样强调一种自下而上对规训的不合作态度。参见〔英〕彼得·伯克（Peter Burke）《什么是文化史》，蔡玉辉译，北京大学出版社，2009，第 92 页。

② 〔德〕余凯思（Klaus Mühlhahn）：《在模范殖民地胶州湾的统治与抵抗：1897 - 1914 年中国与德国的相互作用》，孙立新译，山东大学出版社，2005，“引言”。

③ 杨湘钧：《帝国之鞭与寡头之链：上海会审公廨权力关系变迁研究》，北京大学出版社，2006，第 10 ~ 14 页。

④ Lee 便持这样的观点，她借会审公廨的历史展现英美法在中国法制现代化过程中的持续影响。中国学者如王立民等人，则倾向于揭示上海华界立法与上海租界法制之间的关系，藉以说明上海租界法制对周边的辐射作用。参见王立民等著《上海法制与城市发展》，上海人民出版社，2012。

参与外交活动不在京城。晚清修律过程中的诸多决策，更多依靠旧学根底颇深同时又对西方法学持开放心态的沈家本。伍廷芳虽然建议革除酷刑、制定诉讼法、商法、引进陪审制度等等，但在实践层面，英美法律文化对清末民初司法改革的影响似不应高估。具体到会审公廨的司法实践对近代中国司法改革的影响，应有清醒的认识。英美法律作为异质文化，起初并没有引起上海地方官员的兴趣。1869 年上海英国高院（British Supreme Court）审理一起英国巡捕枪杀无辜华人木匠的事件。英国领事邀请上海地方官员观审，一面展示英国绝不袒护本国人民，一面在审理程序、法庭取证等方面试图展现西方的进步。① 最终该巡捕被处以绞刑。庭审过程中，清朝官员在司法理念上与英国法官及陪审团多有龃龉，他们更关注被告是否抵命，英美法律文化对他们并没有吸引力。随着清廷渐渐意识到领事裁判权的危害，会审公廨才开始受到中央政府的重视，但这绝非是为了学习会审公廨的制度，而是以革新律例为代价换取列强放弃会审公廨的控制权。

只有将会审公廨还原到上海地方史的情境之中，才有助于克服法制现代化这一宏大视角带来的弊端。从某种意义上，上海会审公廨的影响表现在丰富上海居民的法律知识和培养他们的法律习惯。民国初年，曾在公共租界会审公廨供职的姚公鹤的观察就很有代表性。

“例如民国开幕，国内始有形式的司法衙门，而诉讼案之孰为刑事，孰为民事，执以问之普通国民，瞠目不知所对者，十必八九也。若租界居民，则虽妇人孺子，亦均知命盗、斗殴应向捕房控告，钱债人事应向会审公廨控告，于刑、民性质，颇能辨别了解，此非华人之习有法律知识，乃习有法律习惯也。”②

民初北洋政府曾致力于诉讼程序的标准化，制定了一系列表格供起诉人填写。民众由于常年不分民事案件与刑事案件的区别，经常混淆案件范畴，填错表格，而被法庭退回重填，结果司法改革反而增加了诉讼的开销。③对比上海与全国，会审公廨对租界居民法律习惯的塑造起到了不小的作用。

---

① 对此案的描述参见 Par K. Cassel, *Grounds of Judgment: Extraterritoriality and Imperial Power in Nineteenth-Century China and Japan*, Oxford University Press, 2012, pp. 73 – 74.

② 姚公鹤：《上海闲话》，上海古籍出版社，1989，第 46 页。

③ Xu Xiaoqun, *Trial of Modernity: Judicial Reform in Early Twentieth-Century (1901 – 1937)*, Stanford University Press, 2008, p. 71.

除此之外，Lee 特别指出，会审公廨的历史是它的地方性和自主性彼此交织并相互促进的历史。这种地方性表现在会审公廨在上海孕育了一种新的法律文化。在此影响之下，上海的地主、商人、银行家甚至是地方官员一方面希望中国政府能够有效的控制会审公廨，同时又希望保存西方式的诉讼程序和在法庭执行上海地方习惯的自由。① 这种地方性视角，与之前西方中心论或带有国族情感的法律史叙述不同，它抛开了对法庭效率、中西法律实践的优劣之争，更多地展现了法院与地方社会的互动。这个过程中既有法院对地方法律习惯的塑造，也包含了地方精英借助法院实现利益最大化的生存之道。

正如美国学者吉尔兹所言："法律就是地方性知识；地方在此处不只是指空间、时间、阶级和各种问题，而且也指特色，即把对所发生的事件的本地认识与对可能发生的事件的本地想象联系在一起。这种认识与想象的复合体，以及隐含于对原则的形象化描述中的事件叙述，便是我所谓的法律认识。"② 会审公廨的司法实践整合了多种权力，发展出一套地方习惯和地方观念，最终构成了一种吉尔兹意义上的地方性知识。突出会审公廨的地方性，不仅能够最大限度的摆脱"冲击－反应"视野下中国法律近代化的种种宏大叙事，更有助于研究者探索作为租界法院的会审公廨在解决华洋民事、商事和刑事诉讼中的特色。

5. 治外法权研究中有关会审公廨的讨论

除去上述有关会审公廨的专论，学界在对近代不平等条约，尤其是对治外法权的研究中往往涉及上海会审公廨的历史。③ 汉语学界此类研究多

---

① Tahirih Victoria Lee, *Law and Local Autonomy at the International Mixed Court of Shanghai*, PH. D. Dissertation, Yale University, 1990, "Introduction".

② 〔美〕克利福德·吉尔兹（Clifford Geertz）：《地方性知识》，邓正来译，梁治平编《法律的文化解释》，三联书店出版社，1998，第 126 页。

③ 代表性著作可参见王建朗《中国废除不平等条约的历程》，江西人民出版社，2000；李育民：《近代中国的条约制度》，湖南师范大学出版社，1995；李育民：《中国废约史》，中华书局，2005；唐启华：《被"废除不平等条约"遮蔽的北洋修约史》，社会科学文献出版社，2010；Jean Escarra, *Droits et Intérêts Etrangers en Chine*, Librairie du Recueil Sirey, 1928；Jean Escarra, *La Chine et le Droit International*, Libraire de la cour d'appel et de l'ordre des avocats, 1931；Wesley R. Fishel, *End of Extraterritoriality in China*, Textebook Publishers, 2003；Turan Kayaoglu, *Legal Imperialism: Sovereignty and Extraterritoriality in Japan, the Ottoman Empire, and China*, Cambridge University Press, 2010。

讨论晚清民国时期治外法权对中国主权的侵害，描述北洋政府和国民政府通过废约和修约逐步废除治外法权的努力，其中也包括中国政府收回会审公廨的谈判经过。[①] 欧美学界则侧重治外法权在东方世界的影响。其中美籍瑞典学者 Par K. Cassel 的著作是近年值得关注的一部。[②] 与中国学者热衷废约与修约历史不同，Cassel 凭借出色的语言能力，使用中、英、法、日等语种的文献资料，考察治外法权（extraterritoriality）在东亚传播和被接受的过程。作者引入法律多元主义的概念，对列强在华治外法权以及由此产生的各类法院进行了全新解读。一方面，作者并没有从法理层面来分析在华治外法权，而是将治外法权视为一种多方参与的实践。在华洋杂处的上海，各国领事法庭、英美在华高等法院、租界中的会审公廨和领事公堂构成了西方法律多元主义的语境，它们并非一个结构紧密的整体，而是既有冲突又有合作，外国人在华的司法特权在其中得以被塑造并不断演进；另一方面，作者受近年来美国清史学界的影响，倾向从中华帝国法律多元主义的传统出发，理解清政府对治外法权的态度。清政府在鸦片战争之后相当长的一段时间内没有认识到治外法权的危害，这与其处理内部不同族群之间日常纠纷中所奉行的法律多元主义传统相关。作者虽然在史料层面无甚突破，但他对晚期中华帝国多元治理的解读，为清政府在租界问题上的外交政策和上海公共租界会审公廨的长期存在提供了一种解释。

二　上海法租界会审公廨的研究现状

与公共租界会审公廨相比，上海法租界会审公廨存留下的中文材料非常有限，加之法文资料的获取和阅读不便，进一步增加了研究的难度，使得这一研究领域长期处于停滞状态，而且已有成果多为宏观介绍，鲜有专题研究。大致可分为三类：第一类是 20 世纪上半叶法国人对法租界以及法国在华利益的研究。为中国学者所知且引用率较高的便是梅朋的《上海法

① 一般学界对中国政府收回上海公共租界会审公廨经过的研究较多，最新的研究可参见张丽《上海公共租界会审公廨收回始末》，《史林》2013 年第 5 期。至于国民政府收回其他会审公廨的谈判经过尚无专论。

② Par Kristoffer Cassel, *Grounds of Judgment: Extraterritoriality and Imperial Power in Nineteenth-Century China and Japan*, Oxford University Press, 2012.

租界史》[①]。此书对于研究法租界的早期历史具有极高价值，不过其中对会审公廨的描述不过寥寥数笔，参考价值不大。另有几本二十世纪初在上海法租界内供职的法国人撰写的著作尚不为中国学界所知。首先是法国驻沪副领事 Georges Soulié de Morant 撰写的《治外法权与外国在华利益》和《外国人在华权利》[②]，其中介绍了上海和汉口法租界会审公廨的司法权限和诉讼程序。其次是法国人 Louis des Courtils 的博士论文《上海法租界研究》[③]。作者曾经在上海法租界公董局供职，这本书并非一部通史，而是专门研究上海法租界行政机构和司法机构的职能，因而有一定史料价值。第二类是民国学者对上海租界制度的研究，个别地方提及了法租界会审公廨。[④] 此外，同一时期留法中国学生的博士论文，有些也谈到了租界、治外法权等内容，对会审公廨有过一般性介绍，但是他们并没有使用法国政府档案，参考价值大打折扣。[⑤] 第三类是近人著作和新修专业志，[⑥] 此类著述对法租界会审公廨的讨论在深度和广度上并无突破。其中除吴圳义利用了少量上海租界中的法文报刊之外，其他著作的核心史料都是民国时期的中文报刊和梅朋的《上海法租界史》。法国南特大学 Jacques Weber 教授利用法国外交部档案研究法租界会审公廨的成立和废除的经过，[⑦] 大部分内容参考了 Georges Soulié de Morant 的《治外法权与外国在华利益》一书，

---

① 〔法〕梅朋（Ch. B. Maybon），傅立德（Jean Fredet）:《上海法租界史》，倪静兰译，上海译文出版社，1983。

② Georges Soulié de Morant, *Exterritorialité et Intérêts Etrangers en Chine*, Paris: Librairie Orientaliste Paul GEUTHNER, 1925. Georges Soulié de Morant, *Les Droits Conventionnels des Etrangers en Chine*, Paris: Librairie de la Societe du Recueil Sirey, 1916.

③ Louis des Courtils, *La Concession Française de Shanghai*, Paris: Librairie du Recueil Sirey, 1934.

④ 如上海通社编《上海研究资料》，中华书局，1936；上海通社编《上海研究资料续集》，中华书局，1939。

⑤ 其中较为出色者如：CHAN Chung Sing, *Les Concessions en Chine*, Paris: Les Presses Universitaires de France, 1925; SONG Kouo *Tchou*, *L'administration de la justice aux étrangers en Chine*, Paris: Presses Modernes, 1929.

⑥ 参见张铨《上海法租界会审公廨》，《史林》1994 年第 2 期；费成康《中国租界史》，上海社会科学院出版社，1991；吴圳义《清末上海租界社会》，文史哲出版社，1979；史梅定主编《上海租界志》，上海社会科学院出版社，2001；滕一龙主编《上海审判志》，上海社会科学院出版社，2003。

⑦ Jacques Weber, "La Cour Mixte de la Concession Française de Shanghai", in Laurent Cesari and Denis Varaschin (éd.), *Les relations franco-chinoises au vingtième siècle et leurs antécédents*, Arras: Artois presses université, 2003, pp. 59 – 79.

侧重研究条约章程和法庭组织结构，但作者作为东南亚法属殖民地研究的专家，对中国历史的了解程度有限。

三　核心史料的拓展

上海法租界会审公廨的运作原则，延续了小刀会起义以来法国驻沪领事独立审案的既成事实，同时也参考了中法《天津条约》和上海公共租界《会审章程》等文件。法租界会审公廨自成体系，它的司法实践基于中法之间的口头协定和既有习惯，这使得清政府的档案中有关法租界会审公廨的材料十分罕见。加之上海道台档案多毁于辛亥革命，使得学界可资利用的中文资料整体而言极为有限。已有的中文研究多依赖晚清民国时期的中文报刊和民国时期学者对租界的研究成果,[①] 对外文资料的征引仅限梅朋所著的《上海法租界史》。材料不足使得法租界会审公廨研究中尚有大量空白亟待填补。

清末法租界会审公廨大体维持中法共管的格局，而辛亥革命之后，上海地方政府的势力被彻底赶出租界，西方列强开始长期独霸会审公廨。上述两个阶段均留下数量可观的外文资料，以下仅以法租界会审公廨研究中的核心史料为例，略做介绍。

1. 法国外交部档案馆

有关上海法租界会审公廨的档案资料，几乎全部保存在法国外交部档案馆巴黎分馆和南特分馆中。这批资料数量相当可观，且绝大部分未被学界使用。这些档案基本覆盖了法租界会审公廨六十余年的历史，主要内容包括：(1) 1869 年以前法国领事的审判记录以及法租界会审公廨建立之初的司法活动；(2) 上海公共租界会审公廨和法租界会审公廨之间的司法权限之争；(3) 晚清民国期间法国政府对会审公廨改革的种种设想与讨论；(4) 上海法

---

① 报刊以《申报》为主。其他常见史料为吴鞠亭《上海租界诉讼指南》，大东书局，1923。此书收录了 1921 年上海法租界会审公廨颁布的若干规定，内容涉及诉讼程序、适用法律、诉讼费用等，但一时的章程在多大程度上反映 1921 年以前法租界会审公廨的司法实践，需要研究者三思。除此之外征引较多的两篇文章分别是王宗旦《收回上海法租界会审公廨之研究》，《东方杂志》第 27 卷第 11 号；之鹤：《上海法租界会审的办法》，《时事新报》1914 年 5 月 9 日。这两篇文章均是以介绍法租界会审公廨基本制度为主。

租界会审公廨的诉讼程序、人事安排与内部机构的演变；（5）1920－1930年法国外交部与北洋政府、南京国民政府之间就收回会审公廨的交涉、法国政府对上海临时法院的评估、在通商口岸的司法调查等材料。

除此之外，法国外交部档案馆还保存有上海法租界会审公廨1903年至1930年的判决书，数量相当可观。判决书随时代的不同在格式上有所变化，早期为手写体，1920年代开始以打印体为主。判决书的第一部分记载了当事人诉状中的主要内容。判决书的第二部分择要记录历次开庭时法庭审讯情况。判决书的第三部分记录下法官对案情的分析研判。第四部分为法庭的判决结果。若案情简单，法官会当庭宣判；若案情复杂，便择日开庭宣判。

这部分材料存在一些瑕疵。其一，这些判决书的数量不够完整，个别年份的判决书不知所踪。例如1903年只有11月份的判决书。1923年只有3个月的判决书。1925年和1926年分别只有半年的判决书。1922、1927、1928和1931年的判决书在档案中付之阙如。其二，通过对比法租界公董局董事会会议记录发现，目前保存下来的判决书仅仅是所有判决书中的一小部分。以1915年为例，该年的档案中只保存有5件判决书，但同一年的法租界公董局警务处年报显示，仅法租界巡捕房移交到会审公廨并最终生成判决的刑事案件就有4214件。① 其三，判决书中的主语主要为法院（la cour）或是法方陪审（l'assesseur或l'assesseur français），我们无从得知中国法官在参与审判的过程中究竟起到了多大的作用。比如遇到悬而未决之案，中法双方如何沟通？尽管存在以上缺憾，这些审判材料仍然是我们了解会审公廨司法实践的基本史料。

2. 上海档案馆

上海档案馆藏有上海法租界公董局的资料14029件，其中比较完整的保存了上海法租界公董局董事会会议记录、公董局财务状况、公董局下属各个部门的会议记录和年终报告等资料。其中与法租界会审公廨直接相关的是法租界警务处年报。此外，公董局档案中还保存有公董局与上海道台之间的信函、公董局与中法商业团体之间的信函、法租界市政规章制度、

① Rapport sur le service de la Garde Municipale pour l'année 1915，参见 Le Compte-rendu de la gestion pour l'exercice de 1915，档案号：U38－1－2465，上海档案馆藏，第108页。

一些 1920 年代会审公廨的判决书和相关资料。这些有关法租界会审公廨的法文史料总数虽然不多，但却是对法国外交部档案的一个补充。除去这些法文资料外，上海档案馆还收藏有江苏上海特区第二法院档案（1931 ~ 1940 年，共计 470 件）和上海律师公会档案（1905 ~ 1953 年，共计 14591 件），这两类中文档案有助于描述法租界会审公廨的改组并最终被国民政府收回的经过。

3. 报刊资料

已有研究成果讨论会审公廨的司法实践时，在案例的取舍上往往偏重大闹会审公廨案、苏报案等有重大影响的案件，而寻常细故与命盗案件，则极少为研究者注意。这主要由于案件审理的材料非常零散。[①] 在官方档案之外，国内外学者已经注意从沪上有影响力的《申报》和《北华捷报》（North China Herald）中选取有价值的案件，但在这类史料上的挖掘仍显不足，对一些尚未充分电子化的报刊资料关注不够，如《时事新报》、《新闻报》等沪上报纸也有大量关于会审公廨案例的报道。除了以上中英文报纸之外，限于研究者的语言能力，一些有价值的法文报纸被排除在视野之外，如《中法新彙报》（L'Echo de Chine，1898 ~ 1927）和《上海日报》（Le Journal de Shanghai，1927 ~ 1941）。这两份报纸曾先后是上海法租界最大的法语媒体，时常刊登会审公廨的新闻。其中《中法新彙报》在 20 世纪初（1902 ~ 1911）曾开辟“法租界会审公廨”（La Cour Mixte Française）专栏报道法租界会审公廨历次开庭的基本情况，内容包括原被告国籍、数量、罪名和判决结果等信息。

不可否认，中外报纸对绝大部分案件的报道都相当简略，限制了这部分史料的利用价值。不过作为普罗大众获取信息的重要渠道，中文报刊对租界司法活动的报道远比司法档案鲜活生动，而且一定程度上反映了上海普通民众对司法正义的理解和想象。法文报刊的报道虽然同样简略，但是鉴于其信息的权威性和案件数量的完整性，使其具备了统计学上的价值，是考察 20 世纪初法租界内华洋诉讼规模与法租界会审公廨司法效率的可靠材料。

---

① 民国之初曾有人搜集华洋案例并编纂成册，如姚之鹤：《华洋诉讼例案汇编》，商务印书馆，1915；另有上海华洋诉讼案（钞本）：1909 ~ 1913，上海图书馆藏。这些案例汇编中涉及上海会审公廨的案例非常有限，如将会审公廨研究有所推进，这些案例恐怕仍显不足。

四 研究路径的若干思考

1. 华洋权力网络中的上海会审公廨

华洋会审体制是会审公廨不同于近代中国其他地方法院的主要特征。华洋权力在会审公廨研究中的重要性表现为以下两个方面：其一，上海法租界会审公廨建立在上海道台和法国领事的口头协议之上。民国时期便有学者指出，法租界会审公廨的建立缺乏必要法律基础，它的司法权限缺乏具体的条约章程作为依据。不过笔者认为，一味纠结于合法性的讨论并无助于加强对法租界司法实践的认识，应当尝试从法租界日常政治中的华洋权力关系出发，考察会审公廨司法权限的演变和长期存在的合理性。其二，上海法租界会审公廨在清末民初相当一段时期内缺乏明确的章程，由此导致法庭的适用法律和诉讼程序往往具有不确定性。在一个法制不健全且中西法律文化交冲碰撞的特定区域中，无形的权力之手再次介入到司法实践之中，并影响了案件审理的走向。

本文所使用的“权力网络”一词，旨在说明上海法租界日常政治中权力关系的复杂性。租界中的权力构成包括中央政府、上海地方政府、北京公使团、上海领事团、上海公共租界工部局和上海地方精英等。杨湘钧的研究已经注意到上海公共租界中的寡头政治，但是他只分析了中西之间的权力碰撞，而忽视了西方国家之间的权力冲突。Lee 的研究注意到西方国家在公共租界会审公廨内部的权力之争。对于法租界会审公廨，需要着重考察英法之间以及法国领事与上海公共租界工部局之间的权力之争对上海会审公廨司法权限的影响。① 除了中外官方层面的权力之争，还需考察地方精英的角色。Lee 侧重描写上海公共租界会审公廨与地方精英之间的合

① 由于晚清时期法租界会审公廨长期缺乏必要的权限章程，导致上海两个会审公廨的权限存在一定的交集，彼此之间矛盾不断。1902 年 3 月，一名居住于法租界且供职于法国洋行的华人苦力在公共租界内违规倾倒垃圾被公共租界会审公廨起诉，但是法国领事拒绝移交该名华人，坚称该案应由法租界会审公廨审理，引发法国领事与公共租界工部局之间长达 3 个月的争论。这期间两个租界当局在司法事务方面的合作关系完全破裂，上海领事团不得不介入调停。最后各国领事订立《上海租界权限章程》明确了两个会审公廨各自的司法权限，这个冲突才告一段落。相关讨论可参见拙文侯庆斌《上海租界会审公廨间的权限之争——以 1902 年《上海租界权限章程》的出台为中心》，即将刊登于《史林》。

作关系，忽视了两者之间的矛盾与对抗。对权力网络的深描需要考察上海地方精英在不同历史时期对会审公廨的态度。如 20 世纪 20 年代上海律师公会就诉讼程序方面与两个会审公廨之间的冲突就十分引人注目。

2. 定性研究和定量研究的结合

以往的研究限于史料，多只能从制度层面和权力关系的角度研究会审公廨的性质。与现有公共租界会审公廨的档案不同，法租界会审公廨档案中保存有大量判决书，上海租界的法文报刊中记录了一定时期内法租界会审公廨比较完整的审判信息，这两类史料为研究法租界会审公廨制度与实践的互动提供了可能。

在已有的著述中，研究者对会审公廨的评价往往建立在个别案例之上。虽然学界对会审公廨蚕食中国主权，借各种机会扩张司法权限已经达成共识，但仍缺乏讨论具体案例、判决结果、章约制度和法典成例之间的关系。定量研究并不是简单的数量统计，而是为定性研究的结论提供佐证。大量案例有助于提炼法租界会审公廨处理民事、刑事和商事纠纷的基本模式，并从中揭示西方法律文化对法租界会审公廨的影响。例如，目前学界对会审公廨存在两类错误的理解，一种观点认为会审公廨中使用西方法律审理华人为被告的华洋诉讼，导致了有利于洋人的判决结果；另一种观点则借鉴了制度经济学的分析框架，认为上海租界会审公廨在经济类案件中采用西式法律断案，这是促成上海经济发展与繁荣的重要因素。① 而实际上，通过考察晚清时期 1903 年至 1911 年法租界会审公廨的断案依据，在 52 件华洋民商事诉讼中，法庭从未使用大清律或是晚清新订法律断案，判决书中明确提到参考法国法律断案的情况只有 2 例而已，另有 10 例依据上海地方习惯断案，余下 40 例诉讼的判决书中并没有注明明确的司法理由，从其内容上看，都是依据实际情况加以裁决。西方成文法典在会审公廨司法实践中的作用仍需重估。

上海租界司法实践，融合了成文法、地方习惯以及法官的自由裁量，混杂着地方社会和西方国家对司法公正的不同理解。正是在这些案件中展

① 以制度经济学视角，研究上海租界司法制度与经济发展的代表作，可参见 Billy K. L. So and Ramon H. Myers (eds.), *The Treaty Port Economy in Modern China: empirical studies of institutional change and economic performance*, Berkeley: Institute of East Asian Studies, 2011.

现了中西方法律之间的冲突和融合，值得研究者关注。此外，对法租界警务处年报和法文报刊中的案件信息加以统计和整理，有望对上海法租界会审公廨的诉讼规模和诉讼效率做出评估，进一步丰富学界对租界司法情况的认识。

3. 比较法的视野

考虑到外国陪审在会审体制中的强势地位，会审公廨的司法实践不可避免地受到西方法律文化的影响。鉴于上海法租界和英美领事主导的上海公共租界的独立性，研究者有必要从比较法的视角出发，厘清大陆法和普通法这两个西方重要法律传统对会审公廨司法实践的影响。通过初步考察晚清时期上海会审公廨在华洋诉讼方面的司法实践，笔者注意到大陆法和普通法在会审公廨中的影响有如下几个方面。

首先，尽管当下大陆法国家和普通国家在立法和司法方面相互借鉴，彼此之间的差异越来越模糊。但是在 19 世纪下半叶和 20 世纪初，大陆法和普通法之间的区别仍然十分明显。上海两个会审公廨中外国律师的角色反映了大陆法系纠问式审判和普通法系抗辩式审判的影响。法租界会审公廨的庭审记录中显示，法官对法庭程序拥有绝对的权威，在搜集证据、传唤证人和审问当事人等方面发挥了更大的主动性。法租界会审公廨判决书的第二部分通常记录了历次开庭的信息。法官主导庭审的全部过程，直接就案件细节讯问当事人，只有在当事人缺席的情况下才会讯问当事人的律师。根据情况，法官会要求传唤新的证人或是要求当事人提交新的证据等。从判决书记录的各方言论来看，并不存在律师提问证人或是对方当事人的情况。概言之，法租界会审公廨中的出庭律师并非诉讼审理过程中的主角。一般情况下，法租界会审公廨的出庭律师主要承担四方面职能：一是原告律师为当事人起草并递交诉状，或是被告律师在庭审时替当事人提起反诉要求；二是在法庭宣判后代当事人提出上诉要求；三是在当事人缺席的情况下，回答法官的质询；四是就法庭的司法权限和诉讼程序等方面提出抗辩。也只有在第四种情况下，双方律师之间才会出现有限的辩论，并由法官裁决抗辩是否有效。

反观公共租界会审公廨，虽无陪审团制度，但外籍陪审主要由英美国家的驻华外交人员担任，使得公共租界会审公廨在司法实践中受到了普通法的影响。在案件审理中，交叉质证和竞争性举证显得非常重要，而外籍律师在这一过程中发挥了重要作用。英国驻沪领事记载了晚清时期上海公共租界会审公廨中法庭辩论的情形。

“英官问案之时，先问原告及原告之见证人，当原告等对答之时，不准被告及被告之见证人肆意儳说。惟被告及被告之律师，或可驳问数语。苟有驳问原告及其见证人等，必应明白答复。待原告与其见证人供诉已毕。问官乃问被告及被告之见证人，其时原告及原告之律师，亦可反唇相诘以案中要语，待被告等供诉亦毕。两造律师，旋即起而代辩，各将是案之紧要处，重说一遍。法官乃衡情酌理，以定是非。”①

除此之外，晚清时期《北华捷报》对公共租界会审公廨各类讼案的报道表明华洋民商事诉讼中两造延聘律师十分普遍。法庭之上律师们非常活跃，交叉质证已成常态。这类报道中时常详细列出律师与当事人之间的往来对话，或是出现“cross-examine”、“re-examine”或“cross-examination”等反映法庭之上交叉质证的词句。②

其次，晚清时期法租界会审公廨的判决书中并无直接援引中国或法国先例判案的记录。与之相对，在公共租界会审公廨，法官和律师援引判例的情况并不罕见。反映了大陆法系和普通法系在司法实践中对判例的不同理解。1907 年上海英美烟草公司控告华商仿冒其产品一案中，原告律师试图以清政府海关总税务司制定的《商牌挂号章程》为依据，被告律师反驳认为该商标法并未真正实施，不得作为凭据。原告律师随即要求援引英国本土判例，请求会审公廨发布禁止令（injunction），严禁被告继续从事仿冒行为，最终得到了公共租界会审公廨的批准。③ 除了英国国内的判例之外，英美律师还会将上海公共租界会审公廨审理过的案件视作判例用于论

① 〔英〕哲美森：《中英谳案定章考》，李提摩太等译，姚之鹤校，载于姚之鹤编《华洋诉讼例案汇编》，商务印书馆，1915，第 752 页。

② 此类案例甚多，恕不一一列举，代表性案例可参见“Salamander Insurance Co., Ltd. v. Fong Pao-Tsu”, *North China Herald*, August 20, 1902, p394;“Gensburger & Co. V. Woo Yeh-Shing and Wang Ching-Tsze”, *North China Herald*, June 24, 1904, pp. 1346 – 1347;“Brodie A. Clarke v. Wung Li-Dong and Kuo Chien-Hao”, *North China Herald*, Mai 19, 1905, pp. 362 – 363;“The British-American Tobacco Co., Ltd. v. The San Shing Tobacco Co.”, *North China Herald*, October 4, 1907, pp. 43 – 46.

③ “The British-American Tobacco Co., Ltd. v. The San Shing Tobacco Co.”, *North China Herald*, September 20, 1907, pp. 686 – 687;“Alleged Infringement of trade-markes”, *North China Herald*, October 4, 1907, p. 46.

证己方诉求。例如1911年3月某美国出版公司状告商务印书馆侵权一案中，原告律师即援引两则先例。首先，1896年发生一系列华人书商盗用美国某图书公司版权的案件之后，美国领事向上海道台施加压力，上海道台随即下令严禁华人书商未经允许盗印外国图书。其次，1907年英国领事和上海道台联合发布声明禁止华商盗印Kelly & Walsh公司经营的西方图书。[①] 对判例的不同态度，是上海租界两个会审公廨司法实践中的重要区别。此外，通过对比上海公共租界会审公廨和法租界会审公廨在同类型案件中的审理过程，研究者或许可以对大陆法与普通法影响下租界司法实践中的利弊得失作一判断。

除了考察大陆法和普通法在法租界会审公廨和公共租界会审公廨中的不同影响之外，中西法律文化之间的关系也值得注意。大陆法文化影响下，法租界会审公廨所形成的制度与司法实践，实际上与近代中国县域司法实践相契合。当时的法国驻沪副领事便指出，法租界会审公廨不是一个法国式的法庭，而是一个以中国传统法庭为模板不断发展而成的现代法庭。[②] 以清代为例，县域司法中同样由县官主导事实发现的全部过程，在审理民事细故的过程中，同样很少直接使用成文法而多是在法律允许的框架内依据地方习惯或是情理来断案。[③] 与公共租界会审公廨华洋法官之间因理念不同而时常爆发的激烈冲突相比，[④] 法租界会审公廨内部华洋官员之间的冲突非常罕见，而且在《申报》上可以找到许多上海商民颂扬法租界会审公廨历届中方谳员和法国陪审的报道。正是在中西法律文化之间，尤其是欧洲大陆法传统与上海租界司法环境的妥协融合之中，法租界会审公廨才能够表现出其适应性与生命力。

---

① 此处需注意，清政府在1910年已经颁布了《大清著作权律》，而从上海租界华洋诉讼的审理过程来看，这个新颁布的法律并没有得到实施。“Alleged Infringement of copyright”, *North China Herald*, April 8, 1911, p. 122. 同类案件还可以参见“A Rubber Deal”, *North China Herald*, September 30, 1910, pp. 810 - 812.

② Georges Soulié de Morant, *Exterritorialité et Intérêts Etrangers en Chine*, Paris: Librairie Orientaliste Paul Geuthner, 1925, p. 127.

③〔日〕滋贺秀三：《清代诉讼制度之民事法源的概括性考察——情、理、法》，载于〔日〕滋贺秀三等著《明清时期的民事审判与民间契约》，王亚新等译，法律出版社，1998，第20～41页。

④ 洪佳期：《上海公共租界会审公廨研究》，博士学位论文，华东政法大学法律系，2005，第104～126页。

4. 司法实践与租界治理

前面已指出，将会审公廨完全等同于一个规训机构不仅有违史实，更重要的是，规训是一种通过微观权力技术的控制手段，它本身不涉及道德和正义。片面强调权力控制，进而搁置了有关司法正义的讨论，无助于会审公廨的研究。不过，福柯的规训理论对于研究权力、司法和社会之间的有机联系，探索租界法院与城市治理之间的关系而言，仍然具有一定的借鉴意义。

福柯在《规训与惩罚》中详细阐发了监狱之中权力的微观物理学运行机制，但当他将这个想法应用于分析整个社会中的权力控制时，遭到了学界的诸多批评。[①] 于是福柯此后致力于寻找沟通权力的微观机制与宏观机制之间的可能途径。为此他的研究对象从个别的规训机构转向了国家，从个人（individu）转向了人口（population），进而对“治理”一词进行了全新的解读。福柯虽然从没对“治理”进行严格定义，但他对“治理史”的研究旨在揭示不同历史时期西方国家进行社会控制时的所采取的策略。治理的目标是人口，基于的原则是政治经济学。治理实际上是应对人口增长、流动性增加和经济发展而采取的技术手段。[②]

治理可以被视为规训理论在宏观层面的应用。从会审公廨的行政职能看，依据西方现代文明制定的违警章程和各类市政条例确立了一套城市中的行为规范，它针对华人区分了“文明”和“不文明”两种行为范畴，一旦违反这些规定，轻则罚款，重则驱逐出境。例如华人有焚烧供物或冥币纪念先人的习俗。法租界当局认为此习俗在租界中极易引发火灾，故各版违警章程中均注明禁止华人“在马路上或在住屋旁边焚烧纸锭”。再者，华人有食用野味的习惯，常有上海县及周边农民进入租界中私售野味，不仅构成租界卫生防疫的隐患，而且农民当街宰杀家禽有碍观瞻。因此私售野味受到租界当局的严格控制。在刑事司法中，会审公廨并没有完全执行罪行法定和刑罪对等原则。会审公廨在不同时段针对同一罪行会做出不同等级的量

① Graham Burchell, Colin Gordon and Peter Miller (eds.), *Foucault Effect: Studies in Gouvernmentality with two lectures by and an interview with Michel Foucault*, Chicago: University of Chicago Press, 1991, p. 4.

② Michel Foucault, Gouvenmentality, in Graham Burchell, Colin Gordon and Peter Miller (eds.), *Foucault Effect: Studies in Gouvernmentality with two lectures by and an interview with Michel Foucault*, Chicago: University of Chicago Press, 1991, pp. 96 – 104.

刑。这些都与租界治理的客观需要密切相关。与之相对，会审公廨为民事商事诉讼创造了一种“有法可依”的司法环境。虽然“法”的内涵非常复杂，但是法租界会审公廨的民商事审判中确实贯彻了一种混杂了中西法律原则的司法正义观念。所以，法租界会审公廨的日常实践并非是一种单纯的权力控制。它在处理违警案件和轻罪案件中所体现的城市治理的客观需要，与处理民商事纠纷中体现的司法正义一道，构成了一种独特的司法风格。

福柯强调，治理所催生的技术手段导致了一系列机构和知识的产生，这些机构和知识又反向服务于国家的治理。有感于此，有关会审公廨的研究，不仅应该着眼于司法实践对城市治理的贡献，揭示其中华洋之间的不平等地位，还应努力发掘城市司法机构与城市治理之间的互动关系。一方面，租界的经济发展增大了城市治理的难度，对法院处理司法事务的能力提出了更高的要求。城市治理的压力最终推动了法院职能的完善。早期法租界地域狭小，人口稀少，会审公廨审理的案件非常有限，即便法院的规章制度不健全，也依然能够依靠惯性运行。随着法租界历经三次扩界之后，人口的增长和社会的发展，促使会审公廨内部的职能不断完善，章程制度不断精细化；另一方面，会审公廨的司法实践为法租界引入了现代文明观念和西方法律文化，并最终指向了城市治理的两个基本目标，即维持城市的稳定与塑造一个西方文明话语之下的现代都市。

近年来有关中国近代法律史的研究中，一个突出的特色是地方文献的发掘与利用。研究者的注意力从司法制度转向司法实践，通过对比成文法与地方实践，力图重新解释中国法律文化的特征，并取得丰硕成果。[①] 不

① 这里所说的地方法史特指以清代和民国时期的地方档案为主要史料，以州县司法实践为研究对象的法律史研究。国内近年的代表作参见里赞《晚清州县诉讼中的审断问题：侧重四川南部县的实践》，法律出版社，2010；付海晏：《变动社会中的法律秩序：1929 - 1949 年鄂东民事诉讼案例研究》，华中师范大学出版社，2010；吴佩林：《清代县域民事纠纷与法律秩序考察》，中华书局，2013。外国学者的相关研究参见 Mark A. Allee, *Law and Local Society in Late Imperial China: Northern Taiwan in the Nineteenth Century*, Stanford: Stanford University Press, 1994; Philip Huang, *Civil Justice in China: Representation and Practice in the Qing*, Stanford: Stanford University Press, 1996; Philip Huang, *Code, Custom, and Legal Practice in China: The Qing and the Republic Compared*, Stanford: Stanford University Press, 2001; Bradly W. Reed, *Talons and Teeth: County Clerks and Runners in the Qing Dynasty*, Stanford: Stanford University Press, 2000; Linxia Liang, *Delivering justice in Qing China: Civil Trails in the Magistrate's Court*, Oxford: Oxford University Press, 2007. Philip Huang and Kathryn Bernhardt (eds.), *Research from Archival Case Records: Law, Society and Culture in China*, Brill, 2014.

过，地方法律史研究多集中讨论晚清民国期间的县域司法档案，视角不断下移的史学观照，造成了学界对近代中国城市司法机构的忽视。[①] 租界中的司法机构是中国近代地方法史中比较特殊的一类研究对象。三界四方华洋杂处的上海，无论是作为晚清时期的通商口岸，抑或是一个较早接受西方文明洗礼的中国大都市，它的司法制度混合了中西元素，自有其特点。对上海租界会审公廨的研究绝非是地方法律史研究思路的简单重复，而终将成为理解中国近代法律变迁的重要拼图。

已有的地方法律史自身存在难以克服的困境，即县域司法实践的个案研究，一方面受到阐释人类学以及以黄宗智教授为代表的美国中国法律史研究群的启发，通过研究法律的地方实践，揭示成文法（law on paper）与“活法”（law in practice）、法律表达（representation）和法律实践（practice）之间的差异，展现司法诉讼从产生到解决过程中政治、经济和文化因素的作用；而另一方面从方法论的角度，地方法史不得不面对“特殊主义”与“普遍主义”之争。围绕“地方性知识”展开的个案研究与探索晚清民国时期中国司法实践特征的普适性结论之间存在一定矛盾。[②] 租界法律史研究在还原史实填补空白之余，也需要对上述困境加以反思。通过个案研究修正对整体历史图景的认知的同时，如何将个案分析置于近代中国法律变革的大背景中加以提炼，使之超越“地方性知识”的樊篱，这或许是法律史研究者应该努力的方向。

---

① 学界对城市中的司法实践讨论相对有限，比较新的成果可参见 Michael H. K. Ng, *Legal Transplantation in Early Twentieth-Century China: Practicing Law in Republican Beijing (1910s - 1930s)*, Oxford: Routledge, 2014.

② 参见吴佩林《清代县域民事纠纷与法律秩序考察》，中华书局，2013，序言部分。

传统中国注释律学中的官注与私注

彭　巍*

摘　要： 传统中国律学的核心和主要表现形式是注释律学，即逐条逐句注释法律条文以解释律意。依照注律行为是不是朝廷的官方行为，可以将对律文的注释分为官注和私注。注释律学的历史就是官注与私注交替发展的历史，其背后体现出传统中国两千余年间对律文注释的内在需要。辨析中国历史上各时期律注的官私属性，并统合于一脉相承的注释律学发展历程之中，对理解传统中国的律学具有重要意义。

关键词： 注释律学　官注　私注

纵观先秦至清末的历史，传统中国律学与历朝历代法律规范相生相伴。传统中国律学以讲明律意为出发点，以司法活动的准确适用为导向，以对律文的注释为主要表现形式，以与司法活动相关的官员、幕僚、学生为主要传播群体。横向上，具体时期的律学因同时期立法、司法、法律教育等方面政策不同而形态各异；纵向上，各时期的律学在旨趣上始终如一，方法上前后相继，并不断推陈出新。应当说，中国古代的律学，是与古代中国政治制度、社会环境和文化传统相适应的独有的法学形态，并伴随着现实生活的需要不断自我发展。对传统中国律学中的许多特质和内涵，尚须进一步的研究加以辨析与统合。

一　官注与私注的区分

传统中国律学的核心和主要表现形式是注释律学，即逐条逐句对法律

* 彭巍，吉林大学“2011 计划”·司法文明协同创新中心 2014 级博士研究生。

条文作注疏以解释律意。这种对律文的注释可以分为官注和私注。区分的标准，既不取决于注律者是否担任公职或有无官方背景，也不取决于律注的影响或地位，而纯粹取决于律注是否出自朝廷的官方行为。

（一）官注与私注之区分与注律者身份无关

在中国古代，注律者以官员和幕友为主。官员注律在很多情况下是职务行为，总体上看，分为三种情况。一是在立法阶段，奉君命注释律文。如晋朝杜预注《泰始律》。这种注释属于官注的典型情况，常在完成后与律文一同颁行，是正式的法律渊源。二是出于法律教育的需要。如永徽三年诸大臣对《永徽律》的逐条注疏。自曹魏魏明帝设律博士之制后，至少至北宋，都断断续续的设置有专职教授法律的职官或机构，对律文的注释是进行法律教育和法律考试的标准和依据，这也属于官注。三是个人对律文的学习和解读的笔记，或个人经验的记录和总结。如明代王樵、王肯堂父子所著之《私笺》、《笺释》。这是官员所作之私注。需要注意的是，官员注律的前两种情形，彼此间有千丝万缕之联系。《韩非子·五蠹》里讲“无书简之文，以法为教；无先王之语，以吏为师”，法家思想中关于由官吏以法律条文及其解读为内容进行法律教育、并由官方掌控对法律规定的解释权的观念在中国古代一直有较大的影响。这使得在许多时期，官方对律文的解读既以注释的形式表现为对律文的补充，从而在效力上属于立法行为；又被当做法律教育的依据，客观上成为理解律注注释对象之律文的不二选择。

幕友注律主要出现在明清时期。明中期以后，幕友日渐兴盛，其中特以刑名幕友为重。他们以私相授受的法律专长入于各级衙门，在协助主管官员办理案件的过程中，又积累了丰富的办案经验和手段。这个群体的注律作品是典型的私注。

除此之外，在汉代还有大量经学家之注律，明清时期亦有部分私学法律的学生注律，这都属于私注。

（二）官注与私注之区分与律注的影响无关

在中国古代，律注先出于私家，然后再为官方认可的事例，并不少见。例如，清朝康熙年间沈之奇所著《大清律辑注》一书，不仅在当时就成为“御训之书”,[①] 而且其注释更常在之后的官方司法活动中被引作具有法律效力的规则。从实效上看，这些本非官方的注释，在其后取得了官方注释的地位和效力。这种方式是多样化的，包括“由长官作序，荐至官书局刊印，甚至冠以‘御制’”[②]。但官注和私注的区分，并不依此类作品之“身后”评价，而单只从注律行为的发生而论。

二 秦代——官私难辨的注释律学发端

注释律学作为传统中国律学的核心，其发展的历史就是官注与私注交替发展的历史。

云梦秦简中的《法律答问》作为已被发现的直接反映秦代解释律文律意的文本，或可视为律学在这一时期的代表作。对于《法律答问》究竟属于官注或私注，尚未有足以服众的答案。[③]

结构上看，《法律答问》主要表现为一问一答的形式，每一问答篇幅都不长。就提问内容看，有对于具体情况的处理方法的问题，如：

> 任人为丞，丞已免，后为令，今初任者有罪，令当免不当？不当免。

亦有对于法律规定的大意或其中概念的理解的问题，如：

> “隶臣将城旦，亡之，完为城旦，收其外妻、子。子小未可别，令从母为收。”可（何）谓“从母为收”？人固买（卖），子小不可别，弗买（卖）子母谓（也）。

---

① 张晋藩：《清代律学及其转型（上）》，《中国法学》1995 年第 3 期，第 92 页。

② 张晋藩：《清代律学及其转型（上）》，《中国法学》1995 年第 3 期，第 92 页。

③ 如张晋藩认为：“中国古代注释律学之书始见于官修的《云梦秦简·法律答问》”。载张晋藩《清代律学兴起缘由探析》，《中国法学》2011 年第 4 期。但是仍然有学者对此持怀疑态度。中国台湾地区的学者邢义田曾提出：（对《法律答问》的性质）“不少学者以为是律书，我怀疑这是墓主向‘主法之吏’问法，或是他人向墓主问法的记录”。尽管邢氏在注文中称：“此说（认为《法律答问》是律书的观点——笔者注）或许较为正确。此处姑存旧说，以志当年想法。”见邢义田《治国安邦：法制、行政与军事》，中华书局，2011，第 19～20 页。但笔者认为，《法律答问》是墓主喜向“主法之吏”问法的抄本的可能性仍是很大的，并没有证据能够确切的证明《法律答问》是“官修”的。同样的质疑观点，另见张伯元《〈秦简·法律答问〉与秦代法律解释》，《华东政法学院学报》1999 年第 3 期。

对于提问的回答，由此二例亦可见一斑，少至只有一两个字的，如“当”、“勿论”，多的则有数十字。此外，《法律答问》中亦有非问答形式的，如：

或自杀，其室人弗言吏，即葬狸（薶）之，问死者有妻、子当收，弗言而葬，当赀一甲。

这种非问答形式的部分，在内容上包含行为模式和法律后果，几乎与律文规定无异，但如果视之为对具体情况的法律解释，也可以成立。从前引几例可以看出，《法律答问》的内容并非都是对律的注释，因为注释律文的首要目的应当是通过对字词句的解释和对意旨的阐发来使律文变得清晰易懂，从而促进对律文的理解和适用，而不是直接的对具体的法律适用问题作没有讲解的判断回答，毕竟，这样的做法是授之以“鱼”而非“渔”。不过，《法律答问》中仍有大量内容是对律文内容的解释，特别是其中对相似、相关概念的辨析，多有精彩之处：

论狱何谓“不直”？可（何）谓“纵囚”？罪当重而端轻之，当轻而端重之，是谓“不直”。当论而端弗论，及其狱，端令不致，论出之，是谓“纵囚”。

“公室告”何（也）？“非公室告”可（何）（也）？贼杀伤、它人为“公室”；子盗父母，父母擅杀、刑、髡子及奴妾，不为“公室告”。

总体上看，《法律答问》中对法律的解释在方法上仍显朴素、原始。[①] 同时，其中的解释远未能达到前后照应、相互一致，方法使用上亦显得随意、零散而不系统。[②] 因而，即使视《法律答问》为官注，认为其具有解

---

① 有研究对《法律答问》中的解释方法进行了梳理和分析，例如陈锐认为其中包括语词定义、分类、比较、限制解释或扩大解释、类推解释以及简单的论证或附带说明这六类，见陈锐、高袁《素朴的技巧：〈法律答问〉中的法律解释方法》，《政法论丛》2011 第 6 期。张伯元将《法律答问》中的解释方法划分为五种：问答、成例比照、举例、比较和附带说明，见张伯元《〈秦简·法律答问〉与秦代法律解释》，《华东政法学院学报》1999 年第 3 期。

② 如前述“公室告”一条，对“公室告”和“非公室告”的解释，使用的方法就是简单的列举了几种情况，而列举的方法在不能穷尽对象的外延时常常会导致解释上的模糊。

释力和适用性，亦必须同时承认其在内容上的有限性、方法上的任意性和结构上的零散性，这与汉代以后形成的对全部律文逐句作注的形式大不相同。当然，这不能抹杀《法律答问》在律学发展脉络上的价值和意义，其中使用的解释法律的方法，在后世的官注和私注中都多有继承和体现，律学正是以此为开端和基础而得以发展的。

三 汉代——私注的第一个盛世

对律文的注释在汉代成果颇丰，沈家本称赞其“法学之兴，于斯为盛”[①]。汉代律学的主要形式是诸经学家所作“律章句”，这是中国历史上第一次大规模私家注律的兴起。章句是一种注疏体裁，本出自儒生注经的方法，主要包含四个方面：解词，解句，析章分篇以及对典章制度、名物习俗的沿革流变、时代背景进行说明。[②] 但是汉代的经学大家，在注经之余，又多有注律者。龙大轩搜集了史料中散存着的各类律章句，分为十类，并一一加以考辩，使今之学人，尤能于此管窥汉代律章句的盛况。[③] 在此引用龙氏搜集的律章句二条，以示其面貌：

> 扑，所以挞犯教者。《书》云：扑作教刑。（出自郑玄注，《仪礼注疏》卷十二，乡射礼第五，又见《仪礼注疏》卷十七，大射第七。）
>
> 挌。击也。从手，各声。（出自许慎注，《说文·手部》，段注，第 643 页。）[④]

章句的注释方法，在律章句中亦得以体现和贯彻。章句重视逐字逐句地辨析和解释，使律章句中所体现的对律文中的字、词的解释在细致程度

---

① 沈家本：《历代刑法考（附寄簃文存）》，中华书局，1985，第 2142 页。

② 龙大轩：《汉代律章句学考论》，西南政法大学 2006 年博士研究生论文，第 1 ~2 页。

③ 见龙大轩博士论文《汉代律章句学考论》。张忠炜在认为龙氏所考之“律章句”“在‘名’与‘实’之间，或有从容讨论的余地”，笔者认同张忠炜的态度，但认为，在新的史料被发现之前，龙氏的考察仍有较大的参考价值。参见张忠炜《汉代律章句学探源》，《史学月刊》2010 年第 4 期。

④ 见龙大轩《汉代律章句学考论》，西南政法大学 2006 年博士研究生论文，第 79 页。这两条都是龙大轩所分十类中的“刑名类律章句”，之所以选择同一类下的两条，是由于笔者认为此类章句与法律关联最明显，同时又能体现律章句的一般特点。

和系统程度上都有了长足的进步。[①] 但是龙氏搜集来的大量律章句，究其来源，都不是专门的法律相关的著作。以其中“刑名类律章句”来说，共49 条，都出自《史记》、《汉书》、《资治通鉴》、《三礼注》、《毛诗笺》、《春秋公羊解诂》、《说文》。这些史料所记载的经学家的注文或释文，极可能存在对律章句与经章句的混淆。毕竟许多字、词都同时存在于经典和刑律之中，不能任意将与法律有关的字、词的解释都视为律注。更重要是，龙氏搜集的全部律章句，几乎都是对字词的疏解，既看不到章句学讲究的分章断句，也没有对整句或整条律文的注释内容。史料的欠缺使得我们尚不能亲见汉代律章句真实、准确的形式和内容。

但可以确定的是，律章句作为一种律文的注释形式，形成于私家，而非官府。《晋书》称其“十有余家”，近人已能考出近百人。[②] 南齐沈约称：“汉代律书，出乎小杜吴雄。”[③] 律书即讲解律文之书，也即律章句。小杜即西汉中期的杜延年，所作律注世称“小杜律”，身后多有传习者。[④] 东汉和帝时，已有廷尉陈宠所称“律有三家”。其后，更有《晋书·刑法志》所载：“后人生意，各为章句。叔孙宣、郭令卿、马融、郑玄诸儒章句十有余家，家数十万言。凡断罪所当由用者，合二万六千二百七十二条，七百七十三万二千二百余言。”又如，东汉末应劭撰《律本章句》，沈家本在《历代刑法考》中《律本章句》后有按：“《律本》盖谓李悝、萧何、张汤、赵禹诸家之书，乃律之本原……劭自撰《章句》，当与诸家章句不同。”[⑤] 诸家各自讲授，以致“言数益繁，览者益难”，终于在魏明帝时，有了“但用郑氏章句，不得杂用余家”之诏令。官方“罢黜百家，独尊‘郑注’”的行为，恰恰说明了诸家章句之私注属性。

以章句之学的方法注释律文，使得汉代的注释律学水平较之秦代有了

---

① 张忠炜提出，“律章句学”首要的是分章断句，之后才是注说。参见张忠炜《汉代律章句学探源》，《史学月刊》2010 年第 4 期。对此笔者难以苟同，毕竟法令为当时所制，对于分章断句应当是有标准可循，这大不同于经历过数次浩劫的经传之文，因而律章句的重点仍应是在注说上。

② 龙大轩：《汉代律章句学考论》，第 14 页。

③ 《玉海》卷六十五，《诏令·汉法名家》。

④ 参见程树德《九朝律考》，商务印书馆，2010，第 232 页。

⑤ 沈家本：《历代刑法考（附寄簃文存）》，中华书局，1985，第 876 页。

较大的提升。[①] 尽管秦自商君变法后，在立法上应当是较为系统的，但前引的《法律答问》仍显著的表现出零散、琐碎的面貌。律章句的兴起带来了对官方律文作从头至尾、逐字逐句的注释方式，使得对律文的注释在体系性和全面性上有了质的发展，亦为注释律学的进一步发展奠定了坚实基础。

四　魏晋南北朝——官注的逐渐兴起

有史可稽的官方正式注释律文的行为，自晋杜预、张斐注《泰始律》始，极盛于永徽三年所作《永徽律疏》，而与南宋的灭亡一同消失于历史中。

（一）魏晋时期汉律章句向官方律注的转化

魏明帝诏令“但用郑氏章句”，不仅宣告了郑玄之注获得官方认可以及诸家律注并存局面的结束，更表明私家律注之繁杂和矛盾迫使官方意识到了统一和排他的律注的重要意义。加之，自卫觊奏“请置律博士，转相教授”施行后，“律博士”这一专门教授律文的职官必然垄断了对律文的讲解，客观上也促进了大兴于东汉的私家注律的消失。

而晋时，已有了官方对律文的注释，即杜预、张斐为《泰始律》所作之注。“晋之杜预与贾充等定律令，预为之注解，其奏语谓所注皆网罗法意。是其参取汉代诸家章句，而又不专主一家，故能撷其精要。同时张斐亦为之注，其表之所列，胥律义之要旨。自是，杜、张二家律注，遂行于世。”[②] 杜预之注“参取汉代诸家章句”之“精要”，显现出晋律之官注对汉代私家之律章句的继承，这是处在官注取代私注过程中的传统中国注释律学发展历程的印记。

---

① 龙大轩提出：“律章句学有两个源头，秦汉以来的律令之学为其本源，宣帝时兴起的章句之学为其旁源”。见龙大轩《汉代律章句学考论》，第 8～9 页。此观点本身没有问题，但若以视汉律章句学为注释律学之阶段性发展，则只能有律令之学这一个源头，其它都是在解释方法上的发展。

② 见沈家本《法学盛衰说》，载沈家本《历代刑法考（附寄簃文存）》，中华书局，1985，第 2142 页。

《隋书》、《唐书》刑法志中记载张斐、杜预分别有作《律解》（或名《杂律解》，二十或二十一卷）、《律本》（二十一卷），然皆不传。[①] 今日能见到的，只有《晋书·刑法志》中记载的时为明法掾的张斐的注律表，其中对律文“故”、“失”等二十个字、词的解释，现公认为最早的较为系统的对法律词汇的专门解释。其言辞精练，每一解释皆止寥寥数字，但不仅能详明其大意，更能通过对相似相近内容的集中解释，突显个中区别。[②] 更重要的是，对这二十个字的解释，是出于法律的角度，这一点大异于汉代律章句。这可能与魏明帝时设置律博士有关。因为律博士这一官职的设置，使得对法律的讲授和研究（尽管不一定是学术意义上的研究）更趋于专门化和专业化，律学也从经学的附庸身份中彻底独立出来。[③] 同时，讲求辨名析理的玄学的兴起应当也对律文注释的内容产生了有益的影响。[④] 尽管没有完整的注本留存下来，但可以看出，晋代律注的水平，在秦汉基础上又有了长足的进步。

（二）南朝官方注律的实践

晋代以后，官方更加重视注释律文，专门组织编纂律注渐趋常态。

《南齐书·孔稚珪传》载有南齐武皇帝时，尚书删定郎王植奉旨集定律注：“江左相承用晋世张、杜律二十卷，世祖留心法令，数讯囚徒，诏狱官详正旧注。先是七年，尚书删定郎王植撰定律章表奏之，曰：‘臣寻《晋律》，文简辞约，旨通大纲，事之所质，取断难释。张斐、杜预同注一章，而生杀永殊。自晋泰始以来，唯斟酌参用。……爰发德音，删正刑律，敕臣集定张杜二注。……取张注七百三十一条，杜注七百九十一条。

---

① 沈家本：《历代刑法考（附寄簃文存）》，中华书局，1985，第899页。

② 不过其中有些解释可能不是张斐原创。见钱大群《中国古代盗窃罪探索》，载钱大群《中国法律史论考》，南京师范大学出版社，2002，第233～260页。对此的专门研究，另见高恒：《张斐的〈律注要略〉及其法律思想》，载何勤华编《律学考》，商务印书馆，2004，第117～140页。

③ 傅玄在《举清远疏》中说“魏武好法术，而天下贵刑名”，曹魏时期，法律制度有多方面的变革。除设置律博士外，还有所制《新律》较之秦汉律令在制定方式、体例、内容等多方面的发展，与此种环境相适应的，必定亦包含对律文解读的去经学化。

④ 相关的研究，可参看刘笃才《论张斐的法律思想——兼及魏晋律学与玄学的关系》；高恒：《张斐的〈注律要略〉及其法律思想》，载何勤华编《律学考》，商务印书馆，2004，第100～140页。

或二家两释，于义乃备者，又取一百七条。其注相同者，取一百三条。集为一书。凡一千五百三十二条，为二十卷。请付外详校，擿其违谬。’从之。于是公卿八座参议，考正旧注。”公卿八人济济一堂，共商删律、注律，律注已然被视为律文之不可分割的部分。遗憾的是，本次删定律、注，“事未施行，其文殆灭”①。

王植奏言“张斐、杜预同注一章，而生杀永殊”，颇值得留意。这说明杜预、张斐之注律虽都受命于君，但彼此可能缺乏有意的统合。尽管同为官注，但事实上仍注出二家，这一点在后世的官注中被有意的避免了。后世之官注，多由数人共同完成，如此处“公卿八座参议”者，再无一律二注之事的发生。

《隋书·刑法》载有南朝梁武帝时，尚书删定郎蔡法度依据王植集注之旧律制《隋律》：“梁武帝承齐昏虐之余，刑政多僻。……时欲议定律令，得齐时旧郎济阳蔡法度，家传律学，云齐武时删定郎王植之集注张、杜旧律，合为一书，凡一千五百三十条，事未施行，其文殆灭，法度能言之。于是以为兼尚书删定郎，使损益植之旧本，以为《梁律》。”天监元年梁武帝下诏修《梁律》，其中谈到前代律注：“求文指归，可适变者，载一家为本，用众家以附。丙丁俱有，则去丁以存丙。若丙丁二事，注释不同，则二家兼载。咸使百司，议其可不，取其可安，以为标列。”② 梁武帝能注意到前人律注之差异，又将修律重任托付于“能言‘王植之集注旧律’”的蔡法度，尽管史书未能言明《梁律》律注之有无，但很难想象其会尽弃积累数代之律注。

官注之产生，客观上极大限制了私注的影响力，因之此时的私注再无可能恢复汉代的盛况。《九朝律考》中考订魏晋南北朝时期“律家”47人，多为“好刑名”、“习法令”、“明法理”、“晓故事”之类，多人曾“参定法律”，又多人曾“上书论律”，真正留有与法律相关著述者并不多，如曹魏时刘劭《律略论》、丁仪《刑礼论》、钟会《道论》、阮武《阮子正论》。尽管操法律之业者仍有与法律相关之著述，但因官注挤占了私注的

---

① 见《隋书·刑法》。

② 《隋书·刑法》。又见沈家本“梁律”，载沈家本《历代刑法考（附寄簃文存）》，中华书局，1985，第904~905页。

生存空间，私家之律著亦不再以注释律文为重，转而关注法律的其他方面。

五 唐宋——官注之鼎盛与衰微

（一）《唐律疏议》与唐代官注之成就

《唐律疏议》是我国古代成文法典发展的顶点，亦是官方注律的巅峰之作。无论是结构还是内容，《唐律疏议》几乎都吸收了前代律学的全部成果，继承了自《法经》至《大业律》的发展脉络，在结构上保留了《大业律》的十二篇体例，内容上进一步引礼入法。在律文的解释上，一方面，以小字对律文作补充和说明，另一方面，以“议曰、问曰、答曰”开头的“疏议”部分，综合运用多种解释方法，进一步阐明律意。

《唐律疏议》中对律文的解释包含注文和疏文两种形式，其形成可能不尽相同。今日所称《唐律疏议》之名源自宋代，在唐代，自永徽四年《永徽律》疏成之后，一直被称为《律疏》。而此次制疏，可能是出于当时法律考试“明法”之统一标准的需要：“律学未有定疏，每年所举明法，遂无凭准，宜广召解律人，修义疏奏闻，仍使中书门下监定。”[①] 不过，《唐律疏议》“名例律”篇首“疏”中称：“今之典宪，前圣规模，章程靡失，鸿纤备举，而刑宪之司执行殊异：大理当其死坐，刑部处以流刑；一州断以徒年，一县将为杖罚。不有解释，触涂睽误。……是以降纶言於台铉，挥折简於髦彦，爰造《律疏》，大明典式。……譬权衡之知轻重，若规矩之得方圆。迈彼三章，同符画一者矣。”这说明，制疏之议虽起于明法考试，但实际制定时，仍是以解决不同机关、不同地域之间在法律适用上的不统一为主要目的。

而《唐律疏议》中以小字形式存在于律文中的注文，则极可能是沿用前代。敦煌出土的《贞观律》、《永徽律》残片，形成年代都在永徽四年制疏之前，但其中已经多处存有《律疏》中仍保存着的小字注文。[②] 因而，

---

① 《册府元龟》卷 612，转引自钱大群《〈唐律疏议〉结构及其书名辨析》，《历史研究》2000 年第 4 期。

② 参见钱大群《〈唐律疏议〉结构及其书名辨析》，《历史研究》2000 年第 4 期。

《唐律疏议》中的注文和疏文，并非同时所制。遗憾的是，唐代之前的律典都没能保存下来，无法考察这一夹在律文正文之中作小字注释的注律方法究竟起于何时。但可以肯定的是，这本身是一种对律文的注释行为，并由于其直接附着于律文之中，与律文一同刊行，亦只能是官方所为。

因而，《唐律疏议》中的注文和疏文，尽管来源不同，但都是官注。不过称其为官方注律之巅峰，并不以其包含两种注释形式，而主要是从注释内容和方法集前代之大成而言。

《唐律疏议》“名例律”篇首“疏”中言“造《律疏》”：“远则皇王妙旨，近则萧、贾遗文，沿波讨源，自枝穷叶，甄表宽大，裁成简久。”其图景之宏大，可得而见。“疏”中内容，以“议曰”、“问曰”、“答曰”相区分。“议曰”常以儒家经典中的语句开篇，这是唐代礼法合一的表现，亦是汉代律章句以经注律的延续。唐律以“一准乎礼”闻名，以经义中的句文为基础，阐发律意，既使律意昭显，更为律文提供了坚实的理论基础和正当性。而“问曰”与“答曰”，则似有《法律答问》之影响存留其间。“疏”中所包含对概念的解释、对律意的讲解、对律文背后义理的阐发、对相似相关概念和律文的辨析，都综合吸收了前代积累的方法和成果，并运用自如。①

后人对此亦多有赞誉，沈家本在评价《唐律疏议》时说：“名疏者，发明律及注意；云议者，申律之深义及律所不周不达……而律文之简质古奥者，始可得而读焉。”② 疏议之用，可得而知。

（二）宋金法制对唐律注释的沿袭

宋代的主要法典《宋刑统》承袭唐律，在体例上沿用唐宣宗时《大中刑律统类》，内容上则大体保留了《唐律疏议》的内容。窦仪《进刑统表》中言：“伏以刑统，前朝创始，群彦规为，贯彼旧章，采缀已从于撮

① 王立民亦在《唐律新探》中认为唐律中的疏议“集各朝解释和补充律文方法之大成”，并归纳了五个方面的功用：一，阐明唐律的指导思想；二，简述律及每一篇目的沿革和篇目之间的联系；三，解释律义；四，概说罪名之间的区别；五，简说有关刑罚的一些问题。可参看王立民《唐律新探》，北京大学出版社，2007。

② 沈家本：《历代刑法考（附寄簃文存）》，中华书局，1985，第2208页。

要；属兹新造，发挥愈合于执中。”[①] 由是，《宋刑统》对“旧章”改动较少，并大致完整的保留了注文和疏文，在注释方面，大约只于“杂条门”增加了五条、二十则“议”。[②] 由于注文、疏文仍发挥着解释律文的作用，尽管非宋廷所制，亦应当视之为官方注释的延续。

宋廷南渡后，北方为金所占。金朝虽本为北方少数民族政权，但在与辽、宋的斗争中，其不断吸收中原文化，法制深受其影响。金熙宗天眷三年，“复取河南地，乃诏其民，约所用刑法皆从律文”[③]。沈家本注“此言律文当为唐律”[④]。皇统间制《皇统律》时，“诏诸臣，以本朝旧制，兼采隋、唐之制，参辽、宋之法。”[⑤] 章宗于明昌五年“复令钩校制、律”，以“用今制条，参酌时宜，准律文修定，历采前代刑书宜於今者，以补遗阙，取《刑统》疏文以释之，著为常法”之原则，制成《明昌律义》。[⑥]《昌明律义》由于“先所定令文尚有未完”，而未能颁行，但同年章宗即命众大臣“重修新律”，并于泰和元年，修成《泰和律义》。《泰和律义》之体例和内容多袭用唐律，并于律文后“附注以明其事，疏义以释其疑”[⑦]。《金史·刑法志》记载的这两部律典的编撰，可能是传统中国注释律学历史上最后两次成体系的官方注律，但究其实质，仍是《唐律疏议》疏文之沿用。

（三）唐宋之际的私家律著

永徽四年所成律疏，唐宋沿用六百余年，纵向上，为后世免去了注律之劳苦，横向上，亦排挤了私家律注的空间。《旧唐书·经籍志》、《新唐书·艺文志》、《宋史·艺文志》所载唐代法律类著作，尽管已悉数亡佚，但从名称上看，可能主要包含总论法律各方面问题，如李博文《治道卷》，以及占多数的编定各类法律规范如刘仁轨《永徽留本司格后本》、王行先

① 《宋刑统》，薛梅卿点校，法律出版社，1999。

② 薛梅卿：《〈宋刑统〉研究》，法律出版社，1997，第39页。

③ 《金史·刑法志》。

④ 见沈家本“天眷卫禁法　律文”条按语，载沈家本《历代刑法考（附寄簃文存）》，中华书局，1985，第1041页。

⑤ 《金史·刑法志》。

⑥ 《金史·刑法志》。

⑦ 《金史·刑法志》。

《律令手鉴》、卢纾《刑法要录》等，已经难寻逐条注律作品的踪迹。[①]

宋代留存至今的法律作品不仅数量较多，种类亦丰富，如孙奭《音义》、傅霖《刑统赋》、郑克《折狱龟鉴》、“曼亭曾孙”所编《名公书判清明集》等。[②] 但其中仍未出现逐条注释律文的作品，与注律相关的，如孙奭所撰《音义》，其内容为“正音、正义、正字的资料”[③]；此山贯冶子撰、王元亮重编《唐律释文》则主要是“对《唐律疏议》疏文中的字、词做出的音读和释义”[④]；傅霖所撰《刑统赋》则是将《宋刑统》中一些重要的规定以歌、赋的形式予以表达。[⑤] 总的来看，作为官方注释的《唐律疏议》，由于其注释成就过高，使得同时期不再需要他人对律文进行说明或补充，因而也就没有相应的私注了。

六 元明清——私注之再度勃兴

传统中国注释律学之官注极盛于唐宋，然自南宋灭亡后，元代法制已不再有详细官注。明代法制虽“遵唐旧”[⑥]，然多有损益，其中疏文亦尽数删去。清律袭明制，早期曾分别以小字注文和总注的形式做过注释，乾隆五年后这两种形式都被废止。然而官注之消失，客观上却促进了元明清三代私家注律的再度兴起。[⑦]

---

① 何勤华：《唐代律学的创新及其文化价值》，载何勤华编《律学考》，商务印书馆，2004，第156页。

② 徐道邻评论说：“中国过去的朝代，官家所藏前朝及本朝的法典和法律书，要算宋朝为第一。”见何勤华《中国法学史》，法律出版社，2006，第34页。

③ 〔日〕冈野诚：“北京图书馆藏宋刻律十二卷音义一卷的研究”，崔瞳、冷霞译，载何勤华编《律学考》，商务印书馆，2004，第326页。

④ 何勤华：《中国法学史》，法律出版社，2006，第61页。

⑤ 何勤华：《中国法学史》，法律出版社，2006，第55页。

⑥ 《明史·刑法志》，洪武年制《大明律》时，丞相李善长建议“今制宜遵唐旧”，为明太祖采纳。

⑦ 沈家本在《法学盛衰说》中提出，“迨元废此官（指律博士），而法学自此衰矣”，视元明清三代为法学衰世。这一观点至今仍有一定影响，如何勤华编著的《中国法学史》卷二中，就将明清两代一同冠之以“中国古代法学的衰落”。但今人研究传统中国律学，亦发出与之不同的声音。如武树臣认为“明清律学便顺着自己本身的规律达到登峰造极的地步”；怀效锋提出“律学在明代复苏，其成果层出不穷，蔚为壮观……清代律学集传统律学之大成，是中国历史上私家注律的鼎盛阶段”；张晋藩认为“清代律学是中国古代传统律学发展的最后阶段，也是官私并举及一时之盛的发展阶段”等。见武树 （转下页注）

（一）元明清三代的法制与官注

元代的法律形式，“若仅从称谓体系上看，存在诏制、律、条格、断例、令等；若从语言载体形式上看，存在条格、断例和诏制三种”。[①]总体上，与中原法律传统在内容和体例上都已断裂。从相关的史料记述和出土的法律文献的情况看，亦不见对官方组织注律的记载。

明朝的建立恢复了汉文化对中原的统治，制度方面亦恢复汉唐之正轨。为革除元政纵驰旧弊，明太祖朱元璋在法律问题上颇有心思。在“遵唐旧”的基础上，亲自参与明律每一条的制定，“每御西楼，召诸臣赐坐，从容讲论律义”[②]。因而，较之有“唐律翻版”之称的《宋刑统》和《大明律》之于唐律，在继承的同时，亦多有变更。在体例上，弃十二篇体例不用，以名例律统领六部律的七篇体例代之。在内容上的改动则不胜枚举，薛允升在《唐明律合编》中以贬抑的口吻称其“取唐律而点窜之，涂改之，不特大辟之科任意增添，不惬于人心者颇多，即下至笞杖轻罪，亦复多所更改”[③]。在律文注释方面，朱元璋所为更甚。自晋代的杜预注《泰始律》，至宋金沿用《唐律疏议》中的注疏，颁行的律典往往附有官方注释，但明代却不然。朱元璋制定并颁行《大明律》，“凡为令一百四十五条，律二百八十五条”，却不附加注释。

有观点认为《律令直解》是官方注释律令的成果，[④]这一观点值得商榷。因为《明史》载此书的成因，乃是“（明太祖）又恐小民不能周知，命大理卿周桢等取所定律令，自礼乐、制度、钱粮、选法之外，凡民间所行事宜，类聚成编，训释其义，颁之郡县”[⑤]。因而《律令直解》一

（接上页注⑦）臣“中国古代的法学、律学、吏学和谳学”，《中央政法管理干部学院学报》1996 年第 5 期。怀效锋：《中国传统律学述要》，《华东政法学院学报》1998 年创刊号。张晋藩：《清代律学兴起缘由探析》，《中国法学》2011 年第 4 期。笔者认为，明清律学之兴起，其实在元代即可见其端倪，详见后文。

① 胡兴东：《元代法律史研究几个重要问题评析（2000 - 2011）》，《内蒙古师范大学学报》（哲学社会科学版）2013 年第 4 期。

② 《明史・刑法志一》。

③ 见薛允升《唐明律卷首》，载薛允升《唐明律合编》，怀效锋、李鸣点校，法律出版社，1999，第 1 页。

④ 见怀效锋《中国传统律学述要》，《华东政法学院学报》1998 年创刊号。

⑤ 《明史・刑法志一》。

书，在内容上只包括《大明律》中“礼乐、制度、钱粮、选法”之外“民间所行事宜”，在受众上亦是普通民众，这与之前的官注传统大异其趣。[①]

律文之注释，意在讲解律意。朱元璋制《大明律》而舍律注，其思路可能体现在《大明律》中“讲读律令”条中。“讲读律令”在明律七篇中“吏律”篇下：“凡国家律令，参酌事情轻重，定立罪名，颁行天下，永为遵守。百司官吏务要熟读，讲明律意，剖决事务。每遇年终，在内从察院，在外从分巡御史、提刑按察史官，按治去处考校。若有不能讲解，不晓律意者，初犯罚俸钱一月，再犯笞四十附过，三犯于本衙门递降叙用。”明太祖之意，大约期冀以“讲读”之行为，达成对律文的理解。但对“讲读”之于理解律意的效用，明代官员一直多有分歧。赞许者如弘治年间马文升，认为虽然“律文创自往古，其来已远，文义深奥”，但是“用心讲读”就可以克服困难。[②] 异议者如庆隆年间王之垣，提出“律解不一，理官所执互殊，请以《大明律》诸家注解折中定论，纂辑成书”[③]。尽管如此，终明之世，朝廷未有组织对律文的系统注释。

清初立法“详绎明律，参酌时宜”，体例和内容上都较多的保留了《大明律》的面貌。顺治三年始制清律，康熙二十八年，“诸臣以律文昉自唐律，辞简义赅，易致舛讹，於每篇正文后增用总注，疏解律义”。于是每篇律文之后，有“总注”用以解释。不过，乾隆五年“馆修奏准芟除总注”，同时《大清律例》告成。[④] 自此大清律律文不再变动，随时损益的只有律后的附例。总的来看，清律中能算得上官注的，仅有顺治律中的小字注文和康熙二十八年加入的“总注”。

顺治律虽效仿晚明《大明律集解附例》，名为《大清律集解附例》，但以存世的版本看，其中并无“集解”内容。[⑤] 不过，顺治律中多以小字注于每句律文之中，作为对律文的解释。官方以小字注律的注释形式，最早

---

① 相同的观点，可参看吴艳红《国家政策与明代的律注实践》，《史学月刊》2013 年第 1 期。

② 转引自吴艳红《国家政策与明代的律注实践》，《史学月刊》2013 年第 1 期。原注为马文升《端肃奏议》卷一一《慎刑狱以重民命》，文渊阁四库全书本，第 817 页。

③ 转引自吴艳红《国家政策与明代的律注实践》，《史学月刊》2013 年第 1 期。原注为《明穆宗实录》卷五六，隆庆五年四月辛亥，第 1390 页。

④ 以上引文皆见于《清史稿·刑法志一》。

⑤ 参见郑秦《顺治三年律考》，《法学研究》1996 年第 1 期。

见于传世的《唐律疏议》之中，即前文所称“注文”。其来源在永徽制疏之前，并借《唐律疏议》得以存留于后世，照录于《宋刑统》、《大明律》中。至顺治律，则“大大发展了这一形式，几乎无条不注，无句不注，或疏解律义，或连属上下文句，成为律文不可分割的一部分”①。存世的道光六年版《大清律例》，其“凡例”中言：“律内小注，释难明之义，解答未足之语气，句斟字酌，实足补律所未备。今皆照旧详载，间有增损，务在理明辞顺，无取更张。”② 小字注文这一注释形式，在清律中一直保持到清末变法修律之前。

“凡例”还载：“其律文之后大字总注，虽亦原本《笺释》、《辑注》等书，但意在敷宣，易生支蔓。又或义本明显，无事笺疏。今皆不载。其中有于律义有所发明，实可补律之所不逮，则竟别立一条，著为成例，以便引用。”③ 康熙二十八年修律时于每篇律文后增加的“总注”，于乾隆五年尽数删去，只存续了五十余年。

（二）元明清三代的私注

与元明清律典中官注的衰落相伴的，却是发端于元、兴起于明中、极盛于清的私家注释的第二次盛世。

元代私注之境况，可于沈家本搜集的《刑统赋》四个注释本中窥其大概。《刑统赋》是北宋初律博士傅霖所作，在当时并不出名。④ 然而“金元时颇重其书，故注家甚多”⑤。《四库全书总目提要》记有《刑统赋》的七个注释本，加之沈家本搜集的四个，金元时期至少有近十个注释本。⑥ 其中除李祐之《删要》著于金泰和年间，其余皆成书于元代。而从注者看，

① 郑秦：《顺治三年律考》，《法学研究》1996 年第 1 期。

② 《大清律例》，天津古籍出版社，1993，第 19 页。

③ 《大清律例》，天津古籍出版社，1993，第 19 页。

④ 南宋初晁公武在其《郡斋读书志》中止言：“《刑统赋》二卷，皇朝傅霖撰，或人为之注。”见沈家本《刑统赋解跋》，载杨一凡编《中国律学文献》第一辑第一卷，黑龙江人民出版社，2006，第 145 页。

⑤ 沈家本：《刑统赋解跋》，载杨一凡编《中国律学文献》第一辑第一卷，黑龙江人民出版社，2006，第 145 页。

⑥ 由于四库全书所载注本皆不传，其中“程仁寿《直解》”与沈家本所搜得名为《刑统赋疏》注本中不知何人所作之题为“直解”的注释在名目上相同，无奈无从考证二者是否为一书。

亦至少有十余人。[①]《刑统赋》本是以歌、赋的形式对《宋刑统》中重要内容的归纳，赋文笼统抽象，高度概括，如“累赃而不倍者三”、“与财而有罪者四”，如果没有详细注释，几乎难以知道所言为何物。[②] 但在诸家的注释中，《刑统赋》中抽象的赋文，通过引用《唐律疏议》、《宋刑统》以及金元的法律规范而被具体化、确定化，又通过字词的解析和文意的重述而愈显明晰，更通过与成案的联系而直接指导司法适用。[③] 沈家本搜集的四个注释本，就注释方法看，除直接解释和引用律文外，还有《刑统赋解》中郄氏所作“韵释”，即四字歌诀，以及《刑统赋疏》中对元代断例及案牍的引用。

在明代，尽管朝廷要求官员学习律令，却始终不曾制定对律文的官方注释。以“讲读律令”劝勉官吏学律，其收效难免有疑。雷梦麟在《读律琐言》中，于该条律后注曰：“讲者，解晓其意；读者，记诵其辞。若不能讲解，不晓律意，虽能记诵，引用犹差，何以剖决事务？”[④] 尽管较之唐律，明律在律文上更通俗易懂，但对律文的理解毕竟不能单纯地仰仗读律者自己心领神会，何况“讲读律令”条中甚至规定有：“若官吏人等，挟诈欺公、妄生异议，擅为更改，变乱成法者，斩。”抽象而简单的律文在面对复杂多变的现实问题时，仍需要有专门的、系统的解释，来帮助集执法、司法职能于一身的官员。由是，富于理想化的讲读律令很快几成具文，“近亦未有用之者”[⑤]。

今日所见明代之私家注律，多成书于明代中期以后，或与明廷逐渐放松对律注的管控有关。当然，究其根本，还是出于理解和适用律文的实际需要。明代律学作品存世较多，据今人统计有不下百种。[⑥] 其中为注释律

---

① 《四库全书总目提要》所载注者有李祐之、程仁寿、练进、尹忠、张汝（辑）、郄氏、王亮，共七人。沈家本的四个注本中，另有《粗解刑统赋》作者元孟奎、《刑统赋疏》编纂者沈仲纬，以及不可考的《别本刑统赋解》的作者和《刑统赋疏》中“直解”的作者。

② 傅霖可能曾为《刑统赋》作注，并且其注在金元时可能仍有流传，但如今皆以无从考证。傅霖所作注文究竟详略如何，有无引用律文、成案等，都不可知。

③ 笔者有“从〈刑统赋〉的四个注释本看律学在宋元时期的变化”一文，对该问题有更详细的阐述。

④ 雷梦麟：《读律琐言》，怀效锋、李俊点校，法律出版社，2000，第 95 页。

⑤ 雷梦麟：《读律琐言》，怀效锋、李俊点校，法律出版社，2000，第 95 页。

⑥ 《明史艺文志》载“刑法类”只有四十六种，其中还包括《大明律》、《御制大诰》等官方法令典。何勤华结合中国台湾地区和日本的相关藏书，统计出明代律学作品一百零一部。见何勤华《中国法学史》（第二卷 · 修订本），法律出版社，2006，第 230 ~ 235 页。

学作品的至少有二十余种。[①]

以影响力看，明代私家注律数王肯堂《笺释》一书为最。[②] 该书本于王肯堂之父王樵《私笺》，可算是依家学而成。王樵入事刑部，受主官斥责，退而发奋读律，所作笔记集为《私笺》。王肯堂临升迁时，念及“当弹压一方”，于是“发箧取律读之”，“集诸家之说，舍短取长，足《私笺》之所未备，以及现行条例，俱详为之释，而会典诸书，有资互考者附焉”[③]。虽是官家，其注律行为，初衷却是自身学习和适用律文的需要，近于“学者为己”[④]。

这种心态在明代许多作品中都能看见。《律解辨疑》明代是少有的早期注律作品，其作者何广在自序中说：“律法简古，文意深邃，治狱之吏非老于案牍者，则未尽知耳。……广日尝读律玩味采摘疑难之句，申之以《律疏》，解其义拟，然未敢擅注于律。对款分条，编成别集，名之曰《律解辨疑》。其待识见高明之士观之者，尚冀校正无谬，以使迷惑涣然冰解，怡然理顺……”[⑤] 洪武年间的何广可能畏于“讲读律令”条的规定，其注律之作竟不敢与律文编在一起。又如，明代中期，有唐枢《法缀》一书，著录了当时的明代律令典章和法律著作共四十七种，其中记有张楷《大明律疏议》一书。《法缀》本条称：“本朝张公楷著《疏议》，则私所自成。故一遵朝制，不敢参附异同。”[⑥] 张楷亦畏惧“朝制”，只敢私自成书。再如，更晚一些的应槚《大明律释义》跋中言：“槚自丁亥备员法曹，幸无多事，而素性偏狭，不善应酬，乃得暇日，究心于律文，每有所得，随条附记，积久成帙。……一得之愚，或可少为治狱之助。”[⑦] 明代之私家注律者，其意多属此类。

有明代律学为基础，加之清代法制“详译明律”，清代私家注律达到

---

① 以存世作品看，书名提及明律并包含“解”或“注”字的，几乎都是逐条注律的作品。

② 王肯堂《笺释》之影响甚至及于清代，一方面，清初律典小字注文和总注多采自《笺释》，另一方面，在沈之奇《大清律辑注》之前，清人一直对《笺释》推崇备至。

③ 王肯堂《笺释》原序。载杨一凡编《中国律学文献》第二辑第三卷，黑龙江人民出版社，2005。

④ 《论语·宪问》，子曰：“古之学者为己，今之学者为人。”

⑤ 何勤华：《中国法学史》，法律出版社，2006，第 245 页。

⑥ 刘笃才：《〈法缀〉——一份可贵的明代法律文献目录》，载何勤华编《律学考》，商务印书馆，2004，第 365 页。

⑦ 何勤华：《中国法学史》，法律出版社，2006，第 262 页。

了中国古代私家注律之巅峰。据今人统计，清代私家注释清律者有百余家，注本一百五十余种。[①] 今人对清代私家律著研究颇丰，总体上，清代私家注律在形式方面可以归纳出以下几个特征。[②]

一是在发展过程上，呈现出依赖明注和独立发展两个阶段。由于顺治律几乎为明律之翻版，清初的各类律学作品在内容上多沿袭于明代。[③] 如顺治六年李楠《大清律例附例笺释》、康熙十五年王明德《读律佩觿》、康熙五十四年沈之奇《大清律辑注》，又如康熙二十八年《大清律》中“总注”、康熙三十四年刑部进呈《大清律集解附例》，全都大量引用明代律注成果，尤以王肯堂《笺释》为最。而自康熙十九年颁行《刑部现行则例》始，例文逐渐在清代法制中占据独特地位，清代法制亦渐渐显现异于明代的风貌。乾隆五年修订《大清律例》后，清代律文不再变动，随时损益只有例文。乾隆十一年更制定了“五年一小修，十年一大修”的修例制度。清例在数量上的增长和地位上的提高，客观上使私家律注不得不逐渐摆脱明代律注的影响。自沈之奇《大清律辑注》成书后，当时即为康熙推重、冠以“御制”[④]，其中诸多律注亦被吸收进《大清律例》“总注”之中。更重要的是，直至清末，《大清律辑注》的注文都被各类私家注律作品大量提及、引用甚至全文抄录。王明德“自叙”中言：“是以凡王君（王肯堂）所已著，概不抄袭。”[⑤] 沈之奇自序亦称：“采辑诸家者十之五，出于鄙见者半焉。”[⑥]“诸家”主要为明代律家。王明德之“不抄袭”，沈之奇之“鄙见”，是清代私家注律迈入新阶段的表现。

二是在注律者身份上，清代的私家注律作品多出自刑名幕友，而不同于多出自官员之手的明代。在清代，官员与幕友在律学作品的创作旨趣上有所不同。清代逐条逐句注释律文的作品中，《大清律辑注》作者沈之奇

---

① 何勤华和何敏的统计相近。见何敏《从清代私家注律看传统注释律学的实用价值》，《法学》1997 年第 5 期；何勤华《中国法学史》，法律出版社，2006，第 241 页。

② 受益于清代律著存世之多，今人之研究亦广泛而日渐深入，恕不在此一一列举。形式特征是相对于实质内容方面的特征而言的。

③ 参见张晋藩《清代私家注律的解析》第五章《明清代私家注律的比较》，载张晋藩《清律研究》，法律出版社，1992，第 164～188 页。

④ 参见何敏《从清代私家注律看传统注释律学的实用价值》，《法学》1997 年第 5 期。

⑤ 王明德：《读律佩觿》，何勤华等点校，法律出版社，2000。

⑥ 沈之奇：《大清律辑注》，怀效锋、李俊点校，法律出版社，2000。

曾任江南数省院、司、府、州、县衙门刑幕三十余年，《大清律例集注》作者则是浙江臬署名幕万维翰，如此者不胜枚举。清代幕友制度发达，督抚至州县各级官员诸事多委于幕友，往往不能精通刑狱之事。刑名幕友虽非官吏，却多是有系统学习法律的专才，加之常年辅佐官员治理狱讼，其间亦积累有大量经验。适用律文重在准确，因之刑名幕友常常有随时抄录之习，经年累月，便有逐条附于律文之后的诸多笔记。抱着传播经验甚至著书立传的意向，便有了诸多幕友之私注作品的传播。①

三是在内容上体现出传承性，在形式上体现为堆积性。清代私家注释律文，非常注重利用和吸收前人的注释成果。沈之奇《大清律辑注》"采辑诸家者十之五"，这一注律方式为清代诸私家律注所继承。万维翰解释"辑注"二字称："辑，录也；注，著也。辑诸家之说，间申鄙见，疏其意，解其辞，剖析其同异使断狱者准情以比例，依例以定律，互相证明，开卷了然。"私家之律注，既多有抄录前人注释，亦于此基础上有所发挥。于是私家律注常常有冗长繁杂之感，一条律文后常有多家注释。不过对律文的注释并不限于前人和自己的解读，清代中后期法制纷繁芜杂，以例文附于律文之后逐渐成为注律之必需。因而在晚清的注律作品中，已经能看到如《大清律例汇集便览》每页分四栏以注释律文的情况。② 清代私家律注之传承性，在结果上必然导致形式上的堆积性。

四是围绕对律文的注释，发展出形式多样的其他种类律学作品。清代的律学作品种类丰富，形态各异。除注释律文的私注作品外，有万维翰《律例图说》、沈辛田《名法指掌》之类的图表作品，有黄运昌《大清律例歌括》、程梦元《大清律例歌诀》之类的歌诀作品，有王明德《读律佩觿》、吕田芝《律法须知》之类专讲司法活动中疑难概念和具体问题的作品，以及《大清律例根原》、吴坛《大清律例通考》之类考证律条源流的

① 陈利对清代刑名幕友公开出版律学作品的现象作有分析。见陈利《知识的力量：清代幕友秘本和公开出版的律学著作对清代司法场域的影响》，《浙江大学学报（人文社会科学版）》2015年第1期。

② 该书每页上下分四栏。最下一栏只有律文、例文和部分保留的沈之奇注；其上面一栏则是诸家注释该律例的相应内容，以及部分说明性文字，其中还特有以"刑案汇览"为题头的案例的抄录；再上一栏主要抄录各类则例；最上一栏多是指出相关联的律例。该书之全部高清照片可见于日本早稻田大学古籍综合研究所网站，网址为 http://www.wul.waseda.ac.jp/kotenseki/index.html。

作品，等等。总的来看，注释律条的作品，是各类作品的基础和核心。注释律学作品中，对律文解词析句、博引诸家注说、记述亲身体悟、辨析律文异同、搜集相近成案等等，都只有司法适用这唯一一个目的。因而，对律文形成的整体和准确的把握，使图表类作品成为可能；有读记律文的需要，才有朗朗上口的歌诀类作品；律文规定繁杂，抽出其中重点，即为司法实用类作品；而理解律文需要结合律文之流变，便有了考证类作品。①清代律学之盛，实是以注释律学之盛为基础的。值得注意的是，这一盛况下的各类律学作品，在元代《刑统赋》注本中已经大致呈现出轮廓。

明清两代私注兴盛，客观上也导致了私注之“私”属性的模糊。汉代的私注是各自讲授，元代《刑统赋》注本也是私下传抄，但明清时期，私注作品多有付梓，且有相当数量作品为地方官府刊印。这一风气大约自明代中期始，许多官府不仅刊印私自编写的律注，甚至主动编定律注刊印。②官刊的私注不避繁琐，往往把相关的注说、律文、则例、成案等等内容全部附在每条律文之后。这亦可解释清末律注刊本中动辄上下三栏、四栏全部抄满密密麻麻内容的现象。不过，私注之官刊并不能导致私注转化为官注，毕竟所刊之律注并未为中央朝廷所认可，所以亦没有普遍的、统一的效力。归根结底，私注官刊只是服务于司法实务的需要，是官员在理解和适用律文时的参考而非凭据。③

---

① 当然，这绝不是说，注释律文之外的其他种类律学作品，必须待到律注高度发展时才能产生。歌诀类作品，至少可以追溯到北宋初傅霖《刑统赋》，高度图表化的作品，亦能见之于元代王元亮《唐律纂例》。但是，个别作品的出现与同类作品的大量涌现不同。清代之所以各类律学作品都能蓬勃发展，是注释律学之高度发展带来的律学的全方位发展。例如，万维翰所著《律例图书》，以四百六十多副表格的形式将律例规定的内容重新编排，利用此书判案，几乎可以按图索骥。万维翰积极地围绕律例变动加以修订，该书至少经历了十次重印。同时，万维翰还著有《大清律例集注》，很难说图表作品能够发展到如此程度，不是出于万维翰对律注的精研。

② 如明代隆庆元年巡按湖广监察御史陈省刊布的《大明律例》，是他“取内本律重校刻之，列圣典例凡可辅律者，咸以类列，分注《琐言》于次，而余姚杨简氏《集解》、遂昌应槚氏《释义》、祥符陆柬氏《管见》于《琐言》有互相发明，补所未备者，采而附之”。对明代此问题的研究，参见吴艳红《国家政策与明代的律注实践》，《史学月刊》2013 年第 1 期。

③ 有研究说明如《大清律辑注》等影响广泛的作品，在《刑案汇览》等记载的案件判决中被适用，这与本文观点并不矛盾。一方面，《大清律辑注》影响远高于一般注律作品，康熙朱笔“御制”使该书的律注在效力上几近律文；另一方面，律注本意即是讲解律意，判决中引用律注，常常是为了更直接、明确的对所适用律文作说明。

七 官注与私注交织背后的法律文化探析

官注与私注迭兴的传统中国注释律学发展史，由是跃然纸上。

秦代“以法为教，以吏为师”，强调教授法律的重要性，并留下了《法律答问》此类零散解读律文的作品。尽管难辨其中注释之官私属性，但由是开启了中国古代解释律文的传统。到汉代诸儒争相作律章句时，已然是私注的时代。其后出于对私注的纠正和统一，自张斐、杜预注《泰始律》始，官注兴起并取代了私注。官注的最高成就体现为唐代的《唐律疏义》。自是以后，官注没有进一步的发展，终于在南宋末年，于民间又兴起了对律的注释，明清两代的私注在此基础上重新萌发，并迅速蓬勃发展。

（一）官注与私注体现了传统中国文化中对律文注释的内在需要

官注和私注此消彼长，体现出中国两千余年间对律文注释的内在需要。正是深藏于传统中国政治法律制度以及社会文化环境中对成文律法之准确解释的上下一致的需求，促使在历朝历代不同的具体立法、司法、法律教育政策下，对律文的注释以官注和私注两种形式变换呈现。

中国古代自春秋子产铸刑书、邓析造竹刑始，便有公布成文法的传统。对公开的律文加以解释的内在需求，自秦以后一以贯之，直至清末。《商君书》中讲商鞅的理想：“郡县诸侯一受禁室之法令，并学问所谓。吏民欲知法令者，皆问法官。”[①] 商君受《法经》以相秦，此后秦国的《法律答问》，无论是否为官方的法律解释，其中对秦法的理解和解释显然都不是可以任意为之的。秦以后，虽有汉武帝罢黜百家、独尊儒术，但阳儒阴法的实际做法使得对各级官员的规制和管理非常严格，不仅要求官员在司法活动中依照法律断案，更将对不严格遵循和适用法律入罪。因而，不仅朝廷需要各级官员通晓法律，而且官员自身也有这一需求。对法律的解释，通过口头传授只能局限于有限范围，而落成文字则不仅能广为传播，更能使之划一。于是，对律文的解释，以律注作品的方式在古代中国法制发展的早期就已迅速发展起来。但由于历代统治者对注释律文的认识及举

① 《商君书·定分》。

措不同，使得真正意义上的官方律注只断断续续的出现于西晋至宋。其后出于对官注的补充甚至替代，私注又再度兴起。对解释律文现实需求的长期存在，决定了律文注释无论以官注还是私注的形态都必定存在。

总的来看，传统中国注释律学中的官注与私注各有千秋，前者贵在统一，后者贵在争鸣。汉代诸家律章句之争鸣，经魏晋而统一；元代弃用律疏，旋即诸家私注兴起。汉代的争鸣，使得对律文的注释摆脱了秦代内容零散、方法随意的初级阶段，对汉律中字、词、句、章逐一疏解，条分缕析，并在诸家并存的环境下日益精细化，以至走向了繁芜的极端。魏明帝举郑玄章句于诸家之上，张斐、杜预受命采集诸家律注制晋律律注，即保留了汉代律家争鸣而成之律注成就，更以划一之律注排除诸家纷说，使律学摆脱经学附庸的身份。唐初以法律教育和考试之需重启注律，终于在吸收前代历朝注律成果之上，形成了统一适用历唐宋六百年的《唐律疏议》。元代废此制，私家便各自注《刑统赋》。自明中期之后，围绕律注形式发展的私家律注争奇斗艳，在数量、内容、形式上终于达到了传统中国律学的极盛期。

（二）官注与私注应当被统一起来理解

对于官注和私注的理解，不应当将二者截然区别开来。二者之区分，只在于通过二者之交替、转化，呈现出传统中国注释律学的整体发展过程，并凸显出解释律文这一根本需求。应当更多的看到统一于传统中国注释律学之中的官注与私注在注释律学之内容和方法上前后相继、不断提高的发展历程。

一方面，在内容上，体现为对前人律注的积累和吸收。古人著书写作，好引述前人著述。由于历代律典多承袭前代，在具体的律文上亦往往前后有对应和联系。因此注律之时，参考和借鉴前人律注的成果就不仅可能，而且更显必要了。前人已经有精当的论说，或已产生了实际的广泛影响，又或者只是存之以供参考，都可以抄录于律注之中。张斐、杜预注晋律承袭汉代诸家章句，王植注南齐律承袭张、杜注，律学发展历史上的前后因袭不胜枚举。当然，律注的积累和吸收，离不开批判性的利用方式。对于前人的注释成果，后人有所发明，或有怀疑，甚或所见截然不同，实属常见，特别在明清时期的注释著作中，常有先引前人论说，再行批评或另抒己见者。

另一方面，在方式方法上，又体现为对前人律注的整理和改进。自秦汉至明清，注释律文的方法，总体上并不算多。其中以文义解释为主，重在阐发律文中的字、词、句意，辅之以举例说明、设问、引经据典、比较等其它方式。到明清时，以问答为形式的注释体例已经基本不见了，主要以直接的陈述和列举取而代之。在对概念的解释水平上也逐渐提高，越往后越注重概念使用的前后一致和彼此之间的区别，同时，也从对概念的外部解释（如利用儒家经典注律）向内部解释（即以法言法语注律）发展。当然，这种方法上的进步是从整体上说的，在具体的作品之间仍存在大的差别。①

余　论

官注和私注的交织与反复，是传统中国注释律学发展史的本来面目，亦是传统中国律学之实用属性的一个侧影。

以注释律学为核心的传统中国律学，不曾有过理想主义的色彩，自始至终都是以强烈的司法实务需要为导向的学问。司法活动的现实需求使得律学在辨名析理上不断精进，但亦始终强烈的排斥对所注律文的主观评价。亦是因此，中国古代的注释律学尽管经历两次盛世，亦不能于此专门精研律文之学问中产生对律文的批判和反思。而批评传统法律者，多非学律之人，所言亦只能失之泛泛。直至清末国祚将终，方始有薛允升于《唐明律合编》中假明律之名批评清律，于《读例存疑》中逐条批注“应删”、“应并”。

古代中国之律学，始于实用，亦终于实用，这既是根本的属性，亦是潜藏的命运。

---

① 这两个方面相辅相成，现有的部分研究也开始尝试揭示这一特点：例如，王东海所著《古代法律词汇语义系统研究——以〈唐律疏议〉为例》，书中对《唐律疏议》中继承和改造前朝法律词汇有专门的梳理和说明，还有对书中法律词汇之间的语义关系的详细论说，对理解唐代注释律学的前后传承和发展程度提供了颇为深入的材料和理论说明。见王东海《古代法律词汇语义系统研究——以〈唐律疏议〉为例》，中国社会科学出版社，2007。

中国古代邪教罪名考

王　立　朱建伟*

摘　要：邪教行为的产生由来已久，对邪教行为的惩处也是源远流长。在中国古代，虽然“邪教”罪名正式出现在法律文献中是在清朝，但是，与邪教行为相关的罪名却早已存在。从先秦的古籍文献中，就有与邪教行为相关的罪名的记载。随着社会的发展，邪教行为的表现形式越来越多，与此相适应的邪教罪名也就越来越丰富。但是，从有邪教行为开始，对邪教的惩处就是十分严厉的。

关键词：中国古代　邪教　罪名

邪教对社会发展，尤其是对社会政治统治有严重的危害性，所以，反对邪教、打击邪教与邪教或泛邪教现象的发展是同步进行的。中国古代反邪教的历史可谓源远流长。从历朝历代的典章古籍中，都可以找到反邪教的影子。

在中国古代，与邪教有关的罪名有多种。尽管这些罪名并不带有“邪教”字样，但从犯罪构成要件上看，都具有当代“邪教”犯罪的特征。中国古代的邪教罪名具有多样性和长期性的特点，从《礼记》到各朝各代正史的“刑法志”，从《唐律疏议》到《大明律》、《大清律例》，都有相关内容的记载和论述。

一　先秦时期

先秦时期是邪教发展的初期，邪教类犯罪主要集中在个人的行为上，

* 王立，国家法官学院教授；朱建伟，国家法官学院助理研究员。

但也开始危及政治统治。

1. 析言破律

析言破律，乱名改作，执左道以乱政。乱名改作，谓变易官与物之名，更造法度。左道，若巫蛊及俗禁。①

2. 淫声奇技

作淫声，异服，奇技，奇器以疑众。淫声，郑、卫之属也以郑卫多淫风，故郑卫为淫声。云“之属”者，则桑间濮上之音，故《乐记》云“郑卫之音，乱世之音。桑间濮上之音，亡国之音”是也。异服，若聚鹬冠、琼弁也。马饰。奇技、奇器，若公轮般请以机窆。”云“若公输般请以机窆”者，指其人巧，谓之奇技。指其机窆，谓之奇器。故奇技奇器，总谓般也。②

3. 学非言伪

行伪而坚，言伪而辩，学非而博，顺非而泽以疑众。谓言谈伪事，辞理明辩，不可屈止；“学非而博”者，谓习学非违之书，而又广博；“顺非而泽”者，谓顺从非违之事，而能光泽文饰，以疑于众：如此者杀。按《史记》孔子为鲁司寇，七日而诛少正卯之类是也。注“皆谓”至“者也”。正义曰：习伪习非是虚华，辨博而泽是捷给，不可依用，是无诚也。③

4. 鬼神疑众

假于鬼神，时日，卜筮以疑众。谓假托鬼神，假托时日，假托卜筮，以疑于众。鬼神时日卜筮，共有假文。“今时”至“违制”，今时之人，持执此丧葬筑盖嫁娶卜数之文书，以惑于众，妄陈祸福，浪说妖祥。④

5. 妖书妖言

妖言罪（造妖书妖言罪）。与诽谤罪并列。在秦朝即有此罪名。侯生卢生相与谋曰：“始皇为人，天性刚戾自用，起诸侯，并天下，意得欲从，以为自古莫及已。专任狱吏，狱吏得亲幸。博士虽七十人，特备员弗用。丞相诸大臣皆受成事，倚辨于上。上乐以刑杀为威，天下畏罪持禄，莫敢

① 《十三经注疏·礼记正义卷十三·王制》，中华书局，1980年影印本，第1344～1345页。

② 《十三经注疏·礼记正义卷十三·王制》，中华书局，1980年影印本，第1344～1345页。

③ 《十三经注疏·礼记正义卷十三·王制》，中华书局，1980年影印本，第1344～1345页。

④ 《十三经注疏·礼记正义卷十三·王制》，中华书局，1980年影印本，第1344～1345页。

尽忠。上不闻过而日骄，下慑伏谩欺以取容。秦法，不得兼方不验，辄死。然候星气者至三百人，皆良士，畏忌讳谀，不敢端言其过。天下之事无小大皆决于上，上至以衡石量书，日夜有呈，不中呈不得休息。贪于权势至如此，未可为求仙药。”于是乃亡去。始皇闻亡，乃大怒曰：“吾前收天下书不中用者尽去之。悉召文学方术士甚众，欲以兴太平，方士欲练以求奇药。今闻韩众去不报，徐市等费以巨万计，终不得药，徒奸利相告日闻。卢生等吾尊赐之甚厚，今乃诽谤我，以重吾不德也。诸生在咸阳者，吾使人廉问，或为訞言以乱黔首。”于是使御史悉案问诸生，诸生传相告引，乃自除犯禁者四百六十馀人，皆坑之咸阳，使天下知之，以惩后。①

二　汉唐时期

两汉至隋唐时期是邪教的发展期，邪教类犯罪开始引起统治阶层的普遍关注和重视。

《汉书·睦弘传》：“眭弘字孟，鲁国蕃人也。少时好侠，斗鸡走马，长乃变节，从嬴公受《春秋》。以明经为议郎，至符节令。孝昭元凤三年正月，泰山、莱芜山南匈匈有数千人声，民视之，有大石自立，高丈五尺，大四十八围，入地深八尺，三石为足。石立后有白乌数千下集其旁。是时，昌邑有枯社木卧复生，又上林苑中大柳树断枯卧地，亦自立生，有虫食树叶成文字，曰“公孙病已立”，孟推《春秋》之意，以为‘石、柳，皆阴类，下民之象；泰山者，岱宗之岳，王者易姓告代之处。今大石自立，僵柳复起，非人力所为，此当有从匹夫为天子者。枯社木复生，故废之家公孙氏当复兴者也。’孟意亦不知其所在，即说曰：‘先师董仲舒有言，虽有继体守文之君，不害圣人之受命。汉家尧后，有传国之运。汉帝宜谁差天下，求索贤人，禅以帝位，而退自封百里，如殷、周二王后，以承顺天命。’孟使友人内官长赐上此书。时，昭帝幼，大将军霍光秉政，恶之，下其书廷尉。奏赐、孟妄设袄言惑众，大逆不道，皆伏诛。后五年，孝宣帝兴于民间，即位，征孟子为郎。”②

---

① 《史记·秦始皇本纪》，中华书局，1959，第259页。

② 《汉书·眭两夏侯京翼李传第四十五》，中华书局，1962，第3153～3154页。

1. 巫蛊、祝诅

在汉朝成为大逆无道罪中的一种，处罚十分严重。即使是汉武帝朝的太子被以“巫蛊”的罪名诬陷，也不能幸免。

“会阳陵朱安世告丞相公孙贺子太仆敬声为巫蛊事，连及阳石、诸邑公主，贺父子皆坐诛。语在《贺传》。后上幸甘泉，疾病，充见上年老，恐晏驾后为太子所诛，因是为奸，奏言上疾祟在巫蛊。于是上以充为使者治巫蛊。充将胡巫掘地求偶人，捕蛊及夜祠，视鬼，染污令有处，辄收捕验治，烧铁钳灼，强服之。民转相诬以巫蛊，吏辄劾以大逆亡道，坐而死者前后数万人。是时，上春秋高，疑左右皆为巫蛊祝诅，有与亡，莫敢讼其冤者。充既知上意，因言宫中有蛊气，先治后宫希幸夫人，以次及皇后，遂掘蛊于太子宫，得桐木人。太子惧，不能自明，收充，自临斩之。骂曰‘赵虏！乱乃国王父子不足邪！乃复乱吾父子也！’太子繇是遂败。”①

2. 造作图谶

图谶，又称“纬书”、“图纬”，与儒家经典著作的“经书”相对。制作图谶在汉代十分流行，内容大多是古代帝王和圣人的符瑞故事、神话故事或预言，以表明“天人感应”，是统治者取得统治权的一种舆论宣传方式。造作图谶来造势，在中国历代都有记载。如陈胜、吴广起义前，塞进鱼腹的帛书，即为此。汉光武帝刘秀起兵时，利用了图谶；而王莽尤好图谶。正是基于统治的需要，汉朝将造作图谶作为重罪，予以严惩。

“楚王英，以建武十五年封为楚公，十七年进爵为王，二十八年就国。母许氏无宠，故英国最贫小。三十年，以临淮之取虑、须昌二县益楚国。自显宗为太子时，英常独归附太子，太子特亲爱之。及即位，数受赏赐。永平元年，特封英舅子许昌为龙舒侯。㛿英少时好游侠，交通宾客，晚节更喜黄老，学为浮屠斋戒祭祀。八年，诏令天下死罪入缣赎。英遣郎中令奉黄缣白纨三十匹诣国相曰：‘托在蕃辅，过恶累积，欢喜大恩，奉送缣帛，以赎愆罪。’国相以闻，诏报曰：‘楚王诵黄老之微言，尚浮屠之仁祠，洁斋三月，与神为誓，何嫌何疑，当有悔吝？其还赎，以助伊蒲塞桑门之盛馔。’因以班示诸国中傅。英后遂大交通方士，作金龟玉鹤，刻文字以为符瑞。十三年，男子燕广告英与渔阳王平、颜忠等造作图书，有逆

① 《汉书·蒯伍江息夫传第十五》，中华书局，1962，第 2178 ~ 2179 页。

谋，事下案验。有司奏英招聚奸猾，造作图谶，擅相官秩，置诸侯王公将军二千石，大逆不道，请诛之。帝以亲亲不忍，乃废英，徙丹阳泾县，赐汤沐邑五百户。”①

3. 左道罪

这一罪名包含巫蛊罪、造作图谶罪等罪名，但比汉代巫蛊罪、造作图谶罪的适用范围更广，凡违背经术意蕴，假托神怪，以迷信、天象及图谶蛊惑人心，批评时政，甚至诅咒皇帝等，都属于左道，依律皆可处以死刑。②《汉书》中即对左道罪进行了说明：“假令丹知而白之，此诬罔罪也；不知而白之，是背经术惑左道也：二者皆在大辟，重于朱博、孙宏、陈咸所坐。”③

“上以其言亡验，遂下贺良等吏，而下诏曰：‘朕获保宗庙，为政不德，变异屡仍，恐惧战栗，未知所繇。待诏贺良等建言改元易号，增益漏刻，可以永安国家。朕信道不笃，过听其言，几为百姓获福。卒无嘉应，久旱为灾。以问贺良等，对当复改制度，皆背经谊，违圣制，不合时宜。夫过而不改，是为过矣。六月甲子诏书，非赦令，它皆蠲除之。贺良等反道惑众，奸态当穷竟。’皆下狱，光禄勋平当、光禄大夫毛莫如与御史中丞、廷尉杂治，当贺良等执左道，乱朝政，倾覆国家，诬罔主上，不道。”④

4. 媚道

媚道应为巫蛊罪的特殊形式，行为人主要为女性。媚道是一种致爱巫术，就是希望利用超自然的神秘力量来获取爱情。此种致爱术不完全等同于民俗学中各民族的致爱秘术。民俗学中的致爱术多为单纯的求偶术，侧重于用媚药和咒语来得到对方的爱情，而不是加害于人。媚道则不仅杂取各种求偶术，而且主要是“蛊诅他人，求己亲媚”⑤。

《史记》记载：“长公主怒，而日谗栗姬短于景帝曰：‘栗姬与诸贵夫人幸姬会，常使侍者祝唾其背，挟邪媚道。’”⑥

① 《后汉书·光武十王列传第三十二》，中华书局，1965，第1428～1429页。

② 《中国法制通史卷二》，法律出版社，1999，第488页。

③ 《汉书·杜周传第三十》，中华书局，1962，第2680页。

④ 《汉书·眭两夏侯京翼李传第四十五》，中华书局，1962，第3193页。

⑤ 贾丽英、武广洁：《论汉代的致爱巫术——媚道》，载于《历史教学》（高校版）2007年第7期。

⑥ 《史记·外戚世家》，中华书局，1959，第1976页。

《汉书》记载："初，武帝得立为太子，长主有力，取主女为妃。及帝即位，立为皇后，擅宠骄贵，十余年而无子，闻卫子夫得幸，几死者数焉。上愈怒。后又挟妇人媚道，颇觉。元光五年，上遂穷治之，女子楚服等坐为皇后巫蛊祠祭祝诅，大逆无道，相连及诛者三百余人，楚服枭首于市。使有司赐皇后策曰：'皇后失序，惑于巫祝，不可以承天命。其上玺绶，罢退居长门宫。'"①

5. 敢蛊人及教令

据沈家本考证，此罪来源于《周礼·秋官·庶氏》注："《贼律》云，敢蛊人及教令者弃市。"庶氏系周朝的治蛊之官。后该罪演变为唐律中的造畜蛊毒②。

6. 不道罪

此罪包含两个罪名：一是造畜蛊毒，一是造厌魅、符书，具体的处罚在《唐律疏议·贼盗》有中规定，但将此类犯罪归为十恶之一的不道，为常赦所不原。

《唐律疏议·名例》规定：五曰不道。谓杀一家非死罪三人，支解人，造畜蛊毒、厌魅。【疏】议曰：安忍残贼，背违正道，故曰"不道"。【疏】议曰：谓一家之中，三人被杀，俱无死罪者。若三人之内，有一人合死及于数家各杀二人，唯合死刑，不入十恶。或杀一家三人，本条罪不至死，亦不入十恶。支解人者，谓杀人而支解，亦据本罪合死者。【疏】议曰：谓造合成蛊；虽非造合，乃传畜，堪以害人者：皆是。即未成者，不入十恶。厌魅者，其事多端，不可具述，皆谓邪俗阴行不轨，欲令前人疾苦及死者。③

三　宋元明清时期

两宋至清末，是邪教发展的成熟期。邪教类犯罪一般都会危及封建统治，所以受到统治阶层的严厉打击。

---

① 《汉书·外戚传第六十七上》，中华书局，1962，第 3948 页。

② 沈家本：《历代刑法考》（三），中华书局，1985，第 1462 页

③ 《唐律疏议·名例》，中华书局，1985，第 18～19 页。

1. 吃菜事魔罪

这是宋朝特有的罪名。宋高宗绍兴十一年（1141 年）又颁布吃菜事魔条法（后也被称为绍兴敕）：正月十七日尚书省检会绍兴敕：诸吃菜事魔或夜聚晓散传习妖教者绞；从者配三千里；妇人千里编管。托幻变术者减一等，皆配千里；妇女五百里编管；情涉不顺者绞。以上不以赦降原减，情理重者奏裁。非传习妖教，流三千里。许人捕，至死，财产备赏，有余没官。其本非徒侣而被诳诱，不曾传授他人者各减二等。这条敕令正式确立了吃菜事魔的罪名，成为宋代富有特色的法律。①

2. 夜聚晓散传习妖教罪

这也是宋朝才出现的罪名，元朝相沿。“左道乱法，妖言惑众，先王之所不赦，至宋尤重其禁。凡传习妖教，夜聚晓散，与夫杀人祭祀之类，皆着于法，诃察甚严。故奸轨不逞之民，无以动摇愚俗。间有为之，随辄报败，其事不足以纪也。”②

3. 伪造经文罪

唐宋二朝即有类似规定，但在元朝有了更为详细的规定。“（凡）伪造经文犯上惑众，为首者斩，为从者，以轻重论刑”，“凡理迎赛祈祷，惑众乱民者，禁止”，又有“诸阴阳家伪造图谶，释老私撰经文、凡以邪教说左道诬民惑众者，禁止；违者重罪之”。③

4. 禁止师巫邪术

《大明律·礼律·祭祀》规定：凡师巫假降邪神、书符咒水、扶鸾祷圣，自号端公、太保、师婆及妄称弥勒佛、白莲社、明尊教、白云宗等会，一应左道异端之术，或隐藏图像、烧香集众、夜聚晓散、佯修善事、煽惑人民，为首者绞，为从者各杖一百、流三千里。④

5. 邪教

清代将邪教犯罪明文纳入法律规定之内，《破邪详辩》作为官员办理邪教案件的“工作手册”，于卷首收录了清代与邪教有关的禁邪类条文。现收录于《大清律例》禁邪类。

---

① 贾文龙：《宋代‘妖罪’源流考》，载于《河北学刊》2002 年第 3 期。

② 《宋史·刑法一》，中华书局，1986，第 4981 ~4982 页。

③ 《元史·刑法四》，中华书局，1976，第 2684 页。

④ 薛允升撰《唐明律合编》，法律出版社，1999，第 175 页。

（1）亵渎神明

凡私家告天拜斗，焚烧夜香，燃点天灯天告七灯斗拜亵渎神明者，杖八十。妇女有犯，罪坐家长。若僧道修斋设醮，而拜奏青词表文，及祈禳火灾者同罪，还俗。重在拜奏，若止修斋祈禳而不拜奏青词表文者，不禁。若有官及军民之家，纵令妻女，于寺观神庙住持及守门之人，不为禁止者，与同罪。

（2）禁止师巫邪术

凡师巫假降邪神，书符咒水，扶鸾祷圣，自号端公太保师婆色名，及妄称弥勒佛、白莲社、明尊教、白云尊等会，一应左道异端之术，或隐藏图像、烧香集众、夜聚晓散，佯修善事，煽惑人民，为首者绞监候，为从者各杖一百流三千里。若军民装扮神像，鸣锣击鼓，迎神赛会者，杖一百，罪坐为首之人。里长知而不首者，各笞四十。其民间春秋义社，以行祈报者，不在此限。

①各处官吏军民僧道人等，妄称谙晓扶鸾祷圣，书符咒水，或烧香集徒，夜聚晓散，并捏造经咒邪术，传徒敛钱，一切左道异端，煽惑人民，为从者改发回城给大小伯克及力能管束之回子为奴。其称为善友。求讨布施，至十人以上者，或称烧炼丹药。出入内外官家，或擅入皇城，夤缘作弊，希求进用者，并军民人等寺观住持，不问来历，窝藏、接引、容留披剃冠簪，至十人以上者，俱发近边充军。若不及十人，容留潜住，荐举引用，及邻甲知情不举，并皇城各门守卫官军，不行关防搜拿者，各照违制律治罪；如事关重大，临时酌量办理。[1]

②各省遇有兴立邪教，哄诱愚民事件，该州县立赴搜訊，据实通禀，听院司按核情罪轻重，分别办理。倘有讳匿，辄自完结，别经发觉，除有化大为小，曲法轻纵别情，严叅（古同“参”）惩治外，即罪止枷责。案无出入，亦照讳窃例，从重严处。

③西洋人有在内地传习天主教，私自刊刻经卷，倡立讲会，蛊惑多人及旗民人等，向西洋人转为传习，并私立名号，煽惑及众。确有实据，

---

① 薛允升《读例存疑》补充：“至守业良民，讽念佛经，茹素邀福，并无学习邪教，捏造经咒，传徒敛钱惑众者，不得滥用此例。”

为首者拟斩立决。其传教煽惑而人数不多，亦无名号者，拟绞监候。仅止听从人教，不知悛改者，改发回城给大小伯克及力能管束之回子为奴。旗人销除旗当。如有妄怖邪言，关系重大，或符咒蛊惑，诱污妇女，并诳取病人目睛等情，仍临时酌量，各从其重者论。如能悔悟，赴官首明出教，及被获到官，情愿出教，当堂十字木架真心改悔者，概免治罪。倘始终执迷不悟，即照例问拟。并严禁西洋人，不许在内地置买产业。其失察西洋人潜住内地，并传教惑众之该管文武各官，交部照例议处。

④凡传习白阳白莲八卦等邪教，习念荒诞不经咒语，拜师传徒惑众者，为首拟绞立决。为徒年未逾六十，及虽逾六十而有传徒情事，俱改发回城给大小伯克及力能管束之回子为奴。如被诱学习，尚未传徒，而又年逾六十以上者，改发云贵两广烟瘴地方充军。旗人销去旗当，于民人一律办理。至红阳教及各项教会名目，并无传习咒语，但供有飘高老祖及拜师授徒者，发往乌鲁木齐，分别旗民当差为奴。其虽未传徒，或曾供有飘高老祖，及收藏经卷者，俱发边远充军。坐功运气者，杖八十。如有具结改悔，赴官投首者，准其免罪。地方官开造名册，申送臬司衙门存案。倘再有传习邪教情事，即案例加一等治罪。若拏获到案，始行改悔者，各照所犯之罪问拟，不准宽免。

⑤各项邪教案内，应行发遣回城人犯，有情节较重者，发往配所，永远枷号。

（3）谋反大逆

凡谋反，不利于国，谓谋危社稷。及大逆，不利于君，谓谋毁宗庙、山陵及宫阙。

（4）谋叛

凡异姓人，但有歃血定盟焚表，结拜弟兄者，照谋叛未行律。

（5）造妖书妖言

凡造谶纬妖书妖言，及传用惑众者，皆斩监候。被惑人不坐。不及众者流三千里，合依量情分坐。若他人传造私有妖书，隐藏不送官者，杖一百，徒三年。

凡妄布妖言，书写张贴，扇惑人心。为首者斩立决，为从者皆斩监候。若造谶纬妖书妖言，传用惑人，不及众者，发新疆给额鲁特为奴。至狂妄之徒，因事造言，捏造歌曲沿街唱和，及以鄙俚亵嫚之词，刊刻传播者，内外各地方官，实时查拏，审非谣言惑众者，坐以不应重律。[①]

小 结

中国古代与邪教相关的罪名直到清朝才正式出现在法律中，但历朝历代对于相关行为的犯罪都是严惩不贷的。到了清朝，邪教罪名成为一个“口袋罪”，任何危害封建政治统治的行为都可以归结到邪教犯罪中，甚至作为“十恶不赦”的重罪来惩处。

① 不应重律，是指《大清律例·刑律·杂犯》“不应为”律关于“事理重者，杖八十”的规定。

文献研究

《大清民律草案》的编纂：资料的缺失、存疑的问题与推断

张　生*

摘　要：本文试图借助于历史档案资料，重新检视《大清民律草案》的编纂过程。对于"修订法律大臣与民政部共同起草"、"修订法律馆独立起草"、"修订法律馆会同礼学馆共同起草"三个阶段，确认重要材料的缺失，提出存疑的问题，并给出尽可能合理的推断：清政府的民政部曾仿效瑞士民法（草案）拟定过合乎中国需要的五编结构；清末民事习惯调查几乎没有对民法的编订产生影响；《大清民律草案》在清末只完成了前三编，整部草案没有最终完成。

关键词：《大清民律草案》　资料的缺失　存疑的问题　推断

第一手的材料是还原历史的基础。由于清末修订法律任务的繁重，更由于时局的动荡，档案材料的遗失，有关《大清民律草案》编纂的历史记载不甚清晰。虽然自民国初年，《大清民律草案》即成为众多学者讨论的主题，但从目前的第一手历史材料来考察，该草案的编纂过程仍存在诸多材料的缺失，编纂过程仍有一些存疑的问题。笔者试图通过对有关历史材料的系统检视，发现《大清民律草案》编纂中尚且存疑的问题，并按照现存材料给出尽可能合理的推断。

一　"民律草案"的最初编纂

光绪二十七年（1901 年）八月，清政府颁布了《变法自强谕》，昭告

---

* 张生，中国社会科学院法学研究所教授，博士研究生导师。

变法自强的决心；次年四月，清政府再下《派沈家本等修订现行律例谕》，命沈家本、伍廷芳将一切现行律例按照交涉情形参酌各国法律，悉心考订。此后，在沈家本等人的主持下，先后完成了《大清刑事民事诉讼法草案》（光绪三十二年成稿）、《大清刑律草案》（从光绪三十二年完成预备案到宣统三年颁行，共七稿）、《法院编制法草案》（光绪三十三年成稿）。在各项法典（或草案）的编纂工作中，只有民律草案的起草最为迟缓。

在光绪三十三年（1907 年）四月初四日，《南方日报》刊载了一篇题为《急宜编订民法》的文章。该文章一经刊出，随即被当时颇具影响力的《东方杂志》转载①，在国内产生了广泛的影响。就在《急宜编订民法》刊出的当月，清政府民政部②在上奏中对“急宜编订民法”的问题做出了回应，并奏请：“饬下修律大臣，斟酌中土人情政俗，参照各国政法，厘定民律，会同臣部奏准颁行。”民政部的奏请迅即得到清廷的批复：“如所议行。”③ 应该说，1907 年是民律草案开始起草的时间起点，并由修律大臣和民政部共同承担。

从光绪三十三年（1907 年）四月到九月，依照清政府的上谕，由“修订法律大臣会同民政部共同厘定民律”。但在这五个月内，修订法律大臣与民政部如何“会同厘定”？现有史料仅能从以下两个方面概略地说明“修订法律大臣与民政部会同厘定民律的情况”。

（一）民政部起草《编纂民法之理由》

清政府确定编订民律草案的权责之后，修订法律大臣还尚未着手民律草案的编订，大理院正卿张仁黼、法部尚书戴鸿慈相继对修订法律大臣把持“修订法律权”提出异议④，旋即由民律的起草引发了“编订法律权之争”。从光绪三十三年（1907 年）五月到九月这段时间，修订法律大臣应

---

① 参见《东方杂志》，1907 年第 4 卷第 6 期。

② 根据光绪三十二年（1906 年）清政府颁行的新官制，原来的户部分为民政、度支两部，而民政部继承了原来户部管理户籍、财产的职权。因此，编订民律草案与民政部的职责密切相关。

③ 朱寿朋编《光绪朝东华录》（第 5 册），中华书局，1958，总第 5682 页。

④ 自清政府开始修订法律、施行官制改革以来，张仁黼、戴鸿慈即与沈家本发生诸多争论。关于张仁黼、戴鸿慈与沈家本的争论，可参见张从容《部院之争：晚清司法改革的交叉路口》，北京大学出版社，2007，第二章和第三章。

付大理院和法部诘难的同时，民政部却并没有观望等待，而是迅速着手拟定了民律草案的大纲。民政部对民律的起草意见体现在《编纂民法之理由(草稿)》[①] 之中。

《编纂民法之理由（草稿)》首先说明了拟定民律草案的必要性："凡私法上之法律关系须用法律明示，使人民知之与使人民由之也，不然则易生无益之争议而害及国家之秩序矣。夫规定私法上法律关系之法令古来中国亦存在，然多散见于各处，于实际上既为不便，又多系不成文法，终无法确知；加之，从国家统一之政策上计，亦已编成一法典为最良之方法。此所由斟酌中国古来之习惯与近世之学理而编纂本草案也。"

其次，阐述了民律草案应采取民商分立的体例，以及民律草案规范的范围："本草案虽规定私（法）上之关系，然关于商事者，则让诸商法，不规定于本草案中。原来民商二大法典之并存，多数之立法例虽亦如此，其学理上果正当与否，现尚为未决之问题。惟在中国，民商二法典使之并存于（世)，实际上颇为便利也。又本草案虽规定私法上之关系，然于公法上之关系并非全不规定。公法上之法律关系以规定于本草案为宜者，则收入本草案中。盖法典虽须尊重学理，然于实际上之便宜亦不得轻视也。此外，私法上之法律关系亦非网罗于本草案中，因立法上及实际上之便宜，委诸特别法、条约及习惯等不少。"

最后，在比较法国、意大利、日本、瑞士民法典的基础上，论证了本国民律草案应采取的篇章结构："编纂民法法典之次序，其立法例不一。法国民法首冠以法例，其第一编人事，第二编财产及所有权之变更，第叁编所有权取得之法。意大利民法略与法国同。日本民法第一编总则，第二编物权，第三编债权，第四编亲族，第五编承继。德国民法第一编总则，第二编债权，第三编物权，第四编亲族，第五编承继。瑞士民法首冠以法例，第一编人事法，第二编亲族法，第三编承继法，第四编物权法（虽无债权法将来置诸第五编可想而知)。本草案斟酌中国之习惯与诸国之民法，

① 中国第一历史档案馆藏档案：修订法律馆全宗（524－10－1)，第7档，《编纂民法之理由（草稿)》。该理由书为草稿，书写于法律学堂的格纸之上，没有注明拟定机关和具体完成日期；但从其行文方式来分析，可能是由民政部主持、由执教于法律学堂的教席或是该学堂学员拟定的（因为修订法律馆拟定的草案文稿之中，都有"本馆字样"，而该件中没有)。该理由书是在修订法律馆成立以后，自民政部移交给修订法律馆的。

第一编总则，第二编亲属，第三编继承，第四编债权，第五编物权。总则为各编共同之法则，固列于首编。关于亲属及继承是人事中之重大事件，其须重视之者，是中国古来之习惯，故以之为第二编、第三编，于民情亦相协。又债权法系为种种法律关系之准则，其应用之范围颇广，固以为第四编，以物权为第五编。"

从《编纂民法之理由（草稿）》来看，民政部借鉴了法国、德国、意大利、日本的民法典，以及最新的《瑞士民法（草案）》，所设计之篇章结构与中国社会之需要颇为切合。但目前史料还不能揭示《编纂民法之理由（草稿）》出自何人之手，起草人又如何能够对欧陆民法有如此深入的了解？

（二）修订法律馆全面负责民律的起草

自光绪三十三年（1907 年）十月二十七日，修订法律馆正式开馆办事，至同年十一月十四日，沈家本已将本国修订人员调配到位[①]，只是选聘外国法律专家的工作尚未落实。沈家本在奏折中曾说："提调二员，业由臣等开单请简，仰蒙准派在案；奏调任用各员，自奉旨后，亦均陆续到馆……至延聘外国法律专家，尤宜慎重，臣等现正详细斟酌，俟聘定后另行具奏。"[②] 光绪三十三年（1907 年）十一月二十二日，翰林院侍读学士朱福诜上《奏慎重私法编别选聘起草客员折》，就修订法律馆采取的"私法编别"，提出了质疑，就"选派外国法律专家"的迟疑不决提出了建议。

---

① 根据《最近官绅履历汇编》第一集（北京敷文社编，1920 年初版，文海出版社，1970 年影印本）和《民国人物大辞典》（徐友春主编，河北人民出版社，1991），参与民律草案修订的人员均为经清政府考试及格的留学生，包括章宗元、朱献文、高种、陈箓。章宗元，字伯初，浙江吴兴（今湖州）人，光绪四年（1878 年）生，章宗祥之兄。肄业于上海南洋大学，1900 年赴美国留学，入加利福尼亚大学。光绪三十三年毕业，应清政府游学回国人员考试，成绩列为特优第一名，清廷授予法制科进士，曾翻译《美国民法考》（上海文明书局刊行）。朱献文，字义堂，光绪二年（1876 年）生，浙江义乌人。毕业于日本东京帝国大学法科，回国后历任翰林院检讨，修订法律馆协修。高种，字子来，福建闽侯人，日本中央大学毕业，应清政府留学生考试，被授予法科举人。陈箓，字任先，福建闽侯人，光绪二年（1876 年）生，留学法国巴黎大学，1907 年获法学学士。1908 年回国，任职于外务部、法部；同年 8 月授法科进士，曾任修订法律馆纂修，曾翻译《法兰西民法正文》（商务印书馆，1913）。

② 《修订法律大臣奏开馆日期并拟办事章程折附章程》，载《政治官报》，光绪三十三年十一月十四日，第 61 号；又载朱寿明编《光绪朝东华录》（第 5 册），中华书局，1958，总第 5803 页。

在《奏慎重私法编别选聘起草客员折》中，针对“私法编别”问题，朱福诜反对修订法律馆所采取的“民商分立体例”，他认为：“日本修订民商法时，梅谦次郎曾提议合编，以改约期近，急欲颁行而不果。中国编纂法典之期后于各国，而所采主义学说不妨集各国之大成，为民商法之合编。”就“聘请外国法律专家”的问题，朱福诜主张：“请聘日本法学博士梅谦次郎为民商起草员，而以中国法学生参议。”① 归结到一点，朱福诜的建议就是：中国编订民律应借鉴日本的经验，聘请日本最好的法律家梅谦次郎协助起草民律草案，并采纳梅谦次郎的学说，采取民商合编体例。②

将近一年以后，修订法律馆才对朱福诜的意见做出回应。光绪三十四年十一月，沈家本上《修订法律大臣沈家本等奏议复〈朱福诜奏慎重私法编别选聘起草客员折〉》。在该奏折中沈家本首先肯定了起草民律应以日本、德国民法为范本：“臣等伏查欧洲法学统系约分德、英、法为三派，日本初尚法派，近则模范德派，心慕力追。原奏所陈确有见地，臣等自当择善而从，酌量编订。总之无论采用何国学说，均应节短取长，慎防流失。”其次，反驳了朱福诜“民商合编”的主张：“查自法国于民法外特编商法法典，各国从而效之，均别商法与民法各自为编。诚以民法系关于私法之原则，一切人民均可适用；商法系关于商事之特别例，惟商人始能适用，民法所不列者，如公司、保险、汇票、运送、海商等类，则特于商法中规定之，即民法所有而对于商人有须特别施行者，如商事保证、契约、利息等类，亦于商法中另行规定。凡所以保护商人之信用，而补助商业之发达，皆非民法之所能从同。合编之说似未可行。”再次，关于“聘请外国法律专家”的问题，沈家本解释道：“臣等一再斟酌，以聘用外人至有关系，不得不加意慎重。遂于今年三月馆事粗定后，派令臣馆提调、大理

① 《修订法律大臣沈家本等奏议复〈朱福诜奏慎重私法编别选聘起草客员折〉》，载《政治官报》，光绪三十四年十月十五日，第373号。

② 梅谦次郎（1860～1910年），日本明治民法的三位主要起草人之一，1906年作为日本法政大学的总裁来中国访问，其民法学著作《民法要义》曾被译成中文（《日本民法要义·总则编》，孟森译述，商务印书馆，1910年12月初版；《日本民法要义·债权编》，孟森译述，商务印书馆，1911年5月初版；《日本民法要义·亲族编》，陈与桑译述，商务印书馆，1911年5月初版；《日本民法要义·相继编》，金泯澜译，商务印书馆，1911；《日本民法要义·物权编》，陈承泽、陈时夏译述，商务印书馆，1913）。笔者推测，清修订法律馆当时极有可能提出聘请梅谦次郎的要求，但是梅谦次郎由于事务繁忙并未允诺。

院推事董康前赴日本详细访察。该员在日本将及半载，深悉梅谦次郎为该国政府随时顾问，必不可少之人，断非能轻易聘用。访有日本法学博士志田钾太郎为商法专家，名誉甚著。禀经臣等公同商酌，聘充臣馆调查员。电请出使日本国大臣胡惟德妥定合同，约其来京。此外，另订旧在京师之日本法学博士冈田朝太郎、小河滋次郎，法学士松冈义正，分任刑法、民法、刑民诉讼法调查事件，以备参考。臣等仍督同编纂各员，限定课程分类起草，一面派员调查各省民商习惯随时报告，总以酌采各国成法而不戾中国之礼教民情为宗旨。此臣等日与编纂各员所兢兢致慎者也。”[①] 依照沈家本的看法，梅谦次郎确实是日本最好的民法学家，但是聘之未得；在时间较为紧迫的情况下，聘用已在中国国内的日本法学家松冈义正，不失为现实的选择。因此，就在议复《朱福诜奏慎重私法编别选聘起草客员折》的这个月（光绪三十四年十月），沈家本还奏请聘用松冈义正帮助编纂民律草案。该请求，迅即得到清政府的批准。[②]

修订法律大臣以及后来改组成立的修订法律馆，在起草民律的问题上为何反应迟缓？甚至在民律体例这样的专业问题上，竟不若翰林院侍读学士朱福诜的判断。这其中缘由也是颇为令人费解的。

二　民事习惯调查与民律起草之关系

民事习惯调查是民事调查工作中颇为艰巨的一项任务。光绪三十四年（1908 年），清政府为编纂民商法典，由修订法律馆主持，在全国展开了大规模的民商事习惯调查。[③] 光绪三十四年（1908 年）以后的民商事习惯调查，大体可以分为两个阶段。光绪三十四年（1908 年）至宣统元年（1909 年）为第一个阶段，[④] 宣统二年（1910 年）正月至宣统三年（1911 年）

---

① 《修订法律大臣沈家本等奏议复〈朱福诜奏慎重私法编别选聘起草客员折〉》，载《政治官报》，光绪三十四年十月十五日，第 373 号。其调查职务应为：冈田朝太郎帮助从事刑事法律调查；松冈义正帮助从事民事法律调查；小河兹次郎帮助从事诉讼法调查。

② 朱寿明编《光绪朝东华录》（第 5 册），中华书局，1958，总第 6001 页。

③ 光绪二十九年（1903 年）至光绪三十二年（1906 年），清政府先后编定完成《商人通例》、《公司律》、《破产律》，在此期间为配合商事立法，清政府已开始从事商事习惯调查。

④ 修订法律馆在光绪三十三年十二月奏请派员调查民商事习惯，实际自光绪三十四年才获准实行。

春为第二阶段。两个阶段的调查工作，都有极强的针对性和应急性。第一阶段的调查工作主要为编纂商律草案而进行，由修订法律馆派调查员到直隶、江苏、安徽、浙江、湖北、广东等地调查。① 第二阶段的调查工作，主要为编纂民律草案做准备，调查的内容侧重于民事习惯。在总结第一阶段调查经验的基础上，宣统二年（1910 年）正月，修订法律馆制定了《民事习惯调查章程》十条和《调查民事习惯问题》二百一十三问，以规范指导调查工作。② 修订法律馆试图仿效日本、瑞士，以习惯调查作为编纂民律的基础，因而对民事习惯调查的程序要求极为严格。不过，民事习惯调查的进展速度却比预定的要慢。修订法律馆原计划在宣统二年八月基本完成对全国民事习惯的调查；可是由于财政拮据、人员短缺，各地大量报送民事调查资料一般延迟到宣统三年二月以后。自光绪三十二年实行新政以来，清朝中央政府需要地方调查的事项极为繁多，宪政编查馆、度支部、巡警部、民政部等均有委托地方调查事项。中央委托地方进行调查带来了巨大的财力及人力负担，各地不能按期完成调查任务实属正常。修订法律馆原本计划向全国派出调查员，后来因为经费紧张，改为由地方调查局承担民事调查事务，亦将民事调查的财政负担转嫁给了地方政府。陕甘总督和陕西巡抚的公函清楚地表明："因限期迫促"，"势难依限答覆"，只是在修订法律馆的"一再严催"下，陕甘总督才"按期"（实际已经迟延了一个月）汇编完成三册民事习惯调查资料（实际上只有一册，为一式三份，一份留总督衙门，一份呈送宪政编查馆，一份呈送修订法律馆）；陕西巡抚在宣统二年九月仅完成调查报告的上编（占全部调查资料的百分之二十），中编、下编（占全部调查资料的百分之八十）都在宣统三年三月以后才完成。③ 调查是仿照外国全面开展了，但调查资料的整编、分析和

① 详参《修订法律大臣奏编订民商各律照章派员分省调查折》，收录于《大清宣统新法令》，商务印书馆编译所 1911 年刊行，第 16 册。

② 分别载于《江苏省自治公报》第 51 期、《江苏省自治公报》第 51 至 60 期，1911。

③ 见中国第一历史档案馆藏档案：修订法律馆全宗（524－10－1），第 18 档，《钦命督察院督御史总督陕甘等处地方军务粮饷兼理茶马馆巡抚事长为咨送事》、《咨头品顶戴督察院副督御史巡抚陕西等处地方提督军务兼理粮饷会办盐政恩为咨明事》。两广大量报送民事调查资料亦在宣统三年二月以后，参见中国第一历史档案馆藏档案：修订法律馆全宗（524－10－1），第 18 档，《咨头品顶戴署理两广总督兼管广东巡抚粤海太平两关事务张为咨送事》。

利用却因材料的缺失并不明了。有研究者指出："清末的调查情况却一直扑朔迷离。据北洋时期的整理者记载，至 1925 年时，清末民事习惯调查录共 828 册（不计重复部分）仍保存完好。而大约在 1928 年前后，这批资料散失了，至今下落不明。"[①] 目前仅见国家图书馆所收藏的《清末〈安徽省民事习惯调查录〉》三册，至于 828 册调查资料仅是传闻而已。

同时，整理、汇编、分析民事习惯已经极为困难，诚如当时任职于修订法律馆的董康所言："法律馆调查报告已汗牛充栋，资料愈多编辑愈难。"[②] 对共同习惯加以利用，将其经过理论转化，编入民法典之中，则更加不可能完成。实际上，民事习惯调查材料逐步汇集的时候，民律草案已基本起草完成，民事习惯很难对编订民律草案产生直接影响。[③] 从目前材料来看，立法者分析、利用民事习惯的情况，只能从文本分析中推断"民事习惯调查与编纂民律草案"的关系。

三　礼学馆参与编订，以及草案的最后完成情况

宣统二年（1910 年）十二月修订法律馆奏呈的民律草案"条文稿"只有一个总的说明，各编、各章、各条均无立法理由，审议机关难以考核。因此，宪政编查馆责成修订法律馆继续完成"详细说明"。宣统三年九月，修订法律馆奏呈《修订法律大臣俞廉三等奏编辑民律前三编草案告成缮册呈览折》[④]，此时将"民律草案"正式定名为"大清民律草案"。然而，修订法律馆只编订完成了前三编的"立法理由"，后两编的"立法理由"则需要会商礼学馆才能最后定稿。

在"修订法律权之争"过程中，清政府曾否定了御史史履晋"请求礼学馆参与议定新律"的建议。可是到了宣统三年正月，在签注、讨论《新刑律草案》的过程中，为了纠正新律一味仿效外国、摒弃本国礼教的问题，经大学堂监督刘廷琛提议，清政府批准礼学馆会同法律馆议定新律与

---

① 俞江：《清末〈安徽省民事习惯调查录〉读后》，《法制史研究》第 3 期。

② 董康：《前清法制大要》，《法学季刊》第 2 卷第 2 期，1924 年 10 月。

③ 关于民事习惯对编订民律草案的影响，参见张生《清末民事习惯调查与〈大清民律草案〉的编纂》，《法学研究》2007 年第 1 期。

④ 收录于故宫博物院明清档案部编《清末筹备立宪档案史料》（下册），中华书局，1979。

礼教相关的条文。[①] 宣统三年九月，修订法律馆将《大清民律草案》前三编上呈御览，同时将“民律亲属编草案、继承编草案”交付礼学馆共同商订。但是，数日之后辛亥革命爆发。宣统三年十一月，旋即由袁世凯组织新内阁。所谓“（《大清民律草案》）后二编由法律馆会同礼学馆订立”，只是在宣统三年的九月到十月间的事情，在仅仅一个月的时间里，礼学馆已经难以有所作为。

根据修订法律馆1911年铅印本《大清民律草案》，该“说明稿”共分四册，只有总则、债权、物权三编，并且第三编物权之末有“大清民律草案终”的字样。这说明，清政府仿照日本颁行民法的办法[②]，先公布前三编（总则、债权、物权），亲属、继承两编待修订法律馆与礼学馆会商后再另行公布。也就是说，在宣统三年九月定稿的只有《大清民律草案》前三编，后两编当时并未定稿。

从民国初年出版的一些《大清民律草案》（或《民律草案》）的版本来看，在清朝最后动荡的岁月里，“说明稿”的前三编与后两编并没有统编为一个整体；清末刊印民律草案的后两编称作“民律亲属编草案、继承编草案”，没有和“说明稿”的前三编统称为“大清民律草案”。中华民国元年（1912年），新华书局曾印行（中国图书公司代发行）《中华民国暂行民律草案》[③]，共分八册，在首册扉页上印有“法律馆原本”；正文之前以“法律馆民律前三编编纂大意”为序言；在第八册之末，仍印有“民国暂行民律草案终”。再有，中华法政学社校1912年刊行的《民律草案》，将总则、债权、物权前三编，与亲属、继承编合刊；但是，前三编条文编号是连续的（从第1条至第1316条），而后两编则分别是从第1条重新编

① 因此，从讨论《大清刑律草案》开始形成惯例，礼学馆有议定各种法律草案中有关礼教的条文。参见《大清宣统政纪实录》卷48。

② 日本政府于1896年4月27日公布民法前三编（总则、物权、债权），于1898年6月21日公布民法后两编（亲属、继承），全部民法于1898年7月16日施行。参见〔日〕北川善太郎著《日本民法体系》，李毅多、仇京春译，科学出版社，1995，第105页，“旧民法的延期实施与明治民法的公布施行”。

③ 之所以要将《大清民律草案》改为《中华民国暂行民律草案》，是因为民国初年，尚未制定各项新的法典，民国政府临时大总统袁世凯提请参议院将清末各项法律草案暂时加以援用。后来《大清刑律》、《法院编制法》被援用，改称《暂行刑律》、《暂行法院编制法》，但参议院没有通过援用《大清民律草案》的决议。

排。中华法政学社 1913 年刊行，并多次再版的《新编中华六法全书》①，其中第六至十一册为《民律草案》，其前三编连为一体，而后两编则分别编列条文序号。至 1926 年，民国北京政府修订法律馆编辑的《法律草案汇编》，其中收录之《大清民律草案》，前三编条文为连续序号，后两编仍分别编排条文序号。

现存《大清民律草案》有两种版本。一种版本是清末“修订法律馆原本”，这个版本的《大清民律草案》只是前三编的“说明稿”，并未与后两编合为一体，如修订法律馆宣统三年铅印的《大清民律草案》；民律草案的后两编有单独的名称——“民律亲属编草案、继承编草案”。另一种版本的《大清民律草案》是在编订活动终止以后，由民国时期的民间出版机构、法律编订机关完成的，将修订法律馆的《大清民律草案》（前三编的“说明稿”）与尚未完成的“民律亲属编草案、继承编草案”合编，民国北京政府修订法律馆民国十五年（1926 年）刊行的《法律草案汇编·大清民律草案》，是目前所见到的最权威的版本。但无论何种版本，《大清民律草案》均是一部没有经过前后统编而最后完成的草案。

四　民律草案编纂中存疑的问题与推断

如以上所述，在检视《大清民律草案》编纂过程中，有三个重要环节存在材料的缺失，相应产生了存疑的问题。

其一，清政府民政部在短短三四个月期间所拟定的《编纂民法之理由（草稿）》，何以能够掌握最新近的瑞士民法（草案）？该理由书出自何人之手？目前缺少材料来解释以上问题，从而无法说明以下问题：民律草案为何从瑞士民法（草案）的五编结构转变为后来的德国五编结构？沈家本所调入的章宗元、朱献文、高种、陈箓四人，是否曾参与民政部起草的《编纂民法之理由（草稿）》？

其二，由于材料的缺失，已无法说明清末民事习惯调查的全过程。加之，调查材料的散失，从而无法说明当时的起草者是如何整理、分析和利用民事习惯的，也无法了解起草者对各地民事习惯与外国成规的基本态度

① 中华法政学社刊印，至民国四年（1915 年）五月，已出版第十次增订版。

和选择标准。

其三，修订法律馆与礼学馆共同商订民律草案的过程，已找不到相关的资料记载，从而无法说明以下问题。《大清民律草案》是否最终完成了？礼学馆参与商定的仅仅是立法理由，还是包括草案条文在内？以及，修订法律馆和礼学馆在清末没有完成编订工作，是否在民国初年继续此项工作？修订法律馆和礼学馆如何会商修订？它们存在哪些争议和妥协？草案的后两编始终没有并入《大清民律草案》，是否意味着清末完成的《大清民律草案》仅指其前三编。

以上这些存疑的问题，仍需要发掘原始材料加以回答。在没有原始材料的情况下，只能做出以下推断。

其一，光绪三十三年四月至九月，清政府准民政部所奏，由修订法律大臣与民政部共同起草民律，但修订法律大臣陷于“修订法律权之争”，很可能在此期间，民政部独立开展了民律的起草准备工作，独立完成了《编纂民法之理由（草稿）》。

民政部所起草的《编纂民法之理由（草稿）》，所采纳的《瑞士民法（草案）》的五编结构比后来《德国民法》的五编结构更优，应该出自精通外语和比较法的留学生之手。

其二，清末的民事习惯调查未能按期完成，修订法律馆也没有完成对民事习惯调查资料的系统整理，更无从对民事习惯加以理论转化，并支持民律草案的编纂。甚至极有可能，修订法律馆疲于应付条文的起草和立法理由的拟定，民事习惯调查资料基本没有得到利用。

其三，宣统三年九月，在完成《大清民律草案》前三编以后，修订法律馆与礼学馆会商共同编订亲属、继承两编。在现存的清末历史资料中，并没有完整的五编结构的《大清民律草案》。民国时期所统编的《大清民律草案》，其前三编与后两编并不是连续一体的条文结构，因而清末没有最终完成草案的后两编。

《尚书·金縢》“我之弗辟”集解

尤韶华*

摘　要：《尚书·金縢》“我之弗辟”集解，原文见于《归善斋〈尚书〉十诰章句集解》上卷。《归善斋〈尚书〉十诰章句集解》是《归善斋〈尚书〉章句集解》的第三册。《归善斋〈尚书〉章句集解》汇集从汉唐至明清解说《尚书》的著作近六十种，以宋代居多。后人的著作征引前人的著作。越往后，征引越多。而后人对前人的征引，或褒，或贬，或认同，或质疑，或补充，可以从这些征引中看到《书》学的发展轨迹。《尚书·金縢》有“周公乃告二公曰：我之弗辟，我无以告我先王。周公居东二年，则罪人斯得”一段，涉及法律。“则罪人斯得”，一语较为明确，而“我之弗辟”一语则有异议。“辟”字有两说，一说为“法”或“诛杀”；一说为“避”。这使之“周公居东二年”也产生异议，究竟东征，还是避居东都。周公东征的时间也就成了千古之谜。

关键词：弗辟　金縢　集解

《金縢》是《尚书·周书》的第八篇。《尚书注疏》孔颖达说：“检其此体，为例有十。一曰典，二曰谟，三曰贡，四曰歌，五曰誓，六曰诰，七曰训，八曰命，九曰征，十曰范……《仲虺之诰》、《汤诰》、《大诰》、《康诰》、《酒诰》、《召诰》、《洛诰》、《康王之诰》八篇，诰也……《金縢》自为一体，祝，亦诰辞也。《梓材》，《酒诰》分出，亦诰也。”被孔颖达归类为诰的还有《商书·盘庚》三篇、《西伯戡黎》，《周书·武成》、《多士》、《君奭》、《多方》、《周官》、《吕刑》。八诰以“诰”为篇名，似

---

* 尤韶华，中国社会科学院法学研究所研究员，主要从事中国司法制度史及《尚书》研究。对《尚书》的研究已历经二十余年，尚得十余年方可完成全部计划。

可视为"正诰"。另十二篇可作为"别诰"。《归善斋〈尚书〉二典章句集解》、《归善斋〈尚书〉三膜章句集解》作为《归善斋〈尚书〉章句集解》第一、第二册，已先后于2014年、2015年年底出版。《归善斋〈尚书〉十诰章句集解》作为第三册，将于2016年年底出版。十诰，是八诰另加入《金縢》、《梓材》二篇。《金縢》与《大诰》相为始末，《梓材》则从《酒诰》分出，故合为十诰。《归善斋〈尚书〉别诰十篇章句集解》将作为第四册。

《金縢》有"武王既丧，管叔及其群弟乃流言于国，曰：公将不利于孺子。周公乃告二公曰：我之弗辟，我无以告我先王。周公居东二年，则罪人斯得"一段，与法律相关，故先行刊出，以飨读者。"我之弗辟"之"辟"，有"诛杀"和"避"两种解说，千年争议不断。故此，"居东二年"，亦有"东征"和"避居东都"的歧义。尤其是朱熹，晚年与早年的解读不同。

周公乃告二公曰：我之弗辟，我无以告我先王

1.《尚书注疏》卷十二《周书》

（汉）孔氏传，（唐）陆德明音义、孔颖达疏

周公乃告二公曰：我之弗辟，我无以告我先王。

传，辟，法也。告召公、太公，言我不以法法三叔，则我无以成周道，告我先王。

疏，正义曰：周公乃告二公曰：我之不以法法此三叔，则我无以成就周道告我先王。

传正义曰：但启商共叛，为罪重耳。辟，法也，《释诂》文。

《尚书注疏》卷十二《考证》

"我之弗辟，我无以告我先王"，传："辟，法也。告召公、太公，言我不以法法三叔，则我无以成周道，告我先王。"音义："辟，马、郑音避，谓避居东都。"臣召南按，"周公居东"，此条为千古疑案。由经文"我之弗辟"，"辟"字孔读作"刑辟"之"辟"，故以"居东"为东征。郑读作"避地"之"避"，故以"居东"为避谤，以《诗·豳风》证之，毛传小序说与孔同，而郑笺独异。宋儒以孔传为是者，林之奇；以郑笺为是者，项安世。至朱子，则初取孔传，以为《诗传》。晚年又驳孔传，而

从郑笺。蔡氏传则朱子晚年说也。从孔传则“辟”训“法”，即后《蔡仲之命》有“致辟管叔”之明文。从郑笺则古“辟”字作“□”，本是“避”字。二说互异，不能强合。独怪孔颖达于《诗》疏曲𢀶，郑笺于《书》疏不能。力主孔传，即“辟”之训“法”，只以“《释诂》文三字解之何哉？又按《史记》作“我之所以弗辟而摄行政”，此则又一说也。

2. 《书传》卷十一《周书》

（宋）苏轼撰

周公乃告二公曰：我之弗辟，我无以告我先王。

辟，诛也。管叔之当诛者，挟殷以叛也。

3. 《尚书全解》卷二十六《周书》

（宋）林之奇撰

周公乃告二公曰：我之弗辟，我无以告我先王。周公居东二年，则罪人斯得。

夫武王之崩，周家之得天下未久也，而殷之余孽与周之雠亲相扇而起，周之存亡，盖未可知。而当时也，周公实专朝廷之权，其责不归之周公，将谁尸之乎？故周公告二公曰，我不以法而治此叛党，则将无以告我先王。故其兄弟之亲，有所不敢避也。“我无以告我先王”，亦穆公所谓“先君若问与夷，其将何辞以对”也。周公既以此言告二公，于是遂率兵而东征。其居东至于二年，然后武庚、三叔咸服其辜，故曰罪人斯得也。周公以殷人之叛，恐其祸之延于天下，遽起而征之。而其得罪人至二年之久，则其东征也，虽曰为社稷宗庙之计，而重伤天伦，则诚有黾勉不得已之意焉。武王之伐纣，周公之诛管、蔡其心一也。盖纣，君也，武王以臣而伐之；管叔兄也，周公以弟而讨之。虽其终也，不得不伐，而皆有彷徨不忍之心。此圣人忠厚也。当成王幼冲，履至尊之势，周公以叔父之尊，秉其政事，其德之远著天下之所畏服。自常人言之，诚以为使周公而有私心，一二年而天下可移矣。故管叔因其可疑之迹，而造此无根之言。成王之明未足以察其情伪，安得而不疑哉。周公不俟成王之觉悟，遽往而征之，盖机不可失，一日纵敌数世之患也。故虽遭流言之谤，而益以其身任天下之重，曾不自沮而为身之谋也。夫人谓己有夺宗之谋，己恶其谤，而亲以兵诛之，则近乎挟私忿以快其志矣。

辟，法也。郑氏以“辟”为避，其说以谓群叔流言，周公避居东都，及遭风雷之变，启金縢之书，迎公来反，及摄政方始东征。信如此说，则此篇自岁则大熟以上，其事皆在《大诰》之前矣。

4.《尚书讲义》卷十三

（宋）史浩撰

周公乃告二公曰：我之弗辟，我无以告我先王。周公居东二年，则罪人斯得。

方成王在幼，管、蔡群叔，肆为流言。流者，肆也。以为周公将不利于孺子。成王不能察，亦以为疑。周公当冢宰之任，所谓有伊尹之志则可，庸俗之人乌得不疑？周公自信此心无一毫顾忌，乃告二公曰“我之弗辟”。所以不行刑辟，负三王之付托者，以未知流言之所自也。居东二年，乃得罪人之实，向使三监及淮夷不叛，亦不知罪人之所在，以此知周公信任知道，初不以流言为忤也，然而犹不行刑辟者，有兄弟天伦之爱，不忍置之罪地也。

5.《尚书详解》卷十八

（宋）夏僎撰

周公乃告二公曰：我之弗辟，我无以告我先王。周公居东二年，则罪人斯得。

周公既居可疑之势，而群叔流言适又如此，则成王实不能无疑于周公。故周公于是不顾兄弟之亲，而欲以法治此叛党，故告二公曰“我之弗辟，我无以告我先王”。辟，法也。盖管叔为此流言，陷害周公，将使成王疑周公而去之，而彼遂得以潜结成王之知，而阴窃其国柄，如此则周之为周未可知矣。周之为周既未可知，则先王所以望周公者，周公将何以报称，故周公不顾兄弟，而法诛之者，盖以存周也。周存，则可以告我先王；周亡，则周公异日何以见先王于地下，故言“我之弗辟，我无以告我先王”者，亦犹宋穆公所谓“先君若问与夷，其将何辞以对也”。周公既以此言告之二公，于是遂率兵东征。其居东至于二年，然后武庚、三叔咸伏其辜，故曰“罪人斯得”。而郑氏乃以前“辟”为“避”，谓周公遭流言，出避居东都，及王遭天变启金縢之书，迎公来反，然后摄政，方始东征。信如此说，则此篇自“岁则大熟”已上，其事皆在《大诰》之前矣。况周公既出避，则至于“罪人斯得”，其说不行，乃又为之说，谓周公出避于东都，其党属亦皆奔亡。至明年，乃为成王所得而诛之，故谓之“罪人斯得”，而又以公为诗以贻王者，乃救其属臣，使勿夺其官邑。夫周公之党，岂可谓之罪人，则其说之陋，自可不待攻而破矣。林少颖谓，周公以殷人叛，恐其祸蔓延于天下，遽起而征，而其得罪人乃至二年之久，则其东征也，虽曰为社稷而重伤天伦，则诚有不得已之意。武王伐纣，周公诛管、蔡其事一也。盖纣君也，武王以臣而伐之；管叔兄也，周公以弟而诛之。虽其终也，不得不伐，而皆有徬徨不忍之心。此圣人忠厚之至也。此意极当。

6.《增修东莱书说》卷十八《周书》

（宋）时澜撰

周公乃告二公曰：我之弗辟，我无以告我先王。周公居东二年，则罪人斯得。

“我之弗辟，我无以告我先王”，见周公之不得已也。舜之待象，周公之待管、蔡，其事虽异，其心则一。何者，象欲害舜，不过舜之一身耳。当成王之幼，安危之机，正决于此，事关社稷，岂得不诛。故舜之不藏怒宿怨，与周公用辟，一也。周公居东二年，方是时，内而王幼，外而四国倡乱，周公何所恃，而敢出征至于二年之久，见周之十乱，尚有如二公可以委付内事，如周公之在左右也。古者，罗列贤士，尊敬旧德，正为此时也。况成王童蒙，流言方播，其心未免疑惑，苟无二公，则未必不信谗而咎周公，公安得二年安然而居东。盖二公其间调护之力也。后世秉权之臣，安敢顷刻而去君侧，举足左右，事变反覆，曾不旋踵。其故何哉？周公之权，至于摄政，可谓重矣。一旦东征之出，略无迟疑。居东二年，君与同列，无间可开，至公之心，权势之际，本无适莫，而流言之变犹不免，所居之难，盖如此也。

7.《尚书说》卷四《周书》

（宋）黄度撰

周公乃告二公曰：我之弗辟，我无以告我先王。

伊尹曰“予弗狎于弗顺”，周公曰“我之弗辟，则无以告我先王”，皆以身体国者也。虽君疑于上，国人惑于下，而王业安危，间不容发，一身之计，岂足易其重哉。是故行吾忠而已。辟，法也。致辟管叔是也。《史记》“周公告二公，我之所以弗避而摄行政”，非。或又谓，周公闻流言，避遁居东二年，成王既悟而后伐三监，尤非。《大诰》黜殷救焚之势，而暇迁延，为身谋乎？周公与国同存亡，尽心力为之，所谓握蛇骑虎，不知其难者。《诗》曰：“上帝临汝，无二尔心。”若有一毫顾忌之意，则为贰，犹不足以动人，而况能格天乎？论圣人行事，而以后世利害杂之，则言何由当无以告我先王。太王、王季、文王森然常在其上也。鬼神知周公之心矣。

8.《絜斋家塾书钞》卷十

（宋）袁燮撰

周公乃告二公曰：我之弗辟，我无以告我先王。周公居东二年，则罪人斯得。于后，公乃为诗以贻王，名之曰《鸱鸮》王亦未敢诮公。秋，大熟未获，天大雷电以风，禾尽偃，大木斯拔，邦人大恐。王与大夫尽弁，以启金縢之书，乃得周公所自以为功代武王之说。二公及王，乃问诸史与百执事。对曰：信。噫！公命我勿敢言。王执书以泣曰：其勿穆卜。昔公勤劳王家，惟予冲人弗及知。今，天动威，以彰周公之德。惟朕小子其新逆，我国家礼亦宜之。王出郊，天乃雨反风，禾则尽起。二公命邦人，凡大木所偃尽起而筑之，岁则大熟。

辟，法也。流言四出，宗庙社稷，又将不可保。故周公东征，诛管、蔡而天下始安。《东山》之诗是也。或以“辟”为“避”不知周公之诛管、蔡，义所当诛也。周公何心哉，乃致辟管叔于商可见矣。

9.《书经集传》卷四

（宋）蔡沈撰

周公乃告二公曰：我之弗辟，我无以告我先王。“辟”读为“避”。郑氏《诗》传言，周公以管、蔡流言，辟居东都是也。汉孔氏以为“致辟于管叔”之“辟”，谓诛杀之也。夫三叔流言，以公将不利于成王。周公岂容遽兴兵以诛之邪。且是时王方疑公，公将请王而诛之邪，将自诛之也？请之固未必从，不请自诛之亦非所以为周公矣。我之弗辟，我无以告我先王，言我不辟则于义有所不尽，无以告先王于地下也。公岂自为身计哉，亦尽其忠诚而已矣。

10.《尚书精义》卷三十二

（宋）黄伦撰

周公乃告二公曰：我之弗辟，我无以告我先王。周公居东二年，则罪人斯得。

无垢曰，夫杀管叔，降霍叔，囚蔡叔，乃先王之心也。使周公怀一毫私意，以害兄弟，其何以见先王乎？所以告太公、召公，我傥以私意不致辟于三叔，我将何以告我先王乎？以此知周公之心，乃先王之心；先王之心，乃天下之心；而天下之心，乃天心也。居东二年，乃始能杀管叔，囚蔡叔，降霍叔，亦可谓强大矣。

吕氏曰，“我之弗辟，我无以告我先王”，见周公之不得已处。此见舜之待象，与周公之待管、蔡，其事虽异，而其心则一。何者？象之欲害舜，不过是舜之一身。当周公时，成王幼，安危之机，正决于此，宜诛之。

11.《尚书详解》卷二十六《周书》

（宋）陈经撰

周公乃告二公曰：我之弗辟，我无以告我先王。周公居东二年，则罪人斯得。

“周公乃告二公曰：我之勿辟，我无以告我先王”，二公，即太公、召公也。周公谋之于太公、召公，以谓我若不能用法于此管、蔡，则其心有愧于先王矣。先王之心，无他，亦惟至公无私而已。我若以兄弟之故，曲赦其罪，则是私意也，非先王意也。然则，兄弟手足，懿亲，纵使曲在管、蔡，周公独无亲爱之心乎？何为遽伤同气之义，至于如此。无乃与舜之待象者有异乎？象日以杀舜为事，舜为天子，封之有痹；而周公于管、蔡则诛之，何也？曰此舜与周公所以为同其心也，皆所以为亲爱也。象之所杀者，特舜之一身而已。而管蔡流言叛周，则其害及于天下。周公以大义，以王法诛管、蔡，而非周公诛之也。在舜，则为至仁；在周公，则为至义。故曰舜与周公其心一也。“周公居东二年，则罪人斯得”，即《诗·东山》周公东征也。三年而归，劳归士。《诗》曰“三年”，并初去之年而数之。《书》曰“二年”，特指在东二年而言之。“罪人斯得”，二年之后始得管叔之罪，即致辟管叔于商，囚蔡叔，降霍叔也。文王之征伐也，岂敢定居，一月三捷，如此其速。至周公之伐管、蔡则二年之久，罪人始得，何也？盖其征之甚急，而取之甚缓也。挟武庚、淮夷以叛，人情为之不安，故周公东征也，义不反顾，则甚急矣，然而未尝急于攻战。“哀我人斯，亦孔之将”，则恐其劳民；“制彼裳衣，勿事行枚”，则不严于兵革，所以取之如此其缓也。与文王伐孔炽之虏，则又异矣。

12.《融堂书解》卷十一

（宋）钱时撰

周公乃告二公曰：我之弗辟，我无以告我先王。周公居东二年，则罪人斯得。

辟者，法也，将刑之也。或疑管、蔡之徒一流言，以中己，遂起诛伐之念，周公亦若少恩矣。曰不然，管、蔡之徒，包藏祸心，挟外寇，以危宗社，“不利孺子”，乃其作乱之辞。有周之业，周公实身任之。法者，先王之法也。天下者，先王之天下也。我乃坐视其变，弗用法以讨叛，是将何辞以告我先王也。然则，公之东征也，非为流言而征也。流言而四国叛，为成王而征也，为有周宗社而征也。

13.《尚书要义》卷十二

（宋）魏了翁撰

原阙

14.《书集传或问》卷下

（宋）陈大猷撰

或问，“我之弗辟”，马、郑皆音“避”，陈少南、吕才叔推其说，以为周公遭谤，故居东都，以避之至二年，成王方知流言为管、蔡之罪，故言罪人斯得。金縢既启之后，成王迎周公以归。管、蔡惧而与殷叛，故周公再往东征耳？曰：《豳风》诸诗，其言与《金縢》所书皆昭然相合。《大诰》叙言武王崩，三监及淮夷叛，周公相成王，将黜殷作《大诰》。《金縢》言“武王既丧，管叔及群弟流言”，则流言与叛，皆在武王始崩之际，不得分为两节明矣，亦非养寇三年而后始征也。少南、才叔之意不过谓成王方疑周公，周公不应自往征，以重成王之疑，故为此说耳，不知周公为东伯。东诸侯之不轨，东伯之职自得专征。成王幼未亲政，凡事皆听于师傅。公居中调护成王，中心虽不能无疑，亦未敢明沮周公之行，兼成王谅暗于国家之事，皆不知一惟冢宰是任，在周公固可专其事矣。四国之变，征之少缓，则蔓延莫遏，周公岂敢顾一己之小嫌，忘宗社之大计邪。迨夫三监伏辜遂，居东守东伯之职，以俟朝命而不敢遽归，此则公之避远权势，以待成王之悟也。以经证经，正不必如二氏之迂就牵合。

15.《尚书详解》卷七《周书》

（宋）胡士行撰

周公乃告二公曰：我之弗辟（法诛管、蔡），我无以告我先王（不诛管、蔡则周室危何以见先王于地下）。周公居东（东征武庚）二年（不忍速），则罪人（二叔、武庚）斯得（伏辜）。

16.《书纂言》卷四上《周书》

（元）吴澄撰

周公乃告二公曰：我之弗辟，我无以告我先王。

辟，法也，周公自责言，今此召谤致乱，是我之所为不法也，王室将危，我何告我先王乎？亟能弭变，安王室乃可。于是大诰诸侯，东征叛人。

17.《书集传纂疏》卷四下《朱子订定蔡氏集传·周书》

（元）陈栎撰

周公乃告二公曰：我之弗辟，我无以告我先王

辟，读为“避”。郑氏《诗》传言，周公以管、蔡流言，辟居东都是也。汉孔氏以为“致辟于管叔”之“辟”，谓诛杀之也。夫三叔流言，以公将不利于成王，周公岂容遽兴兵以诛之邪？且是时，王方疑公，公将请王而诛之邪？将自诛之也？请之固未必从，不请自诛之亦非所以为周公矣。“我之弗辟我无以告我先王”，言我不避，则于义有所不尽，无以告先王于地下也。公岂自为身计哉。亦尽其忠诚而已矣。

纂疏

孔氏曰，辟，法也。不以法法三叔，则无以告先王。

吕氏曰，舜之封象，所以为至仁；周公以法法三叔，所以为大义。

张氏行成曰，仁人之于兄弟，有怨于身则不宿，获罪于天下则必诛。

18.《读书丛说》卷六

（元）许谦撰

（归善斋按，未解）

19.《书传辑录纂注》卷四《周书》

（元）董鼎撰

周公乃告二公曰：我之弗辟，我无以告我先王。

辟，读为“避”，郑氏《诗》传言，周公以管蔡流言，辟居东都是也。

汉孔氏以为“致辟于管叔”之“辟”，谓“诛杀之”也。夫三叔流言，以公将不利于成王，周公岂容遽兴兵以诛之邪？且是时，王方疑公，公将请王而诛之邪？将自诛之邪？请之固未必从，不请自诛之，亦非所以为周公矣。“我之弗辟，我无以告我先王”，言我不避，则于义有所不尽，无以告先王于地下也。公岂自为身计哉，亦尽其忠诚而已矣。

辑录

“周公乃告二公曰”止“告我先王”，作《大诰》，遂东征。《文集》。

纂注

孔氏曰，辟，法也。告召公太公，言我不以法法三叔，则我无以成周道，告我先王。

吕氏曰，舜封象于有庳，所以为至仁，周公以法法三叔，所以为大义。事异而心则一也。

张氏行成曰：仁人之于兄弟也，有怨于心则不宿；获罪于天下则必诛。

20. 《尚书句解》卷七

（元）朱祖义撰

周公乃告二公曰（周公乃告太公、召公）：我之弗辟（言我若不能用法诛管、蔡。辟，音闢），我无以告我先王（则我心愧无以告先王）。

21. 《尚书日记》卷十

（明）王樵撰

“周公乃告二公曰：我之弗辟”至“王亦未敢诮公”

金氏曰，古文《尚书》“辟”字作“□”。古文凡“君辟”、“刑辟”之“辟”皆作“□”，唯此作“□”。此必孔壁书，本是“避字”也。辟谐声，从辵从井，皆“避”之义。

《越绝书》，管叔、蔡叔不知周公而谗之成王。周公乃辞位，出巡狩于边。郑康成曰，周公遭流言之难，避之而居东都（注凡三出）。又曰，成王得金縢之书，亲迎周公，周公归摄政，三监及淮夷叛，周公乃东伐之。

孔氏曰，辟，法也。

董铢问，此“辟”字与《蔡仲之命》“致辟”之辟同，安得以“辟”为“避”，且使周公委政而去二年之久，不幸成王终不悟，而小人得以乘间而入，则周家之祸可胜言哉？周公是时，不知何以告我先王也。朱子曰，“辟”字当从古注说。又《与蔡沈帖》曰“弗辟”之说，只从郑氏为是。向得董叔重书，亦辩此条。一时信笔答之，谓当从古注说，后来思之不然，是时三叔方流言于国，周公处兄弟骨肉之间，岂应以片言遽兴师以诛之。圣人气象大不如此。又成王方疑周公，周公固不应不请而自诛之。若请于王王亦未必见从，则当时事势亦未必然。

项氏曰，孔氏谓“辟”者，行法也，居东则东征也，信。然则，周公诛谤以灭口，岂所以自明于天下哉？郑氏谓“辟”读为“避”，居东则避之也，予尝反复本文，则郑说为是。盖周室初基，中外未定，流言乘间而作，成王疑于上，国人疑于下。周公苟不避之，祸乱忽发，家国倾危，将无以见先王于地下矣。周公之与二公，盖一体也，故密与二公谋之，使二公居中镇抚国事，而身自东出避之，因以宁辑东夏，但不居中，则不利之谤自息，而乱无从生矣。故周公居东二年，外变不起而内论亦明。向者倡为流言，谋作祸乱之人，遂得主名，内外之人，始知其为管叔之罪也。众论既明于下，则渐可开晓成王之惑。周公于是自作《鸱鸮》之诗，极道家国之艰难，心迹劳悴以冀王之察己也。王虽未能洞然遂信周公之忠，然亦未敢决然，遂以周公为非者，盖由左右诸大夫国人之论，皆已明白，无有一言以助成王之疑者。故成王之心虽欲非之，亦无所据而发也。

金氏曰，周公之避，所以必告二公而后行者，以成王尚幼，朝廷之事不可以无所属也，所以周公居外，而朝廷不乱，以有二公在焉尔。朱子后《与蔡沈书》当为定论。

按，《伐柯》、《九罭》、《狼跋》三诗，皆周公居东之诗也。《狼跋》诗曰“狼跋其胡，载疐其尾，公孙硕肤，赤舄几几”，言公遭流言之变，而其安重自得如此。盖周公居东待罪，而不失其常度，故诗言如此。使居东为东征，则又何《狼跋》之云“硕肤”之“孙”乎？

金氏曰，《鸱鸮》之诗，其情危，其辞急。盖有以忧武庚之必叛，王室之必摇也。夫昔也，武庚以周公权任间三叔（朱子曰，武庚当时意必日夕说诱三叔，以为周公弟也，而居中专政；管叔兄也，而在外监殷。故管叔遂生不肖之心），而今也，奄君又以周公见疑，嗾武庚（《书大传》曰，管、蔡流言，奄君薄姑谓禄父曰，周公见疑矣，请举事），则蹢躅之变，势所必至，故周公汲汲为王言之，为鸟言以自喻。或以喻先王也。曰“鸱鸮鸱鸮，既取我子”，谓其已诱管、蔡，毋毁我室，谓勿更摇动我周家。

“恩斯勤斯，鬻子之闵斯”，伤管、蔡也。二章言，先王创业之备固也。今此下民或敢侮予。微管蔡之内叛，武庚之外连，则固未易侮也。三章言，先王之勤劳也。四章言，王室之孤危，外患之必至，其辞不得不急也。既而成王悟，周公归，而管、蔡、武庚卒叛。盖其参谋造祸，非一日矣。管、蔡之惑滋甚，至是而复畏罪，则挟武庚以叛。武庚之谋既深，至是而复乘机，则挟管、蔡以叛也。

按《鸱鸮》，四章盖极道武庚之情。武庚之情既明，则成王之疑自释。《大诰》曰“殷小腆诞敢纪其绪”，曰“予复！反鄙我周邦”，此武庚之情。而此诗所谓“毁我室”与“侮予”者，皆谓此也。武庚虽包藏此心，而王室未有衅，则亦安从而发哉？不幸而三监者入其机械之中，为所扇惑。诗之所谓“既取我子”者，指此也。

三监为武庚所取，欲动摇周室，而不间周公则不可动。于是流言曰，公将不利于孺子，此其谋欲使周室先自生衅，而后起而图之也，而成王果不能无疑。周公于是而不退去，以待王心之察。不惟非大臣自处之义，其不反实奸人之口乎？于是告二公，以当去之义而避位以去之。周公自处之义，则项氏所谓既不居中则不利之谤自息者，最为得之。乃若国事之重，则有二公在焉。固不嫌于无所托，而轻委之以去也。既去而周公亦不汲汲于自明，及居东二年，而罪人之主名，王自得之，盖奸人虽能为幻于一时，而徐之，未有不情见计露者也。周公于是究其本，谋之所自而直，以武庚之情陈之于王，王可悟矣。然而武庚之叛未形也，故未能决然遂以公为是，而亦未敢诮公为非。周公陈武庚之情，而一己之心迹不足复言。乃若武庚之志，欲纪亡殷之绪，复其旧物，而覆我周室，其祸不在周公之身而已也。王虽或已知周公之无他，而或未足以及此，故周公曰“予羽谯谯，予尾翛翛，予室翘翘，风雨所漂摇，予维音哓哓”，言忧在王室而已，之鸣不得不急也，武庚若起王室安危，有未可知者。此感喻王之深也。

《鸱鸮》诗，今在《东山》之前，是贻诗在前，而东征在后，又其明证也。虽朱子之解亦未得诗意，盖缘尚仍孔氏说，未及追改，亦以为武庚、管、蔡既诛之后之诗也。使武庚、管、蔡既诛之后，成王尚未知周公之意，则王心之蔽深矣，岂区区之诗所能回？岂自述其勤劳所能感动哉？周公之东征也，邦君御事，有艰大之疑，周公尚且谆谆化诱，使其心了然无疑，而后“诞以尔东征”。况于流言之初，讨罪大事，不出王意而遽可动乎？以《大诰》考之，东征出于王命也明甚。东征出于王命，则在迎归之后，岂不又明甚哉？此与微子抱祭器归周等事，皆关圣贤大节。而传记异辞，不无害教，故悉辩之。

22.《日讲书经解义》卷七

周公乃告二公曰：我之弗辟，我无以告我先王。

二公谓太公、召公“辟”，退避也。史臣曰，武王疾瘳之后又四年而崩，时成王幼，周公辅相之负扆，而行天子之事。管叔乃周公之兄，监殷于外，觊觎大位，乃与群弟蔡叔度、霍叔处造无根之言，流布国中，曰公将谋篡而不利于孺子，将以危惧成王而动摇周公也。周公心不自安，乃告太公、召公曰，主少国疑，流言方起我，若安处朝廷，不自退避，以致君臣嫌隙，中外惊疑而变生意外，于人臣之义有所未尽，则无以告我先王于地下矣。然则我即欲不避，岂可得哉。按周公受托孤之重，奸人造谤，则当明告于王，正其罪而诛之。何乃先自引退，亟亟远避嫌疑。若为一身之计者，盖大臣处艰难之会，心事未白，若径情直行，未免中奸徒之计，而祸且不测，故不得不静以俟之，待奸谋之自败。其必告太公、召公者，以二公在朝左辅右弼，可以启沃幼冲，镇定疑贰。周公虽去，而有所寄托，管叔不得肆其奸。此忠臣爱国。去位不忘君之微意也。

《书蔡氏传旁通》卷四下

（元）陈师凯撰

辟，读为“避”。郑氏《诗传》言，周公以管、蔡流言，辟居东都是也。

见《七月》诗序下。《诗》疏云，居东者，出处东国，待罪以需王之察已，是说避居之意也。周公避居东都，史传更无其事。古者，避、辟（扶亦反）、譬、僻，皆作“辟”字，而借声为义。郑读“辟”为“避”故为此说。朱子《与蔡仲默书》云，“弗辟”之说，只从郑氏为是。向董叔重得书亦辨此一条，一时信笔答之，谓当从古注说。后来思之不然。是时，三叔方流言于国，周公处兄弟骨肉之间，岂应以片言半语，便遽然兴师以诛之。圣人气象大不如此。又成王方疑周公，周公固不应不请而自诛之。若请于王，王亦未必见从，则当时事势亦未必然。虽曰圣人之心，公平正大，区区嫌疑，似不必避。但舜避尧之子于南河之南；禹避舜之子于阳城，自是合如此。若居尧之宫，逼尧之子即为篡矣。又谓成王疑周公，故周公居东，不幸成王终不悟，不知周公如何处。愚谓，周公亦惟尽其忠诚而已。

《读书管见》卷下

（元）王充耘撰

我之弗辟。

我之弗辟，当从古注。周公以身任社稷，管、蔡谋危宗社，得罪于天下，在所必诛。周公安得顾私恩而出避于国之东乎？是时成王幼冲，政自公出，故曰小子同未在位，周公安可一日去左右，而乃居东二年，不知国事将付之谁邪，且所谓流言者，必管、蔡与武庚同为叛逆，以此声周公之罪，而出师耳。故周公不得不往征之。而史谓之流言者，特以其诬妄不实而妄加公罪，乃无根之言耳，岂但如今人造为讹言，作为匿名文书之类乎？周公居东不知谁为？挨究造言之人，迟迟两年而后得实乎？且史于“居东二年，罪人斯得”之下，即继之以“于后，公乃为鸱鸮之诗以贻王”，而后及风雷之变，传者谓，因天变迎公归，而后管、蔡叛，乃命周公东征。然《鸱鸮》之诗，已有“既取我子，无毁我室”之言，则彼时管、蔡已为武庚所累而伏诛矣。岂有至此然后叛之理。要之，汤武以臣伐君，周公以弟诛兄，皆断以大义，所谓公天下以为心者，固不可以寻常君臣、兄弟论也。

《尚书考异》卷五

（明）梅鷟撰

我之弗辟。

马、郑音“避”，谓避居东都。晋人传云，辟，法也，以法法三叔也。

《尚书疑义》卷五

（明）马明衡撰

“我之弗辟”。“辟”字，蔡音“避”，以为周公遭流言，成王疑之，故避居东都，以俟成王之察。古注作“法”字说，谓致辟三叔。先儒亦多从之。愚窃以为避居之说，只可以语后世之为臣者，岂可以语周公。周公所当之任，在后世不可同日语。周公焉得逡巡而避之，以俟察耶。当时管叔已叛，淮夷、徐奄之属，皆已附禄父而起，非但流言而已也。使非周公制叛，则叛者必制周公矣。周公又可空手避居以坐待其毙耶？故致辟之说，在周公自不可已。先儒谓，岂应以斤言半语，便兴师以征之，圣人气象不如是。此皆悬想气象之言也。或曰成王既疑，安所请命。周公将自诛之耶？且身既在外，权已去矣。王疑不悟，谗间日深，如后世之事，身尚不保，又欲从容察其罪人而辟之耶？曰圣人聪明睿智，岂有作事若是之愚。夫使权柄一失，不保其身，则周家之业必坠，圣人岂无所见，于是而漫然以为之耶？盖当是时，成王尚幼，陈氏梅叟谓，武王有疾之年，是克商之二年，成王生才五年，比武王之丧，则成王方十岁耳。《通鉴纂要》以为成王即位时十三岁。此皆不可刻画，大约言孺子，则是幼稚，未成人之称。成王当时尚亦未能省事，而国家政柄全是周公主持，二公辅之。周公以人臣而代行天子之事。伊尹之任商，周公之任周，皆非后世人臣之所得比。由此言之，周之基业，非得周公，何能定乎？故成王后来赐鲁以天子礼乐，盖亦念此矣。管、蔡流言，正以其迹之近似，亦易使人信。圣人之作用，人亦岂能尽知。况又有殷民之遗，有武庚为之主，又有王室至亲为之响道。此间不容发之时，天下安危之所由分，而天下之柄又既在于己，周公安得崇虚避之名，而辞其责耶？世皆言成王重疑周公，成王方在冲年未省事，岂遽能知疑周公者。考之于经，前后亦不见成王大疑周公之意。如《归禾》、《佳禾》书序之言，尤足以见成王之未尝疑也。惟为二叔所惑者，或未能知周公忠诚之心。二公岂不知耶？在朝之多士，岂不知耶？以圣人盛德，其孚于人，亦非一日矣。故周公得以居东，而所谓诛管、蔡者，又安有不得请命者哉？又安有大权一失不保其身者哉？然则，诛管、蔡者，即居东之时。《诗·东山》“自我不见，于今三年”者，盖罪人斯得之后，又一年耳。朱子谓，杀武庚，致辟管叔于商，囚蔡叔于郭邻，降霍叔为庶人，命微子启代殷后，皆此时事。又云“周公乃告二公曰”至“告我先王”，作《大诰》，遂东征，得其实矣。若云成王既迎周公归之后，方更命周公诛管、蔡，则是周公二次往东山矣。夫周公惟其主少国疑，大难将起，故不得已，权其轻重，而诛管、蔡。若成王既长，君臣既皆相洽，流言外侮，何足忌，而独不能委曲处置，容一至亲耶。故诛管、蔡之事，决非迎归之后。此不可不明辩。又云，成王重疑周公，若周公无所自容者，愚敢以为，皆非也。曰“于后周公作诗以贻王”，岂非亦因其疑而欲开其惑耶？曰周公居东既久，成王渐长亲政，既未知周公之勤劳王家，岂能无间隔之意。故周公作诗以贻，亦因王知识渐长，使歌咏而自得之。但成王天资亦高，容易开悟。又以周公盛德，二公赞翼，即非雷风之变，亦必迎周公矣。故周公东征，后来事体皆已了然胸中，非幸而成者。其曰尽其忠诚，成败利钝不能逆睹者，又不可以言周公矣。曰如子之说，以成王尚幼，未疑周公，故周公得以遂其东征之举，若成王既长，亦遭流言之变而重疑之，不知周公何以处之。曰事亦难以逆料，但圣人至诚动物，若成王既长，自知周公矣。万一昏愚之甚如纣者，然后微子、箕子之徒，始为不得已之计耳。然至此极者甚少。圣人力量，自是感格不同。

“我无以告我先王”者，谓我若不辟罪人而得之，则恐终为摇惑，致危王室，先王其谓我何？蔡说恐未见下落意思。然居东二年之久，乃得罪人，以圣人之兵，岂不能即克之耶，迟回至于二年，则其初岂有诛之之意，中间无限委曲，开谕化诲之不悛，故卒不得已而诛之耳。于是尤见圣人天性之至情，而《春秋》“郑伯克段于鄢”之书，与此正相反矣。王肃谓管、蔡与商奄共叛，故周公东征镇抚之，按验其事二年之间，罪人皆得者，亦是。

《书经衷论》卷三《周书》

（清）张英撰

“周公乃告二公曰：我之弗辟，我无以告我先王”，孔子以为“致辟于管叔”之“辟”，“居东二年”为东征。朱子亦曰，《金縢》之作在周公东征而归之后。其注《鸱鸮》之诗亦曰，周公东征二年，乃得管叔、武庚而诛之，而成王犹未知周公之意也，公乃作诗以贻王。注《东山》之诗则亦曰，感风雷之变始悟而迎公，于是周公东征已三年矣。则朱子以居东二年为东征明矣。既以居东为东征，则所谓“我之弗辟”，其为伸大义，诛管、蔡也又明矣。蔡注乃谓居东为居国之东，而其后别有东征三年。夫当王室新造之时，群叔流言之日，正国家安危所系，周公可以避嫌而逊处于外乎。观“二公曰：我其为王穆卜。周公曰：未可以戚我先王。公乃自以为功”如此等事，周公直是至诚恻怛，亦不以小嫌自避者。天下“避嫌”二字，贤者不为，而谓周公为之乎？平居不为，而况当迫急时为之乎？“罪人斯得”，明是武庚、管、蔡之既诛，非可云始知流言之为管蔡也。朱子亦曰，王室至亲，与诸侯连衡背叛，当国大臣，岂有坐视不救之理。帅师征之乃是正义，不待可与权者而后能也。若马、郑以为东行避谤，乃鄙生腐儒不达世务之说，可不辨而自明。愚终以孔安国及朱子之言为当也。

周公居东二年，则罪人斯得

1.《尚书注疏》卷十二《周书》

（汉）孔氏传，（唐）陆德明音义、孔颖达疏

周公居东二年，则罪人斯得。

传，周公既告二公，遂东征之，二年之中，罪人此得。

疏，正义曰：既言此，遂东征之。周公居东二年，则罪人于此皆得，谓获三叔及诸叛逆者。

传正义曰：周公东征，《诗·东山》之篇歌此事也。序云“东征”，知居东者，遂东往征也。虽征而不战，故言居东也。《东山》诗曰“自我不见于今三年”，又云“三年而归”。此言“二年”者，诗言初去及来，凡经三年。此直数居东之年，除其去年，故二年也。罪人既多，必前后得之，故云“二年之中罪人此得”，惟言居东不知居在何处。王肃云，东，洛邑也。管、蔡与商奄共叛，故东征镇抚之。按验其事，二年之间罪人皆得。

《尚书注疏》卷十二《考证》

“周公居东二年”传“周公既告二公，遂东征之”。疏“《诗·东山》之篇歌此事也”。臣召南按，以居东为东征，则作《大诰》，诛武庚，罪三监，皆在此时。《破斧》之诗“周公东征，四国是皇”，歌此事也，王犹未察。公作《鸱鸮》之诗，及王感风雷之变，而迎公归时，则已三年矣。《我徂东山》之诗，公所以劳归士也。然则，“居东”，即东居旧殷征战之地；“罪人斯得”，即武庚、管叔授首。孔疏何乃引王肃说，谓东是洛邑哉？何乃谓“东征镇抚”、“按验其事”哉？孔疏所云，是仍以郑笺解孔传矣。

2.《书传》卷十一《周书》

（宋）苏轼撰

周公居东二年，则罪人斯得。

二年而后，克明管、蔡，亦得众也。

3.《尚书全解》卷二十六《周书》

（宋）林之奇撰

（归善斋按，见上句）

4.《尚书讲义》卷十三

（宋）史浩撰

（归善斋按，见上句）

5.《尚书详解》卷十八

（宋）夏僎撰

（归善斋按，见上句）

6.《增修东莱书说》卷十八《周书》

（宋）时澜撰

（归善斋按，见上句）

7.《尚书说》卷四《周书》

（宋）黄度撰

周公居东二年，则罪人斯得。

流言方作，周公何以遽东伐。曰兄弟至亲，各据形胜，外连新亡之国，控引蛮夷。其势甚张，其事甚急，周公不得不连出。成王虽疑，付之二公，安集西国，召伯行其职，故周公可以速出，无内顾之忧。周公何以必自将分陕。周公主东方，周公固当自将也。《大诰》，周公为将，行东伯之职也。江汉，召穆公为将，行西伯之职也。古人为国事，皆豫立周官司马，无一事不先具。虽兵行仓卒，有司各以其职行而已。罪人斯得，黜殷、杀管、囚蔡、伐奄也。周师既出，人心遂定，无侵蚀蔓延之势。其跋扈者，独此四国耳。《破斧》曰“周公东征，四国是皇”，不数霍，霍迎降。《多士》“昔朕来自奄”，盖尝伐奄也。虽然二年而后得之，则亦为甚难矣。

8.《絜斋家塾书钞》卷十

（宋）袁燮撰

（归善斋按，见上句）

9.《书经集传》卷四

（宋）蔡沈撰

周公居东二年，则罪人斯得。

居东，居国之东也。郑氏谓避居东都，未知何据。孔氏以居东为东征。非也。方流言之起，成王未知罪人为谁，二年之后王始知流言之为管、蔡。斯得者迟之之辞也。

10.《尚书精义》卷三十二

（宋）黄伦撰

（归善斋按，见上句）

11.《尚书详解》卷二十六《周书》

（宋）陈经撰

（归善斋按，见上句）

12.《融堂书解》卷十一

（宋）钱时撰

（归善斋按，见上句）

13.《尚书要义》卷十二

（宋）魏了翁撰

原阙

14.《书集传或问》卷下

（宋）陈大猷撰

（归善斋按，见上句）

15.《尚书详解》卷七《周书》

（宋）胡士行撰

（归善斋按，见上句）

16.《书纂言》卷四上《周书》

（元）吴澄撰

周公居东二年，则罪人斯得。

居东，谓出征而居东方也。二年，出征之第二年也。罪人，谓叛人武庚。得，谓捕获也。武庚伏诛，而管叔亦死，殷乱遂平。

林氏曰，自周公居东以下，其事迹皆在大诰之后，然实与周公请死之事相为始终，故于此并载之。

17.《书集传纂疏》卷四下《朱子订定蔡氏集传·周书》

（元）陈栎撰

周公居东二年，则罪人斯得。

居东，居国之东也。郑氏谓避居东都，未知何据。孔氏以居东为东征，非也。方流言之起，成王未知罪人为谁。二年之后王始知流言之为管、蔡。“斯得”者，迟之之辞也。

纂疏

周公东征，不必言用权。自是王室至亲，与诸侯连衡背叛，当国大臣，岂有坐视之理。征之乃是正义，不待可与权者而后能。马、郑以为东行避谤，乃鄙生腐儒，不达时务之说。陈少南于经旨，多疏略，不足据以为说。来教所谓周公之志，非为身谋，为先王谋也，以身任天下之重也。此语极佳。答徐元聘。

“罪人斯得”，此处须着个极广大无物，我底心胸看方得，若有一毫私吝自爱，惜避嫌疑之心，则与圣人做处天地悬隔矣。万一成王终不悟，周公更待罪几年不知，如何收杀。答何叔京。

铢问“弗辟”，马、郑音“避”，谓管、蔡流言，王既疑周公，公乃避居东都二年，以待成王之察，及王遭风雷，启书迎公来返，乃摄政始东征。“罪人斯得’，王得流言之罪人也。陈少南、吴才老从之，而诋诛辟之说。诛，窃谓周公诛管、蔡，与伊尹放太甲，皆圣人之变。惟二公至诚，无愧正大明白，故行之不疑，未可以浅俗之心窥之。此“辟”字，与“致辟”之“辟”同，安得以为“避”，使周公委政而去二年之久。不幸王终不悟，小人得乘间而入，祸可胜言哉？公是时，不知何以告我先王也。观公告二公曰“我之弗辟”至“先王”，其言正大明白，至诚恻怛，则区区嫌疑，有所不必避，惟有此心无愧，而先王可告也。自洁其身，而为匹夫之谅，公岂为之哉？答曰：“辟”字，当从古注说。

与蔡沈帖曰，“弗辟”，只从郑氏为是。向董叔重书，亦辨此条，一时答之，谓当从古注，后来思之不然，时三叔方流言，周公处兄弟骨肉之间，岂应以片言半语，便遽然兴师以诛之。圣人气象大不如此。又王方疑公，公固不应不请而自诛之。若请于王，王亦未必从，虽曰圣人之心，公平正大，区区嫌疑，似不必避，但舜避尧子，禹避舜子，自是合如此。或又谓成王疑公，故公居东，不幸王终不悟不知公，又如何处？愚谓，公亦惟尽其忠诚而已矣。

唐孔氏曰，居东不言在何处，王肃云“东，洛邑”也。《诗》言三年，谓初去及来，凡经三年也；《书》云二年，直数居东之年，除其“去”年也。

张氏曰，罪人之得，在二年，而周公之归在三年初，不相妨。

吕氏曰，是时，内则少主疑惑，外则四国倡乱，公何恃而敢出征二年？盖十乱，尚有如二公者为太师太保而在内，可以委付，调护镇定于其间故也。后世权臣，安敢轻去君侧，举足左右，变不旋踵矣。

18.《读书丛说》卷六

（元）许谦撰

（归善斋按，未解）

19.《书传辑录纂注》卷四《周书》

（元）董鼎撰

周公居东二年，则罪人斯得。

居东，居国之东也。郑氏谓避居东都，未知何据。孔氏以居东为东征，非也。方流言之起，成王未知罪人为谁，二年之后，王始知流言之为管、蔡。"斯得者，迟之之辞也"。

辑录

"周公居东二年，则罪人斯得"，杀武庚，致辟管叔于商，囚蔡叔于郭邻，降霍叔于庶人，命微子启代殷，后作《微子之命》，皆此时事。《文集》。

周公东征，不必言用权，自是王室至亲，与诸侯连衡背叛，当国大臣，岂有坐视不救之理，帅师征之，乃是正义，不待可与权者，而后能也。若马、郑以为东行避谤，乃鄙生腐儒不达时务之说，可不辨而自明。陈少南于经旨多疏略不通，点捡处极多，不足据以为说。来教所谓周公之志，非为身谋也，为先王谋也，非为先王谋也，以身任天下之重也。此语极佳。答徐元聘。

罪人斯得，前书已具报矣，不知看得如何，此处须着个极广大无物，我底心胸看方得，若有一毫私吝自爱惜避嫌疑之心，则与圣人做处，天地悬隔矣。万一成王终不悟，周公更待罪几年，不知如何收杀。答何叔京。

问罪人斯得，或以为管、蔡，或以为周公官属，如何？先生曰，非也。管蔡既流言，成王疑之，未知罪人之为谁也。及周公居东二年，成王因风雷之变，启金縢，而悟乃知罪在管、蔡也。若曰所谓罪人者，今得之矣。

又问所谓居东二年，即东征否？先生曰，成王方疑，周公岂得便东征乎？二年待罪也，东征三年，非二年也。《传家录》有一段云云。答徐元聘。与后《答仲默帖同》。

铢问，《金縢》"我之弗辟，我无以告我先王"，马、郑皆音"辟"，为“避”。其意盖谓，管、蔡流言，成王既疑周公，公乃避居东都二年之久，以待成王之察，及成王遭风雷之变，启金縢之书，迎公来返，返乃摄政，方始东征。所谓“罪人斯得”者，成王得其流言之罪人也。陈少南、吴才老从之，而诋先儒诛辟之说。铢窃谓，周公之诛管、蔡，与伊尹之放太甲，皆圣人之变。惟二公至诚，无愧正大明白，故行之不疑，未可以浅俗之心窥之也。此“辟”字与《蔡仲之命》所谓“致辟”之“辟”同。安得以“辟”为“避”，且使周公委政而去二年之久，不幸成王终不悟，而小人得以乘间而入，则周家之祸可胜言哉？周公是时不知何以告我先王也。观公之告二公曰“我之弗辟，我无以告我先王”，其言正大明白，至诚恻怛，则区区嫌疑，有所不敢避矣？惟有此心无愧，而先王可告也。自洁其身，而为匹夫之谅，周公岂为之哉？先生答曰：“辟”字当从古注说。

弗辟之说，只从郑氏为是。向董叔重得书，亦辨此条，一时信笔答，之谓当从古注说。后来思之不然，是时三叔方流言于国，周公处兄弟骨肉之间，岂应以片言半语，便遽然兴师以诛之。圣人气象大不如此。又成王方疑周公，周公固不应不请而自诛之。若请之于王，王亦未必见从，则当时事势亦未必然。虽曰圣人之心公平正大，区区嫌疑，似不必避，但舜避尧之子于南河之南；禹避舜之子于阳城，自是合如此。若居尧之宫，逼尧之子，即为篡矣。或又谓成王疑周公，故周公居东，不幸成王终不悟，不知周公又如何处。愚谓，周公亦惟尽其忠诚而已矣。《胡氏家录》有一段论此，极有意味。《与蔡仲默帖》。

纂注

唐孔氏曰，惟言居东，不言居东在何处。王肃云“东，洛邑也”。又曰，传言三年者，谓初去及来，凡经三年也。《书》云二年者，直数居东之年，除其“去”年也。

张氏曰，罪人之得在二年，而周公之归在三年初，不相妨。

吕氏曰，方是时，内而少主疑惑，外而四国倡乱。周公何恃而敢出征三年之久。盖十乱，尚有如二公者，为太师太保而在内，可以委付内事，调护镇定于其间故也。后世权臣，安敢轻去君侧，举足左右，变不旋踵矣。

碧梧马氏曰，居东二年，罪人斯得，即是东征，而后得罪人也。若是中间白闲坐了二年，何以得罪人。蔡氏曲成郑说，为语迂回。合《诗》书比而观之，定从孔氏刑辟之说，其庶矣乎？

武夷熊氏曰，或曰所谓流言，不过群叔播为中伤之言。所谓“我之弗辟”，音“避”，“居东二年”，乃是周公避之而居东。所谓“罪人斯得”，则周公居东之后，王始知流言之为管、蔡也。于后，管叔怀流言之罪，挟武庚以畔，而后诛之耳，岂有兄弟之间，方听道涂之言，而遽欲致辟之乎？曰不然也，曷不证之《蔡仲之命》乎？亦惟曰“群叔流言”，即接以“致辟”之辞矣。曰“流言”者，特微其辞耳。三监、武庚之叛，固已在其中矣。盖当是时，成王以幼冲而抚新造之邦。流言之变，危急存亡之所系，周公以身佩安危之寄，担当重任，抚机不发，大事去矣，故宁不顾兄弟之亲，不恤天下后世之议已。事盖有重于此者，所以即形为“我之弗辟，我无以告我先王”之言，而居东二年，罪人斯得，即东征致辟之事也。况谓之曰罪人，以其煽乱王室，而声其罪耳，岂流言仅及周公，而遽以罪加之乎？由是观之，此为何时，尚可从容二年之避乎？吾知公必不然矣。

20.《尚书句解》卷七

（元）朱祖义撰

周公居东二年（周公于是居东征伐至于二年），则罪人斯得（则罪之三叔，斯为成王所得而诛之）。

21.《尚书日记》卷十

（明）王樵撰

（归善斋按，见上句）

22.《日讲书经解义》卷七

周公居东二年，则罪人斯得。

东，谓东都。罪人，谓管、蔡也。

史臣曰，方流言之起，成王未知罪人为谁，未免有疑于周公。及公退避东都二年之久，乃知造谤出于管、蔡其谋危社稷之罪状，始昭著而不可掩。

《尚书疑义》卷五

（明）马明衡撰

（归善斋按，见上句）

《尚书稗疏》卷四上《周书》

（清）王夫之撰

居东。

居者，闲处而无所作之谓。经言“居东”，则其非讨殷可知。故《金縢》系《大诰》之前。以此知古注谓“我之弗辟”为“致辟”者，不如马、郑言“辟”之当也。特所云东者，未目言何地。唯郑康成以为东都。东都者，雒也，地正值宗周之东，而时未营雒，不得言都，故但曰“东”，在《诗》则曰《东山》。东山者，山之东也。丰镐与雒，在太华之西，一在熊耳之西。虽地分雍、豫，而山相栉比。雒虽平壤，而北有虎牢，南有嵩少，则亦山中也。周公之于此，而居雒者东，盖周公之国邑也。伯禽之封于鲁，以侯服，嗣周公为小宗者也。周公之封于周君陈，继之而传于周公孔、周公阅者，以别子为大宗者也。其先，食邑在岐之周原，而克商以后，与召公分陕，周公东，而召公西，各有国邑，以主其方之诸侯，则周公故邑于雒东。至此以避谤，故罢相而即于陕东，则赤舄衮衣，自行其治陕之事于其邑。内不摄政而外亦未尝用兵也。或雒本周公之封，其后以致于王而营为东都，周公县内之封又他徙焉，虽无可具考，而康成之言亦必有所受之矣。《诗》称“笾豆有践”则在国而行飨祀之礼。其曰“我公则东，人固以为君”，以此知居东之为致政归国避谤，而非致辟（音璧）也亦明矣。

《尚书埤传》卷十一

（清）朱鹤龄撰

居东二年。

汪睿曰，朱子《诗传·鸱鸮》篇从汉孔氏说，“弗辟”之“辟”音“辟”，谓诛杀之也。郑氏谓，周公以管、蔡流言，辟居东都二年，然后罪人斯得。既曰“居东”，则非东征可知矣。意者公虽退居避位，必尚多侍卫护从之人，及成王感风雷之变而迎之，然后奉命东征，率友邦御事偕往，从前居东护士，未尝易也。观《大诰》一篇，参以《豳风》数诗可见矣。夫以周公之神圣才艺，将王师讨有罪，必不久淹岁月。《东山》诗所谓三年者，居东二年，东征又一年也。王出郊迎公，公必轻身奔赴。军士居东者，或未偕行，虽行亦不得并留，受命东征，军士随往。武庚既诛，归劳东征之士，则三年矣。故曰“自我不见，于今三年”。惟公退让而避居东都，故再言“公孙硕肤”，以赞美之。假令公遭流言之变，是非之实未明，辄假王命，以兴师旅，将孰知而孰信从之乎？朱子晚年亦从郑说，于《答仲默书》可考也（按《蔡传》谓居东二年，东征又三年，汪说亦有理，但谓周公东征止一年，则不然。当时商、奄四国相与以叛，在今河北、山东之地。《多士》所云“昔朕来自奄”，“大降尔四国民命”，《孟子》所云周公“伐奄三年讨其君”，即东征之事也。公之东征，未必皆用兵攻战，特经略东方三年，而后归耳）。

《蔡传》居国之东，不详其地。郑康成以为避居东都。愚谓此说是也。周公出居，非徒避谤远嫌，亦欲身处要地，为训兵剪除之计。武王克商，迁九鼎于雒邑，已有营洛之志。三涂岳鄙之间，地据中原，河山险固。公之出也，官属侍卫，必依旧自随，移镇其地。隐然系天下之重，使挺乱之徒相顾而不敢窃发，非畏恐谢事，如后世大臣引咎，角巾归第者比也。况武庚、三叔连衡举事，渡河而南，即是巩洛。巩洛一有变，则华山桃林以东，反者四起，周事尚可为哉。故公居东都，所以收地险，靖人心，阴为镇抚王室之深谋也。应武庚者，徐、奄、淮、夷皆在东方，而巩洛以南，宴然无恐，实公为之控扼。所以二年之久，武庚虽声势甚盛，未尝发一矢西向也。武庚兵出，吾知公必有以待之，使东都无公，则势亦岌岌矣。然方是时，内则少主怀疑，外则四国倡乱，二年之间，公得以从容坐镇者，亦恃有二公为师保，同心调护于内也。后世权臣，安敢轻去君侧，出则祸不旋踵矣。此又论周公者所当知也。近人茅坤谓，居东是返而居鲁，如汉时大臣罢免归国，殊不知徐、奄与鲁接壤。公归鲁，而徐、奄煽乱如故，恐事理所不宜有。且鲁去丰镐甚远，何以系属天下之人心哉？

历代成案沿革初考

——兼驳清代成案“司法判例”说

王若时*

摘　要：以往研究清代成案的成果，大多把成案局限于“司法成案”，并把其性质界定为“司法判例”。本文考证了唐、宋、元、明、清成案的沿革，在分析成案的概念、内容和功能的基础上，对清朝代表性成案集的编纂做了较为深入的考察，认为成案泛指已办结的公文卷宗，清代成案既有司法成案，还有大量的行政公务类成案。清代法律禁止在审判活动中援引成案，“司法判例”通说不能成立。

关键词：成案　历代　清代

一　成案研究现状

何为成案？如何认识清代成案的性质？这是法史研究中至今存有争议仍需继续探讨的问题。

长期以来，国内外学者发表的有关论文，几乎把清代成案局限于“司法成案”，并把其性质界定为“司法判例”。《清代成案研究——以〈刑案汇览〉为中心的思考》一文认为：“所谓成案，作为判例的一种，是指比照判决之案，即指未经刑部通行的案例，已经判决生效的案例。”[①]《中国判例制度研究——以清代成案为视角》一文认为：“成案是中国历史上最

* 王若时，北京大学法学院硕士研究生。

① 陈丽如：《清代成案研究——以〈刑案汇览〉为中心的思考》，硕士学位论文，西南政法大学，2006，第8、21页。

为典型的判例制度，判例制度在清朝尤为兴盛。”[①]2009 年出版的杨一凡、刘笃才先生所著《历代例考》一书[②]，首次对清代成案“司法判例说”提出质疑。该书专列《清代成案的性质》一节，对《大清律例》附例中关于禁止援引成案条款的法律效力进行了考证，对“司法判例说”的依据即《刑案汇览》中援引成案的有关案件的原判决依据进行了逐一考察，指出司法成案不具有判例性质。杨一凡先生在《清代成案选编》甲编“前言”[③]中，再次论证了成案的内涵和清代成案的性质、类别和功能，指出清代成案“司法判例”说不能成立。可惜，杨一凡先生的这些论述并没有受到应有的关注，其后发表的不少论文仍因袭“司法判例”说。比如，高进的《谈清代的司法成案》一文认为：“成案作为判例的主要表现形式，在司法中主要通过比附的方式实现断案量刑的作用。”[④]林荣在《〈明清法制史料辑刊〉（第二编）的出版及其价值》中写道：“成案虽未经通行，但也逐渐被赋予了法律效力。”[⑤]类似持清代成案是“司法判例”的观点，在多种论著中继续运用。为了进一步推动清代成案性质的探讨，本文仅从历代成案的沿革和清代成案编纂的角度，对成案的内涵和清代成案的性质发表一些不成熟的见解。

二　唐、宋、元、明成案沿革

从现存的大量成案文献看，古人所说的成案的本义，通常指“已办结的公文卷宗，也指诉讼中判定的案件或办理的行政、经济诸事务的先例”。[⑥]

---

① 王芳：《中国判例制度研究——以清代成案为视角》，硕士学位论文，南京师范大学，2007，“内容摘要”。

② 杨一凡、刘笃才：《历代例考》，载杨一凡主编《中国法制史考证续编》第 1 册，社会科学文献出版社，2009，第 454 ~ 493 页。

③ 杨一凡编《清代成案选编》甲编（共 50 册）第 1 册，社会科学文献出版社，2014，前言第 1 ~ 10 页。

④ 高进：《谈清代的司法成案》，《历史档案》2014 年第 1 期。

⑤ 林荣：《〈明清法制史料辑刊〉（第二编）的出版及其价值》，http://www.nlcpress.com/Info.aspx? Id = 141，最后浏览时间：2016 年 8 月 7 日。

⑥ 杨一凡编《清代成案选编》甲编（共 50 册）第 1 册，社会科学文献出版社，2015，前言第 1 页。

（一）唐代成案

“成案”一词，最早出现在唐代。《唐律疏议》卷9“稽缓制书官文书”云：“诸稽缓制书者，一日笞五十，誊制、敕、符、移之类皆是。一日加一等，十日徒一年。”此条后《疏议》曰：“制书，在令无有程限，成案皆云‘即日行下’，称即日者，谓百刻内也。写程：‘通计符、移、关、牒，满二百纸以下，给二日程；过此之外，每二百纸以下，加一日程……’成案及计纸程外仍停者，是为‘稽缓’，一日笞五十。”① 此句话中，“成案”一词出现两次。这里所说的“成案”，显然是指“符、移、关、牒”等文书，并非特指司法案牍。

《资治通鉴·唐纪三十一》记载，唐玄宗时，陈希烈虽为宰相，但受制于李林甫。李林甫“军国机务皆决于私家，主书抱成案诣希烈书名而已”。② 唐代“以三省长官为宰相，已而又以他官参议，而称号不一，出于临时，最后乃有同品、平章之名，然其为职业则一也”。③ 宰相总览政务，大理寺“掌邦国折狱详刑之事”。④ 主书要陈希烈签字负责的“成案”，只能是与宰相职权相关的“军国机务”类公文，而不可能是归大理寺管辖的司法案件。

韩愈《昌黎集》卷13《蓝田县丞厅壁记》也记载：“文书行，吏抱成案诣丞，卷其前，钳以左手，右手摘纸尾，雁鹜行以进，平立睨丞曰：‘当署’。”丞相为县令之佐，主要职责是负责文书、仓库的管理。韩愈在此文中描写唐代县丞有职无权，还要受吏胥的欺凌。该文中所说的成案，内容应是与一县事务相关的公文，不会仅限于司法文书。

从目前查阅到的资料看，唐人所说的“成案”，大多是指行政公务类公文案卷。

（二）宋代成案

宋代史籍中“成案”一词出现的频率，远多于唐代，而记载南宋成案

① 长孙无忌等撰《唐律疏议》，刘俊文点校，中华书局，1983，第196页。

② 《资治通鉴》卷215，中华书局，1956，第6827页。

③ 《旧唐书》卷61《表第一·宰相上》，中华书局，1982，第1627页。

④ 李林甫等撰《唐六典》卷18《大理寺》，陈仲夫点校，中华书局，1992，第502页。

的史料又多于北宋。宋人眼中的“成案”，与唐代同，既用来表示已结案的行政公务成案，也用以表述司法成案。比如《续资治通鉴》载，宋高宗时，年仅 30 岁的范宗尹成为同中书门下平章事，“事多留滞”，绍兴元年（1131 年）被宋高宗罢免。“其罢相制下，省吏抱成案就宗尹书押者不可胜计，故有是命。”① 省吏在范宗尹罢职之时，抱给他要求书押的成案，只能是丞相职权范围内处理的文书。

与唐代稍有不同的是，史籍记载的宋代成案，以司法成案居多。《宋史·慎从吉传》：“景德初，上言求领事务，判刑部。颇留意法律，条上便宜，天下所奏成案率多纠驳，取本司所积负犯人告身鬻之，以市什器。”② 宋真宗咸平年间，慎从吉曾任右庶子、詹事。他于真宗景德初年在刑部当职，对刑部事宜多有建言，对各地奏报的成案多有纠正或驳正。这段话中所说的“成案”，无疑是指司法案件而言。又如，宋人陈襄在《州县提纲》一书中，针对北宋仁宗时期百姓申冤无门的状况建议：“受状当有定日，否则门禁稍严，或被劫夺急投追捕，或因垂命急欲责词，或被重伤急欲验视，多阻于阍人而情不得达兼。有倦于出厅者，吏雁鹜行，终日抱成案伺于阶前，幸其一出，纷拏呈押。”③ 《建炎以来系年要录》云，宋高宗时，“权礼部侍郎兼侍讲张九成，兼权刑部侍郎，先是刑部吏断天下死囚不以情，自九成莅职，有情轻免死甚众。一日，法寺以成案上大辟，九成阅始末，得其情因，请覆实，囚果诬服者也，奏黜之”。④ 这两句话中的“成案”，也是指以刑案为主的公文卷宗。

宋代十分重视成案文书的管理，设立架阁库就是这方面的一个重大举措。架阁库始设于宋太宗至道元年（公元 995 年）。由于三司档案迅速增加，到宋真宗景德三年（1006 年），又建立了著名的金耀门文书库。该库先是保管三司档案，宋神宗元丰年间，金耀门文书库升为具有国家档案馆性质的机构。南宋高宗绍兴三年（1133 年）六月，“丙戌，复置六部架阁库。自崇宁间何执中为吏部，始建议置吏部架阁官。其后诸曹皆置，凡成案

① 毕沅撰《续资治通鉴》卷 109，清文渊阁四库全书本。
② 《宋史》卷 277《慎从吉传》，中华书局，1982，第 9445 页。
③ 陈襄撰《州县提纲》卷 1《情勿壅蔽》，清文渊阁四库全书本。
④ 李心传撰《建炎以来系年要录》卷 121，清文渊阁四库全书本。

留部二年，然后后界而藏之，又八年，则委之金耀门文书库。”① 南宋时期，大型架阁库有三省枢密院架阁库和六部架阁库，主管架阁库的官员为管干架阁库官，选“有时望者为之”。宋代架阁库的设立对后代产生了深远的影响。

（三）元代成案

元代史籍中“成案”的用法，承袭唐宋，即泛指已办结案的卷宗，或指具有行政先例性质的公文案卷及判决的案件。《元史·本纪第十五》云：“省部成案皆财谷事，当令监察御史即省部稽照，书姓名于卷末，仍命侍御史坚童视之，失则连坐。”②。这里所说的“成案”，是“财谷事”方面的公文。《元史》又记载，元成宗时，浙东大灾，饿殍遍野，同知脱欢察私留二十五万赈灾款，暂时托管于胡长孺处，“长孺察其有干没意，悉散于民。阅月再至，索其钱，长孺抱成案进曰：‘钱在是矣。’”③ 胡长孺把脱欢察妄图据为己有的赈灾款发放给灾民，并登记造册。这里所说的“成案”，应该是指发放灾款形成的文册。《元史》卷137记载了这样一则故事：“刑部尝有狱事，上谳既论决，已而丞相知其失，以谴右司主者。奕赫抵雅尔丁初未尝署其案，因取成案阅之，窃署其名于下。”④ 关于这个故事的发生时间，《元史》语焉不详。据笔者初步考证，此事发生在元成宗大德年间奕赫抵雅尔丁任刑部员外郎之时。刑部上报并经皇帝“论决”的狱案出现错判，无疑是严重事件，宰相迁怒右司主管官员，奕赫抵雅尔丁不惜代人受过承担责任，其品质可敬可佩，这个故事中记载的成案，明确是指结案的狱案。

（四）明代成案

明代法律体系较之前代的一个重大变化是，提升了例的法律地位，其数量也大为增加。由于成案是明代制定事例的主要来源，明王朝也特别重视公文档案的整理和编纂，从中央到地方普遍建立了架阁库。

明代虽然禁止使用判例，但允许在司法审判活动中参考司法成案。至

① 毕沅撰《续资治通鉴》卷112，清文渊阁四库全书本。

② 《元史》卷15《世祖十二》，中华书局，1976，第321页。

③ 《元史》卷190《列传第77·儒学二》，中华书局，1976，第4332页。

④ 《元史》卷137《奕赫抵雅尔丁传》，中华书局，1976，第3318页。

于行政公务类成案，经皇帝钦准或上级批准，可以在行政管理中援用。正是在这种情况下，行政执法中援引成案和审判活动中参考成案的现象愈演愈烈，似乎已经成为沿相习传的做法。吴遵撰《初仕录》记载："有司所以取重上官，见畏吏书者，皆在文移。须先参以成案，润以词采，裁定体式，酌量事宜务求详确明白，不拘大事小事。"①弘治十四年（1501年），南京翰林院侍读学士奉直大夫马廷用撰《清江船厂记》评论官府将抽分用于清江造船事说："今计费而给之，虽锱铢必较；计艘而督之，虽沉覆不恤。加以罗织多事之吏争衒虚名，远谤避嫌之人仅守成案。数运之后，为弊日滋。② 针对这一弊端，朝臣要求"勿拘成案"的呼声越来越高，明代史籍中有关这类言论的记载比比皆是。正德十六年（1521年），朝臣杨廷和在为嘉靖皇帝起草的《嘉靖登极诏草》中云："所问犯人及在外问成解来人犯，伸诉冤枉或调别衙门，多官防审，务要从公推问，实情果有冤枉，即与辨理，不许拘执成案，逼勒招认，符合前问官吏，致令枉抑无伸违者罪之"③ 嘉靖二年（1523年），明世宗朱厚熜又下令："毋惑于浮言，毋拘于成案，务得真情，以全民命。"④ 万历年间，潘季驯担任总理河漕都御史时，就治理黄河水汛的上疏曰："逐一详议，虚心讲求，或应修复旧河，或应别求利涉，勿拘成案，勿避烦劳，上裨国计，下奠民生，以图久安长治之策。"⑤ 从上述记载可知，明代时成案已在行政管理和司法实践中被广泛利用。

三　清代成案的性质、类型和成案集的编纂

进入清代之后，成案的编纂和利用空前兴盛。清代统治者在纂修《大清会典》、《大清律》后附例和各部院则例的过程中，都很重视把那些具有普遍适用性的成案删整为例，完善国家的法律制度。清人所云"案生例"，

① 吴遵撰《初仕录》，明崇祯金陵书坊唐氏刻官常政要本。

② 席书编、朱家相增修《漕船志》卷8，明嘉靖二十三年刻本。

③ 黄训编《名臣经济录》卷14，清文渊阁四库全书本。

④ 《明世宗宝录》卷26，台湾中研院历史语言研究所，据原北平图书馆藏该书红格钞本微卷校印。

⑤ 潘季驯撰《河防一览》卷7《两河经略疏》，清文渊阁四库全书本。

就是说成案是例的重要法律渊源。清代还在行政管理中充分运用成案，在司法审判中参考成案。与此相适应，有关衙门、官员、书商和文人编纂成案集也盛况空前。据初步统计，现存的清代成案集有百部之多，其中以“成案”命名者有60余种。

清人对成案内涵的认识，仍同于前代。清代的成案集就其内容和功能而论，大体分为两种类型：一类是行政公务类成案；一类是以刑案为主的司法成案。就清代成案集编纂的形式而言，大体有三种类型，除行政公务类成案集、司法成案集两类外，还有综合编纂类成案集。因清代成案数量浩瀚，这里仅就一些有代表的成案集的编纂情况列表述后。

（一）行政公务类成案集

在清代成案中，这类成案的数量远多于司法类成案。行政公务类成案是在具体的行政过程中产生的，凡是各级衙门办理公务形成的文案都属这类成案，其内容涉及行政、经济、礼仪、军政管理等领域。行政公务类成案的来源、功能与司法成案有明显的区别。在这类成案中，有相当一部分是中央各部院及地方官员就具体公事上奏皇帝或上级官员、经批准后的规范性文件。这些规范性文件对行政事务具有指导意义，在以后的行政管理中，如出现则例无明文规定的情况，可报请皇帝或上级批准，在特定的事务，或特定的区域，或特定的时限内援用。此类作为先例被援用的成案，是则例编纂的基本来源，有“权宜”使用的性质，但没有普遍的适用性。现将代表性成案集的版本、藏馆信息列表述后（见表1）。

表1　代表性行政公务类成案集

名　　称	作　　者	版　　本	藏　　馆
山东运河成案	（清）曾藩	清抄本	中国国家图书馆
乾隆庆典成案	（清）内务府	清铅印本	北京大学图书馆
庆典成案	（清）内务府	清铅印本	北京大学图书馆等
清嘉道时河州成案	（清）佚名	清抄本	南开大学图书馆
关税成案辑要	（清）佚名	清抄本	中国国家图书馆
藩司衙门奏销地丁成案	（清）佚名	清抄本	北京大学图书馆
清丈成案	（清）佚名	清抄本	上海图书馆等

续表

名　　称	作　　者	版　　本	藏　　馆
考功司保奖成案	（清）佚名	清抄本	南京大学图书馆
南河成案	（清）南河总督署	清刻本	北京大学图书馆、中国国家图书馆等
南河成案续编	（清）佚名	清刻本	北京大学图书馆等
松所盐务成案	（清）佚名	清刻本	中国国家图书馆
海盐县新办塘工成案	（清）汪仲洋	清道光刻本	清华大学图书馆等
修建虎门城寨工费准照成案奖叙奏稿	（清）户部	清咸丰元年刻本	中国人民大学图书馆
内务府庆典成案	（清）内务府	清光绪刻本	北京大学图书馆等
直省洋教成案	（清）佚名	清光绪二年刻本	北京师范大学图书馆、复旦大学图书馆、苏州大学图书馆等
栗恭勤公砖坝成案	（清）栗毓美	清光绪八年刻本	北京大学图书馆、中国国家图书馆
通商章程成案汇编	（清）李有棻	清光绪十二年铅印本	复旦大学图书馆、吉林大学图书馆、辽宁大学图书馆等
从善堂成案	（清）佚名	清光绪十三年刻本	中国人民大学图书馆
襄堤成案	（清）陈广文、胡子修	清光绪二十年活字版印本	北京大学图书馆、中国国家图书馆等
约章成案汇览	（清）北洋洋务局纂辑	清光绪二十二年石印本	北京大学图书馆、清华大学图书馆等
续通商章程成案汇编	（清）李有棻	清光绪二十五年秦中书局铅印本	吉林大学图书馆、清华大学图书馆等
万寿庆典成案奏稿	（清）礼部	清末刻本	北京大学图书馆
统税历办成案汇编	（清）佚名	清末刻本	北京大学图书馆
呼伦边务成案	（清）佚名	清光绪宣统间抄本	北京大学图书馆
办矿成案	（清）佚名	清宣统二年浙江官报兼印刷局铅印本	上海图书馆

在表 1 列举的成案集中，《庆典成案》、《内务府庆典成案》、《乾隆庆典成案》、《万寿庆典成案奏稿》系礼仪类成案，《藩司衙门奏销地丁成案》、《考功司保奖成案》系职制类成案，《通商章程成案汇编》、《约章成案汇览》、《续通商章程成案汇编》、《直省洋教成案》、《从善堂成案》系对外通商及其他外事管理类成案，其余为经济、财政管理类成案。

清人编纂的行政公务类成案集很多，表 1 列举的仅是以“成案”命名的成案集，还有大量未用“成案”命名的成案汇编，如《筹办河工案》①、《山东河工保案》②、《续纂江苏水利全案》③、《江苏省减赋全案》④、《甘肃查办全案》⑤、《云南举办团保全案汇纂》⑥、《裁减淮北票盐浮费全案》⑦ 等。

（二）司法成案

司法成案是在审判活动中产生的，凡是已结案的案件都属于司法成案的范畴。清人编纂的以“成案”命名的司法成案集有20余种，现将代表性的司法成案集的版本、藏馆列表述后（见表2）。

表2 代表性司法成案集

名　称	纂辑者	版　本	藏　馆
成案质疑	（清）洪皋山、饶敦夫	清乾隆二十年刻本	中国社科院法学所图书馆等
条例附成案	（清）王玉如	清乾隆三十年刻本	中国社科院法学所图书馆
江苏成案	（清）沈沾霖	清乾隆五十九年刻本	中国社科院法学所图书馆
新纂驳改比照成案所见集补编	（清）胡肇楷、王又槐	清嘉庆十二年刻本	英国伦敦大学亚非学院图书馆
粤东成案初编	（清）朱梫	清道光八年刻本	北京大学图书馆等
加减成案新编	（清）李逢辰	清道光十三年刻本	北京大学图书馆等
两歧成案新编	（清）李逢辰	清道光十三年刻本	北京大学图书馆等
刑部比照加减成案	（清）许梿、熊莪	清道光十四年刻本	天津图书馆
刑部比照加减成案续编	（清）许梿	清道光二十三年刻本	吉林大学图书馆、中国人民大学图书馆等
秋审成案	（清）刑部各司	清道光刻本	东京大学东洋文化研究所
成案备考	（清）佚名	清抄本	北京大学图书馆、中国国家图书馆等
西曹成案	（清）佚名	清抄本	吉林大学图书馆

① 佚名辑《筹办河工案》，清光绪抄本。
② 山东河防总局编《山东河工保案》，中国国家图书馆藏清光绪十八年稿本。
③ 佚名纂《续纂江苏水利全案》，清光绪十五年木活字印本。
④ 刘郇膏、方传书辑《江苏省减赋全案》，清同治五年刻本。
⑤ 祁寯藻辑《甘肃查办全案》，清抄本。
⑥ 云南省会国防总局纂《云南举办团保全案汇纂》，清光绪二十五年刻本。
⑦ 都转盐运使司编《裁减淮北票盐浮费全案》，清光绪年间刻本。

续表

名　　称	纂辑者	版　　本	藏　　馆
湖南部驳成案	（清）佚名	清刻本	北京大学图书馆
秋审实缓比较成案	（清）英祥	清光绪二年刻本	北京大学图书馆、中国国家图书馆等
成案杂抄	（清）陈乃勋	清光绪抄本	中国社科院法学所图书馆

清人编纂的司法成案集，除表 2 列举的外，还有大量不以“成案”命名的成案汇编，如《刑案汇览》、《折狱龟鉴》、《牧爱堂编》、《同安纪略》、《题咨驳案》等近百种。①

有些论著所说的具有“判例”性质的成案，是指案情在没有律、例正文援引的情况下，可比附成案判案。《大清律》规定：“凡断罪，皆须具引律例，违者，笞三十。”② 关于清代成案是否具有判例性质，《清代成案选编》甲编“前言”和《历代例考》都做了详细考论，本文不再赘述。但仅就清代成案集收入的成案件数而言，把司法成案界定为“判例”，在逻辑上就讲不通。仅《秋审实缓比较成案》、《秋审实缓比较汇案》、《秋审比较汇案续编》三书记录的道光四年（1824 年）至光绪九年（1883 年）间秋审审录的死刑案件计 9964 件。③《刑案汇览》四种刑案汇览收入案件 9200 余件。④ 清代的司法成案到底有多少，尚无法详细、准确统计，只能用“浩瀚”二字加以表述。就现见的司法成案集所收成案而言，也会在数十万件以上。司法成案在审判活动中有重要的参考价值，还是例的重要来源，但在审判中不能作为判决的依据。如果把司法成案的功能都说成判例的话，那司法官员数十年都看不完一遍，还有什么法律可言。

（三）综合编纂类成案

清人编纂的成案集，也有少数是综合编纂的。现将具有代表性的综合

---

① 参见杨一凡、徐立志主编《历代判例判牍》，中国社会科学出版社，2005；杨一凡编《古代判牍案例新编》，社会科学文献出版社，2012；杨一凡主编《历代珍稀司法文献》，社会科学文献出版社，2012；高柯立、林荣编《明清法制史料辑刊》（第二编），国家图书馆出版社，2014。

②《钦定大清会典》卷 191《刑部·刑律二十二·断狱五》，清乾隆二十九年武英殿刻本。

③ 杨一凡编《清代秋审文献》第 1 册，中国民主法制出版社，2015，前言。

④ 杨一凡、尤韶华撰《刑案汇览全编·整理说明》，载中国社会科学院法学所法制史研究室编《刑案汇览全编》第 1 册，法律出版社，2007，第 1 页。

编纂类成案的版本、藏馆列表述后（见表3）。

表3 代表性综合编纂类成案

名　称	纂辑者	版　本	藏　馆
定例成案合镌	（清）孙纶辑，孙绘校阅	清康熙六十年刻本	中国社科院法学所图书馆、吉林大学图书馆等
定例成案合镌续增	（清）孙纶辑，孙绘校阅	清刻本	北京大学图书馆等
六部新例成案	（清）佚名	清雍正九年刻本	吉林大学图书馆
续增六部新例成案	（清）佚名	清雍正九年刻本	吉林大学图书馆
成案汇编	（清）雅尔哈善	清乾隆十一年刻本	日本东京大学东洋文化研究所
成案续编	（清）同德	清乾隆二十年刻本	北京大学图书馆
成案续编二刻	（清）李治运	清乾隆二十八年刻本	北京大学图书馆、中国国家图书馆
成案所见集一集	（清）马世璘等	清乾隆五十八年刻本	北京大学图书馆等
成案所见集二集	（清）马世璘等	清乾隆五十八年刻本	北京大学图书馆等
成案所见集三集	（清）马世璘等	清乾隆五十八年刻本	北京大学图书馆等
成案所见集四集	（清）马世璘等	清乾隆五十八年刻本	北京大学图书馆等

在上述成案中，《定例成案合镌》、《定例成案合镌续增》是定例和成案的汇编，《成案汇编》、《成案续编》、《成案所见集》等书收入的成案是吏、户、礼、兵、刑、工六部成案，既有刑事类成案，又有行政类成案、民事类成案，其中包括大量的行政处分类成案。这些成案都是私人编辑的，主要是供各级官员在行政和司法中参考。

至于《通行成案》，目前看到的仅有清抄本《历代通行成案》，收入清道光十八年（1838年）至光绪十二年（1886年）通行成案54件。这类成案是在列强入侵、朝廷来不及修例的情况下变通使用的，虽借用成案之名，实际上是定例的性质，属于成文法的范畴，与我们所说的成案不是同一类性质，本文不再论证。

综上所述，从唐至清代，历朝都没有把成案认定为判例。“判例”一词是清末才出现的。那种把清代成案解读为“司法成案”，又把司法成案界定为“判例”的观点是不符合历史实际的。

《柏尔德密协定》执行问题研究

姚　舜*

摘　要： 根据1865年中、法所达成的《柏尔德密协定》，基督教会获得在中国内地置产的权利。清政府在该协定达成的同时，密令华民在卖产前必先征得官府同意。由于清政府或某些地方官员被认为会借此对传教活动进行钳制，该规定引发各国驻华公使和传教士的异议，清政府对此则辩称，其目的在于杜绝盗卖等情，减少民教冲突。《柏尔德密协定》的执行问题，展示了中国近代条约制度的另一个面向。

关键词： 柏尔德密协定　报官规定　争议

教会被允许在内地置产是民教冲突在第二次鸦片战争后更为频繁的原因之一。此项权利的获得始于1865年《柏尔德密协定》。该协定共施行约三十年，至1895年为《施阿兰协定》所替代。在此期间，清政府与各国公使就该协定的执行问题频繁交涉，地方官员在具体执行时也问题丛生。对于《柏尔德密协定》，学界以往在研究条约制度和教会置产时多有提及①，但均着墨有限，且未对执行中产生的诸多问题进行分析。鉴于此，笔者以为仍有进一步研究之必要。

* 姚舜，中国社会科学院研究生院硕士研究生，研究方向为法律史。

① 相关的论文如吕坚《关于近代史上教会内地置产协定》，《史学集刊》1988年第2期；王中茂《晚清天主教会在内地的置产权论述》，《清史研究》2007年第3期；王林《近代基督教会在中国内地置产建堂条约根据质疑》，《山东师范大学学报》（人文社会科学版）2004年第3期。相关的著作如李育民《近代中国的条约制度》，湖南人民出版社，2010，第215～216页；侯中军《近代中国的不平等条约》，上海书店出版社，2012，第293～294页。

一　内地置产及报官规定

1. 内地置产权的由来

自第一次鸦片战争结束，传教士以“外人”的身份先后通过《中英虎门条约》、《中美望厦条约》、《中法黄埔条约》获得在华置产的权利，[①] 但当时仅限于各通商口岸。有关内地置产的条约文本，最早见于中英1858年签订的《天津条约》中，其第十二款为“英国民人，在各口并各地方意欲租地盖屋，设立栈房、礼拜堂、医院、坟基，均按民价照给，公平定议，不得互相勒措”[②]。对于该款中的“各口并各地方”，“所有官方的人员，不论中国的或外国的，都曾一致的否认根据这一条款把这项特权扩张到内地去”[③]，因此教会并未通过该条款获得在内地置产的权利[④]。之后中法于1860年签订的《北京条约》也存在类似问题，该条约中文本第六款最后一句为“并任法国传教士在各省租买田地，建造自便”[⑤]。对于该款中的“各

---

① 《中英虎门条约》第七款载有“允准英人携眷赴广州、福州、厦门、宁波、上海五港口居住，不相欺侮，不加拘制”，《中美望厦条约》第十七款载有“合众国民人在五港口贸易，或久居，或暂住，均准其租赁民房，或租地自行建楼，并设立医馆、礼拜堂及殡葬之处”，其后签订的《中法黄埔条约》第二十二款规定有“凡法兰西人按照第二款至五口地方居住，无论人数多寡，听其租赁房屋及行栈，或租地自行建屋建行。法兰西人亦一体可以建造礼拜堂、医人院、周急院、学房、坟地各项”。详见王铁崖《中外旧约章汇编》（第一册），三联书店，1957，第35、54、62页。

② 王铁崖：《中外旧约章汇编》（第一册），三联书店，1957，第98页。

③ 〔美〕马士：《中华帝国对外关系史》（第二卷），张汇文等译，上海书店出版社，2000，第244页。

④ 此处需要说明的是，1869年扬州教案发生后，扬州知府曾指示丹徒县令“复查中英条约内容第十二条曾规定，英国人在通商口岸或其他各地欲租房屋者，应一律按当地民间市价订立合约，当事人任何一方不得强求”，并晓谕民众“自本告示之日起，如有外国人欲向汝等租赁房屋，汝等既无妨碍亦无不愿者，必须按照条约规定，照市面通行价格商订租约”。扬州当时并不是通商口岸，该官员仍根据《中英天津条约》第十二款发布指令，当属其对条款中“各口并各地方”误解。中国第一历史档案馆，福建师范大学历史系合编《清末教案》（第六册），中华书局，2006，第18页。

⑤ 王铁崖：《中外旧约章汇编》（第一册），三联书店，1957，第147页。一般认为，此句话为谈判条约时，担任中文翻译的传教士孟振生和德拉马私自添加进条约的中文本，法国公使葛罗对此并不知情。虽然从国际法角度该内容当为无效，但鉴于清政府当时并未有疑议，此处不直接以无效否定之。详见〔法〕卫青心《法国对华传教政策》（下卷），黄庆华译，中国社会科学出版社，1991，第593页；杨大春《晚清政府基督教政策初探》，金城出版社，2004，第27页。

省”，时任两江总督兼上海通商大臣李鸿章认为“法国和约第十款所载买地建堂一节[①]，只为在通商口岸而言，嗣后续增条约（即《北京条约》），亦曾言及各省二字，即指广东、福建、浙江、江南之通商各省。如当日立约有意该括此外省份，即应于各省下加增地方内字样”[②]。总理衙门对此给予了肯定，“查法约第十条租地建堂一事，原指通商口岸而言。其续约第六条虽有各省二字，并未载明内地字样”，并指责法国驻华公使柏尔德密“总以续约内有各省二字执而不化”[③]。而柏尔德密对此则坚持“第六款内所言原甚明晰……其原立第十款只为关系外国人在中国居住各事，未曾该括传教士等，至续增第六款载有任传教士等在各省租买田地建造自便等语，甚易了悉”，并反诘“今何以强为区别，若不准伊等买地为建堂并善举诸事，是与不准伊等在该处传教何异？”[④]

对于“各口并各地方”及“各省”问题，各国政府因外交重点不同常作不同的解释。就法国而言，“在一切东方国家中最重要的利益一向是对天主教的保护”[⑤]，并且“依靠传教弥补在商业贸易方面的不足”也是法国政府的一贯方针[⑥]。相较之下，英、美两国则更注重在华商业利益，对传教问题总体持限制态度。英国驻华公使阿礼国就认为“想在内地设立教会的种种意图，势必给我们在中国的商业上和物质上的利益带来损害，所有猜忌和恐怖都会因此而激发出来，所有暴行亦将由此而造成”，并批评一

---

① 此处指中法 1858 年签订的《天津条约》第十款，原文为“凡大法国人按照第六款至通商各口地方居住，无论人数多寡，听其租赁房屋及行栈存货，或租地自行建屋建行。大法国人亦一体可以建造礼拜堂、医人院、周济院、学房、坟地各项。地方官会同领事官酌议定大法国人宜居住、宜建造之地。凡地租、房租多寡之处，彼此在事务须按照地方价值定议。中国官阻止内地民人高抬租值，大法国领事官亦谨防本国人强压迫受租值。在各口地方，凡大法国人房屋间数、地段宽广，不必议立限制，俾大法国人相宜获益。倘有中国人将大法国礼拜堂、坟地触犯毁坏，地方官照例严拘重惩”。后文所提到处相同。详见王铁崖《中外旧约章汇编》（第一册），三联书店，1957，第 106 页。

② 中研院近代史研究所：《教务教案档》第一辑（一），1974，第 51 页。

③ 中研院近代史研究所：《教务教案档》第一辑（一），1974，第 53 页。

④ 中研院近代史研究所：《教务教案档》第一辑（一），1974，第 51 页。根据中英《天津条约》第九款，特别是中俄《天津条约》第八款、中法《天津条约》第十三款，传教士已享有在内地传教的权利。详见王铁崖《中外旧约章汇编》（第一册），第 97、88、107 页。

⑤ 〔美〕马士：《中华帝国对外关系史》（第一卷），张汇文等译，上海书店出版社，2000，第 694 页。

⑥ 〔法〕卫青心：《法国对华传教政策》（上卷），黄庆华译，中国社会科学出版社，1991，第 316 页。

些传教士“自命不凡”[①]。实际上，从签订《虎门条约》开始，清政府就明确主张将内地和各通商口岸区分开来[②]，对于这一点，各国驻华公使不可能不清楚。由此观之，法国公使柏尔德密只是想借机扩大天主教会在华的势力罢了。

最终，总理衙门被迫进行了妥协，于1865年2月20日致函柏尔德密“嗣后法国传教士如入内地置买田地、房屋，其契据内写明‘立文契人某某（此系卖产人姓名）卖为本处天主堂公产字样’不必专列传教士及奉教人之名，现已函致江苏李抚军查照办理”[③]。3天后，即2月23日致函李鸿章将上述协定告知以备时付阅，并由李转饬各地方。至此，《柏尔德密协定》达成，教会第一次获得了在内地置产的权利。[④]

2. 置产报官规定

协定已达成，总理衙门也通过“契内声明卖作天主堂公产”的方式确保内地之地不至为外国之地，但对此仍有顾虑，在给李鸿章同时发出的另一密函中提出“至卖业之人，嗣后须令于未卖之先报明该处地方官，请示应否准其卖给，由官酌定准否，方准照办，不得径将己业私行卖给。如有私卖者，立加惩处”，并在后文处提醒李鸿章“此函缕叙种种，切勿宣露

---

① 中国第一历史档案馆，福建师范大学历史系合编《清末教案》（第六册），第141页。

② 《虎门条约》载有“广州等五港口英商或常川居住……不可妄到乡间任意游行，更不可远入内地贸易……以期永久彼此相安”。详见王铁崖《中外旧约章汇编》（第一册），三联书店，1957，第35页。

③ 中研院近代史研究所：《教务教案档》第一辑（一），1974，第52页。

④ 此处有几点需要说明：一、《柏尔德密协定》中“卖为本处天主堂公产”与道光帝1846年“还堂”上谕中“准其给还该处奉教之人”含义类似，即都强调被出卖或给还的田宅等所有权仍属中国教民，传教士对“公产”并不享有所有权，更不能以个人名义置买私产。虽然清政府在此问题上煞费苦心，但这些规定最终仍成具文——在实践中很难对此做出区分，卖给教会的田宅等通常都由教士掌管，抑或是以中国教民的名义取得法律上的所有权，教民代教会保管，从而使得外国教会或教士在实质上取得在内地置产的权利。综上，笔者认为此处表述为教士或是教会取得在内地置产的权利皆可。二、“天主教无论供奉十字架图像与不供十字架图像，凡习教为善者，中国概不禁止”。从清政府对基督教弛禁开始，就对天主教、新教等确立一视同仁的政策，并不作区分。因此天主教所获得的内地置产权利，新教等同样享有。三、对于内地置产的问题，法、美、西、日、德、荷、俄7国领事曾于1864年年初在英国驻上海领事馆内商议过。法国较他国更为积极的原因上文已述。详见中国第一历史档案馆，福建师范大学历史系合编《清末教案》（第一册），中华书局，1996，第14页；〔美〕威罗贝《外人在华特权和利益》，王绍坊译，三联书店，1957，第431页；〔法〕卫青心《法国对华传教政策》（下卷），黄庆华译，中国社会科学出版社，1991，第516页；《上海新报》1864年2月18日，第298号。

为要"[1]。通过该规定，卖产之华人在卖产前必须报请地方官同意，私自卖产将受到严惩。

五年后天津教案发生，清政府意识到"若再不筹善后之方，则教中之气焰愈张，吾民之怨愤愈积，祸患正不知所止"[2]，为解决教会在华传教所引起的一系列问题，特制定《传教章程》，其中第八款再次强调"教中买地建堂，以及租赁公所，应同真正之原业主，报明该管地方官查核，有无风水窒碍。如经地方官核准，仍须本地人民不相嫌恶，均无异词，方准照同治四年定章，于契上写明系中国教民公共产业，不得驾名他人，买产成交"[3]，该款明确提出了教会置产需满足"风水无碍"和"本地人民不相嫌恶"两项条件，并且"不得驾名他人"。虽然《传教章程》在各国的反对下最终成为具文，但是"《备忘录》（即《传教章程》）中提出的原则，常常影响着各省的官员们的行动"[4]。

后至 1881 年济南教案，山东学政张百熙在奏折中也提出类似的意见，"嗣后遇有洋人买中国房产，必须四邻到官具结，官往验明后方准卖主收价。倘或中国人先收洋人银钱，定行重治其罪，房产仍归中国。洋人之买中国房产者，亦须事前声明该管有司，事后方予保护，不得影射蒙混，致中国士民有以借口。即中国买卖房产，亦必契内声明实非卖于洋人。如或偷买倒卖，将房产入官，仍照例治罪，准其纳赎"[5]。相较之前的规定更为详细，增加了诸如"四邻到官具结"、"官往验明"、洋人"亦须事前声明该管有司"等，希望借此减少因洋人置产所产生的纠纷。清政府对张百熙的建议表示赞同，并称之为"正本清源之论"。

---

① 中研院近代史研究所：《教务教案档》第一辑（一），1974，第 54 页。

② 张力、刘鉴唐：《中国教案史》，四川省社会科学院出版社，1987，第 462 页。

③ 中华书局编辑部，李书源整理《筹办夷务始末（同治朝）》（第九册），中华书局，2008，第 3303 页。

④ 〔法〕史式徽：《江南传教史》（第二卷），天主教上海教区史料译写组译，上海译文出版社，1983，第 202 页。如英国驻华公使威妥玛因延平教案在给总理衙门的照会中曾引用闽浙总督的咨报"教民魏代沐将起盖教堂传教，并未照章报名附近绅耆，查得有碍方向，致有向阻"，并称"查所谓教民并未照章报明一节，本属不甚明晰"，"无如此章程，一向并未设立"。中国第一历史档案馆，福建师范大学历史系合编《清末教案》（第二册），中华书局，1998，第 66 页。

⑤ 中国第一历史档案馆，福建师范大学历史系合编《清末教案》（第二册），中华书局，1998，第 361 页。

二 中外就报官问题产生的争议

1. 各国驻华公使及教士的异议

对于清政府的单方面规定，各国传教士与驻华公使均表示异议。根据现在可查的档案，[①] 法国方面最早对此规定表示异议的是驻华公使热福理，他在同治十二年（即1873年）照会奕䜣“查禀词所载，有嗣后卖业之人必须先报地方官，请示应否准其卖给，由官酌定等词。本大臣想此新章不知由何年月日所定？曾与法国会议果应准否？”[②] 后任的公使宝海亦于光绪七年照会总署表达不满，要求清政府“专按照章程办理，勿添格外枝节”[③]。到施阿兰接任公使之职时，认为若“遇由地方官不准”，势必将《北京条约》的相关条款及《柏尔德密协定》“化为乌有”[④]，因此要求清政府“删除此等搀假之句”[⑤]，并“通行转致各省将军总督巡抚遵办”。同法国官方态度一样，法国传教士也认为这个密令使得《柏尔德密协定》成为“一纸空文”[⑥]，“很显然，官员们一表态民众就不敢提出异议，买卖也就做不成了”，以致“三十年内，每逢要创建一所新堂，传教士常常要同官员们为购买田地问题引起激烈的争执，其成功与否，要看官员权力大小以及传教士能力的高低而定”，并且称之为“到处碰到的、千篇一律的麻烦事”[⑦]。

不仅法国官方及天主教士如此表态，英国官方与新教教士也多持反对态度。英国驻华公使威妥玛就曾表示“查所谓教民并未照章报明一节，本属不甚明晰……所指应照章办理之处，无如此项章程，一向并未设立，与崇奉耶稣教各项人等焉能为例？”[⑧] 在华生活了近五十年的新教教士杨格非

① 此处以《教务教案档》与《清末教案》为准。

② 中国第一历史档案馆，福建师范大学历史系合编《清末教案》（第二册），中华书局，1998，第31页。

③ 中研院近代史研究所：《教务教案档》第五辑（一），1977，第166页。

④ 中研院近代史研究所：《教务教案档》第五辑（一），1977，第174页。

⑤ 中研院近代史研究所：《教务教案档》第五辑（一），1977，第173页。

⑥ 中国第一历史档案馆，福建师范大学历史系合编《清末教案》（第二册），中华书局，1998，第136页。

⑦ 中国第一历史档案馆，福建师范大学历史系合编《清末教案》（第二册），中华书局，1998，第137页。

⑧ 中国第一历史档案馆，福建师范大学历史系合编《清末教案》（第二册），中华书局，1998，第66页。

对此亦深有体会，他想在当时未开口的武昌购置一块土地和一处房屋，当地的各级官员总是尽一切可能的阻止他的计划。他在给朋友的信中写到“在这里我需要特别告诉您，我的成功也是大不列颠领事鼎力相助的后果。如果他稍有一点不配合，那么最后的胜利也就属于中国官员了”①。

2. 争议之所在

面对各国的异议，清政府也不甘示弱，常据理力争。我们且以时任两江总督兼南洋通商大臣刘坤一与法国驻沪微领事在光绪十九年（即 1893 年）的辩论为例，对此问题一探究竟。对于置产前需报官的规定，刘认为：一者，“与通商口岸租地必先报勘情事相同，即所以预杜侵盗关碍等弊”，并指出由于“私相授受”，已经造成“盗卖纠葛流弊百出，案牍繁兴”②；二者，通商口岸租地等尚须报经官府批准，而“教士照约本无准在内地租地设堂之条”，现在通过《柏尔德密协定》“约外通融”，“岂有转不报勘之理?”；三者，“责令卖业之华民必先报官核办本系自有之权”，更何况责令报官是为了“预杜纠葛”、“辑洽民教”、“两有禆益”；四者，“本大臣曾于上年十二月间，饬该道转覆华前总领事，以后租地应照章请饬”，“华前总领事深知其情，并无异词”③；五者，“江阴教案合同内载，均须遵照大清国法税契，由县亲往查勘，是已租多年房地，尚须由官补勘补税，以后租地更应照章办理”。

针对刘坤一的观点，法国驻沪微领事则主张“两国交涉惟条约及互订章程是凭”④，应当“按法照章”办理，卖产前报官等规定并未与法国相商，“亦未栽在条约及同治四年章程”⑤，且“历年以来，每遇外省地方官如此措词，本国钦差驻京大臣立向总署提驳，总署亦无异词。”对于刘坤一所提“责令卖业之华民必先报官核办本系自有之权”，表示“买者系外国人，卖者乃系中国人也”，既然与两国都有关系，仍须“惟条约及互订章程是凭”。至于华领事的“无异词”和有关税契之事，“华前总领事虽未

① 〔英〕罗夫·华德罗·汤普森：《杨格非：晚清五十年》，赵欣、刘斌斌译，天津人民出版社，2012，第 145 页。
② 中研院近代史研究所：《教务教案档》第五辑（一），1977，第 150 页。
③ 中研院近代史研究所：《教务教案档》第五辑（一），1977，第 155 页。
④ 中研院近代史研究所：《教务教案档》第五辑（一），1977，第 158 页。
⑤ 中研院近代史研究所：《教务教案档》第五辑（一），1977，第 153 页。

专驳，亦非允许，不得即以为据”[①]，“中国民人买卖地基，若欲税契，必在交易以成之后，并非在卖地之先，是条约暨互订章程以及中国俗例三者，均无责令业主先行报官，方可卖产与教士之条”。

查两人的数次往来，不难发现二人的主要分歧在于：刘坤一一再强调“流弊”等实情，报官的目的在于减少纠纷；而法国领事则认为清政府“以是为非，心存阻挡，不令教士查照条约明文前往内地安居传教起见”，只要“按法照章”，“毋得于约章之外另加异词”，民教自然相安。对此，笔者拟再举两教案进行说明。

（1）1868年栖霞捐庙案

对于该案，英国的传教士在给官方的报告中称“居住于栖霞县的张姓家族，其族长和其他几位家族成员在全族人的同意下，将属于族产的一座庙宇捐给教会作公产”[②]，当知县查知此事后，族长被责打四百大板，其余两人也受到惩罚，并且他们“慑于知县的威力，否认了自己的签字”[③]。然而，清政府提供的审讯结果却与上述报告有所出入，据张明科（是为张姓族长）供称“本年正月十七日，外国人到小的村里，小的们都没见过。张旭怎样把庙地捐与外国，小的们都不知道，也没列名在内，都是张旭（张姓族中的教民）捏列的”[④]。另一张姓族人也供称“本年张旭怎样把庙地七亩捐与外国人，小的们并不知道，他也没商量小的族中人等，小的族人也都不愿捐给外国”，且“张旭平素最是横恶，族众无不惧他。他又常好兴讼是实”[⑤]。孰是孰非笔者在此不便妄作猜测，两相比较，英国传教士明显在指责地方官员阻止自己置产，但是据栖霞县令上报的供单，则是张姓族中有人盗卖公产。

（2）1887年济南美国教会置产纠纷案

美国驻华公使田贝在给总理衙门的照会中称：美国长老会传教士李佳白在济南城外置妥房地一所，将契据送往道台处，请其转饬县令盖印。该

① 中研院近代史研究所：《教务教案档》第五辑（一），1977，第159页。

② 中国第一历史档案馆，福建师范大学历史系合编《清末教案》（第六册），第137页。

③ 中国第一历史档案馆，福建师范大学历史系合编《清末教案》（第六册），第138页。

④ 廉立之、王守中：《山东教案史料》，齐鲁书社，1980，第94页。

⑤ 廉立之、王守中：《山东教案史料》，齐鲁书社，1980，第95页。

县令虽已查明“业主及中人并无违碍，均系情愿，且左右二邻亦无异词”[①]，却不给用印，并将业主羁押。后有绅士禀称“不愿教士置买该房，该处甚关方向，有碍民居”等，该县遂告知教士需寻得他处房屋换给，在此期间又将经手中人羁押，李佳白仍无房可租。田贝要求地方官必须告知百姓“卖与该教士房地，官必不稍有难为，致受拖累”[②]。与美国驻华公使田贝的照会不同，山东巡抚张曜在给总理衙门的回函中称，李佳白“永典刘梦奎房一所”，经中人说和，已经议定价格，并将典契送往该县处用印。在此期间，该业主的邻居以“盗典房宅，有碍风水”为由，将刘梦奎告到县衙，该县令为使洋人不致生事，对原告“开导再三”，想大事化小，但未有效果。后又因“省垣绅士联名”，只得亲“往该处确切查勘”，确认该处“前后两院均与庙基毗连，实系有碍风脉”[③]，告诉李佳白，“邻右众绅既不愿意，未变相强，致生事端”，官员亦不能代买房屋，建议他再行寻找。

从以上两个案例我们都可发现，在置产发生纠纷时，教士常指责官员暗中阻止，“中国官员们为了达到他们的目的，不惜采用不寻常的恶毒的诡计，同时避免在形式上违背条约义务”[④]，而官员则坚称内中或有盗卖，或绅民不同意，或有碍风水等，“洋人固当保护，而舆情亦须允洽”[⑤]，双方常各执一词。

三　报官规定评析

1. 清政府的意图

众所周知，在我国传统田宅买卖中，官府一般只对已经达成的买卖契约加盖官印，且其目的主要在于征税，除此之外并不对买卖双方做更多干涉。但是自第一次鸦片战争后，清政府同各国签订条约的相关条款均强调官方应当介入相关交易，如《中英虎门条约》中载有“中华地方官必须与英国管事官各就地方民情，议定于何地方，用何房屋或基地，系准

① 中研院近代史研究所：《中美关系史料（光绪朝）》（第二册），1988，第 1251 页。

② 中研院近代史研究所：《中美关系史料（光绪朝）》（第二册），1988，第 1290 页。

③ 中研院近代史研究所：《中美关系史料（光绪朝）》（第二册），1988，第 1266 页。

④ 中国第一历史档案馆，福建师范大学历史系合编《清末教案》（第五册），中华书局，2000，第 97 页。

⑤ 中研院近代史研究所：《中美关系史料（光绪朝）》（第二册），1988，第 1407 页。

英人租赁”①，其后所签订的中法《黄埔条约》与中美《望厦条约》均有类似规定②。后至第二次鸦片战争，除中美《天津条约》明文规定有“如无碍民居，不关方向，照例税契用印外，地方官不得阻止”③，清政府同英、法、俄所签订条约仍然规定外人在租地建房时要同地方官商定④。另外，上文曾提到法国公使热福理对报官规定有异议，总理衙门在给他的回函中即提出“查条约第十款内载，地方官会同领事官酌议定大法国人宜居住宜建造之地，并中国阻止内地民人高抬价值”，若卖业之人不向地方官报告，地方官自然不能知晓价值是否被抬高，更不说阻止了，因而，总理衙门认为报官规定“系按约办理，并非新法”⑤。综上所述，清政府令华人在卖给传教士田宅前需报官当视为政策的一贯延续。

对于清政府此规定之目的，李鸿章称为“于无限制之中，尚寓限制之意”⑥，于是有学者就此认为，这“表明了清政府在教会内地置产问题上的限制态度”⑦。笔者以为此种表述似为语焉不详，清政府的限制意图自毋庸多言，但其究竟在于限制教会在内地置产，抑或是限制由此引起的纠纷等并未详述。对于此处的限制，笔者以为清政府的主要目的并非是限制教士在内地置产，而是意在减少由置产所导致的民教纠纷乃至冲突。

第一次鸦片战争结束，清政府内部普遍“拒绝接受这次战争的结局”⑧，依然抱有“天朝上国”、“华夷之辨”的观念。而让地方官员介入外人置产交易的意图，“阳德阴钳”四字似最能概括，即时任闽浙总督刘韵珂所提“阴加阻挠，密为钳制，使该夷不能即遂所谋”，但“外则仍待以德意，曲示羁縻，使其冥然罔觉，无从借词生衅，以免枝节”⑨。至第二

① 王铁崖：《中外旧约章汇编》（第一册），三联书店，1957，第35页。

② 王铁崖：《中外旧约章汇编》（第一册），三联书店，1957，第54、62页。

③ 王铁崖：《中外旧约章汇编》（第一册），三联书店，1957，第91页。

④ 王铁崖：《中外旧约章汇编》（第一册），三联书店，1957，第87、98、106页。

⑤ 中研院近代史研究所：《教务教案档》第三辑（一），1975，第567页。

⑥ 中研院近代史研究所：《教务教案档》第一辑（一），1974，1975，第57页。

⑦ 王中茂：《近代西方教会在华购置地产的法律依据及特点》，《史林》2004年第3期。

⑧ 〔美〕马士：《中华帝国对外关系史》（第一卷），张汇文等译，上海书店出版社，2000，第427页。

⑨ 不论耆英之于清廷，或是刘韵珂之于福州，徐继畬之于广州，我们皆可发现清朝官员在对待外人时多“虚以委蛇”。中国第一历史档案馆：《鸦片战争档案史料》（第七册），天津古籍出版社，1992，第567页。另：此处原档案为“使该夷不能即逐所谋、外则仍待以德，意曲示羁縻”，似有误。

次鸦片战争后，迫于英法等国的压力，清政府已开始调整对外政策，加之认识到“该夷并不利我土地人民，犹可以信义笼络，驯服其性”①，“使得清政府不得不重视自己严守条约”②，并试图借约维护自己的利益，即“中外交涉事件，所恃惟在条约”③。对于传教等相关问题，恭亲王奕䜣认为“耶稣等教，既为条约所准行，彼系照约而请，我更难为显为禁止”④，要想对其限制，“惟在我之修明正学，自能端其趋向”，而“扬汤止沸”只会使得问题“愈激愈坚”。总理衙门大臣文祥在1869年对即将离京的英国驻华公使阿礼国亦曾吐露“撤销你们的领事裁判权的条款，那么商人和传教士就可以定居在任何地方和一切地方；但是要保留它，那么我们就一定尽量把你们和我们的纠纷限制在各条约口岸。”⑤ 由此可见，若一概称之为清政府坚持“一贯的政策”、“控制传教士活动”⑥ 似为不妥，至少就此一时期而言，相较于排斥教会传教及其相关活动（包括置产），清政府更在意减少由传教活动引起的纠纷，尽可能“不致横生枝节”，维系“华洋相安”的局面。

2. 执行中的问题

如上文所述，清政府制定报官规定的意图无可厚非，但是该规定并不具有可行性。首先，该规定的执行需要卖产之人予以配合，但据笔者所浏览过的档案，大部分记录均为双方完成交易后将契约送往官府用印，即卖产之人在交易之先就报告官府者少之又少，且提及此事大都处于官方的交涉的层面：如1879年底在广东揭阳，刘坤一就曾据此告知法国领事：“由该教士自行另买一地，由该地主先行呈明该县，酌定盖印”⑦，再如，法国驻华公使宝海曾批评广西官员阻碍教士租买房地，“凡天主堂欲租买田地、盖房建堂，必须由地方官允准方能向其租买，否则不行”，且称“该官员

① 中华书局编辑部整理《筹办夷务始末（咸丰朝）》（第八册），中华书局，2014，第2674页。

② 李育民：《论清政府的信守条约方针及其变化》，《近代史研究》2004年第2期。

③ 中华书局编辑部，李书源整理《筹办夷务始末（同治朝）》（第一册），第445页。

④ 中华书局编辑部，李书源整理《筹办夷务始末（同治朝）》（第七册），第2478页。

⑤ 〔美〕马士：《中华帝国对外关系史》（第二卷），张汇文等译，上海书店出版社，2000，第241页。

⑥ 乔飞：《从清代教案看中西法律文化冲突》，中国政法大学出版社，2012，第131页。

⑦ 欧阳辅之：《刘忠诚公（坤一）遗集》卷十六（书牍），第64页，转引自杨大春《晚清政府基督教政策初探》，金城出版社，2004，第137页。

等历来所为，敝主教均有凭据”[①]。

再者，大量出现了华民代教士在内地购买房地的案例。如1869年在湖北武昌，民人张河清代教士置买地基三块，但契约内并未载明张河清的身份，也未写明买地用途，若非英国领事在照会内言明“传教牧师为礼拜堂在于武昌省城置买地基”以便印税，当地官员根本不知道这次交易的发生。[②] 再如1878年在广东始兴县，教民何利泰代天主教传教士唐如盛向平民王初兆购买店房数间，但是送到县衙报税的地契上也没有写明这件事和教会的关系。[③] 如此一来，官府对于教士在内地是否置产、置何产等情况很难掌控，更罔提官员能否允准的问题了。

即使如一般程序，在交易完后报官输税印契，由于一些地方官员自身的原因，也使得置产及其引起的纠纷变得复杂。如部分官员并不照章办事——“漫不经心”、“处置乖方”[④] 等情，刘坤一曾就上海租借地中外国人租地问题指责一些官员“一经领事将租契移道，即行盖印送回，并未照章由道委员查视，以致屡有因地涉讼之案，甚至侵占管道，发掘坟墓，无所不至”[⑤]，原属周密的定章并未被执行。租借地如此，相信内地类似情况亦不再少数。除此之外，部分官员因为仇视洋教或洋人，本身就成为教案的始作俑者。如1881年的德州教案，有一孀妇愿意将房屋捐给教会作为公产，经族人同意和本地先生作证，已“投报抽税”，该州州官听闻此事后传讯地方官，命接受房屋的教士将契约另备一份送往州署存案盖印。但在教民送来契约后，“强令其将约内所书之耶稣圣教各字改去”，并且“将约内捐输耶稣堂公会等字改为七屯官义学云云”[⑥]，“又于约后改为官义学陆

① 中国第一历史档案馆，福建师范大学历史系合编《清末教案》（第二册），中华书局，1998，第311页。

② 中研院近代史研究所：《教务教案档》第二辑（二），1974，第1006页。

③ 欧阳辅之：《刘忠诚公（坤一）遗集》卷十六（书牍），第15、16页，转引自杨大春《晚清政府基督教政策初探》，金城出版社，2004，第137页。

④ 两江总督刘坤一曾批评这部分官员“言之殊堪痛恨”，中研院近代史研究所：《教务教案档》第五辑（一），1977，第156、157页。

⑤ 中研院近代史研究所：《教务教案档》第五辑（一），1977，第150页。

⑥ 中国第一历史档案馆，福建师范大学历史系合编《清末教案》（第二册），中华书局，1998，第319页。注：关于该案笔者并未查找到中方官员的陈述，但鉴于美国驻华公使在给总理衙门的照会中附有教民捐房的字据、文约，且该文约有教民之手押与德州卫之戳记，可信度较高，因此予以采用。中国第一历史档案馆，福建师范大学历史系合编《清末教案》（第二册），中华书局，1998，第327页。

国顺名下收字样”，后又召集当地士绅，“谕其劝诫该处商民，不可与洋人有何交接”。以上两种官员在各类教案中并不在少数，无怪乎有学者认为“民教的冲突，在很大程度上掺杂着官方（笔者注：主要指地方官）纵容的背景”[1]。

不仅如此，在处理置产纠纷案时，地方官员常采取先羁押业主和中间人的办法，又使得教士有充足的理由干预司法，如在 1872 年的浙江杭州发生的美国教会置产纠纷案中，“所有与教士购置产业的当事人几乎被一一逮捕”，美国教士郝理美认为“人道主义召唤我们只要能有可能就应当竭尽全力帮助可怜无辜的人获得释放和为他们伸冤，他们正在为我们受苦受难”，更重要的则是“除非这种逮捕行动被阻止，我们不能指望再找到任何人愿意帮助我们取得任何产业，也不可能长久不受干扰地保有我们现有的产业。他们的目的看来是要最终把我们撵走，如果在杭州待不下去，在其它任何一个内地城市又怎么能够安然无恙呢”[2]。如此借领事或公使通过总理衙门对地方官员施压，又将导致官员对教士更加仇视，双方的关系陷入恶性循环。

对于部分官员处理教案的做法，曾纪泽也曾颇有微词，“各省难办之案，常因民教不和。若能撇去邀誉于绅民，阳遵条约，暗拒教士之成见，专论其事之有理无理，不问其人之是教非教，则棘手之事亦当减少”[3]。清政府对此种情况的存在也心知肚明，“倘再阻止，不为盖印，彼岂甘心，恐致别生枝节”[4]。但是“两造之曲直，案情之虚实，全在各省大吏及各地方官相机处置”[5]，只能是在外国公使发来照会时不断责令地方官“持平办理”，“总期民教相安，是为至要”[6]。

另外，仍有值得注意的问题是，当时虽已距国门打开四十年有余，且《万国公法》也于同治三年（即 1864 年）由丁韪良引入中国，但清政府的国际法观念仍然有限。清政府所认为的解决置产纠纷的“通融办法”为

① 张鸣：《重说中国近代史》，中国致公出版社，2012，第 183 页。
② 中国第一历史档案馆，福建师范大学历史系合编《清末教案》（第五册），第 113 页
③ 曾纪泽：《曾纪泽遗集》，喻岳衡点校，岳麓书社，1983，第 195 页。
④ 中研院近代史研究所：《中美关系史料（光绪朝）》（第二册），1988，第 1308 页。
⑤ 中华书局编辑部，李书源整理《筹办夷务始末（同治朝）》（第七册），第 2478 页。
⑥ 中研院近代史研究所：《中美关系史料（光绪朝）》（第二册），1988，第 1264 页。

“洋人不能禁其盖教堂，而能禁中国民人擅卖地产”①，洋务派的地方代表刘坤一亦称“责令卖业之华民必先报官核办本系自有之权”②。殊不知，凡与两国交涉情事有关，皆须按照条约办理，且清政府单方面制定的报官规定，已经改变了之前所达成的《柏尔德密协定》，实质上对教会在内地置产进行了单方面限制。③ 除此之外，刘坤一一再声言“租地必须先行报勘，通商之初，即已议有章程”④，其并未意识到他所依据的章程并非一般章程，仅适用于上海租界一事，其情形与内地置产问题毫无关联。

四　总结

《柏尔德密协定》是近代中国条约制度的组成部分之一，它通过回复照会的形式达成，赋予了基督教会在内地置产的权利。从传教士一方看，这无疑称得上是一次胜利——该协定继续打开了在中国内地传播福音的大门；但就清政府而言，它在客观上增加了华洋冲突的可能性，此后三十年，总理衙门疲于应对纷至沓来的照会、函件。

通过分析《柏尔德密协定》的执行，我们也可对清政府当时的状况管中窥豹：首先，关于保守派的顽固性。虽然我们已很难对大部分个案做出谁是谁非之判断，但总体而言，总理衙门在处理包括因置产问题产生纠纷的系列教案时，频繁发出要求地方官员务必持平办理的函件很能说明问题。对于传教士从意识形态乃至实际利益的冲击，包括官员在内的士绅阶层给予了各种形式的反击，因此，“每遇有外国洋人置买宅房地土之事，动多窒碍，纠纷迭起，肇讼不休”⑤。

较之相当一部分官员的保守，改革派的局限性也很明显。总理衙门在《柏尔德密协定》中提出“不必专列传教士及奉教人之名”，对此，顾维钧

① 中国第一历史档案馆，福建师范大学历史系合编《清末教案》（第二册），中华书局，1998，第 361 页。

② 中研院近代史研究所：《教务教案档》第五辑（一），1977，第 150 页。

③ 李浩培：《条约法概论》，法律出版社，1987，第 445 页。

④ 1854 年制定的《上海英法美租界租地章程》规定有“查明无先议之碍，即议定价值，写契二纸，绘图，呈报领事馆，转移道台查核，如无妨碍，即钤印送还，归价收佣。”王铁崖：《中外旧约章汇编》（第一册），三联书店，1957，第 80 页。

⑤ 中研院近代史研究所：《中美关系史料（光绪朝）》（第二册），1988，第 1406 页。

则认为“至于教士个人，其享受教会所获准在内地居住置产之权利，中国政府并不反对”，“实则此等问题，政府悉听地方人民之处置”[1]，该规定在实践中基本成为具文，称之为掩耳盗铃亦并无不可。另外，上文曾提及，身为洋务派代表人物的南洋通商大臣、两江总督刘坤一，其国际法观念不过尔尔，不难想象整个清政府在这一方面的匮乏，而这时相距第一次鸦片战争已经过去了五十多年。由此再推及同一时期进行的洋务运动，其最终的失败也就更容易理解了。

① 顾维钧：《外人在华之地位》，吉林出版集团，2010，第191页。

学术评议

治外法权、领事裁判权及其他

——以《外国在华领事裁判权史稿》为中心的展开

高汉成*

一　问题

2016 年的整个四月，摆在笔者案头、放在随身包里的只有一本书——《外国在华领事裁判权史稿》①。

治法律史十多年，关注中国近代史上的这个主题也很久了。1907 ~ 1911 年，随着晚清法律改革的深入，爆发了所谓的“礼法之争”，其中的两个核心争执问题之一，就是领事裁判权和法律改革的关系，即为什么要启动法律改革，法律改革到底要不要以废除领事裁判权为优先选择的直接目标。一百多年来，对所有以“中国法律传统的近代转型”和“中国法律传统的现代性转化”为“问题意识”的学者来说，领事裁判权问题都是“绕不过去的坎”。

这个问题，说简单也简单，说复杂也复杂。

简单地说，不管是治外法权，还是领事裁判权，都是指中国近代政府在双边条约中同意缔约国来华国民由缔约国政府按照本国法律进行司法管辖，不再由中国政府按照中国法律进行司法管辖的问题。即中国政府对来华外国人的司法管辖权问题，当时采取了属人主义的原则而不是现在的属地主义立场。作为制度存在，领事裁判权始于 1843 年 7 月 22 日中英《五口通商章程》，终于 1947 年 4 月 1 日中国外交部长与葡萄牙公使就废除领事裁判权进行的换文。

---

* 高汉成，中国社会科学院法学研究所副研究员。

① 安国胜：《外国在华领事裁判权史稿》，中国政法大学出版社，2014。以下正文简称《史稿》。

说这个问题很复杂，也是有例可证。比如从民国时期起，有两个问题一直在争执不已。一个是“正名”，对于这个制度，到底应该称为“治外法权制度”还是“领事裁判权制度”，尽管有许多篇文章专门对此进行探讨[①]，但一直没有定论。单以中国知网所收集的论文类研究文献为例（搜索时间为 2016 年 4 月 29 日下午 1 点），以“领事裁判权”和“治外法权”为“主题”搜索，分别有 457 条和 468 条记录，文献篇名中直接有“领事裁判权”和“治外法权”的也分别达到了 87 条和 59 条。这说明，目前学术界对这个制度的称谓，仍没有形成统一的认识。二是“辨析”，1901 年清政府决定进行变法修律，1902 年上半年任命了沈家本、伍廷芳为修律大臣，下半年英国即在《中英商约》里做出了有条件放弃治外法权的承诺。“修律以收回领事裁判权”是治中国法律史学者很熟悉的一个说法和口号[②]，但 2004 年《清史研究》连续发表两篇文章对这一观点进行了批驳[③]，认为 1902 年英国允弃治外法权的承诺与晚清法律改革的开启并没有直接的因果关系，不应过分扩大领事裁判权问题在晚清法律改革中的影响和作用。但戏剧性的是，当时力主刊发这两篇文章的编辑张世明并不赞同这两篇文章的观点，其在 2009 年主编的《世界学者论中国传统法律文化（1644－1911）》一书和 2013 年在《中国人民大学学报》发表的文章中[④]，都认为晚清修律与取消领事裁判权两者之间的关系极为复杂，历史考据的方法要求全面考镜源流，传统的关于废除领事裁判权作为迫使中国法律近代化的诱因的观点并不过时。由此看来，一百多年了，有这么多的研究文献面世，结果还在一些基本问题上达不成共识，说明这问题够复杂。

---

① 参见赵晓耕《试析治外法权与领事裁判权》，《郑州大学学报》（哲学社会科学版）2005 年第 5 期；李洋《治外法权，还是领事裁判权？——从民国以来学者论争的焦点切入》，《历史教学问题》2013 年第 6 期。

② 近些年对此做过详细论证的代表性作品有：李启成《领事裁判权制度与晚清司法改革之肇端》，《比较法研究》2003 年第 4 期；黄源盛《法律继受与近代中国法》，第二章“晚清法制近代化的动因及其展开”，黄若乔出版，2007，第 47～65 页；公丕祥《司法主权与领事裁判权——晚清司法改革动因分析》，《法律科学》2012 年第 3 期。

③ 参见陈亚平《〈中英续议通商行船条约〉与清末修律辨析》，《清史研究》2004 年第 1 期；高汉成《晚清法律改革动因再探——以张之洞与领事裁判权问题的关系为视角》，《清史研究》2004 年第 4 期。

④ 参见张世明等主编《世界学者论中国传统法律文化（1644～1911）》，法律出版社，2009，第 19 页；张世明《再论清末变法修律改革肇端于废除领事裁判权》，《中国人民大学学报》2013 年第 3 期。

历史已经无数次证明，简单问题复杂化，总少不了人为的因素。正如北京的天空，本是蓝色的，由于人为的原因，大多数时候变成了末日的灰色，时间久了，也许你就会认为天空的颜色本来就是灰色的。又如一座老房子，经历了无数次的整修和粉刷，其最初的模样反而就很难搞清楚了，一般人们就会误认为现在的样子就是这座老房子本来的样子。

所以，历史需要正本清源，在领事裁判权问题上，《史稿》就是朝着这个方向努力的一本书。

二　其书

除了郭成伟、曹康霖、王宏治、马志冰、李祝环诸先生的“序”以及作者的“前言”、“后记”外，《史稿》正文分为十二章，分别是：“中国涉外司法管辖的传统与嬗变”、“鸦片战争前中国涉外司法：澳门模式”、“鸦片战争前中国涉外司法：广州模式”、“英美谋求在华领事裁判权的酝酿和准备”、“外国取得领事裁判权的首批条约”、“外国在华领事裁判权的扩大与深化”、“领事裁判权的衍生品：观审与会审”、“透过案例看领事裁判权”、“中国对领事裁判权的认识与反应”、“领事裁判权与清末法律改革”、“北洋政府时期的收复法权运动”、“外国在华领事裁判权的最终撤废”，后附“南京国民政府1928年与十二国签订的新约要点”、“领事裁判权与治外法权之辨”和“文献目录”。全书五百多页，约七十万字，放在手里，有一种沉甸甸的感觉。

《史稿》有如下一些特点。

1. 资料丰富，视野开阔，引证规范，新见迭出

在今天书籍出版已经“眼花缭乱”的时代，取一书在手，笔者必定先从前言、后记和参考文献看起，如有起兴趣，才会继续阅读正文。尤其通过参考文献，就基本可以了解论著研究的深度和广度。《外国在华领事裁判权史稿》一书使用了相关文献590种，其中主题文献190种，包括从1904年《东方杂志》第一卷文章《政府谋收回治外法权》，到2010年《南通大学学报》姚远的文章《掠夺与对抗——上海公共租界审判权的变迁》，可以说，一百多年里有关领事裁判权的研究成果，基本被网罗殆尽了。特别是20世纪初的一批关于领事裁判权问题的相关资料和研究文献，

如商务印书馆 1915 年出版的《华洋诉讼例案汇编》、1920 年国务院法制局编的《日本废止领事裁判权志略》、1926 年外交部条约司所译土耳其人阿皮杀剌的《土耳其恢复国权之经过》等，现在即使专业人士也“难得一见”了。[①] 另外，参考文献里还有从 1892 年到 1925 年间 6 篇英美学者研究中国治外法权的论文，这也是“相当难得”的。正如王宏治老师所说，“该书对外国在华领事裁判权的概念及理论进行认真辨析，对该研究领域进行系统的学术史考察，在继承前人研究成果的基础上开拓研究，既尊重前人研究的成果，又能提出自己的学术见解，严格遵守学术规范，持之有故，言之有据，反映出作者认真严谨的学术态度，也体现出该研究成果的学术价值”，资料的全面性和视野的完整性，保证《史稿》一书达到了一般论著所难以达到的深度和广度。

在当下的中国学术界，关注领事裁判权问题的学者，大概不出历史学、政治学和法学三界，研究路径均是从主权角度出发，认为西方列强通过不平等条约在中国攫取片面的领事裁判权，侵犯了中国的司法主权，随着中国主权意识的觉醒，20 纪初展开了宏大的撤废领事裁判权的运动。领事裁判权问题政治化研究的结果，使得法学界习惯于被动地把领事裁判权作为中国法律近代转型的既定背景条件来处理，而不再将其视为一个法律问题而纳入法律框架内进行全面、系统地研究。《史稿》有鉴于此，对中国自唐宋以来的涉外司法管辖权问题的“来龙去脉”做了系统全面梳理，在关于领事裁判权的一系列节点问题上取得了全新的认识，比如领事裁判权在中国的起源。

领事裁判权在中国的起源问题，涉及鸦片战争前发生在广州和澳门的中西司法冲突。外国学者通过一系列外人逃脱中国制裁的案例说明中国早在鸦片战争前就已经放弃了对来华外人的司法管辖，由此论证外国人取得在华领事裁判权的自然性和正当性；中国学者则用被中国处死的外国凶犯证明中国仍保持着对外人有效的司法管辖，以此说明中国法权的丧失是鸦片战争后西方列强强取豪夺的结果。该书认为，“在这个问题上纠缠不休

---

① 《华洋诉讼例案汇编》辑录了道光二十二年至民国四年期间涉外刑事、民事诉讼法规、法令及相关的国际条约和大量的案例。全国图书馆文献缩微复制中心（2009 年）和大象出版社《民国史料丛刊》（2011 年起）均有影印出版，但价格不菲，使用极感不便。

其实没有什么意义。我们需要深入探究的是，在鸦片战争前发生在中国通商口岸的一系列中西司法冲突事件是否或在多大程度上成为日后英美等国谋求在华领事裁判权的原因”①，“纵观广州口岸一系列涉外命案的处理，可以看出大清帝国政府在执行自己的法律方面存在着致命的弊端，给了外人大量的可乘之机”，“即只有牵涉命案时中国官员方才贯彻他们的国家主权，而在所有其他案件中，中国官员放认并且希望外国人对其本国国民行使司法管辖权，即使对命案疑凶的逮捕也是如此。在大多数情况下中国拒绝履行其完全主权国家的相应责任，只是在个别案件中有最低限度的主张，这样所造成的结果就是一种混乱的状况，外国人拥有一定的司法管辖权，但并没有充分的权力去维持一种秩序”②。该书认为，正是这些弊端成为以后西方人向中国索取领事裁判权的借口，也正是这一系列的案件让当时的清朝官员看到了对外国人行使司法管辖的麻烦。“鸦片战争后，为了维护来之不易的和平局面，在中英《南京条约》签字后的第三天，负责‘抚夷’事务的钦差大臣耆英等人便向英国公使发出照会，主动要求嗣后英国人犯罪将由英国领事自行处治，由此便将中国对来华外人的司法权拱手相送，开外国在华领事裁判权之先河。”③

该书关于领事裁判权起源问题的研究，澄清了学术界一直以来的两大误解，一是鸦片战争后，西方列强凭借坚船利炮攫取了领事裁判权，二是中国谈判代表昧于主权观念而轻易允诺了领事裁判权。就前者而言，虽然鸦片战争后的一系列不平等条约确是坚船利炮逼迫的结果，但就领事裁判权条款本身而言，确是中国首先提出并主动让渡的。就后者而言，鸦片战争前中西司法冲突本身，已经表明大清王朝至少在命案问题上是坚决维护中国的司法主权的④，而在鸦片战争后不得不开放口岸、外人大量涌入的

① 安国胜：《外国在华领事裁判权史稿》，中国政法大学出版社，2014，第 85 页。

② 安国胜：《外国在华领事裁判权史稿》，中国政法大学出版社，2014，第 136 页。

③ 安国胜：《外国在华领事裁判权史稿》，中国政法大学出版社，2014，第 223 页。

④ 笔者认为，以 1864 年《万国公法》引进中国后才有“主权”概念而说明在此之前中国人没有主权观念并不是一个好的解释，否则就难以理解，鸦片战争前中西司法文化冲突到底在争什么。事实上，我们在解析许多由西方舶来、已经纳入主流学术话语的很多“概念”，说“中国从来没有”或者“与之有本质上的区别”的时候，需要特别小心，不要贸然下结论。真实的历史是，一切新知（制），哪怕是直接移植的新知（制），必定是植根于中国旧知（制）的基础上，通过吸收旧知（制）的营养而发展壮大的，否则，历史就是断裂的、不可知的。

情况下，为避免司法冲突而导致战端再开，赋予西方列强“领事裁判权”就是“没有办法的办法”。“在地方官根本就没有能力对这些都桀骜不驯的夷人实施管理的情况下，请他们自己的官员出面便成为唯一的选项。其实这种思路一直以来都是清政府处理涉外刑事案件的基调，中国官员很自然而且根深蒂固地认为“夷目会和他们一样有权而且能够有效地管束自己的国民，‘督同夷目’、‘饬令交凶’的‘间接司法’模式直到林则徐处理‘林维喜案’时都无以改变。”[①] 对于中国谈判代表如此轻易地把领事裁判权主动奉送给了外人，“我们不能简单归咎于耆英之流的昏聩与无知，甚至不能对他们加以指责，否则就是我们自己的无知”[②]。

2. 问题意识与忧患意识俱在，行文与观点酣畅淋漓，是“中国中心观”的典范之作

20世纪80年代初，针对当时西方学术界的中国近代史研究，美国学者柯文批判了由于种族中心主义造成的在宏观分析框架上的三种歪曲，即“冲击—回应”模式、“传统—近代”模式、“帝国主义”模式。柯文概括的这三种模式实际上同属“西方中心模式”，“它们都认为19、20世纪中国所可能经历的一切有历史意义的变化只能是西方式的变化，而且只有在西方冲击下才能引起这些变化，这样就堵塞了从中国内部来探索中国近代史社会自身变化的途径，把中国近代史研究引入狭窄的死胡同”[③]。针对这一弊端，柯文教授提出了中国近代史研究中的“中国中心观”，其核心思想是，“从中国而不是从西方着手来研究中国历史，并尽量采取内部的（即中国的）而不是外部的（即西方的）准绳来决定中国历史中哪些现象具有历史重要性”[④]，“19、20世纪的中国历史有一种从18世纪和更早时期发展过来的内在结构和趋向……呈现在我们眼前的并不是一个踏步不前、‘惰性十足’的‘传统’秩序，主要或只能从无力与西方抗争的角度予以描述，而是一种活生生的历史情势，一种充满问题与紧张状

---

① 安国胜：《外国在华领事裁判权史稿》，中国政法大学出版社，2014，第199页。

② 安国胜：《外国在华领事裁判权史稿》，中国政法大学出版社，2014，第218页。

③ 柯文：《在中国发现历史：中国中心观在美国的兴起》（增订本），林同奇译，中华书局，2002，“译者代序”第8页。

④ 柯文：《在中国发现历史：中国中心观在美国的兴起》（增订本），林同奇译，中华书局，2002，第201页。

态的局面，对这种局面，无数的中国人正力图通过无数方法加以解决。就在此时西方登场了，它制造了种种新问题……但是它也制造了一个新的情境（context），一种观察理解老问题的新框架（framework），而且最后还为解决新、老问题提供了一套大不相同的思想和技术。但是，尽管中国的情景日益受到西方影响，这个社会的内在历史自始至终依然是中国的”①。

请原谅笔者如此大段摘引柯文的原著，笔者只想引证，作为认识和理解中国问题的一种思路，基于“中国近代史”这一幕剧的“旁观者”和“解说者”的历史定位，柯文的“中国中心观”显然受到了“剧中人”赫德的启发。大约在1898年9月戊戌政变刚刚发生的时候，在一个中外高级别官员晚宴的场合，外方就把这个问题抛了出来，“中国发生的改革，是来自中国内部的要求，还是来自外部的影响?”据赫德回忆，包括在座的李鸿章和刑部尚书兼步军统领崇礼在内，没有人愿意冒险介入这个问题的讨论，“他们谨慎地保持着沉默，摆弄着自己面前的甜点，貌似忧郁地互相看着，他们特有的矜持、不动声色的儒家风度，使局外人难以判断，朝廷反对改革的命令引起的究竟是灰心丧气还是兴高采烈”②。1901年初，面对义和团运动、八国联军入侵北京后的复杂中国局势和西方要求中国加快改革的局面，赫德苦口婆心地劝告西方人对中国的历史进程需要更多耐心，“难道慢一点，让它健康地逐渐变化以完成自身的自然进程不好吗?必须是觉得有需要，也只有觉得有需要，才能为增补真正需要增补的，或变革真正需要变革的，或抛弃真正需要抛弃的开辟道路，并且这必须是中国人自己真正感觉到的需要，而不是外国人认为的需要。如果提供需要的意图是受欢迎的而不是遭反对的，那么，这种意图将会获得成功而不会遭到失败”③。

20世纪初末的这两位英美人士，虽然“喊话”的对象是西方世界，但对我们又何尝无益?遗憾的是，不管是“中国近代史”的本土“解说者”，

① 柯文：《在中国发现历史：中国中心观在美国的兴起》（增订本），林同奇译，中华书局，2002，第210页。

② 赫德译：《这些从秦国来——中国问题论集》，叶凤美译，天津古籍出版社，2005，第110～111页。

③ 赫德：《这些从秦国来——中国问题论集》，叶凤美译，天津古籍出版社，2005，第112页。

还是“中国当代史”的“剧中人”，对于真正试图理解中国的“中国中心观”并没有很好地吸收，柯文 20 世纪 80 年代所批评的西方解读中国的三种错误模式，自 20 世纪 80 年代以来，在中国学术界和思想界都出现了，有的还流行至今。

领事裁判权问题作为横跨中国近代史的一个大问题，各种影响自不能免。《史稿》却比较好地避免了这些影响，它既没有把领事裁判权问题完全视为西方列强侵略中国的结果和工具，把教案等各类问题的责任完全归咎于西方，也没有把领事裁判权问题“化为”中国传统向近代转型的“现代性因素”，视领事裁判权为破拆中国传统司法的“利器”，而是把领事裁判权问题化为一个“中国如何行使在华外国人的管辖权”的历史问题，上溯明清，下探当代，“指点江山，激扬文字”，“移情（empathy）”方法使用得极为纯熟，“如果编织历史的材料是个人经验，则理解历史实质上就是如何进入到历史演员们丰富多彩的直接经验之中的问题”①。《史稿》的写作风格，让笔者想起了黄健翔的足球解说，黄的足球解说之所以被许多人视为经典，大概也是因为“移情”的结果。所以，不管是足球解说，还是历史解说，“把‘自我’全部渗入移情的对象之中”② 都是不可缺少的成功因素。大家所看重的，就是“移情”之后所展示的真实——作者的和作品的。

一个成熟的民族，一定是一个敢于反思自己、勇于担当历史责任、善于吸取历史教训，不“诿过于人”的民族。《史稿》一书从一个中国和中国人的视角，把西方文明的“东渐”视为一个外因，集中精力于内部各种因素，在外因的作用下，是如何演化出中国近代史上的领事裁判权问题的。正如作者自己所说，“心头滴血撰写前人的悲惨历史，是为了不让后人续写我们的悲惨历史”③，通读该书，既佩服作者具有明确的问题意识，又为作者深深的忧患意识所感动。

---

① 柯文：《在中国发现历史：中国中心观在美国的兴起》（增订本），林同奇译，中华书局，2002，“译者代序”第 21 页。

② 柯文：《在中国发现历史：中国中心观在美国的兴起》（增订本），林同奇译，中华书局，2002，“译者代序”第 22 页。

③ 安国胜：《外国在华领事裁判权史稿》，中国政法大学出版社，2014，作者简介页。

三 答案

对于上文第一部分所述的领事裁判权研究中的两个基本问题，该书做出了以下回答。

第一，学术界把精力放在讨论“治外法权”还是“领事裁判权”的概念之争其实意义不大，如果一定要做出选择，“治外法权”可能比“领事裁判权”更合适、更接近历史的真相和历史的习惯用法。

第二，在治外法权制度在中国确立的很长时间里，中国人并没有感受到危害。即使在1902年中英商约签订以后，中国主动出让治外法权仍时有发生。这说明，取消治外法权只是个口号，中国人并没有做好取消治外法权的心理准备和制度准备，从而治外法权问题和中国近代的法律改革处于同一时空，但并不同步，没有直接的因果关系。

笔者认为，《史稿》的上述观点是“靠谱”的。

1. 领事裁判权就是一种治外法权（外国裁判权）

领事裁判权作为制度确立于19世纪40年代，但条约里的规定只是事实描述①，在随后很长的时间里，并不存在一个专有名词来对此加以概括。按照《剑桥中国晚清史》的说法，王韬是最初提到它的学者之一，他使用了“额外权利”这样的说法。但是，黄遵宪使用的“治外法权”成了它的标准名词。90年代初期，陈炽也讨论过这个问题。他们都列举了治外法权给中国造成的不利影响，要求以公义之名废除它。② 查黄遵宪《日本国志》

① 如英国首先取得领事裁判权的条约依据是1843年《五口通商章程》的“英人华民交涉词讼一款”，原文如下：“凡英商禀告华民者，必先赴管事官处投禀，候管事官先行查察谁是谁非，勉力劝息，使不成讼。间有华民赴英官处控告英人者，管事官均应听诉，一例劝息，免致小事酿成大案。其英商欲行投禀大宪，均应由管事官投递，禀内倘有不合之语，管事官即驳斥另换，不为代递。倘遇有交涉词讼，管事官不能劝息，又不能将就，即移请华官公同查明其事，既得实情，即为秉公定断，免滋讼端。其英人如何科罪，由英国议定章程、法律发给管事官照办，华民如何科罪，应治以中国之法，均应照前在江南原定善后条款办理。”参见陈帼培主编《中外旧约章大全》（第一分卷上册），中国海关出版社，2004，第82页。

② 费正清、刘广京编《剑桥中国晚清史》（下卷），中国社会科学出版社，1985，第196页。

所用“治外法权”一词，“谓所治之地之外而有行法之权也”①。而查 1872 年创刊的《申报》，第一次出现“治外法权”一词是 1886 年，“谓今后朝鲜国款待俄国当格外从优，凡法律刑名未能悉臻妥洽之前，所有俄国人民之住韩者，不能照治外法权绳之俄人”②，表达的意思是“本国管辖外国人的权力”，恰好和黄遵宪所使用的“治外法权”相反。所以，历史上的“治外法权”一词最初有两重意思，一个国家对在本国的外国人按照本国法律行使管辖权和一个国家对在外国的本国人按照本国法律行使管辖权③，它同时表达属地主义和属人主义两层意思，如何理解“治外法权”的含义，完全看行使权力的主体是谁。

也许鉴于“治外法权”内涵与外延过于宽泛而产生的不确定性，1906 年《申报》第一次使用“领事裁判权”一词，“外人游历内地，因有领事裁判权不服从中国法律……虽任意践踏，而媚外之风已成华人第二之天性。彼警察者，既不敢干涉，则立以作壁上观，警察权之难于实行，此其四”④。因此，从历史上看，“治外法权”包括并不限于“领事裁判权”，而“领事裁判权”毫无疑问是“治外法权”的一种形式。随着英美在中国开设法院，通过专门的司法机构行使属人主义的“治外法权”，“领事裁判权”的概念自诞生起就名不副实，故在中国大学任教的日本学者今井嘉幸 1915 年就提出了以“外国裁判权”的概念取代“领事裁判权”。

至于把在 19 世纪从来也没有讨论过的外国元首、外交官根据国际法所享受的外交豁免权作为“治外法权”的主要含义，以此说明普通外国人在中国所享受的“治外法权”的不义，进而在“治外法权”和“领事裁判权”的区别上大做文章，笔者至今也不完全明白 20 世纪初以来的这部分中国学者“意欲何为”。

---

① 陈铮编《中国近代思想家文库·黄遵宪卷》，中国人民大学出版社，2014，第 333 页。目前学术界普遍认为黄遵宪首次提出“治外法权”一词，似不确。《日本国志》成书于 1887 年，刊行于 1895 年，而早在 1886 年《申报》上已经出现了“治外法权”一词，从黄遵宪“西人谓之治外法权”一语来看，应该不是他最早提出这一概念。

② 1886 年 6 月 6 日（光绪十二年五月初五日）《申报》中《朝鲜与俄国和约之附约密约》一文。

③ 这可以部分解释，为什么直到 1903 年汪荣宝、叶澜编纂出版的《新尔雅》中，还将“治外法权”定义为“在甲国领土内之乙国人们，需服从甲国之法律者”，李洋在《美国驻华法院研究（1906－1943）》一书中认为是汪荣宝等留日学生的“误读”，恐值得商榷。

④ 1906 年 2 月 6 日《申报》中《论中国实行警察权之难及其原因》一文。

2. 很长时间里，领事裁判权问题一直是中国政府拒绝法律变革和内地开放的防御武器

19 世纪 40 年代条约制度初步确立后，当时的大清国上下也认为这是奇耻大辱，但舆论所最不能接受的是对外国开放通商口岸，准许外国人设置领事馆和外国人携带女眷居住，以及在外交活动中采用“平行”的交往礼节等等这些今天看起来完全正常、应该的条款，而“割地”、“赔款”和“领事裁判权”这些今天看起来的“奇耻大辱”，当时的舆论反倒认为是“小节”。翻阅 1872 年开始出版的《申报》，在 1902 年之前的三十年里，基本没有批评和讨论领事裁判权的文章，而在中英商约英方做出有条件放弃治外法权的允诺后，《申报》上讨论治外法权的文章急剧增加，1902－1903 年间的数省乡试甚至将治外法权问题作为考试题目，这就大大增加了全社会对治外法权的关注度，治外法权问题由此变成了一个公共话题。其中，我们必须看到时人废除领事裁判权话语的复杂性，时人看到了领事裁判权对中国的危害，但对领事裁判权本身并不否定。就如今天国人，反对别人享有特权，但不反对自己享有特权一样。下面试举两个例子。

（1）在日本还不是列强的时候，1871 年《中日修好条规》确认了双向、对等的领事裁判权。说明中国人并没有认识到领事裁判权对国家主权的伤害。

（2）黄遵宪主张废除西方在华领事裁判权，但其在后来担任新加坡总领事期间（1891－1894 年）则积极行使领事裁判权。对越南、泰国等东南亚国家，中国也是享有领事裁判权的。

笔者的初步看法是，从 1843 年领事裁判权制度确立到 1902 年英国有条件承诺允弃的漫长时间里，领事裁判权问题不仅仅是中国的麻烦，它还是中国当政者手里拒绝进行法律变革和拒绝外国人到内地游历、经商和传教的有力防御武器。

3. 关于晚清法律改革的动因，学术界普遍认为与收回领事裁判权有直接关联

笔者早在 2003 年 11 月中国法律史学会济南年会上宣读过《托‘洋’改制——法理派眼中的收回领事裁判权问题》[1]，后又连续发表两文来系统

---

① 收入年会论文集《中国历史上的法律制度变迁与社会进步》（林明、马建红主编，山东大学出版社，2004）。

阐明观点[1]。笔者的看法是：1902 年中英商约谈判时，张之洞主导制定了《马凯条约》第十二款关于英国有条件放弃治外法权的承诺，其目的在于推进国内向西方学习的进程；1907 年后张之洞又否定了“修律以收回领事裁判权”说，其目的是反对沈家本在他看来过于“西化”的法律改革模式，以维护其“中体西用”的法律改革思路。而礼法之争中，就修律与收回领事裁判权关系问题的辩论表明，法理派清醒地认识到单纯修律本身并不能收回领事裁判权，但在礼教文化占主流地位而法理派本身又不敢正面否定礼教文化价值的情况下，只好拿“危机论”（即领事裁判权问题）作为推进中国法律近代化的手段。这本身表明以沈家本为首的法理派是认同和接受了西方法律文化精神和原则的，他们希望用西方法律的精神来改造中国传统法律文化。这一过程表明，领事裁判权问题始终只是晚清主持改革者推进法律变革的手段。事实上，晚清法律改革作为清末新政的一部分，也是服从和服务于新政这一整体政治局势的，它本身并没有自己额外的起因和目的。因此，清末修律中收回领事裁判权问题不过是手段，法律的近代化才是目的。手段和目的的不相协调，是导致晚清刑事法律改革出现诸多问题的主要原因。

对于晚清礼法的这场争论，虽然有越来越多的对礼教派观点的同情和理解，但多数并没有对礼教派的意见给予足够的重视和反思，于是出现了在清末修律与礼法之争问题评价上的“悖论”。即一方面认为就事论事，礼教派在这一问题上的观点无疑是正确的，法理派轻信了西方列强关于变革法律即放弃领事裁判权的承诺，清末单纯修律本身并不能收回领事裁判权；但另一方面又认为，法理派坚持了法律变革的正确方向，对中国法律的近代成功转型有“筚路蓝缕”之功。一般说来，行为目的的实现与否，与行为评价本身有直接的相关度。如果我们真的认为沈家本轻信了西方列强的承诺，把收回领事裁判权作为修律的直接目的，那么这一目的没有实现，应该对他主持的修律评价上产生影响。但现在我们看到，对清末修律的评价中，完全没有人提到这种影响。清末修律在一个错误的目的和动因

---

[1] 参见高汉成《晚清法律改革动因再探——以张之洞与领事裁判权问题的关系为视角》，《清史研究》2004 年第 4 期；高汉成《晚清刑事法律改革中的危机论——以沈家本眼中的领事裁判权问题为中心》，《政法论坛》2005 年第 3 期。

引导之下，却坚持了一个正确方向并产生了良好结果，这是一件令人“奇怪”的事情。当然，这不是中国法律史的“奇怪”，而是中国法律史学研究的“奇怪”。

在法律史学界，“修律以收回领事裁判权”的学说不仅违背历史事实，而且在理论分析上属于典型的“刺激－反应”模式，这显然对纷纭复杂的中国近代史做了简单化处理。外因要通过内因起作用，对中国近代社会和法律变迁的任何解读，必须立足于“中国中心观”才能得到更为深刻的认识。

四　其人

这几年来，笔者一直在思索领事裁判权问题和晚清法律改革的关系问题，沿着这条线索也阅读了不少论文和专著，但总有隔靴搔痒的感觉。2015 年 11 月的某日在京东网上闲逛，偶然发现了安国胜的这本书，一番阅读之下，大感过瘾，便想知道这作者是“何方圣神”。正如一个“食不厌精”之人，偶入一家路边小店，吃到了一盘美味的家常菜，便非要去认识厨师是谁。钱钟书说，“假如你吃了一个鸡蛋觉得很好，何必一定要去找下这只蛋的鸡呢”，可笔者认为，“以文会友”也算正途和美事。①

在学术界，领事裁判权问题就是一道“鱼香肉丝”菜，谁都可以做，但要做好，却不容易。一个完全不知名的“圈外人士”，却楞把“领事裁判权”这样一个公共话题，解说得如此深入浅出，可见功夫了得，难道真应了那句话“高手在民间”吗？

民间高手大都有传奇的经历，按照安国胜自己“语焉不详”、“欲言又止”的书面说法，他乃河北黄骅人士，1991 年毕业于中国政法大学国际经济法专业，后攻读西南财经大学金融学博士学位。我特别想知道，这个目前匿迹于四川南充，曾经“做过大款、当过伙夫”，“人生阅历曲折而丰富”的商界人士，到底在一个如何“极其特殊的环境下”，“在体制外潜心

① 2005 年初，《清史研究》发表拙作不久，当时在中国政法大学做诉讼法专业博士后的吴泽勇老师，通过笔者的师弟、他的河南老乡陈小葵，表达对该文的肯定并请在贵友酒楼一聚，笔者一直引为幸事。

研究领事裁判权问题”，短短几年就写出了与金融经济学专业“本不相干”的百余万言？[①]

按照他书上所留的老家地址，在互联网上找到了一位同村人士，他表示认识安国胜，也愿意把我希望获得安国胜联系方式的话转告其父母。但此后，再无消息。

无奈，只好求助于给该书作序的郭成伟老师，据替笔者问话的琮军兄说，“郭老师电话里哈哈大笑，说他也联系不上他，让你等着吧”。

中国语言博大精深，听说过这个段子吗？说的是北京地铁里一个女孩给男朋友打电话，电话里是这么说的，“我已经快到西直门了，你快出来往地铁站走。如果你到了，我还没到，你先等着吧。如果我到了，你还没到，你就等着吧”。

郭老师，您说的是哪个意思呀！

我相信是前者！

① 在《外国在华领事裁判权史稿》之前，安国胜还出版了四十余万字的《西风落日——领事裁判权在近代中国的确立》（法律出版社，2012）。

简评《现代法政的起源》

高旭晨[*]

一

董彦斌先生所著之《现代法政的起源》，将所论述之时段确定在1900年至1919年。这种划分方式看似有些随意地截取了中国历史上两个重大事件作为叙述的起始与终结点，实际上，作者给这种划分赋予了特别的意义。

作者在“前言”中提出了中国历史的三节点说：其一为立国时刻，作者定义为尧时代；其二为立教时刻，定义为汉初；其三为立宪时刻，定义为清末民初，也就是该书所述之范围。也就是说，这本书所述之内容为中国立宪时刻的人与事。这种历史分期的新提法是不是有些大胆呢？是不是可以成为一种定论呢？目前还不能断言，但这种提法绝对不是没有根据的妄说臆测，因为此说确有实在的根据。读者不一定完全认同，但一定会理解。大凡一种新学说的提出，如果其理据能够为人们所认可，则此学说就是有意义的。以往的法律史，在历史学之范畴内居于末流地位，故治法律史者也往往自我矮化，以为需紧紧依从历史学之主流观点方可不显粗谬。由此，长期以来，法律史学未能提出自己的时代参照体系。作者的“三节点说”，向我们标示，法律史之研究可以有自己的叙事逻辑。

二

如果仅仅翻阅了“前言”就匆忙断定本书是一部标新立异之作，则完

* 高旭晨，中国社会科学院法学研究所副研究员。

全是一种误解。实际上，这是一本非常平实的学术作品，其内容基本上围绕清末民初的走向立宪这个过程。如果我们赞同作者的中国历史“三节点说”，则可以确定这个过程对于中国历史具有无比重要的决定性，因为它开启了中国历史的新篇章。既然这段历史具有如此的重大意义，则我们对其进行描述，似乎本应该用一些与其相匹配的形容词，如风起云涌、波澜壮阔之类，但实际上，仅就法政的起源而言，这些响亮的词语都无处可用。开创大格局的法政起源竟是在坎坎坷坷、时进时退的态势下加以推进的。其中许多决定性的瞬间居然是由许多小人物、小事件造就的。正是如此，作者也没有采用大篇章、大结构的叙事方式，而是用一系列学术杂文构造其独特的论述体系，故可以称为短篇历史评论汇编或历史杂文集。这种论述方式，在眼下的学术评价体系中，还真是难以对之加以定性。因为，在时下的学术评价体系之中，将一切的学术形式都概括为“成果”，这些成果被分门别类为专著、论文、研究报告、要报、一般文章等等，并被贴上价格的标签，标示其在评价体系中的价值，或 10 分，或 5 分，或 1 分，或 1 分没有。至于其学术价值与意义，则不置可否。学术意义的评价被出让给了所谓 A 刊、B 出版社，上级的表扬、大人物的批示。造成这种局面的根本原因笔者难以确定，可能是体制性的缺失，也可能是学术机构的主持者根本不具备对学术成果加以评断的基本能力。

三

泛泛而论，法律史研究者，一旦走进这个学科的大门，就似乎增添了几分学究气。也许，这个学科真的有些暮气；也许，这种学究气的确可以显露出一丝学者气象。以此，我们看到，以往的法律史研究成果，不是文字生硬艰涩，就是史料杂乱堆积，鲜见文字生动的作品。而在本书中，我们不仅仅可以体味灵动的文句，还能欣赏素雅的插图。同时，作者在叙事方面，也不仅仅限于平铺直叙，而是把一个个法政故事描述得生动而有趣味，显现出丰富的书卷之气、文学之蕴。实际上，自古而言，文史不能分家，无文之史自是难脱粗粝之像。故中国传统之史学，往往追求用词的典雅与叙事的生动。因之，《史记》被赞为无韵之离骚。在世界范围内，史学与文学也是兄弟之谊。古代凯撒之《高卢战纪》堪称文学之佳作；近世蒙森、丘吉尔也均以史著而获诺贝尔文学之奖。本书作者，既有中国传统文化之情怀，也具现代文学之素养，故其笔下自能生出许多情趣。所谓法政并非有情有趣之事物，但述其始末，未必不用书生之文心。

四

历史到底是历史，不能对史实进行忠实陈述的史学论著自然难以成为有学术意义的成果，更不能获取良史之赞。我们看到《现代法政的起源》一书，对史料的爬梳相当细致，对所述的人物与事件的选取相当精心。本来，在这段历史时期中，有关法政起源的内容可谓错综复杂，作者却在一片混乱之中使读者保持清晰的视野，可以跟随作者去探查这段历史的许多细节。在阅读这本书以前，笔者原以为这是一部与以往同类论述相若的作品，不外是截取中国近现代的两个重大事件作为开篇与结尾。从庚子事变起始，经变法修律、礼法之争、预备宪政、司法改革、法律教育、废除帝制、临时约法、护法战争，直到五四运动而收束。但阅读以后，方知作者在这些符号性的大事件以外，还开辟了相当广阔的研究领域。同时，作者也没有就事论事，将眼界限于法律史之一隅，而是站在法律史的角度，观照着与现代法政相关的一切人物与事件。作者对相关文献的涉猎非常广泛，对素材的甄别非常认真。依作者所掌握的资料而言，完全可以做成一部皇皇巨著。但作者并未如此，而是仅从自己真正感兴趣之处落笔，用盖大厦的材料构筑了一个雅致的精舍。

五

读这本小书并不容易。不唯其内容丰富，更在于其中融入了丰富的思想内容。这些内容会使读者不时地掩卷而思。

行文至此，又令笔者想起了现在的学术评价体系，这真是一种如鬼附身的感觉。在现在的学术评价体系中，思想性的要求是最为堂而皇之的成分。各种成果，上至“院士”、“委员”的鸿篇巨制，下至专科学生的毕业论文，“思想性”都是必须的要求。从而，我们可以看到思想被源源不断地制造出来。但故作惊人之语是思想吗？把荒谬推向极端是思想吗？创造似是而非的概念是思想吗？搬弄难解的哲学术语是思想吗？以为把浅陋之识贴上思想的标签就能批量复制思想，真是可笑亦复可怜。

在人类的历史长河中，思想是载负人类命运的舟船，是导引人类前行的灯塔，故而应该最为人类所崇奉。在《现代法政的起源》中，我们能够深切体会到作者在痛苦地思考，在为古人而忧，在为今人而虑。他通过与先人在冥冥之中的对话，意图找出宪政时代的到来对近代中国的意义，对现代中国乃至未来中国的意义。他的许多思考是真正学术意义的思考，其已经超出一般性的认识，形成了具有独立标识之新见解、具有启发意义之新观念。作者并未标榜自己具有所谓的思想性，并未宣示自我的独创性，也未暗示自己填补了哪些学术空白，但其言之有物、言之成理，文字之间，思想自现。

六

前文已经提及，本书即非专著，亦非论文，而是围绕清末民初有关法政历史的述论性杂文汇集，这在法律史研究形式中属于一种跑偏的路数，但从另外的意义上看来，也具有一种新意。全书分为“帝国”、“元年”、“北洋”、“五四”四个部分。其中有人物，如陆润庠、樊增祥、宋教仁等；有事件，如司法改革时间表、制宪的开始、中国首个国会的诞生、杨荫杭公案等；有议论，如孙中山为什么捍卫临时约法，要“限权”还是“威权”——谈袁世凯称帝；有对话，如与陈独秀论爱国书、与顾颉刚论中华民族书等；有追思之文，如思想史上的孤独者、1927年的三位逝者等。这些作品，篇章小而内容丰富，每一篇都有独立的问题提出，这与当下许多的研究成果截然不同。现在的许多研究，其名曰研究，实际上没有问题意识，或是命题而作，或是寻题而写，故难以把握问题的核心与其中的意趣，故显得干瘪，论述也很支离。在《现代法政的起源》中，我们看到的是，作者并非为写作而写作，更非为任务指标而写作，而是对每一个论题都抱有浓厚的兴趣，都怀有特别的感情，故他不是为形成一般性的文字，而是在引导读者与他一起去认识前人的事业，品味前人思想中的意蕴。从这个角度出发，作者特别精心地处理引文。他不是将前人的文字作为夸张性的点缀，也不是断章取义地用来佐证自己的论点，更没有为造成一种声势而故意曲解误读，而是为寻找前人思想中的精髓，体味前人思想中的要义。所谓，字句叫人死，精义让人活。

七

作者是一个法律人，也是一个法治理想的信仰者。他时时以法治的眼光去审视中国现代法政起源的这段历史，用法治的理念去衡量当时历史状况下的人与物、是与非。为使其阐述成为有的之矢，作者会对若干并不起眼的小人物、小事件追根溯源，详加考述，也会以大历史、大维度的方位与那些大人物进行穿越时空的对话，对那些大事件进行法律意义上的观照。其中，笔者认为最值得讨论的一篇为“作为法律事件的五四”。众所周知，五四运动是中国近代史的终结篇，以往，人们基本上没有从法律的角度来讨论它。笔者认为，这一方面是因为人们更加重视五四运动的文化意义与政治意义；另一方面也因为从法律的视角来看待五四运动会失之于角度过于狭隘。从这个意义上而言，作者可能因为对法律抱有过度的期待而失去了一些历史感。笔者认为，五四运动完全不适于当作一个法律事件来看待。实际上，在法律的立场以外还有许多更为重要的立场。法律，甚至宪法，其实都并非崇高的制度巅峰，而只是社会博弈的产物，是一种暂时性的制度稳定器。而在这种博弈刚刚开始的时候，要用法律对其加以约束，恐怕会产生一种法律的反动。法律就不是一种暴政吗？法律的暴政就比其他的暴政更高超吗？答案肯定是否定的。以赛亚·伯林曾多次引用贡斯当的语言：“为什么人对于他是被一个大众政府或君主碾碎，还是被一套压迫性的法律碾碎，要那么关心？”① 无论学生运动是不是具有超宪法的权利，无论法治的理想是不是会在自然法则下受到约束，人民确实有不受压迫性法律约束的权利。因为，对于那些操纵法理，以法理对人民进行欺骗、欺压的人，仅对他们加以劝说，“你们悔改吧”，可能是毫无意义的事情。当然，对一切的革命运动进行深刻的反思是非常必要的，因为正如作者所言：“一场革命破坏了旧秩序，但有没有必要完全排除一切秩序，又能不能确立全新的、较好的制度，值得思考。热血不代表

① 〔英〕以赛亚·伯林：《自由论》，胡传胜译，译林出版社，2011，第212页。

学养，热情不代表能力。”

法律史不仅仅是枯燥的史料爬梳，也不仅仅是用细密的考证以再现已经死去的制度，而是用来唤醒旧时的灵魂，使今人可以体味先人的用心，用往事来复苏我们心中已经蒙尘的理想，与我们的前辈一起去构筑美好的明天。基于这种愿望，笔者希望有更多的人读到《现代法政的起源》这本好书！

富谷至《汉唐法制史研究·序论》

周东平* 译

中国的法律、刑罚制度在秦汉帝国时期已经达到相当高的水平。此后历经三国时期、南北朝时期，在八世纪的唐王朝得到进一步的完善，对东亚世界、朝鲜、日本的法制带来不可估量的影响，此乃众所周知。本书旨在探寻魏晋南北朝时期在继承汉朝法制的基础上有所损益，直至唐法制形成的发展过程，并从中找出中国前近代法制度的特征与开展，中国古代法制与中世法制的区别。

依据上述旨意，本书由以下所述的“法典”“刑罚”“犯罪”三部分构成。

第一部　法典

被称为“律令”的传统中国法律、法制度始于秦汉时期，到唐朝律令制度完成其发展。历史教科书和概说书中解释称，律是指刑罚法典、令是指非刑罚的行政法典。但这只是符合唐朝的律与令，而若要将其作为对秦汉律、令的说明，显然是错误的。因为汉与唐的律令两者在词语的定义、法之形态、内容等方面全然不同。

在第一章“通往晋泰始律令之路”中，考察汉之律与令——由于律与令之法律形式是从秦被汉所继受，并定型于汉帝国。此后就不再区分秦与汉，统一以汉律、汉令的名称来解释说明皇权政治下的中国古代法制——是如何立法化的，是否将其编集成法典，最初作为典籍的法典在何时又如

---

* 周东平，厦门大学法学院教授。

何诞生的，刑罚法规与非刑罚法规又是怎样逐渐分离等的主要原因。

汉朝的书写材料是简牍。汉律与汉令自然也是书写在木札、竹札之上，法律形式、法律权威性、甚至法律条文的整理，皆与简牍这一书写材料有着密不可分的关系。换言之，或许可以说法律形式是因简牍这一书写材料而决定的。

第一章是将简牍这一书写材料当作一个坐标轴，现在把儒教经典置于该坐标轴上，在此坐标面上思考汉之律令的变迁。法令，特别是由令编纂而成的律，拥有应当被遵守的法令的权威，而汉朝将经书与律置于同等地位，也是为了保证律之权威。在该阶段，经书已经成为典籍，促进了律的法典化，律典于三世纪魏文帝时期，以魏律十八篇的形式诞生。这是中国法制史上诞生的首部法典。

经书的影响远不止于此。儒教道德标准之一的“礼”是行为规范，但对同为规范的“法”产生相当大的影响。实际上，本书全篇贯穿着的一个主题是礼与法的关系，考察礼是如何影响刑罚与犯罪、在与法的融合中是否产生过矛盾。法律规定中嵌入礼的规范，而且模仿已经典籍化的礼典将法律编纂成典籍，这点很明显。尤其记载周朝理想性行政制度的《周官》即《周礼》在东汉以后颇受关注，这为现实的行政法典的编定作出了巨大贡献。

晋泰始四年（268年）制定了晋泰始律二十卷及泰始令四十卷。自此首次出现中国法制史上律与令的分立。刑法典之律与行政法典之令的区别亦从此开始，并一直延续至唐律、唐令。

由此可知晋泰始律令的诞生确实是中国律令史上划时代的事件。

第一部第二章“从汉律到唐律——裁判规范与行为规范”，是从与第一章稍有不同的角度考察自汉到唐之法令尤其是律的性质的变化。

完成度极高的唐律在何种程度上被运用于论断现实中的犯罪案件？与精密的体系相应，仔细研究个别案件是否满足律所规定的犯罪要件，再引用唐律正文之条文进行判决并进行评论，但很难搜集到这类资料。

另一方面，关于早于唐律一千年前的汉律，从残留的司法关系文书到判决，其实认真引用了律条文，并在此基础上展开论断。

考察从汉律至唐律的变迁，不得不说这两部法典在性质上发生了很大变化。

变化是以公元五－六世纪的少数民族王朝北魏为开端，律由此转变了其性质。那么，是因什么样的理由、背景使得其性质发生变化呢。

第二章从“律之经书化”、“法适用之潜流”、“犯罪成立之要件”、“替代性质变化了的律之实用法典的诞生”这四个视角来考究，得出的结论是：每个视角都具有双重且有机的影响，使得汉律性质发生变化，并因此降低了唐律的实用性。

贯穿这四点的仍然是儒教、礼制度。作为刑罚法规、刑事裁判准则的律（汉律）逐步接近经典，且与经典同等相待。而且，律正文的内容也受到经特别是礼经规定的影响，使得刑罚规范与伦理规范逐渐形成一体，笔者试着将此解释为从“裁判规范”到“行为规范”的变化。

第二章中论述的事项之一是，介于汉唐之间的北魏这一少数民族政权吸收了此前的中国法律并推动胡汉融合，这顺应了礼法合体、法典性质变化的潮流。少数民族北魏及北周的存在，在第二部、第三部中关于刑罚、犯罪的考察方面也是重要的视点角度。笔者认为北魏这一少数民族时期是引发法制史从古代转向中世的转换点。

第二部　刑罚

笞、杖、徒、流、死五刑被唐律规定为正刑，它也被日本的大宝律采用，成为律令制下的日本刑罚。

然而，关于此类五刑是否是中国古代、秦汉时期的正刑，事实并非如此。汉律规定的正刑（法定正刑）中未见有流刑、笞刑、杖刑这类刑罚的名称，或者未被定性为刑罚。第二部“刑罚”是考察汉至唐的刑罚制度，考证从汉的刑罚理念到隋唐异质的刑罚体系的成立，同时指出自中国古代开始亘古不变、贯穿始终的刑罚理念。

第一章的死刑、第二章的流刑、第三章的笞杖刑，不用说均是从唐五刑中将其分离出来，分别论述其由来、成为法定正刑的过程。既然说是五刑，就不得不谈到现在仍是刑罚之一的徒刑（强制劳役刑）。关于这类劳役刑，从汉至唐都一直存在，但由于未能找到值得在此提及的大变化，而且在考察流刑等其他刑罚的过程中，也包含了对劳役刑的考察，故不再单独设章论述之。

第一章“从终极的肉刑到生命刑——汉 - 唐死刑考”是论述死刑变迁的章节。从古代至中世甚至近世，死刑的执行形态大概只有斩断腰或首以及绞首这三种方式。也就是说，作为法定正刑的死刑是腰斩、斩首与绞首。虽然斩首与绞首的执行方式所给予的致命伤害的身体部位都是首——脖子，但斩断抑或绞杀，存在着刑罚目的和理念的差别。

秦汉的刑罚是身体毁损刑与劳役刑的组合，身体毁损是指黥、劓、斩趾、腐、斩首及斩断身体某个部位，根据斩断等毁损所造成伤害的严重程度形成刑罚之轻重。这种被称为肉刑的身体毁损刑为何会存在，这是因为刑罚的基本理念在于流放，被斩断等毁损的身体具有与正常相对的异形，使得流放行为具象化，正如刑通“型”、“形”字所显示的那样，是一种象征的样态。

身体毁损刑废止于西汉文帝时期，取而代之的髡钳刑亦维持着该象征形态的性质。东汉王充将这些称作象刑，也正是象征取代肉刑的意思。

其中，死刑依然保持着斩切的形式。它可以说位于身体毁损刑的终极，也是剥夺生命这一终极流放。在某种意义上，不伴随斩切的绞杀作为死刑执行形态的登场，是改变此前刑罚理念的标志性事件。

绞杀刑作为法定正刑登场始于五世纪的北魏时期。北方少数民族的刑罚对此影响甚大。“从终极的肉刑到生命刑”，死刑的性质在此发生了变化，这与唐朝死刑有千丝万缕的联系，但胡汉融合对将来刑罚理念所产生的变化，与其他五刑即流刑、笞杖刑的采用不无关联。

然而，另一方面，即使经过少数民族时期，依然存在不变的中国刑罚之目的。回到死刑，确实法定正刑曾是腰斩、斩首、绞首，但其周围还配置有二次死刑，此即“尸体的处刑”，枭首、磔、车裂（轘）等就属于这类。这是杀害死刑犯后，对其尸体附加的处刑，可以说是二次死刑。实际上可以说，正是这种“尸体的处刑”才是赋予前近代中国死刑特征的死刑。前述“活体的处刑”在变迁中淡化，其残酷性变弱与该二次死刑的存在有关。这种附加死刑的存在与中国古代，不，帝政中国共同认可的中国所特有的刑罚目的及存在意义相关联。换言之，其起因于刑罚目的不在于报应、而在于一般预防。被划分为“活体的处刑”的斩首、腰斩死刑，是以杀害囚徒为目的的处刑，但执行须以在市场等公共场所为前提。而“尸体的处刑”时，囚徒本身已不是处刑的对象，囚徒的遗体只是手段或者“道具”而已。这是为了告知一般民众不能犯死罪的恐吓手段。处刑后的遗体以某种形式示众是为了抑制犯罪和维持秩序。未曾见到世界其他国家刑罚原初形态所具有的报应要素。这也是本书各章会拿出来讨论的问题。

第二章“从徒迁刑到流刑”和第三章“笞杖的变迁——从汉的督笞到唐的笞杖刑”是论述唐五刑之笞刑、杖刑、流刑作为与汉之肉刑不同的刑罚，均是以北魏为界线登场的两个章节。

其中，关于流刑，伴有强制迁移的刑罚从汉朝开始就存在“徙迁”这种法律措施，其制裁的轻重也与唐朝不同。流刑的变迁，从秦汉至隋唐刑罚体系的历史来看，受影响最大，可谓历经迂回曲折。随着肉刑的废止，有期刑登场、宫刑消失，以及北魏的新刑罚理念的引入，流刑正是沿着该过程所留下的痕迹变迁而来。

另外，关于笞刑，秦汉时至多是训诫、叱责形式的“督”，并不属于伴有身体毁损的流放形式之“刑”的范畴。笞、杖、鞭之间没有严格的区分，也可以说这是因为不能将它们看作是“刑”。职务上应当受非难的行为是否应认定为“罪”是件很微妙的事，假如将其定义为具有“罪”之负面评价的行为，那么一定程度上可以说这是罪，或许政绩劣等也会被归类于此。

可另一方面，若说到笞杖是否与科处杀人、伤害等的刑罚同类，我们不得不承认两者之间存在悬殊。从刑罚目的的角度来思考，笞刑与肉刑，或者笞刑与劳役刑都是不同的，笞刑可以说是叱责的具象化，也可以说是在不能满足主权者（皇帝）的要求、不能完美地实现皇帝的期待、命令时，使其服从相关指示、命令的强制措施。笞杖在北魏时作为正刑处于死刑、流刑、徒刑之下的地位，由此笞杖刑首次成为刑罚的种类。

在第二部“刑罚”的最后设有关于“腐刑与宫刑”的章节。那是因为阉割性器官的刑罚很容易被乍看作反映刑，但并非如此，腐刑是对男女间性犯罪所科处的刑罚的思考，是后来受儒教影响而得出的说法。笔者考证这些缺乏事实基础的说法，并提出腐刑和宫刑并非可以换称的完全相同的刑罚的拙见。肉刑被废止后，宫刑还在皇帝颁发的赦令中出现，之后才慢慢消失。宫刑在皇权政治中登场，而该皇权政治爪牙之宦官的存在又削减其效力，并最终导致其消亡，真可谓是“中国式的”刑罚。

第三部　犯罪

犯罪分为行为本身是恶的“绝对性犯罪”（例如杀人、盗窃）与简单看无特定被害人之恶的“相对性犯罪”两种。贿赂罪、性犯罪（淫乱、奸淫）等行为就属于后者，但为何这些行为属于犯罪？在不同时代、不同地区，所作的这些恶，不构成犯罪，也不成为处罚的对象。即使在同一社会、国家，随着时代变迁，之前受称赞的行为也会变成被非难的恶。思考这个问题，无疑是解明历史。

作为违法行为而被法律所规定的行为中，相对性之恶不能脱离伦理道德的基准进行考量。众所周知，在中国，儒教对政治、制度给予不可估量的影响，但规定于律中的犯罪在儒教的影响下，有些行为价值发生变化，而有些行为却没有。中国的犯罪是在礼义（伦理道德）与违法行为的交错中展开的。

近年来，笔者认为，以犯罪的诸形态、违法行为的认定为主题来考察历史，的确是行之有效的历史研究方法，并以“犯罪法制史”——这既不是“犯罪学”（criminology），也不是“犯罪的历史”（history of crimes），而是思考怎样的行为会被认定为犯罪的研究——的重要性和进一步的确立为目标。唯感遗憾者乃我的研究未能完成。本部分不能展现体系化的犯罪法制史研究中有价值的成果，只能停留在第三部分的第三章有关犯罪的案例研究。

这部分所述的三章在中国犯罪制度史中具有与儒教伦理交差的共通项。具体而言，最初受褒奖的礼的行为，不久就作为被非难、被禁止的行为而定格于负面的评价。这犹如作为违法行为被规定于律中的贿赂罪（第一章“礼仪与犯罪的夹缝——以贿赂罪为中心”）在共同体中，只禁止某些特殊情况下的“超越界限”的特殊行为；但在儒教性礼教被强化的过程中，一般普遍性的行为也作为违法行为而受到禁止的奸淫罪（第二章“男女间的性犯罪——关于奸罪”），这两种犯罪是儒教伦理对法律造成的影响作用于不同方向的犯罪构成之例。另外，在这儿也强调拙著主张的中国刑罚所具有的威慑、预防的目的，以及北魏法律的制定，还有唐律所具有的作为行为规范的性质，在一系列的变化中得到认可，或正受其影响。

接着，在最后的第三章，实施复仇的“正义的杀人”中，考察了连儒教伦理也肯定杀人这种绝对的恶，无法扬弃犯罪行为与礼实践的中国法治，通过认可由皇帝颁布的超法规的措施，意欲回避矛盾。此乃迫于东亚历史的独立性，同时，也注目于此前的“正义是什么”、“东亚正义的概念”。

中国的正义不是公平、平等，而是与信义、节义、忠义、孝义的结合。该信义、节义、忠义、孝义是主观性的，不能与其他共通。也就是说，中国式的正义与“各人他物”这种客观性的分配正义无关联，甚至与分配正义相对立，或许可以说是否定的正义。

第三章“正义的杀人”的小结。

由以上三部九章构成的本书《汉唐法制史研究》，是笔者这十年来接受科学研究费“东亚的法与习惯——围绕死刑的诸问题”（2002～2005年度，基础研究A）、“东亚的礼仪与刑罚”（2006～2010年度，基础研究S）、“东亚的犯罪与社会”（2010～2015年度，基础研究A），在推进国际共同研究中取得的一些个人成果。

此外，发表该成果时，亦接受2015年度科学研究费补助金（研究成果公开促进费），对各位相关人士谨表衷心感谢。

新版法学著作点校本勘误举隅（九例）

张伯元*

1

《九朝律考·汉律考》（中华书局2003年版）第27页“马复令”条中“复马复令”为“修马复令”之误。“复”繁体作“復”，与“修”形近。又，“差出牡马”为“差出牝马”之误。牝，畜母也。雌也。而牡，畜父也，雄也。参见二十四史本《汉书》第四册第1173页，校作“差出（牡）［牝］马”。

2

《九朝律考·汉律考》（中华书局2003年版）第29页倒数第2行“迁豫州牧，代二千石书史听讼，所察过诏条。注：出六条之外。（《鲍宣传》）”查《汉书·百官公卿表》、《后汉书·百官志》，表中均未列“书史”一职；即使有书史，决非二千石官可比。对照中华书局二十四史本《汉书》，句中“书史”二字实为“署史”之误。书，繁体作“書”，与“署”形近。参见二十四史本《汉书》第十册第3086页。

3

《中国古代诉讼法·中国诉讼法溯源》新点校本第25页（中国政法大学出版社2012年版）原文：“‘氾’与‘氾爱’之‘氾’同”一句，

* 张伯元，华东政法大学法律古籍整理研究所名誉所长，研究员。

点校者加了注："汜（sì）。现通用写作'泛'。"《说文·水部》："汜，水别复入水也。"《说文·水部》："泛，滥也。"由此看来，"汜爱"可能是"泛爱"之误。泛，音fàn。《礼记·王制》："疑狱，泛与众共之。"原夹注引《释文》云"泛，本又作'泛'。"泛，浮貌。见《说文》，音fàn。

"汜"与"氾"形近，泛、氾、汜在古书中时有混用。今人则不当以讹传讹，理应将它们分清楚。

4

《中国古代诉讼法·中国诉讼法溯源》新点校本第93页，《左传》成公十六年为"十五年"之误。第94页"亥乘"为人名"亥"之误。未能校出。

5

《中国古代诉讼法·中国诉讼法溯源》新点校本第234页，姑布子卿在描述孔子形貌时说：似"皋陶之喙"。出处为《韩非子·外储说》。在这里点校者加了一条页下注，纠正原引文出处的错误，说："原书文：'外诸说'。经查，实为'外储说'之谬，故改正之。"按所说的《外储说》去查，无论是《外储说左上、下》还是《外储说右上、下》都查不到姑布子卿说的话。其实它出自《韩诗外传》卷九。原作者误将《韩诗外传》写成《韩非子·外诸说》了。今之点校者又误将《韩非子·外诸说》说成是《韩非子·外储说》，这是想当然出的错。但是，千错万错，点校者不该说"经查"，说得煞有介事，撒谎也不脸红。读者受骗了。

不过，有一点值得肯定，点校者没有直接改动原文，加注做了说明，合乎点校的一般规则。

其实，在《中国古代诉讼法·中国诉讼法溯源》新点校本第84页上已经提到这篇引文，遗憾的是原作者写成了《韩非·外传九》，也同样出错，将错就错，却不出校。

6

《中国法律发达史》新点校本第 38 页（中国政法大学出版社 2009 年版）引章震福《古刑法质疑》中的一段：僖公二十年，《传》："卫侯与元咺讼，宁武子为辅，针庄子为坐，士荣为大士。"注曰："大士，治狱官也。"《周礼》："命夫命妇不躬坐狱讼。"元咺又不宜与其君对坐，故使针庄子为坐，又使卫之忠臣及其狱官质正元咺。在这一段文字中有这样几个问题：（1）僖公二十年为"僖公二十八年"之误；（2）《传》指《左传》无疑，是先贤惯用的一种省写形式，那么《传》前面的逗号就应该删掉。在这一段的下面第 9 行又有一段引《左传》的文字，则标点成《襄十年传》，这样用书名号与上面的不统一，按通例可以改成"襄［公］十年《传》"；（3）"注曰"指的是杜预注，从"大士，治狱官也"到"质正元咺"整个一段文字都是杜预的注文，因此这段文字的标点应该是这样的：僖公二十年《传》："卫侯与元咺讼，宁武子为辅，针庄子为坐，士荣为大士。"注曰："大士，治狱官也。《周礼》：'命夫命妇不躬坐狱讼。'元咺又不宜与其君对坐，故使针庄子为坐，又使卫之忠臣及其狱官质正元咺。"

在文章中，作者自己的叙述与征引前人的文字，在点校时是必须严格区别清楚的；不然的话，把引文当成作者的文字，是对前人的不尊，也搅浑了读者。

7

《中国法律发达史》新点校本第 62 页文中有"偁"字，校勘者注 1 称："疑为'称（穪）'字之误。"宋代有个词人叫王禹偁，《说文·人部》："偁，扬也。"偁同称，表赞扬之义。称的繁体写作"稱"，"穪"为异体。

8

《中国法律发达史》新点校本第 64 页注 6："辠，古同'辜'。"原文引《说文》"劾，法有辠也"。校勘者加注如上。这只要查一下《说文》

就能明白用“皋”字之不当，《说文·力部》：“劾，法有辠也。”原作者将辠误作“皋”，校勘者应该指出它的形近而误，将辠写成了“皋”。皋，泽也。皋是皋陶之“皐”的异体。《说文·辛部》：“辜，辠也。”辠，罪也，但辜不能等同于“辠”。《说文·辛部》：“辠，犯法也。……秦以罪似皇字，改为罪。”由此可见，皋，因形近而误作“辠”，点校者又因辠与“辜”字形相近而致误。

9

《中国法律发达史》新点校本第113页注13：“原文误为‘㠯’，下句‘公卿以下’、‘改变以来’中‘以’字均误排为‘㠯’。”这不能说是误排，因为“㠯”就是古“以”字，《汉书·高帝纪上》：“乃㠯竹皮为冠”颜师古注：“㠯，古以字。”《玉篇·巳部》：“㠯，今作以。”孙诒让《周礼》正义指出：“以即㠯之隶变。”

张元济在《校史随笔》“宋祁校语多采用”一节中说：“高邮王念孙精于雠校。其校《汉书》，往往引宋祁校语纠正时本，且均与是本合。”其中，举有《周昌传》，“于是苛、昌自卒史从沛公”句，称：“是本‘自’作‘以’。”（上海古籍出版社1998年版，第15页）此“自”字，今天看来应是“㠯”字之误。今中华书局本采用括号表示：“苛、昌（自）［以］卒史从沛公”；若细谨点，当注明“自”为“（自）［㠯、以］”。

晚学习作

宋代女性财产继承权初探

马子政*

摘　要： 在以宗祧继承为主的封建中国，女性的财产继承权利一直被忽略，得不到法律的支持和保护。一直到了唐代，法律才开始明文出现了有关女性的财产继承权利的规定，但是内容却是少之又少。到了宋代，女性财产继承法进一步完善，详细地规定了不同身份的女性的财产继承权利，女性继承地位提升，中国古代女性财产继承制度发展到顶峰。

女性一生中有多重的身份，从宋代继承法律角度分析：以父亲为视角，女性被学者分为在室女、出嫁女和归宗女三大类，不同身份的女儿，她所对应的继承权利以及继承地位是不同的；以丈夫为视角，女性可分为妻子或是妾室，无论是继承权限还是继承地位，她们都有着天壤之别。这些身份转换使她与家产有不同的关联性，与周围的人际关系也有不同的变化，也使身份不同的女性在家庭的财产继承方面有着不同的际遇，在法律上呈现出不同的处理方式。因此，本文将从法律史的角度，了解、探究、分析不同阶段、身份的宋代女性在不同的家庭里的财产继承权利。

关键词： 女性财产继承权　在室女　寡妻　户绝

一　中国封建社会女性财产继承权衍变

封建中国，一个家庭以男性家长为中心，家长去世后也由下一代或是两代的男性来继承家产，女性的继承权利在很长的一段时间内都得不到法律的保护与支持。为缓和社会矛盾，中国古代的封建社会的统治者也会变

* 马子政，中国社会科学院研究生院硕士研究生。

通性的制定一些法律条文来保护女性的某些权利来达到维系良好的家庭关系，维护社会的稳定的目的。其中，对女性的财产继承权利加以法律保护就是重要举措之一。中国古代封建女性财产继承权利到宋代发展到顶峰。到宋代为止，女性财产继承权利可以分为三个阶段：第一阶段，秦汉时期的事实存在阶段，在这一阶段没有法律明文的规定；第二阶段。唐代的法律确认阶段，女性继承权利开始法律化；第三个阶段，宋代的繁荣发展阶段，不管是从女性的继承权利，还是继承地位，都达到中国古代封建社会的顶峰。

（一）秦汉时期的事实存在阶段

先秦时期，宗祧继承占主导地位，无论是对“家长”的财产的继承还是身份地位的继承，子孙都是第一顺位的继承人，而且财产与身份地位的继承是统一的。其中，周朝时确立了嫡长子继承制，也是中国古代继承制度的核心，“家长”死亡后，“家长”的原有身份地位以及遗留下来的财产都由嫡长子来继承的，女性没有继承权。无论是在身份地位方面，还是家产土地方面，都排除了女性的财产继承权利。

到战国后期，身份与财产继承分离开来，原来的嫡长子继承制也逐渐发展成诸子均分。到秦朝，统治阶级将该制度法律化，身份继承和财产继承异步制度自此确立，奠定了女性财产继承权的产生的最初的基础。

到了汉代，社会盛行诸子均分的规则，据史料记载，女性的财产继承权利虽未被法律明文规定，但在现实生活中已经出现了女性继承财产的现象。例如，沛县有一个富豪，他有一个儿子和一个女儿，为了让自己年幼的儿子能在自己死后存活下来，在离死前将族人都召集起来，并且立下遗嘱说除了一柄剑之外，自己其他的财产全部由他的女儿继承，同时要求自己的女儿在儿子十五岁时将剑给他。后儿子长大了，但是女儿并不愿意交出那把剑，所以儿子就到官府去告状。最后官府不仅判定要求女儿将剑归还给自己的弟弟，而且将当初遗嘱给女儿的一部分财产也分给了自己的弟弟，只从案例本身来看，事实情况是女儿占有了此份财产。所以在唐之前，女性的财产继承权在事实上就已经存在，只是未有法律明文规定而已。

至魏晋南北朝时期，大批男性劳动力战死沙场，女性在生产生活中的作用增强，女性在家庭中的财产继承地位也有所提高。据《南史·孝义传上》的记载："诸暨东洿里屠氏女，父失明，母痼疾，亲戚相弃，乡里不容……父母俱卒……家产日益，乡里多欲娶之，女以无兄弟，誓守坟墓不嫁。"① 可见，在这种情况下，女儿是可以继承全部家产的，并且可以将这份财产携带嫁入夫家。

总之，在唐代以前社会通常以"诸子均分"的方法来处理遗产，同时依习俗给予未婚女一定的嫁资，虽然在极少数情况下可能会出现女性继承的情况，但是在唐代以前的成文法规之中并没有关于女性财产继承权利和分配份额的直接的法律规定。

（二）唐代的法律确认阶段

自唐以后，中国古代女性财产继承权利才开始明文化、法律化。在《唐六典》中只规定了唐代财产继承的一般原则——"凡食封皆传于子孙"。原则上男性才是继承家产的第一顺位，并未对女性的继承权利加以规定。在《丧葬令》中涉及了女性的财产继承问题，从法律上女性虽然有了继承的权利，但是继承权限受到很多的限制。唐代女性的财产继承问题主要有以下两种情况。

1. 女儿在父家的财产继承

唐律《户令》规定："诸宜分田宅者，及财物，兄弟均分；妻家所得之财，不在分限。兄弟亡者，子承父分。兄弟俱亡，则诸子均分。其未娶妻者，别与聘财；姑姊妹在室者，减男聘财之半。"② 从法条看，被继承人死亡后，在分割家产时，兄弟是均分的，而在室的姑、姊、妹只能得到与同户的男性继承人"聘礼"的一半，即只能得到男性继承份额的三分之一。

同时，唐《丧葬令》又规定："诸身丧户绝者，所有部曲、客女、奴婢、店宅、资材，并令近亲（亲依本服，不以出降）转易货卖，将营葬事及量营功德之外，余才并与女（户虽同，资财先别者，亦准此）；无女，均入以次近亲；无亲戚者，官为检校。若亡人存日，自有遗嘱处分，证验

① 李延寿：《南史·孝义上》，中华书局，1995，第1028页。

② 长孙无忌撰《唐律疏议·户婚律》，刘俊文点校，中华书局，1975，第245页。

分明者，不用此令。”① 在亡人无遗嘱的情况下，按照宋代法律，户绝的所有家产会由他的近亲属给转让或卖掉，除去办丧葬的费用，剩下的钱全部给他的女儿。唐代的法律在此明确肯定了女性的财产继承权，但是在继承权限和继承份额方面都有限制。

2. 妻子在夫家的财产继承

如前所述，唐律规定妻子的财产除妻家所得之财之外，其他都在分割的范围之内，所以女性从娘家带来的嫁妆是自己所有的，不在夫家分家之限。《开元·户令》规定：“寡妻无男者，承夫分。”② 寡妻在夫家是可以继承丈夫的遗产。但是，寡妻继承的前提条件是夫家没有的男性继承人而且寡妻要为夫守节不改嫁。

总之，唐代的财产继承还是以宗祧继承为主的，男性仍是第一顺位的继承人，但从法律上对女性的财产继承权利进行了确认，为宋代女性财产继承权利的完善奠定了基石。

（三）宋代的繁荣发展阶段

宋初，统治者修订了《宋刑统》，其内容上基本沿袭了唐律，但是有关于女性财产继承权利的规定要比唐律更加具体、细致，女性的财产继承地位进一步提高。《宋刑统》在规定上进一步细化说：“请今后户绝者，……资财，营葬功德之外，有出嫁女者，三分给与一分，其余并入官。”③ 从法条可以看出，在宋代，未出嫁的姑姊妹在家族有男性继承人的情况下，他们的财产继承份额仅为男性聘财的一半，这与唐代的法律规定无异。但是，宋代的出嫁女与归宗女在户绝的情况下的财产继承地位提高。宋代法律对妻子在夫家的继承权限与继承份额也进行了详细的规定。相较于唐代，宋代的户绝继承与遗嘱继承立法规定，不再将女性的财产继承权限定于家中无男性继承人的情况下才可以适用，这是古代女性财产继承法的显著进步。笔者将从宋代女性在不同的家庭中，以不同的继承身份来具体分析不同角色的宋代女性的财产继承权利。

---

① 〔日〕仁井田升：《唐令拾遗》，长春出版社，1989，第 770 页。

② 长孙无忌撰《唐律疏议·户婚律》，刘俊文点校，中华书局，1975，第 241～242 页。

③ 窦仪：《宋刑统·户婚律·卑幼私用财》，中华书局，1984，第 223 页。

二 宋代女儿的财产继承权利

从宋代财产继承法的角度，不同的继承人身份所继承的财产权限和财产份额不同。以婚姻为界限，学者将宋代女儿的身份分为三种：一是未出嫁的在室女；二是已出嫁的出嫁女；三是因被出、离婚或丈夫死亡等多种多样的原因而再次回到娘家生活的归宗女。

（一）在室女的继承

1. 一般继承

一般继承是指子女在父母双方或是一方都死亡的情况下，对其财产的继承。宋代女性取得嫁妆（即奁产）是在室女间接继承本家财产的一种方式。北宋《宋刑统·户婚律》规定，在室的女儿在继承本家的财产时，只能分得嫁妆，并且分得嫁妆的数额仅仅为男性聘礼的一半。这一规定到南宋发生变化，《在名公书判清明集》里有规定："在法，父母已亡，儿女分产，女合得男之半。"① 说明在南宋的时候未出嫁的女儿可继承的财产份额增加到了男性的一半，在室女的财产继承地位明显提高。除取得奁产这种间接继承方式外，在室女还可以通过遗嘱继承的形式取得家产。宋代的遗嘱继承法只有在户绝情况下才能适用。但是从宋代的现实案例可以分析出，遗嘱继承的适用却并非如此，比如，在法定继承人不孝而又没有更加适合的继承人的时候又或是为维护家族利益等，在亡人有遗嘱的情况下，是有适用遗嘱的可能性的，所以在家族有子的情况下，女儿继承家产也还是会出现的。比如，《清明集》里讲述了这样一个事件：曾千钧死后留有三个孩子其中两个亲生女名兆一娘、二娘，一个养子名秀狼，他在生前立下遗嘱，将遗产中的八百文税钱分给自己的两个女儿，其他的由他的养子来继承，但是养子秀狼不愿给二女，于是二女将秀狼告到官府。② 最终判官承认了遗嘱的有效性，并依照遗嘱判给二女应得的财产。

2. 户绝继承

一般只有是在户绝的情况下，宋代女性的财产继承才表现出来的。所

---

① 幔亭曾孙：《名公书判清明集·女婿不应中分妻家财产》，中华书局，1987，第 278。

② 幔亭曾孙：《名公书判清明集·遗嘱与亲生女》，中华书局，1987，第 237 页。

谓户绝，是指被继承人在死亡时无子嗣，无继承人承担祭祀以及延续家族香火。根据上述定义可以看出，户绝家庭的财产继承人包括诸女以及绝户后所选立的继子。宋代在室女户绝继承问题相当的复杂，女儿可以继承的财产份额受被继承人立继或命继的子孙有无的影响。在户绝之家中只有在室的女儿的情况下，法律规定此女有权继承家庭的全部财产。但是在有出嫁女、归宗女或是命继子的情况下，其继承权限和继承份额是不同的，这部分笔者将会在本部分的小结中作统一的论述，此部分仅就只有在室女的情况进行分析。

《户绝资产》（《宋刑统》卷十二）延续了唐《丧葬令》关于女性对财产继承的法律规定。在这里也没有对“女”进行具体的规定，致使现实的生活中对此条法律规定的适用相当混乱。为进一步细化、完善女性的财产继承权利，宋代又立法规定：“诸户绝财产，尽给在室诸女”①，“户绝财产尽给在室诸女，而归宗女减半”②。从这些规定中我们可以看出在室女完全可以继承得到父家的全部财产。但在现实的案件中，对在室女的遗产继承份额也是有所规定的。在《清明集》中有案例可以印证，如熊振元生有三个儿子，后来小儿子熊邦死了，留下了妻子和一个未出嫁的女儿，熊邦的户下有良田三百多亩，后来他的妻子改嫁，官员依法律的规定，当遗产的总价值不到三百贯的情况下，要按照法律的规定将全部的财产都由自己的女儿来继承。③

（二）出嫁女的继承

《清明集》有判词是这样说的：“已嫁承分无明条，未嫁均给有定法。”据此可以看出，出了嫁的女儿在原则上是没有权利继承父亲的遗产的。后来，修订者针对户绝之家中的出嫁女儿的继承权限对《宋刑统》作了一些新的说明：“臣等参详，请今后户绝者，所有店宅、畜产、资财、营葬功德外，有出嫁女者，三分给一分，其余并入官。如有庄田，均与近亲承

---

① 幔亭曾孙：《名公书判清明集·继绝子孙止得财产四分之一》，中华书局，1987 年，第 251 页。

② 幔亭曾孙：《名公书判清明集·孤女赎父田》，中华书局，1987，第 316 页。

③ 幔亭曾孙：《名公书判清明集·熊邦兄弟与阿甘互争财产》，中华书局，1987，第 110 页。

佃。”[①] 也就是说出了嫁的女儿是没有权利继承父家的田产，就连其他财产也只能继承其中的三分之一。为了更好地解决现实中有关出嫁女的财产继承矛盾，到了宋仁宗时有关出嫁女的继承权限又所变化，《户绝条贯》规定出嫁女只有在户绝家中没有在室女的情况下，才能够继承财产的三分之一。[②] 对不同身份的女性的继承顺序做出了严格的规定。出嫁的女儿只能是第二顺位的财产继承人。这也说明出嫁女的继承地位有所下降。

（三）归宗女的继承

因被出或夫死等原因出了嫁的女儿再次回到娘家来生活，被称为归宗女。在宋代，归宗女也是能继承父家的财产，还与在室女的继承地位同等，北宋法律有规定如果出了嫁的亲生女儿被夫家休了以及丈夫死了没有儿子并且没有参与夫家的财产的分配，此时又逢娘家这一边为户绝之家，那么归宗的女儿可以享有同在室女在父家的财产继承上一样的权利。不过到了南宋时期，归宗女对户绝财产的继承份额仅为在室女的一半，其财产继承权利有所下降，这一点在前面在室女的继承中有涉及。以上笔者就不同“身份”，对宋代女儿的财产继承权进行了分析，以下笔者将就宋代女儿在户绝的情况下各自的继承权限以及继承份额做一个总结。有无命继子孙对于户绝之家来讲会影响到各个不同身份的继承人的继承权限及继承份额。

在户绝且无命继子孙的情况下，按照宋哲宗时期颁布的《元符新规》相关规定：“户绝财产尽均给在室及归宗女，千贯以上者，内以一分给出嫁诸女。止有归宗女者，三分中给二分外，余一分中以一半给出嫁诸女，不满二百贯给一百贯，不满一百贯全给；止有出家诸女者，不满三百贯给一百贯，不满一百贯亦全给；三百贯以上三分中给一分，已上给出嫁诸女并至两千贯止，若及两千贯以上，临时具数奏裁增给。”[③] 综合上述，在宋代户绝之家的财产，在室女可全部继承，最初归宗女同在室女例，但是到了南宋却只能得到相当于在室女一半的财产。如果遗产在千贯以上，即使有在室女或是归宗女，出嫁女也是可以继承一分的；在没有在室女只有归

---

① 窦仪：《宋刑统·户婚律·户绝资产》，中华书局，1984，第198页。

② 徐松辑：《宋会要辑稿·食货六一之五八》，中华书局，1957，第5902页。

③ 李焘：《续资治通鉴长编·元符元年八月》，中华书局，1993，第11935页。

宗女与出嫁女的情况下，归宗女可以继承三分之二，而出嫁女只能得到六分之一；在只有出嫁女的时候，户绝财产的不同，继承份额也不同，户绝财产在三百贯到一百贯之间，给出嫁诸女一百贯，如果不到一百贯则给一百贯，而遗产在三百贯之上时，出嫁女则可获得三分之一的财产，但是限额为两千贯。总之，出嫁女的财产继承地位远不及在室女和归宗女，而归宗女的继承地位也逐渐低于在室女。

在户绝之家有命继的子孙的情况下，虽然为男性继承人，但是由于立继者是同宗者，并不一定能代表家族的利益，所以宋代法律对命继子的继承份额规定进行极力保护，相反，法律更倾向于保护女儿的继承权利。一般情况下，命继子有权继承户绝财产，但是继承份额限于三分之一且止于三千贯，在有女儿时，命继子能分得会更少。《户令》有规定："诸已绝之家立继绝子孙（谓近亲尊长命继者），于绝佳财产者，若止有在室诸女，即以全户四分之一给之；若又有归宗诸女，给五分之一；止有归宗诸女，一户绝法给外，即以其余减半给之，余没官。止有出家诸女者，即以全户三分为率，以二分与出嫁诸女均给，余一分没官。若无在室、归宗、出嫁诸女，以全户三分给一，并至三千贯止。即及两万贯，增给两千贯。"① 所以，在只有在室女和命继子的情况下，在室女可继承四分之三，命继子可得四分之一的财产；在有在室女、归宗女和命继子的情况下，命继子只能分得五分之一，剩下的五分之四由在室女和归宗女继承，其中在室女与归宗女按二比一的比例进行分割；在只有归宗女和命继子的情况下，命继子还是继承五分之一，但是归宗女却只能继承剩下的财产的一半也就是遗产的五分之二，其余没官。

综合宋代的有关继承的法律法规以及判例判词可以看出，在户绝的情况下，只有在室女拥有完全的财产继承权利，但是由于女性不能够承担家族祭祀的责任和延续香火的义务，所以在室女也不能享有同儿子完全相同的继承财产的权利，而归宗女与出嫁女的继承权限和继承份额远远小于在室女，在法律上也仅仅只享有不完全的财产继承权。在户绝继承中女性的地位十分突出，甚至打破了宗祧继承的限制，是中国封建继承法律制度的一大进步。

---

① 幔亭曾孙：《名公书判清明集·处分遗孤田产》中华书局，1987，第 288 页。

三 宋代妻妾的继承权利

在中国封建社会，已婚女性的人身权一般都要依附于在世的丈夫，是没有独立的人身权利的。即使丈夫去世，她们成了寡妇，可以对家产进行管理，但也不具有独立的人身权，她仅仅是代表着整个家庭。唐代户令“寡妻妾无男者，承夫分，若夫兄弟皆亡，同一子之分”最早规定了寡妻妾的继承权利。到了宋代依然沿用前朝旧律，并加以完善，对寡妻妾的财产继承权利加以保护。

（一）寡妻在夫家的继承

丈夫死亡后，寡妻守节与否将决定其在夫家的继承权限和继承的份额，在守节的同时，有子与否也同样会影响到寡妻的继承权利。笔者在本节拟就寡妻守节时和改嫁后两种不同的情况下，对寡妻的财产继承权利进行论述。

1. 守节情况下的财产继承权

其一，有子且守节。《宋刑统》对这种情况有规定，即“子承父分”，明确儿子来行使对亡夫的财产继承权利，之后又明确规定“有男者不得别分”①。也就是说，如果被继承人有儿子，寡妻是没有继承财产的权利的。但现实中却并非如此，在中国古代礼教孝义的观念的指导下，《宋刑统》规定：“诸祖父母、父母在，而子孙别籍异财者，徒三年。”② 即寡妻应该与子孙同居且共财，如果子孙私用或是变卖家中的财产，亦或是有分家行为，将会被笞以杖刑在亡夫的家庭中寡母是子孙的尊长，是家族的象征，不允许子孙有僭越的行为。从各种的法律条文和判词中我们可以分析得出，虽然寡妻没有继承夫家财产的权利，但是却可以管理夫家财产。那么这种管理的权利的地位到底如何呢？笔者叫从下面的案例进行分析：有个叫魏峻的，在他父亲去世而母亲还在世的时候，私自将家中田产分割并卖给了别人，其母告到官府。后来官府判此为无效的民事行为，令魏峻将田

① 窦仪：《宋刑统·户婚律·父母在及居丧别籍异财》，中华书局，1987，第192页。

② 窦仪：《宋刑统·户婚律·卑幼私用财》，中华书局，1984，第196～197页。

产交回，得来的钱没收官府，并在判词中写道：“交令田宅，自有正条，母在，则合令其母为契首。[①]”从此可以看出，儿子的法定继承权是对抗不了寡母对家产的管理权的。可以说在夫家寡妻虽然没有继承的名义，却有着继承的事实。

其二，无子守节。《宋刑统》有规定：“寡妻妾无男者，承夫分。若夫兄弟皆亡，同一子之分。有男者不别得分。谓在夫家守志者，若改适，其见在部曲、奴婢、田宅不得费用，皆应分人均分。”[②] 也就是说送寡妇的丈夫如果去世了，并且丈夫同辈的也都死了，寡妻是可以继承到一份财产，数量和一个侄子的数量相同。宋代法律不仅明确寡妻即使无子也可继承夫家财产，而且还规定了明确的份额。但是继承是有条件的：“寡妻守志而无子者，承夫分，妻得成夫之财产，妻之财产也。”[③] 而且对于部曲、奴婢以及田宅是没有继承的权利的。虽然寡妻有继承夫家的财产的权利，但是这事实上这种财产权利并非真正的继承权，因为寡妻在处分财产时有诸多限制寡妇不可以私自变卖田宅，就算签署了契约，此契约也是无效的。甚至“牙保知情者与同罪”[④]。所以说，寡妻的这种事实性的继承权是残缺的，不完整的。

总的来看，在宋代，寡妻的财产继承权的取得还是很简单的，只要她愿意并且能守寡，就可以继承夫家的财产，只是在有儿子的情况下，寡妻是没有继承之名的，但并不会影响到寡妻在家族中的地位，寡妻甚至可以在家族里对抗夫辈的兄弟以保护丈夫的财产。但是，为了防止夫家的财产流失，立法对寡妇的财产处分权作了诸多的限制性规定。笔者认为，宋代法律极力保护寡妻的财产继承权利，一方面是由于经济的繁荣发展，另一方面是为弘扬礼仪教化鼓励寡妻为夫守节。

2. 改嫁后的财产继承权

改嫁可以分为两种：一是再嫁一般人，二是招接脚夫。[⑤] 改嫁的寡妇在这两种不同的情况下对亡夫的家产的继承权限也是不同的。

---

① 幔亭曾孙：《名公书判清明集·母在与兄弟有分》，中华书局，1987，第 301 页。

② 窦仪：《宋刑统·户婚律·卑幼私用财》，中华书局，1984，第 197 页。

③ 幔亭曾孙：《名公书判清明集·双立母命之子与同宗之子》，中华书局，1987，第 220 页。

④ 幔亭曾孙：《名公书判清明集·鼓诱寡妇卖夫家业》，中华书局，1987，第 304 页。

⑤ 邢铁：《家产继承史略》，上海人民出版社，2005，第 71 ~ 72 页。

其一，再嫁普通人。前面我们说过，如果寡妻改嫁的话，是不可以继承亡夫家的财产的，如果亡夫家没有亲生儿子也没有养子又未立子嗣的话，其遗产是依照“户绝资产”进行处理。但是在有子的情况下，寡妻可以带着儿子改嫁，在这种情况下是可以携带着亡夫家的财产改嫁的，只不过这部分财产只能由原夫家的儿子来继承，依然是亡夫家的财产，即使儿子死了，寡妇和后夫也没有继承的权利，这部分财产要依“户绝资产”来处理。

其二，招接脚夫。为分担家庭重担，寡妇可以找个男人入赘到原夫家。但是亡夫所留下来的财产，接脚夫只有使用权，财产仍归寡妇前夫家所有，如果寡妻死了，前夫家财产还是会依户绝法处理。南宋有令：“寡妇无子孙并同居无有分亲，召接脚夫者，前夫田宅经官籍记讫，权给，计直不得过五千贯，其妇人愿归后夫家及身后死者，方依户绝者。”[①] 对寡妇和接脚夫的财产权限进行了严格的限制，以免原夫家财产的外流。如果寡妇愿意到后夫家去或是寡妇先死了，前夫家的财产将按照户绝处理，寡妇或是接脚夫不能再继续霸占这份财产。

（二）有关妾的继承

在宋代的明文法律规定当中，无论夫亡与否，妾对夫家的财产是不具有任何权利的，《宋刑统》也明文规定：“其媵及妾，在令不合分财。”[②] 但是现实生活中却并非如此。在丈夫和正妻都死亡，而家里又没有男性继承人，成为户绝之家的情况下，寡妾是可以对亡夫的家产进行管理的，但是这种管理权的限制受到法律的诸多限制。而且财产只能限本人在世时享用，既不能携其改嫁，也不能出卖。

如果是有子的妾，其在家庭中的地位将有所提升，甚至有接触家产的可能性，因为嫡子和庶子享有同等的继承权利。在儿子还年幼的时候，寡妾可代替儿子管理儿子继承来的财产。而且此时的妾面对没有子嗣的正妻，不一定就处于劣势。特别是在庶子成年以后，他不仅具有合法的继承资格，也有足够能力去保护自己的生母，从而为母争取生活费用。正妻也

---

① 幔亭曾孙：《名公书判清明集·夫亡有养子不得谓之户绝》，中华书局，1987，第 273 页。

② 窦仪：《宋刑统·贼盗律·谋杀》，中华书局，1984，第 275 页。

不再能独掌大权，况且正妻年老后还需要妾所生之子的供养与照顾，所以渐渐开始同妾的儿子妥协，正妻与妾的相处方式也发生着微妙的变化。事实上，妾取得家产的控制权，通常还是在夫与正妻俱亡，而她本人又有子的情况下比较多。

虽然在法律上妾几乎没有继承的资格，但是遗嘱继承开辟了妾合法继承夫产的新渠道。《宋史》有载：有一男子立下遗嘱，将其财产分成三份，两个儿子各一份，剩下的那份归妾所有。儿子告到官府，判官认为子有遵守父遗志的义务，最终达成协议，如“寡妾守节不改志”①，她可以使用那些财产。不过，即使是通过遗嘱的方式继承来的夫家财产，妾也不享有所有的权利，只是享有使用的权利。从这里我们也可以看出，妾只能使用夫家的财产，不能处置。

四　宋代姑姊妹的继承权利

在前面，笔者对不同身份的宋代女性的财产继承权作了较为系统的阐述，在本部分笔者将对一些特殊情况下，宋代姑姊妹的财产继承权利作简单的介绍。

（一）在室姑姊妹的继承

在分割家产时有可能被继承人中还有未出嫁的姑姊妹，她们也是有继承的权利的。“诸分财产，未娶者与聘财，姑姊妹在室及归宗者给嫁资。”②而且在《清明集》上还有一个案例：解汝霖和妻子都死了，只留下了一个收养的异性幼女七姑和一个孙女名秀娘，解汝霖还有一个弟弟——解懃，后来解懃看她们孤儿寡母的，就起了贪心想霸占他哥哥的家产，于是就不让七姑和秀娘出嫁，而且又立继了绝子伴哥，让伴哥来来继承解汝霖的遗产，闹到了官府，最后法官范西堂判定：“今解汝霖只有幼女、孙女，并系在室，照户绝法均分，各不在三千贯以上。伴哥继绝，合给四分之一。

① 脱脱：《宋史》，中华书局，2004，第 412 页。

② 幔亭曾孙：《名公书判清明集·立继有据不为户绝》，中华书局，1987，第 216 页。

其余三分均与二在室女为业。”[①]

从条文和案例可以看出，无论是在一般家庭还是在户绝家庭中，在室的姑姊妹的继承权利基本上等同于在室的侄女取得的产的权利，也就是说，在室姑姊妹仅仅享有“间接继承”的权利。

（二）出嫁姑姊妹的继承

出了嫁的姑姊妹如果想继承父家的财产，其条件是相当多的，其继承的概率要远远低于在室的姑姊妹。只有在《户绝条贯》中有所涉及：“今后户绝之家如无在室女者，将资财、庄宅、物色，除殡葬营斋外，三分与一分。如无出嫁女，即给与出嫁姑姊妹一分。”[②] 所以，出了嫁的姑姊妹的继承顺序是在在室女和出嫁女之后的，也就是说，出嫁姑姊妹相当于第三顺位的财产继承人，其继承财产的机会十分渺茫。不过也并非没有，在《清明集》中就记有一例：许二家有妻子名阿冯，夫妻未生子，所以认了个义子——陈百四，许二在生前的时候就立下了遗嘱将财产分给都分给自己已出嫁的妹妹和已出嫁的女儿来继承，为此阿冯与陈百四告到官府，判官最后肯定了许二的遗嘱，将遗产分给了他的妹妹和女儿。不过相类似的事情极少发生，并非普遍现象。

① 幔亭曾孙：《名公书判清明集·处分遗孤田产》，中华书局，1987，第288页。
② 徐松辑：《宋会要辑稿·食货六一之五八》，中华书局，195，第5902页。

日本中世的法律变革

——简论日本该时期法律对于中华法系的继承与改变

李　飞*

摘　要：众所周知，日本的政治与文化自古便深受中国大陆的影响。其中，日本的法律直至近代明治维新为止都被视为中华法系的一部分。但是，日本自从中世以来，便出现出了与东亚各国大不相同的地方自治趋势与庄园主经济，自中国法学习而来的律令体系逐渐不能适应时代的要求致武家法度应运而生。特别是自应仁之乱以后，日本的法律便已开始走向与中华法系不同的道路，其中，更以安土桃山时代前后的法律体现的最为明显。即使之后德川幕府在国内基本稳定的背景下仍然制定了与明律高度相似的《公事方御定书》，也终究难以改变历史的进程，致使日本法律逐渐脱离中华法系而向欧洲靠拢。

关键词：封建制　中华法系　日本法制史　武家法度

前　言

日本自古以来便属于中华文化圈的一员，其法律很长时期也是深受中华法系影响。但是，作为亚洲第一个进入近代化的国家，在经过了短暂的社会变革之后，其法律制度迅速具有了相当的西方特点。滴水穿石，非一日之功。日本近代法律制度的变革并非仅仅幕末短短数年之功。事实上，在16世纪前后，即日本战国时期，其法律制度已经具有了相当的独立性。

* 李飞，中国社会科学院研究生院硕士研究生。

在此时期，日本的社会环境产生了翻天覆地的变化：政治上幕府衰落，地方领主权力不断加大；经济上生产力提高，人口大量增长，商人地位获得显著提高；文化上欧洲文化及其所谓南蛮文化传来，日本本土化佛教影响力也不断加大。这些都使日本当权者对于其本国法律产生了与大一统背景下的中国大陆法律不同的需求。其对民法相关内容的重视也与中华法系重视刑罚的传统不同。

中日一衣带水，政治经济文化来往密切，法律制度更是具有许多相互影响的方面。通过对于该时期日本法律的研究，既有助于我们进一步加深对于日本法律史的了解，同时，也有利于深化对于中华法系的研究，对中华法系的影响得出更加明确的结论。从而帮助我们同时吸收外来法律制度与本国传统法律文化之中的精髓，进一步完善我国现阶段的法律体系。

一　中华法系对于日本中世早期法律的影响

（一）中华法系在日本的早期传播

1. 中华法系的基本特征

自汉中期开始，中华法系便开始成形，并具有了儒法合一，以礼为重的中华法系独有特点。[①] 此后，经过魏晋南北朝，特别是北朝齐时的发展，至隋唐时，中华法系的基本特征已完全显现出来。[②] 对于中华法系的基本特征，许多教授都有所研究，张晋藩老师认为中华法系主要具有以下特点：（1）农本主义；（2）皇权至上的法制模式；（3）儒家学说的深刻影响；（4）引礼入法，法与道德相互支撑；（5）家族法的重要地位；（6）法理情三者的统一；（7）多民族的法律意识与法律成果的融合；（8）重教化慎刑罚的人文关怀。[③] 武树臣老师认为，中华法系的特征在于伦理主义精神

---

① 参见马小红《中华法系中“礼”“律”关系之辩证》，《法学研究》2014 年第 1 期，第 173 页。

② 参见杜路《中华法系“重刑轻民”成因研究》，《西北农林科技大学学报》（社会科学版）2013 年 9 月，第 157 页。

③ 参见张晋藩《中华法系特点再议》，《江西社会科学》2005 年 8 月，第 48 页。

与混合法样式[1]。虽然各位老师的研究各有特色，但是在大方向上都有所共识。其中，“一准乎礼”，重视刑罚与维护中央集权统治，地方缺少司法立法自治性，在我看来是大一统的古代中国及受中华法系影响国家最为重要的几个法律特征。

2. 中华法系在日本的早期传播

所谓日本中世，是指镰仓幕府建立至江户幕府建立之间的四百余年。在此期间，日本的经济模式与政治中心发生了巨大的变化。但是在此之前，日本也曾有过与中国极为相近的发展道路。

在公元 7 世纪末，8 世纪初，即日本飞鸟时代后期和奈良时代初期，正逢唐朝兴盛，日本不断派出遣唐使向中国学习统治经验。在日本统治者向中国学习政治制度的同时，也几乎全盘学习了中国当时的唐律。作为中华法系的确立之作，[2] 唐律极大的推动了周边国家的政治改革。受唐律极大影响的《大宝律令》以及在其基础之上改立的《养老律令》正是日本律令时期的代表之作。律，即刑法部分内容；令，即行政法部分内容。虽然时至今日，俩者大部分皆已不存，但从所剩名例中可以看出，其中大部分内容接与唐律近似。[3] 可见，此时日本的法律已经可以被归为中华法系之中。此后，直至明治维新之时，此二者至少在名义之上都被当作日本的根本大法，可见其中的精妙之处。

但是，随着中央权力的不断下放，以天皇庶流平、源二氏为首的武家势力在地方获取了巨大的权力。至 12 世纪末，平氏栋梁平清盛因扶持后白河天皇有功，成为第一个以武士身份成为太政大臣的人，此后，其又完全击败朝廷公家势力与佛教势力，完全把持朝政，首度创立了武家政权，平安时代由此终结。虽然在其身死之后，平家势力迅速衰落，但在源家领袖源赖朝的努力之下，由武家把控国家权力的幕府制度被创造出来，此后，日本进入了由公武合一的武家幕府统领中央，地方豪族高度自治的分封时代。为适应新时代的需要，镰仓幕府制定了一系列新的法令以图规制社会秩序。

---

① 参见武树臣《中华法系的原生形态、发展轨迹和基本特征》，《法学杂志》2012 年第 1 期，第 115 页。

② 参见张晋藩《中华法制文明史》，法律出版社，2013，第 275 页。

③ 参见李英英《唐律令制在日本的传播》，《黑龙江史志》2014 年第 1 期，第 11 页。

（二）《御成败式目》为代表的幕府法典简析

1.《御成败式目》制定的背景

在第一任镰仓将军源赖朝死后，公家势力迅速反弹，发动起部分武士，掀起所谓“承久之乱”。由于源赖朝妻子北条时子的精明强干，这次叛乱被迅速终结，但幕府大权也从此落入北条家之手。为了稳定政局与民心，幕府执政急需通过法律来维护统治。

至于制定该法的动机，北条泰时在写给北条重时的信中写到，在当时许多判决都是强者得以取胜，使得裁判并不公平；另外由于京都对于文化的控制，使得许多下层武士与农民并不了解律令，使得律令如同“捕捉野兽的陷阱”一般；为了让不通法律的人民从此知律，得以尽忠孝，所以制定该律。

前代律令无法保证公平，是北条泰时认为需要制定新律的原因。但除此之外，此时的日本也已经形成了由武士控制地方的分封制度。作为武士阶级的代表，镰仓幕府自然需要制定法律来保护武士阶级的利益。在此背景之上，镰仓幕府以《养老律令》为蓝本，制定了《御成败式目》。①

2.《御成败式目》的特点

该法自制定之初，其动机即与前代法律有所不同。律令时期法律自然是为保障朝廷中央集权而定，而至此时，幕府作为武士阶级的代表，自然需要维护地方武士的权益。因此，相对于完全中化的《养老律令》，该法有了许多新的特点。

第一，与前代规制所有臣民的法律不同，该法仅规制武士阶级。② 武士作为控制一方土地的地方豪强，其对于领内农民具有相当的统治权，进行高度自治。作为武家领袖的镰仓幕府，自然也不愿破坏其根基。因此，该律令集中规制武士阶级的不当行为，而农民犯罪则归由地方武士进行裁判。

第二，与朝廷所领不相关，具有二元性。镰仓幕府虽然总体控制了整个日本，但此时朝廷仍然具有一定的权威，因此镰仓幕府并不愿直接引发

---

① 《御成败式目》中文翻译参见胡娟《对〈御成败式目〉名称、体例、内容的考察》，何勤华主编《二十外国刑事法律的理论与实践》，法律出版社，2006 版，第 409 页。

② 参见胡娟《对〈御成败式目〉名称、体例、内容的考察》，何勤华主编《二十外国刑事法律的理论与实践》，法律出版社，2006，第 402 页。

与朝廷及神佛势力的冲突，因而与该法第六条规定不得介入朝廷支配地，神佛之地的裁判。一定程度体现了该时期日本统治的二元性。

第三，法律结构与前代大不相同。作为应时代要求而诞生的法律，《御成败式目》虽然整体条文编排上与《养老律令》相似，但是在具体内容上大不相同。刑事处罚内容仅占三分之一左右，而大量以非刑罚内容为特点的武家习惯法则被大量加入其中。可见此时的日本法律已有了一定的独特性。①

（三）《御成败式目》相比中华法系的继承与改变之处

第一，《御成败式目》作为继承《养老律令》乃至继承唐律而来的日本第一部武家法典，在条文与结构设置上具有明显的中国法律特征，即保持了法典结构的统一性；但与此同时，中华法系内容上的另一特点重视刑罚在此时的日本法律中已有所改变，增添了大量非刑内容。

第二，重视伦理纲常，但也并不拘泥于此。伦理主义精神是中华法系的一大特征，② 而在《御成败式目》上，一方面，该法的制定者就曾经自述制定该法是为维护封建秩序，伦理关系，注重调解；但另一方面，由于土地对于武士阶级的重要性，对于违反伦理纲常的处罚并不拘泥于刑罚，而是改以罚没土地财产为主。

第三，国内统治多元化。与大一统背景的中国不同，日本在此时具有幕府与朝廷两套不同的中央机关。幕府虽然总体上占据优势地位但其也并不愿破坏两者的平衡，因而在此时的日本名义上是同时存在《大宝律令》和《御成败式目》两部根本大法的。此外，在地方上当地本土武士也具有较大的自治性，享有独立的审判权，受中央影响较少。③

镰仓幕府应时制定这部法律极大地满足了新兴武士阶级的需要，得以长久运用，直至其后室町幕府时期仍被当作根本大法。但至应仁之乱时期，日本的法律又有了进一步的改变。

---

① 参见胡娟《对〈御成败式目〉名称、体例、内容的考察》，何勤华主编《二十外国刑事法律的理论与实践》，法律出版社，2006，第 404 页。

② 武树臣：《中华法系的原生形态、发展轨迹和基本特征》，《法学杂志》2012 年第 1 期，第 115 页。

③ 参见植田信广《前近代的日本法》，《中外法学》1991 年第 3 期，第 74 页。

二 应仁之乱之后的分国法发展

在镰仓幕府成立约100年后，当时在东亚具有霸主地位的元朝统治者两次出兵试图征服日本。虽然其两次进攻最终都因各种缘故以失败告终，但也大大的打击了镰仓幕府的统治基础。由于两次战争都为抵抗外敌，并未获得土地，因此大量在战争中有功并承受了巨大战争负担的御家人武士即亲随武士无法获得赏赐，逐渐没落。与此同时，以天皇为首的朝廷势力逐渐崛起，掀起倒幕运动，镰仓幕受到了武士阶级的反对，最终曾在该次倒幕运动中博得巨大声望的足利尊氏击退后醍醐天皇，成立室町幕府。

室町幕府成立后战乱不断，先有南北朝之争，后有京都幕府与镰仓公方之争，以三领四职为首的权臣逐渐控制朝政。八代将军足利义政时，虽然在文化上有所建树，却因继承人问题导致了应仁之乱，并由此引发了长达一百五十多年的战乱时期，史称战国时期。

日本战国时期中央权力较小，各个领制国内诸侯并立，领土兼并频繁发生，下克上成为时代风潮。为了面对时代潮流，各国守护，守护代寻求改制，纷纷出台分国法，最终蜕变为战国大名。①

（一）分国法诞生的背景

1. 幕府权力的衰微与地方领主的集权需要

由于室町幕府成立以来，长子继承家督的体制始终因各种原因未能成立，最终在八代将军足利义政当政之时因继承问题爆发了应仁之乱。以细川胜元为首的东军与以山名宗全为首的西军持续交战，几乎将日本全境都拖入战争之中，京都所在的山城国更是受到灭顶之灾，民不聊生。虽然东军最后勉强获胜，但也已无力维持幕政，幕府及守护大名的势力迅速衰落。由于生产力上升而壮大的新兴阶级，包括地方土豪即所谓国人、商人、农民等迅速崛起，身份日渐上升，甚至逐渐取代被武家名门所掌控的守护，成为各分国内实际控制者。自斯波氏手下的守护代朝仓孝景取代其

① 参见神尾将司《中世纪后期日本的〈分国法〉与“道理”》，《法学论丛》总第462期，第62页。

成为越前守护以来，下克上之风不断盛行：起初手下只有数百人的地方土豪毛利元就击败名门大内与尼子，称霸日本西部；传说出身卖油翁的斋藤道三在十余年间遍驱逐美浓原守护，控制美浓一国；其女婿战国霸主织田信长也本是出身于守护代之家，逐渐统治半个日本；日后的天下人丰臣秀吉更是传说出身于农民之家，堪称日本励志第一人。

这些新势力的出现标志着日本的政治进入了一个新的时期：中央政府权威极度衰落，而地方政府一方面需要进行集权，压制境内土豪势力，防止其也进行下克上，威胁自己统治，一方面又要拉拢新兴商人阶级与领内农民，谋求进行扩张。

其中，为了处理境内土豪的问题，其主要需要应对领土争端与继承权的问题，同时需要确认自己的统治权力，保证自己的审判与外交等宗主权利。而应对农民与商人的需求，又需要消除对商人发展的限制，确认所有权，保证物价等。在这种情况下，各个新兴势力便开始谋求修订新法，以适应时代需求。

2. 宗教势力的兴起及其与新兴阶级的融合

（1）本土宗教的根深蒂固

佛教在传入日本后，与日本本土神道教进行融合，逐渐被社会各阶层所接受。至日本战国时期，以净土真宗为首的佛教势力也已经成为各个地方统治者所不能忽视的一股强大势力。净土真宗提倡“他力本愿，恶人正机”，受到底层农民，低级武士，乃至山贼、海贼的广泛信奉，对这些阶层具有巨大的影响力。同时，佛教势力在各领国具有大量寺庙与土地，受幕府庇护具有大量特权，时常与其他土地所有者发生冲突，其又常常干涉领国政治，使得新兴大名不厌其烦。此外，各佛教流派还尝尝当街进行争论，即所谓过说法，对统治思想造成了危害。

值得一提的是，在此时代，由于生产力的提高，农民阶级的生活水平得到了一定的提高，而由于太田道灌所引领的军事改革，农民又具有了初步的武装。因此地方由地方农民及下级武士所掀起的暴动即一揆频繁出现，而以净土真宗为首的佛教势力正是农民一揆背后的主要势力。

面对此种宗教势力，当权者既不能盲目满足其要求，以至于危害自己统治根基，又害怕其掀起一揆暴动，因此迫切需要进行立法，在双方之间的利益寻求一个平衡点。

（2）天主教的传入

随着地理大发现的不断深入，西欧逐渐开发出了至日本的航路。因为其多是自南方海域抵达日本，故而被日本人称作南蛮。随着日本海外交易的逐渐兴盛，在1543年时葡萄牙商人售予九州南部种子岛领主两支步枪，即所谓铁炮。[①] 欧洲的先进生产力在日本引发了震动，铁炮的多少逐渐成为衡量一位大名实力强弱的重要标准。为了获取铁炮，欧洲人开始受到众多战国大名的欢迎，出现了许多的亲南蛮大名。在此背景之上，在1549年时，西班牙人方济各·沙勿略将天主教传入日本。此后，日欧贸易进一步得到发展，诸多无法染指中日贸易的西方大名开展所谓黑船贸易使得双方获利甚巨。

出于各种动机，许多九州大名皈依天主教，成为所谓切支丹大名，为天主教捐献领地，甚至派遣少年使节团前往欧洲参观。上有好者，下必甚焉，九州地区逐渐开始出现一只不可忽视的天主教势力。

值得一提的是，欧洲文化对于日本的渗透绝不仅仅止于九州地区，势力主要遍及日本中部的织田信长就相当喜爱欧洲文化，多次接见欧洲人弗洛伊斯，甚至将一位黑人奴隶解放作为自己的近随；而后来开创江户幕府的德川家康也曾将一位欧洲人封为领主即三浦按针；甚至在偏远的日本东北的奥州地区，其有力大名伊达政宗都热衷学习欧洲文化，派出遣欧使节至罗马访问。通过研究该时期的日本文化也可以发现，欧洲文化除了在军事上深入影响了日本之外，其饮食、艺术等方面都深刻融入了当时的日本社会，社会上兴起一股学习西方文化的时尚。

直到17世纪初的岛原之乱为止，尽管期间天主教曾屡遭禁止，但都具有强大的影响力。[②] 伴随着对于天主教的接受，一些欧洲的习惯也逐渐传入日本，使得日本对于法律具有了新的要求。

3. 商人力量的不断增大

日本本土多山地，交通不便，有助于资源流通的商人自然意义非凡。到了日本战国时期，随着生产力的发展，商人的力量自然也逐渐增长，甚

---

① 参见刘凤娟《文明与战争——日本与西方文明的初次接触》，《南方论刊》2008年第4期，第55页。

② 参见周韬《丰臣秀吉突然发布天主教驱逐令原因探究》，《湖南广播电视大学学报》2006年9月，第86页。

至于出现了一些商业城市，如近畿的堺、九州的博多等。商人团体于这些城市进行自治，通过海外贸易，铁炮冶炼等方式在收获大量财富的同时也获得了巨大的政治影响力。许多大商人主动联系强力大名，成为大名的御用商人，以谋取进一步的发展。而各地大名为了牟取商业利益也开始围绕其城郭开始设立城下町，即吸引手工业者成立城市。

但与此同时，许多前代时留下的法律政策极大适应其需要。比较典型的是所谓的“座”制度。所谓座即是一种商业行会，与欧洲行会相似，但由于日本政府相对专制，其并没有同时期欧洲行会的成熟性。随着其发展，座逐渐表现出了强烈的垄断性，既阻碍了个体工商业者的发展，也使得大商人无法进一步获利。同时，其财产权由于没有相关法律保护，经常收到侵犯。为了得到进一步发展，保护自身权益，商人阶级也开始谋求法律的变革。

（二）以《今川假名目录》为代表的分国法主要特点

由于上述原因，自朝仓孝景夺权成为越前守护，设立《朝仓敏景十七条》以来，各种分国法层出不穷。其中，足利将军的分家今川家所设立的《今川假名目录》及其追加是诸多分国法中最为成功的。今川家自室町幕府设立之初便贵为骏河、远江两国守护。在应仁之乱后，其并未像其他名门一样逐渐衰落，而是英主辈出，实力逐渐增强。至今川义元时，已经统领骏远三三国，被称作东海道第一大名。其先进的分国法与其崛起自然是有着巨大的关系的。下面就将以《今川假名目录》① 为主分析该时代法律特点。

1. 搁置中央特权，进行领国内集权

（1）搁置中央特权的举措

由于《今川假名目录》的作者今川氏亲与《追加》的作者今川义元生活时代不同，也可以看出从中看出中央权力的进一步萎缩与地方权力的加大。《今川假名目录》第二十二条规定：守护不入地，即受到幕府保护，享有特权，不受守护控制的豪强与寺庙土地仍然受到保护，但由于领主失职造成的纠纷，今川家有权强制介入。其第二十一条规定：废除骏府，即

① 本法源文献摘自日本静冈市宣传网站。

其领国首府一切的守护不入地。可见此时，战国大名虽已开始介入幕府直属领地的事务，保障自己的核心权力，但仍然对于幕府权威有所顾忌。但至今川义元之《追加》时，其二十条已对废除禁入保护特权有了明确规定：所谓守护不入地，是旧时足利将军统一天下，遍设诸国守护时候的旧事。可是如今对于领国的维护是由我自己即今川义元的力量所进行的。因此由将军家所设立的禁入保护特权全部作废。可见此时幕府的中央权威已经完全崩溃，丧失了其对于领国的控制与经济基础。通过逐渐废除守护不入地，今川家领地逐渐缩减了中央政府对其影响，加深了自身权威，同时也为自己夺得了一部分土地。

除了在土地方面消除中央影响，同时也在文化等方面试图独立，摆脱京都的影响。如《朝仓敏景十七条》中第五条就规定：不得让京都艺人前往越前国表演，应当花费对应金钱培养本国艺人进行学习。今川义元也曾大力宣扬文化，使得骏府一度成为日本东部文化中心。

（2）进行中央集权的举措

为了防止境内豪强实力过大进行下克上，规定继承权、扶植贫穷领主、规定亲随特权等等同样是这一时期立法的重点。

第一，《今川假名目录》第三十条规定本国地方豪族不得与他国结成婚姻关系，《追加》第十条与第十一条规定，有力豪族的继承原则上采取嫡子继承制度，同时对于不孝父母或是对于今川家不忠者，剥夺其继承权。其第十二条规定，对于庶子也当采取五分之一和十分之一的知行继承制。通过这些立法，战国大名有力的插手了领内豪族的家庭关系，防止其从亲属关系方面通敌，同时使得豪族继承人皆为亲善本家之人。

第二，《今川假名目录》第十三条及第十六条规定不得以任何理由出卖自己及他人的知行地，即大名封赐给家臣的土地，如实有困难，则须上报以获得出租许可。同时，其第二十条规定：如拿知行地作为贷款担保，可按照对今川家的功绩给予贫困领主一定救助，但如果第二次出现这种情况则对其领地予以没收。通过这些法律法规，今川家得以保护其统治基础，维持武家门户不至于轻易断绝。

第三，为维护等级秩序，规定亲随特权，《追加》第二，第三，第四条明确规定了寄主和与力，即上下级的关系。原则上与力必须通过其寄主来进行诉讼，邀功等活动。对于同级武士，《今川假名目录》第三十二条规定，重要会议时，国人武士按照出仕顺序入座，而参加猿乐等娱乐活动时，抓阄入座，唯有首席家老三浦二郎左卫门尉与朝比奈又太郎除外。通过此举，今川家树立了一定的等级秩序。同时，该时期战国大名还较为重视通过教育来加深君权为上的认识，如九州岛津家就曾倡导通过较为年长的武士指导年幼武士来普及教育的乡中教育政策。

2. 控制僧人特权，一定程度保障农民权益

（1）今川家家主今川义元在担任家主前曾以梅岳承芳之名修习佛法，之后家中大事也皆与其师太原雪斋和尚商议而后定，因此可以说今川家与佛家渊源颇深。即便如此，为防止僧道之人扰乱社会秩序，《今川假名目录》及其《追加》仍然对其行动有所限制。如《目录》第二十八条规定：诸宗派间的宗教争论在今川家的领国之内全部禁止。此外，为防止寺庙受不当之人控制，造成不良影响，《目录》第二十九条规定：僧侣在考量检验传授者的智慧能力前不得将寺庙传授给他，《追加》第十八条更是规定：未经今川家许可，主持不得私自转让寺庙。通过这些举措，今川家一定程度上在领内稳定了信仰问题，免受僧人作乱之苦。

（2）今川家通过立法对百姓的土地有了一定的保护，《目录》第一条便规定了领主不得随意侵犯百姓们从先祖处继承下来的名田，除非其拖欠年贡拒绝上交。其第二条和第三条则分别规定了田地山地界线冲突的解决办法与旧河床旧海床形成地的冲突解决办法。《追加》第九条则规定了百姓不得随意交易名田。这些举措在一定程度上保护了农民的根本权益，使得很大限度上减少了农民无端失去土地的现象。同时，《目录》第十八条规定了借米的利率：除第一年根据契约设定以外，第二年开始就一每石米利率一石，借米五年则连本带利一共六石。虽然利率仍然较高，但也算有效地控制住了利率的上限，有利于农民生计。

（3）保持较低税率，以维护民生。在此时期，战乱不断，战国大名大多实行五公五民，即百姓须上交一半收获物作为年贡。而今川家在拥有良好法律维持生产的前提下，规定四公六民的税率，受到领民的好评。

3. 保护商人利益以促进贸易

（1）保护商人所有权，如《目录》第二十六条规定了对于浮游船只，不得进行掠夺，应将其物归原主，如无船主踪迹，则奉献给当地寺庙。其第二十七条则对无主物归属问题进行了规定：从河川漂流下的浮木不归官

员管辖，而归属于漂浮到的土地所有者所有。在《追加》中，对于查封手续也有了明确的规定，其十五条规定：在冻结诉讼物件时当先请示奉行后再予实施。这些法律在一定程度上保护商人阶级的所有权，避免了其无端损失，受到商人阶级的欢迎。

（2）减少商业方面的苛捐杂税。《目录》第二十四条规定：骏河，远江两国海港取消海上商品运输税，远江国取消陆上商品运输税，即所谓撤废关所。第二十五条则规定：境内豪族禁止私自向商人征税。在免除了苛捐杂税后，今川领国受到了商人众的支持，其首府骏府逐渐成为最为繁华的商业都市之一，而其航运受法律影响也得到了巨大的改善，因而得到了一只足以称霸周边诸国的海军。

（3）需要注意的是此时的今川家仍然拘束于保护本国商人利益。《目录》第三十三条规定：他国商人不得与今川家订立官制契约。《追加》第八条规定：对于新来的未受今川家许可的商人，就算其可以上交超过营业税的金额，也不予以承认。这些举措虽然有防止他国奸细的意义，但是确实也从一些方面阻碍了商业的发展。

综上所述，这一时期，日本的法律制度已经与中国有所不同。首先，中央几乎丧失对地方的管辖权，立法权下放，地方有权设立自己的分国法。虽然基本并不像现代和古代法律一般系统、完善，但也以法典形式出现，具有法律效力。其次，虽然这些分国法具有诸法合一的特点，但总的来说以规制土地关系的条例为多，几乎完全丧失了重视刑罚的特色，如《今川假名目录》及其《追加》共五十四条，与刑法相关的只有八条，而其他多以行政处罚为多，而规制民事关系的条款也较多。而对于中华法系极为重视的伦理纲常问题，该时代法律几乎未加规定。此外，与习惯性压制商业的中华法系不同，这些法律改变了前朝法律中对于商人阶级的忽视，设置了许多惠商条款。但总的来说，相比往后几年安土桃山时期的立法，该段时间还是相对于比较保守。

三　日本中世晚期的法律变革

1560 年，得益于其先进法律制度而迅速强大起来的今川义元决定率军上洛，以谋求天下霸权。6 月 12 日，因大意受到奇袭，一代名将年仅 41

岁便抱憾而亡。然而我们大可不必惋惜，因为将之击败并取而代之的正是日本历史上最具有传奇色彩和革命精神的尾张人织田信长。在击败今川义元后，织田信长开始谋求攻略邻国美浓国。于 1567 年统一美浓后，其去文王立于岐山，孔子生于曲阜之意，将本据改名岐阜，并开始使用“天下布武”印，决意统一日本。[①] 其后织田实力开始迅速膨胀，先后击败强敌朝仓义景、武田胜赖、本愿寺显如等人，最终统一近畿，并兵发四国，中国（即日本西部），北国，修建了前所未有的巨城安土城，开创了安土时代。但就在其统一大业将要完成前夜，织田信长突遭重臣明智光秀翻盘，丧生于京都本能寺。此后，织田家迅速瓦解，而最终接手其事业的是传说中农民出身，其后受到织田信长器重并击败明智光秀为织田信长复仇的羽柴秀吉，即后日的丰臣秀吉。掌权之后，丰臣秀吉使用与织田信长不同的手段，即主要通过外交手段迅速的统一了全国，成为足利幕府之后首个统一日本的人。因其后期执政主要是在又称桃山的伏见城，因而被称为桃山时代。

此二人执政期间被合称为日本的安土桃山时代。此二人中，织田信长的统治模式较有独创性与革命性，而至丰臣秀吉之时虽然几乎全盘继承了织田信长的统治模式，但也具有了一定的保守性。但总的来说，安土桃山时代可以算得上事日本历史中最为辉煌灿烂的时代。

值得一提的是，本时期二人虽然基本统一全国，但都未设立成文的综合性法典，而是频繁颁布单行法规，具体判案常依习惯法与判例法而定。[②]

（一）织丰政权在基本统一背景下所制定的新法规

1. 进行中央集权，明确地方权力

（1）消减宗教影响

日本近畿自古以来就是崇佛礼道之地，百年古刹层出不穷，对当地居民有着巨大的影响力。在具有大量收入的前提下，寺院对僧人进行完备的武装，甚至购入大量昂贵的铁炮，使僧人成为所谓僧兵。在恶人正机说广为流传的日本战国，杀生对于僧人也并非完全不可接受。在当地豪族侵犯

① 参见黄尚钦《论织田信长改革对继承权的影响》，《黑龙江史志》总第 289 期，第 81 页。

② 参见由嵘主编《外国法制史》，北京大学出版社，2007，第 156 页。

到其权益时，一方面寺庙势力可以鼓动豪族领民揭竿而起，另一方面又可以亲自上阵，凭借装备优势与忤逆者作战。织田信长在统一近畿的过程中便受到了以一向宗为代表的佛教势力阻碍，甚至于其弟弟与多位重臣都死于一向一揆之中。而以比睿山延历寺为首的宗教势力还多次对其敌人朝仓氏，斋藤氏进行庇护。为应对此种阻碍，一方面织田信长采取强硬态度，对本愿寺宣战，甚至火烧千年古刹延历寺。[①] 另一方面，织田信长为平衡日本人对佛教的信仰，积极引入天主教。其曾在京都展开论道会，邀请了天主教的神父与佛教高僧进行论道，虽然最后为了给双方保留脸面而宣布平手，但此举仍然大大增长了天主教在日本的影响力。据弗洛伊斯记载，在织田信长掌权期间，有十五万日本人皈依天主教，并兴建了二百余座教堂。[②] 此外，织田信长曾多次颁布法令下令寺庙放弃武装。此后，丰臣秀吉也基本继承了其宗教政策，虽然曾因天主教徒抓捕日本人卖作奴隶而一度进行禁止天主教令，但总体上未严格实行。为了防止僧人借其名声牟利，丰臣秀吉也曾发布法令严格禁止僧人参与商业活动，即成为所谓“卖僧”。通过这些政策与法规，日本统治者逐渐消除了宗教团体对于政治的影响，并使得其丧失了借经济牟利的权利，最终使得宗教势力逐渐退出日本舞台。

（2）发布检地令以明确税收，控制土地分配

虽然已经对于全国基本统一，但是织丰政权仍然实行分封制，将土地分封给宿老，大臣，令其管理并可从中获利。但与前人不同，织田信长在掌握大量领地后大规模进行检地，即领土调查。其清查了领地内大寺庙及各豪族所属土地数量，改日本从前计量土地的贯高制为石高制，即以土地产出衡量土地。此后再颁发给领主朱印状，以确认其统治权。此举意在控制地方豪强与寺庙隐瞒土地数量，逃避税务的做法，[③] 此外，还能清量出无主之地，增进自己统治基础。值得一提的是，织田信长对于推行检地令的意志十分坚决，如有阻碍者甚至成乡处死。但与此同时，其又对农民推行温和政策，甚至实行三公七民的低税率，受到了农民的欢迎。此外，通

① 参见童云扬《论织田信长与日本中世纪末期的统一》，《武汉大学学报》1987 年第 2 期，第 59 页。

② 参见路易斯·弗洛伊斯《日本史》。

③ 参见黄尚钦《论织田信长改革对继承权的影响》，《黑龙江史志》第 289 期，第 83 页。

过将土地封给创业之初便跟随自己的宿老重臣，织田信长得到了较为牢固的统治基础。此后，丰臣秀吉延续了其政策，于全国推行了检地政策，规定领地万石以上的强力领主为大名。但由于其统一天下后手下多为从前盟友，同事，难以剥夺其领地，因此留下了许多实力强大的大名，这也为丰臣家族后来的灭亡埋下了伏笔。

（3）实行刀狩令，进行兵农分离

时值战乱不断的战国时期，各地大名都在为增加优质兵员尽心竭力。其中，有两个法令互为极端，却都取得了较好的效果。其一，是四国长宗我部家的一领具足令，另一个，则是织田家的兵农分离令。长宗我部传说为秦朝后人，千年来为四国土佐的有力土豪，至长宗我部元亲时，实行一领具足令，其分国法《长宗我部元亲百个条》中第二十四条规定，凡是拥有三町即 3 公顷土地以上的土地者，便必须准备一副盔甲，平时务农为生，战时则穿上盔甲，进行作战。而织田家则进行兵农分离，将负责作战的武士，士兵与从事农业生产的农民进行分离。两家截然不同的政策都取得了巨大的战果，在我看来，这是由两家的实际情况和地理位置决定的。长宗我部家在四国偏居一隅，贫穷弱小，没有足够的财力维持一支职业军队，因而采取此种政策通过全民皆兵来维持一支强大的军队，而最终其也取得了良好效果，在短时间内统一了土佐一国，进而统一四国岛。而织田家实行兵农分离时，其所占有的近畿土地十分富裕，而织田信长又同时占有多个贸易据点，因而有资本实行兵农分离。同时，其受天主教与火枪传入的影响较大，因此受到西方影响较大，得以率先进行如此改制。此后，丰臣秀吉继承了织田信长政策，在兵农分离令的基础上前后颁布了刀狩令与身份统制。其中，身份统制令明确规定了士农工商的身份范围，主要着重规定了武士不得自行转为百姓，而农民不得放弃土地从事工商业。而刀狩令则是针对民间武装过多，容易贫乏暴动且难以区分身份差异所设，主要内容是以制造东山大佛为名没收农民手中武器。通过这些举措，织丰政权逐渐拥有了一支强大的职业军队，也因此消减了农民一揆的烈度。

2. 迎合商人需求，开展对外贸易

（1）发布《乐市乐座令》，并进行撤废关所

尽管织田信长并非是最早实行乐市乐座的大名，但正是其大力推行，并在 1577 年发布《乐市乐座令》才使得此项政策在后世所闻名。所谓乐

市乐座，是分为乐市和乐座两部分。其中，免除城下町的市场税和商业税被称为乐市，而消除行会特权，则称为乐座。织田信长在统一近畿后，于南近江贸易往来众多的琵琶湖畔建立安土城，通过发布乐市乐座令，规定一切商人可以自由贸易，并免除土木工程的要以负担，并保障治安，免除房屋税等，吸引了大量商人入驻安土町，使其成为全国商业中心。除此之外，这些法令迎合了商人的要求，使得商人团体对于织田政权极为热情，多次提供大量金钱作为军费。同时还缓和了社会各阶级的矛盾，避免了所谓士人一揆的发生。此后，丰臣秀吉进一步发布废座令，继续推广乐市乐座的实施。可以说，这个政策将商人从受豪强与寺庙控制的座的手中解脱了出来，令其具有了较大的自由性，而织丰政权也从中受益匪浅。至于撤废关所，也是在之前的分国法中遍出现过的政策，而织田信长与丰臣秀吉在全国基本统一的前提下将其适用与整个日本范围，使得商人负担大减，也增进了商品流通，同时还打击了设立关卡的地方豪强势力，在获得民心的同时又加强了中央集权。

（2）发布统一货币的择钱令，并统一度量衡

除了在政策上支持商业发展之外，织丰政权也注重货币政策的实施，由于其时境内政权林立，导致私铸铜钱屡见不鲜，好钱坏钱的分别使得商业欺诈屡见不鲜。由于铸币技术的低下，来自明朝的永乐通宝几乎成为了全国的通用货币，可见此时日本国内货币之混乱。为了应对此种情况，织田信长于 1569 年发布撰钱令，规定了好钱与坏钱使用与兑换的比例。至丰臣秀吉时，由于其控制日本几乎所有重要的金山与银山，同时掌控了对外贸易，积累了大量经济基础，更发布新币天正大判，妥善稳定了货币市场。此外，二人执政之时还多次统一度量衡，其规定有的沿用至今。这些行为稳定了市场秩序，也受到了后世一致好评。

（3）与欧洲积极交流，倡导海外贸易

作为南蛮文化的积极倡导者，织田信长毕生都与欧洲人保持着良好的关系，也对世界文化抱有相当的好奇心，据说其晚年时甚至都已接受了地球是球体的说法，而其身边的黑人侍从弥助也受到了他的喜爱。在其倡导下，织田家在军事体制与贸易，文化等方面都有了浓厚的西方色彩，佛教色彩逐渐消退。同时，织田信长十分重视对火枪的采购，相传，长筱之战时织田方正是凭借三千杆铁炮才击退了武田家的骑兵军团。三千杆铁炮在

当时可以算得上是天文数字，从中也可以看出织田家的财力及与欧洲人的良好关系。至丰臣秀吉时，虽然其曾一度禁教，但并未终止海外贸易。相反，在谋求与明朝交易未果后，其积极斡旋，最终以九州的长崎为基地开展了前往东南亚与欧洲人进行贸易的航线。但为了谋求对海外贸易的控制，丰臣氏仍然实行前代以来便保有的朱印状制度，通过颁布朱印状以允许海外贸易的进行，得到海外贸易许可的船则称为朱印船。通过这些海外贸易，织丰政权学习了西方相对先进的生产力，并获得了巨大利益。

（二）该时期法律与中华法系的共通点与差别

1. 该时期法律与中华法系的共通点

在此时期，织田信长与丰臣秀吉都几乎在形式上统一了全国，对整个日本拥有了自镰仓幕府以来从未有过的强力统治，因此其法律法规已经产生了一定的中央集权色彩。诸如刀狩令与身份统治令之类的法令对于等级制度有了更加明确的规定；而对于忠孝思想的大力传播也为后来武士道精神的出现提供了基础。而对于土地的清算和统一货币为之后德川幕府对于全国的强力统治立下了良好的前提。除此之外，该时期对于宗教势力的强力打压使得长时期活跃在日本历史上的宗教势力迅速衰落，为中央集权的出现做好了铺垫。

同时，在司法上此时的日本也仍然保持着司法行政不分的传统，在地方上武士阶级同时具有司法权与行政权。在具体案件里，仍然十分重视调解。①

2. 该时期法律与中华法系的不同点

虽然此时的织田与丰臣二人已经几乎统一全国，但需要认识到的是他们并没有完全改变武士阶级的统治方法，两人仍然是作为最为强大的武士阶级统治的其他的武士，因此，地方政权仍然保留着相当的自治性。特别是在丰臣政权之下，许多占有大量土地的大名都被保存下来，得以在自己的土地内实行大量独有的政策，享有相当大的立法权。

除此之外，织田信长与丰臣秀吉两人都十分的重视金钱的力量，织田信长甚至将永乐通宝作为自己的一个旗标，频繁用于自己出行作战之时。

---

① 参见植田信广《日本传统法律文化及其历史背景》，《中外法学》1996年第4期，第78页。

而丰臣秀吉之所以能容忍土地石高甚至高于自己的德川家康的信任，也是因为对于自己掌控全国财力的信任。因此，两人对商人阶级的重视和对商事立法的积极都是与中华法系传统的不同之处。

在法典方面，织田信长与丰臣秀吉都没有颁布大型法典，而是颁布了一系列单行法令。对于刑事立法，两者更是少有涉及。据信长公记记载，织田信长尚在尾张之时，在其领内紧握被烧红的铁棍是被控诉人自证无罪的一种手段，而织田信长非但未有对其进行废止，反而亲身配合以表示支持。[①] 这种带有浓厚神判法色彩的做法虽然并不可取，但也表现了其领内的高度自治性及此时日本领袖对于刑事立法的不关心。这种对于民商事不平衡重视是中华法系所少有的。

通过对商人的大幅度扶持，这一时期，一些商业城市也有所出现。这种武士领土之外的新自治模式的出现，标志着日本资本主义萌芽的发展。现在虽然少见此种商业城市的内部管理模式，但从此时期堺港、博多等地的大商人表现来看，其具有较高的政治地位及实力，其内部也应当有一定的监督管理措施。

（三）整个日本中世法律对于中华法系的改革

纵观日本整个中世的法律变革，不难看出，虽然国家的基本大法依然坚持与中华法系相仿，但随着不同于中国地主阶级的封建武士阶级的崛起，日本出现了分封制的政治特征与庄园制的经济特征。在经济基础改变了的情况下日本法律逐渐与倡导中央集权的中华法系有所不同，地方私立法律的现象层出不穷。而随着商人阶级的崛起与商业的发达，加上有力大名谋取霸权的需要，相较于被漠视的刑事立法，日本的民商事立法明显受到了更多的重视，与倡导刑罚的中华法系不同。而对于土地与财产的重视，使得日本贵族对于“家名”即姓氏及家产的延续倾注了比血缘更多的重视，在此基础上对于伦理的重视也逐渐减弱，因而在“礼”的方面也逐渐开始与中华法系不同。综上所述，可以发现，在经济基础改变的前提下，日本在中世时期的法律已经开始显现出对于中华法系的改革趋势，可以基本判定此时期的日本法律已经在维持中华法系的基础上，开始逐渐在

---

① 参见太田牛一《信长公记》，中央公论新社，2001。

某些方向上偏离中华法系，而与经济基础相近，实行骑士分封制的同时期西方国家的法律发展道路有所相似。

结　语

由于丰臣秀吉在生前未有处理好继承人问题，导致实力强大的德川家康有机可乘，最终灭亡了丰臣家，并建立了德川幕府。德川幕府极端保守，掌权未久便实行了闭关锁国等落后措施，在全国整理藩政，进行中央集权。其后，更仿制明律颁布了《公式方御定书》。但需要注意的是，由于前代法令深入人心，即使在德川幕府如日中天之时，也有长州藩、萨摩藩等对其强权统治心怀不满，私改法令的藩国，尊王改制之说广泛盛行。至黑船来袭之后，德川幕府便迅速垮台。之后，便发生了大政奉还与明治维新，日本迅速进行变法，正式脱离了中华法系。任何变法都不可能一蹴而就，而由中华法系转向近代法律体系更是难上加难。日本近代变法之所以能够迅速为全国所接受，很大程度就是因为其法律法规在整个中世时期都在进行着自发的改革。可以看出，此时的日本法律就一直存在着对于中华法系的改革趋势。对于此点的探明对东亚法制史的宏观把握是很有益的，而且，也可以在此基础上进一步研究日本法律与欧洲法律在该时期的相似之处。此外，纵使在德川幕府倒行逆施的统治之下，法律变革的速度有所减缓，但历史的潮流终究是不可逆转的。就如同我国传统律令，纵使规模宏大，法条繁密，但在面对近代法律时，仍难免被废除的命运。在当今社会，我们也当从实际出发，抓紧时代潮流，根据时代的需求不断对法律法规进行改革。

学者专访

韩延龙先生与中国法律史学会“一大”往事

马子政　李　飞*

前　言

目前介绍韩延龙先生的文章已经有许多，但多侧重于先生的学术研究。本文不揣冒昧，拟以韩先生与中国法律史学会的创立、发展为切入点，着重写作1979年于长春召开的中国法律史学会成立大会（当时名为“全国法制史、法律思想史学术研讨会”）即中国法律史学会“一大”的相关内容，希望从更多方面阐明先生对中国法律史学界的贡献。

本文写作过程中，笔者曾邀韩延龙先生于法制史室内进行专访，畅谈往事，受益良多；本文写作所依据的各种材料，多系韩先生本人提供。在此，请允许我们向韩先生致以衷心的感谢！

中国法律史学科，始建于20世纪初，奠基者、创始人当推中国近代史上百科全书式的思想大师，也是中国法史学的开山鼻祖——梁启超。该学科当时称为“中国法制史”。1910年，中国近代史上第一个全国性的法学学术团体“法学会”在北京成立，次年创办《法学会杂志》，但它们还不是中国法制史学会及其会刊。1949年新中国成立以来，在以“阶级斗争为纲”的思想指导下和“兴无灭资”的口号下，中国法律史学界被历史虚无主义，只讲法律阶级性，否认法律继承性，绝对批判、反对“欧风美雨”，一切强调“以俄为师”。这实际上就是“有政无法”、“以政压法”，强调法律只是资产阶级专政的工具，专政不受法律限制，法律史学科成了政治的婢女。到了“无法无天”的文革时期，中国法律史学更

* 马子政、李飞，中国社会科学院法学所硕士研究生。

是走向衰败和停滞。在“法学幼稚”和“史学危机”的大背景下，中国法律史学会的成立，是根本不可能的。“文化大革命”结束后，党的路线政策回归正轨，在改革开放新形势下，中国法律史学会才终于历经重重困难得以创建。

韩先生 1954 年从徐州市第一中学以优异的成绩毕业，经考试被选拔为留苏预备生，在北京俄语学院专修一年语言。1955 年赴苏联列宁格勒大学学习法律，成为建国后徐州籍的第一位留学生。韩先生于 1960 年毕业，10 月进入中国科学院哲学社会科学部（中国社会科学院前身）法学研究所从事科研工作，历任副研究员、研究员，法律史研究室主任，中国社会科学院人权研究中心研究员，中国社会科学院研究生院法学系主任、教授、博士生导师等职务。

关于韩先生是如何走向法学研究道路的，还有一段有趣的往事。据韩老自己讲，当初进苏联大学法律系学习，是被分配去的。关于这段经历，韩老曾回忆道：“要说当年去苏联留学，我是从徐州市第一中学被直接推荐进入留苏预备班学习的。记得当时市教育局领导来宣布，徐州市第一次公开选拔留苏预备生，到南京工学院参加考试，我当时考的还是理工科。怎么被选上学法律的，我也不太明白。我记得当时到北京来学俄语，一开始是在中央音乐学院这个地方，后来到了魏公村。当时是北京俄语学院，后来改为北京外国语学院，再后来就是北京外国语大学。”多亏了这次奇妙的巧合，韩老才走向了法学研究的道路，为我国的法制史研究事业做出了巨大的贡献。

韩先生在苏联期间，经历了苏共“二十大”以及中苏关系由暖转冷的过程。韩老在各方面都要求进步，并在苏联入党，当时韩老对政治学说史特别感兴趣，毕业论文写的就是这方面的题目。据韩老介绍，印象最深的是毕业考试时突然生病，医生要求他住院治疗。为了不耽误毕业，他坚持参加了后两门课程的考试。考试结束后，他才住进医院。1960 年回国后，韩老就到了中国科学院哲学社会科学部法学研究所从事科研工作。当时的法学所“大进大出”，人员流动频繁，韩老在法学所的岗位上兢兢业业工作了一辈子，从未离开过。可以说，韩老把自己的毕生所学都献给了法学所和我国的法制史研究事业。

韩先生不但自身在学问上孜孜以求，而且非常重视法律史学科整体的发展，尤其在中国法律史学会的创建发展过程中投入了大量的时间与精力，倾注了巨大的感情和心血。

一 “一大”的发轫与筹备

1979 年，中国进入改革开放时代，一批从事法律史研究的学者，本着振兴、发展法律史学科的初衷，建议召开全国法律史学术研讨会，建立中国法律史学会。在当时社会环境下，主客观条件均未具备，创建全国性的学术团体也是困难重重。

在这阻力众多的环境中，中国法律史学会“一大”即长春会议缘起于 1979 年 3 月下旬在北京召开的全国法学规划会议，来自北京大学、中国人民大学、吉林大学、北京政法学院、西南政法学院、华东政法学院、西北政法学院、湖北财经学院和中国社会科学院法学研究所的法史学人，本着解放思想、总结过去、面向现在、规划未来的精神，认真讨论了会议提出的《1978－1985 年法学研究发展规划纲要》，一致认为，应致力于推动法律史学的发展。为了开展学术交流，促进规划项目的完成，有必要召开全国法史学术研讨会，成立法史研究会，诸位学者决定联合提出此项建议，并成立了由上述单位代表组成的筹备小组。

筹备小组首次会议于 3 月 29 日下午举行，为了表示对倡议的支持，中国社会科学院法学研究所党委书记李言和副所长解铁光出席了会议。会议由栗劲主持，经过讨论，决定全国法制史法律思想史学术研讨会定于同年 9 月中旬在长春市举行，吉林大学为东道主。学术研讨会的三大主要议题是：（1）讨论法制史和法律思想史的研究对象和研究方法，同时宣读包括法的继承性在内的其他方面的文章；（2）讨论中国法制史（多卷本）和中国法律思想史（多卷本）编写方案。筹备小组通过中国人民大学法律系委托张晋藩先生起草《关于编写中国法制史（多卷本）的初步设想》，委托中国社会科学院法学研究所李光灿同志起草《关于编写中国法律思想史（多卷本）的初步设想》；（3）讨论通过学会章程，成立中国法史研究会。筹备小组委托中国社会科学院法学研究所起草《中国法史研究会章程（草案）》，提交大会会章起草小组审议修改后，由大会讨论通过。筹备小组决定将联络处设于法学研究所，负责各项筹备工作。

在此应当说明，筹备工作实际上主要由韩延龙先生任室主任的法制史室承担，韩先生本人作为筹备小组的一员对整个筹备活动的顺利进行起了关键作用。

二　“一大”的召开与三大主题

全国法学规划会议结束后，长春会议的各项筹备工作随即全面展开，此时距离预定开会日期仅有五个半月，时间紧迫，任务繁重，在韩先生等诸位前辈学人的积极奔走联络下，经过艰难的筹备工作，1979年9月12日至18日，在吉林省长春市召开了为期七天的“全国法制史、法律思想史学术研讨会”，也就是“1979年长春中国法律史学会成立大会”（又称“长春会议”），此次会议在后来也被称为（中国法律史学会的）“一大”，与会代表即为“一大代表”。会议由中国社会科学院法学研究所、吉林大学等九个单位筹办，参加会议的有北京大学、人民大学、吉林大学、北京政法学院、西南政法学院、西北政法学院、华东政法学院、辽宁省社会科学院、上海社会科学院以及有关杂志编辑部和出版社等30多个单位的80多名代表，其中包括19个政法院系和科研单位的72位代表，国内6家出版社和2家杂志社派代表出席了会议，出席会议的还有司法界人士。法学界其他专业也有人以“观察员”的身份列席了会议（如马克昌先生），但他们的名字没有列入与会代表名单。大会首先召开预备会，在顺利通过会议筹备小组提交的各项名单和会议议程后正式开始。大会开幕式由中国社会科学院法学研究所副所长解铁光主持，吉林大学法学系栗劲代表大会主席团致开幕词，中国社会科学院法学研究所所长孙亚明到会讲话。据韩老回忆，当时大家思想活跃，目标一致，好多人是第一次见面，却通过这次会议结下了非常深厚的学术友谊。

中国社会科学院法学所作为“一大”会议的发起单位之一，同时也是会议的一个总的联络处、筹备站，时任法制史室室主任的韩延龙先生成为了实际上的总负责人之一。据韩先生讲述，由于当时正值“文革”刚刚结束，拨乱反正工作尚在进行之中，许多法律史界的先辈学者对于“一大”会议的召开和学会的筹立仍是顾虑重重、颇显消极，韩先生为了凝聚学界力量与共识，经常骑着自行车四处奔波，不辞辛劳地奔走于北京大学、中国人民大学和当时的北京政法学院等院校之间，拜会老一辈学者，并就相关事项与各单位负责人和学者交换意见，达成一致后，再分别与京外各单位沟通信息，征询意见，同时与东道主吉林大学法学系保持密切联系。由于当时电话尚未普及，联系外地学者只能通过互寄信件，其中艰辛可想而知。最后，终于获得各方支持，使得“一大”会议得以历经波折而终于顺利召开。但每当说起这段艰辛历程，韩先生总是谦虚的对自己的贡献只字不提，而归功于众人的努力。

在为期七天的会议上，与会学者以高度的历史责任感和对学科发展的深刻关切，确定了并讨论三大主题：一是讨论法制史、法律思想史的研究对象和方法问题，二是听取李光灿先生关于编写《中国法律思想史》（多卷本）、张晋藩先生关于编写《中国法制史》（多卷本）的初步设想，三是讨论通过学会章程，成立中国法史研究会。大会主题发言之后，分别就三大主题进行了分组讨论。对此，结合与会前辈学人的观点、研讨，韩先生特别指出以下三点建议。

第一，“法制史和法律思想史的研究对象和方法问题”是学术研讨的中心议题。特别是研究对象问题，事关学科的内涵、范畴和结构，显得尤为重要。只有科学地加以厘清，才会为学科的复苏和发展奠定坚实基础，确定正确方向。

由于受苏联影响，此前将法律史学的研究对象规定为“国家制度和法律制度”，又将政治制度居前，作为一门学科的研究对象，这是不科学的，存在着政法不分、以政压法的严重弊端（如“国家与法权通史”这门学科以经济基础、阶级结构、国家制度、法律制度为内容结构的“四段论”）。如果把法制作为政治的组成部分加以研究，则法制史难免处于政治史的从属地位，从而使中国法制史学科长期以来得不到独立、充分的发展，因此，这个问题在“一大”上成了讨论的中心议题。当时存在着两种不同意见：一种意见认为，法制史的研究对象是法律制度的发展史，即研究历史发展过程中的各种法的起源、本质、类型、特点、表现形式、制定和适用，以及法同其他社会现象（特别是国家）的联系和法的发展规律等基本问题；另一种意见坚持认为，法制史的研究对象应该是政治制度与法律制度的历史。当时，韩延龙先生，以及刘海年、张晋藩、乔伟等诸位前辈学者是极力主张前一种意见，正是基于这个共识，1982 年春中央司法部教学编辑部，组织编写了高等院校试用教材《中国法制史》，明确采纳了第一种意见，即“中国法制史是研究中国法律起源，各种类型的法律的实质、特点、作用，及其发展演变过程与规律的科学”，不再包括政治制度，从此最终结束了照搬外国模式的弊端。

大会对法律史学研究对象的认定和四个分支学科划分达成共识：“中国国家与法权历史”、“国家与法权通史”、“政治学说史”、“政治法律思想史”分别更名为“中国法制史”、“外国法制史”、“中国法律思想史”、“外国法律思想史”。此后不久，此项共识被国家教育行政主管部门认可和接受。这不是学科名称的简单历史回顾，而应视为新时期法律史学学科历史性进步的新起点，由此开始了以后三十年法律史学学科建设的新阶段。

第二，大会讨论了张晋藩先生提出的《关于编写中国法制史（多卷本）的初步设想》和李光灿先生提出的《关于编写中国法律思想史（多卷本）的初步设想》，与会同仁一致赞同两个初步方案的指导思想和各项安排，满怀热情地表示支持和参与项目的研究和撰写。

长春会议后，依据学者们在大会上提出的合理建议和当时科研力量的实际情况，中国法律史学会向当时主管全国法学规划工作的中国社会科学院写了报告，决定先上中国法制史（多卷本），再上中国法律思想史（多卷本），首先成立了中国法制史（多卷本）编委会，聘请张友渔先生、瞿同祖先生为顾问，张友渔先生在会上发表了题为《关于法制史研究的几个问题》的长篇讲话，这篇讲话全文发表在 1981 年第 5 期《法学研究》上。不久，中国法律思想史（多卷本）编委会也相继成立。经过多年的不懈努力，被称为“世纪之作”的由张晋藩先生任总主编的《中国法制通史（多卷本）》和以李光灿、张国华先生任总主编《中国法律思想史（多卷本）》终于出版。

两个多卷本的问世，具有多重意义，最重要的是，它标志着中国法律史学的研究中心不在中国的状况得到了根本改变，两代中国法史学人的愿望得到了实现。

第三，通过学会章程，选举理事会，成立了中国法律史学会。它的成立在当时法学界是一件有影响的大事。

与会代表经过对“会章起草小组”的《中国法律史学会章程》草案的认真、充分的讨论，大会通过了《中国法律史学会章程》；并推选出中国法律史学会理事会，16 人为理事；解铁光为会长，李光灿、肖永清、叶芳炎、张希坡、栗劲为副会长，韩延龙先生任秘书长（秘书长为当然理事）。9 月 18 日，中国法律史学会正式宣告成立。这是当时中国法学界的第一个全国性的学术团体，是最早诞生的专业学会、一级学会。

长春会议所通过的学会章程只有十条，它是 20 世纪 90 年代后期民政部《社会团体章程示范文本》出台之前学会章程不断补充完善的最初版本，其中关于全国性学术研讨会“由各团体会员轮流筹办”的规定及其实践为以后学会改制累积了宝贵经验。

据韩先生回忆，其实，关于“中国法律史学会”这个会名的确定也经过了一番讨论。当时的起草小组对学会宗旨、会员、会员权利和义务、组织机构等很快达成共识，但在学会名称上出现不同方案，一个方案称“研究会”，另一个方案称“学会”，最后采纳了“学会”；在学会全称上也有两个方案，一个称“中国法律史学会”，一个为“中华全国法律史学会”，在最终决定采用“中国法律史学会”这个名称，其意义在于：所谓“中国”，是指学会的国别与级别而言，意指“中华全国”；“法律史”是指学科的名称而言，意指学科内容及其分支，包括中国法制史、外国法制史、中国法律思想史、外国（或西方）法律思想史。

这次会议还收到了有关中外法制史和法律思想史的学术论文、专著等五十余件（据韩先生讲述，包括专著 2 部，论文 55 篇）。法制史和法律思想史的研究对象和方法问题是会议讨论的中心议题，通过研讨达成广泛共识，取得丰硕成果。韩老认为，这对“文革”后复苏中的法史学研究具有重要意义。此外，与会同仁还就如何批判地继承法学遗产问题进行了较为深入的探讨。不少同志指出，长期以来，法律有无继承性问题被列为禁区，这不仅对法史研究造成了极为有害的后果，而且直接影响了我国立法工作的进行。

根据中国法律史学会要求编辑出版学术文集的精神，由韩老主编的《法律史论集》不定期出版。它坚持正确的学术方向，倡导不同的学术风格，广纳百家之言，主要发表研究论文，同时开辟若干学术专栏，以加强学术交流。《法律史论集》也负有培养法史新秀的任务，选登博士研究生和硕士研究生的学位论文。从第二卷开始，在内容范围上，增加了外国法律史及比较法史的研究成果，以使《法律史论集》更具有广泛性。除此，从第三卷开始，还将对前一年的法律史研究进行了年度评述，因此，《法律史论集》所刊载的稿件，在保证高水平的基础上，保持了内容上的多样性。其中第三卷还收录了关于海外学者论中国传统法律的专著。当前，第六卷已于 2006 年由法律出版社出版，这对推动法史学的继续向前发展起了重要的作用。

“一大”会议对于法律史学科而言具有重要意义，其不但是新中国成立以来中国法律史学界的首次规模较大的学术讨论会，也是法律史学界的一次大聚会。在此后的三十余年里，学会定期举行全国性学术讨论会，成立编辑部，编辑出版了多期学会简报、学术研讨会论文集和学会年刊，中国法律史学会的工作在各个方面大大促进了法律史学科的繁荣和发展。

1979 年 9 月份正式成立的中国法律史学会，是当时中国法学界的第一个全国性的学术团体，不仅是最早诞生的专业学会、国家一级学会，也是当时法学界唯一的一级学会。中国法律史学会对于法律史学科的发展功不可没，不仅联系了学界同仁，促进了学界的团结，更为学科进步培养了一批专家人才队伍，甚至对整个法学界尤其是学会创立方面都起到了重大影响。

中国法律史学会的成立，实现了全国法律史学科 4 门课程的教学与研究人员初步联合；并对法律史研究对象进行了热烈讨论，厘清了学科界限，确定了发展方向；提出了《中国法制通史》和《中国法律思想史》两个多卷本的设想，并进行了深入、广泛的讨论，都是这次会议的重大成果，影响深远。1979 年《中国法律史学会章程》是学会活动的基本规范，对促进学会发展起了重要作用。

三　回顾与展望

在经历了“文化大革命”后，中国内地的法律史研究曾经一度停滞。但在此期间，台湾地区的法律史研究在戴炎辉先生等人的带领下仍然处在一个上升期。在 1972 年，由戴炎辉先生牵头，林咏荣、杨日然、林文雄等台湾著名学者参与的题为《清末民初中国法制现代化之研究》的大型研究更是代表了台湾地区法律史研究的一个巅峰。此后，在 1976 年，戴炎辉先生发起筹设“中国法制史学会”，使台湾地区的法律史研究一度成为了人人向往的“显学”。除台湾地区之外，日本和美国的中国法律史研究在此时期都有所成就，为人称道。在当时已经召开过三次世界中国法制史大会，但是中国的内地学者却都未能参加，除了限于条件难以为人所知，我国在此期间的研究成果也确实有限。

但在韩延龙先生等诸位先生的努力之下，一切出现了改观。在1979年9月份正式成立的中国法律史学会，作为当时中国法学界的第一个全国性的学术团体，不仅是我国最早诞生的专业学会、国家一级学会，也是当时法学界唯一的一级学会。法律史作为一门二级学科，却在短时间内具有了如此高地位，一方面固然有国家鼓励学术发展的因素，但更重要的是因为韩先生等人在“文化大革命”结束之初便敢为人先的不懈努力。在中国法律史学会建立之后，我国的法律史研究迅速踏上正轨，出现了无数的优秀成果。

作为初次会议的主要议题之一，由张晋藩老师主编的《中国法制通史》在出版之后受到了世界各地的广泛赞誉。台湾地区的黄静嘉先生评价其“皇皇巨著，字字珠现，总结历史经验，以现代社会的科学方法检讨中国固有法制传统，如此名山盛业，当足以辉耀千古”。而意大利的学者更是称赞其为“中国的《查士丁尼国法大全》”。

其实在晚学看来，中国法律史学会的成就，除了为中国法律史的研究提供了良好的平台外，最大的成就就在于极大的提升了法律史学科在法学研究的地位。与内地在中国法律史学会成立之后法律史学科欣欣向荣的场面不同，台湾地区在20世纪80年代的法律史研究却陷入了一个瓶颈期，台湾学者林端先生曾经感叹：“（台湾地区的法律史研究）在‘中国法制史学会’成立的高峰期的同时，在戴先生有生之年，面临逐步下滑的状况，恰与中国内地大量推广中国法制史的研究，形成强烈的对比。”造成台湾法律史研究陷入困境的一个很大原因就在于法律史学科在台湾地位的降低。张生先生曾经分析过，从1971年以来，法制史从台湾地区的“司法考试”科目中被剔除，而法制史科目也由必修课被降低为选修课，使得法律史学科在台湾地区的地位逐渐衰落，最终一度导致了法律史研究人才的断层。台湾地区的法律史研究由曾经的“显学”跌落至此，着实令人唏嘘不已。

而在中国内地，自从1979年中国法律史学会建立以来，各位先生便成功带动了法律史研究的潮流，作为中国法学界第一个全国性的学术团体，中国法律史在学术界的地位有了极大的提高。而从长春成立会议开始，各位先生便十分重视法制史的教育问题。可以说，1979 年以后编写的法制史教材，都是按照此次会议所讨论的法制史对象所确定的体例来构建的。正是由于中国法律史学会的在学术界的地位以及韩延龙先生等人的不断争取，中国法制史才能在 1997 年被教育部列为法学专业十四门主干课程之一，成为法学专业的必修课。而中国法制史和外国法制史也被列人国家司法考试的考试范围。中国法律史学会对于法律史学科的发展功不可没，不只确定了法律史研究的历史责任，打破了中国法律史学中外隔绝封闭的状态，也促进了学界的团结，为学科进步培养了一批专家人才队伍，更提高了中国法律史在学术界的地位，避免了学科如同 20 世纪 80 年代的台湾地区一样陷入困境。韩延龙先生作为中国法律史学会的重要发起人之一，对于中国法律史学界能有今天的发展可以说是做出了极为重要的贡献。

中国法律史学会的筹备和成立的过程是不断凝聚共识的过程，由于事先准备工作充分，单位和单位之间，单位和个人之间，个人和个人之间，展开充分民主协商，会议展现出了高度的团结，学术氛围浓重。中国法律史学会以此次会议为起点，多年以来逐步形成了“重学术、重开拓、重团结、重奉献”的优良会风，也是“大家的学会大家办”之学会传统的良好开端。

我国学术团体多年来由于“官办”传统，导致学术研究能力不强、学术会议成为清谈闲聊、学术团体活跃程度较低等弊端。韩延龙老师敏锐的抓住了改革开放以后的学界发展潮流，开时代之先河，筹划建立了“中国法律史学会”这个全国性、专业性同时也是作为国家一级学会的民间学术团体，这是与过去那种“官办”学术团体的一次分野，也意味着学科、学术自治的一个新起点。同时，学会还创设或发展了执行会长制、常务理事制、会员制等规章制度，这不仅对于法律史这个学科，同时也对于国内其他学术团体、学会的创立贡献了宝贵的经验。

韩先生担任了学会的首任秘书长，此后又曾任副会长和执行会长。从 1995 年担任执行会长后，一直操劳了 8 年才退下来。那年的年会，是在济南开的，正赶上换届选举，韩老身体有病不能远行，但还是咬紧牙关乘车而往。而出席 2005 年的开封年会暨“中国文化与法治”国际学术研讨会，对他的身体而言，也是一次考验。但他毫无怨言，认为能为学术界做一点微薄的事情，是心灵上的一种慰藉。

还须一提的是，韩先生在忙于学会活动的同时，身为法律史研究室室主任、法学系系主任的他，也对法律史室和法学研究所的发展做出了卓越贡献。据室里老师回忆，韩老在任上一直兢兢业业，账目清明，乐于奉献，提携后进，数十年如一日的勤奋辛劳，如同一条纽带凝结着法律史室内部的感情与团结。在韩老任上，法律史室曾在中国社会科学院学术评定委员会拥有四个委员，并且促进了法学系对研究生的培养、协调了法学所内部关系、优化了研究所资源配置，对于社科院法学事业的发展也具有重大推动作用。

回望30多年以前，当科学的春天刚刚到来，中国社会科学院法学所的领导和以韩延龙老师为室主任的法制史教研室各位前辈学者，就奔走于成立中国法律史学会，目前中国法律史学会是在国家民政部注册的国家一级学会，作为改革开放后法学界最早成立的全国性学术团体，已经从最初的不足百人发展到近千人规模。这说明，三十年来，中国法律史学会一直保持着旺盛的生命力，始终是一面旗帜，是团结法史学会同仁的一面旗帜，也是引导法史学不断发展、不断深化研究的一面旗帜。中国法律史学会的30多年，开创了良好的局面，势必一直引导大家在法律史学科方面的团结、奋斗、发展。让我们再一次感谢韩延龙先生和其他前辈学者为对于学界发展的贡献！

稿　约

就本刊内容的组织而言，大致有以下几个基本考虑。

第一，特设《专论》栏目。《专论》每期特邀一两位法史名家，就法史研究中的重大而根本性问题，撰写势大力沉的文章。

第二，设立《制度与思想》栏目。本栏目以法律史研究为中心，兼括政治制度史、思想史等内容。由于本期年刊法律制度史与法律思想史内容比重不甚相当，故而合为同一栏目，待合适机宜，则分为制度史与思想史两个栏目。

第三，设立《文献研究》栏目。本栏目主要是刊载、收集以法律史文献为主要研究对象的各种形式的研究成果。

第四，设立《学术评议》栏目，并将其作为本刊的重点内容之一。中国法律史学会的重要工作内容包括介绍学术动态、开展学术交流、进行学术评议等。本年刊作为学会的刊物，《学术评议》栏目的内容可能会逐渐增多，同时形式也会更加多样。年刊和本栏目都坚持提倡学术争鸣，欢迎不同声音，力图营造良好的学术商讨环境，并致力于创造开放的学术氛围。

第五，设立《晚学习作》栏目。这是一个面向硕士研究生和博士研究生的栏目，每期将收录在读硕博学生的文章，以期能够发现新人、培养新人。

第六，设立《学者专访》栏目。本栏目将刊发采访学术前辈之后形成的文章。我会中有许多著名的学术前辈，他们的学术经历、经验、见解，皆有其独到之处，是学界重要的财富。为了挖掘、保存这些财富，以后每期采访一两位学术前辈，使其学术思想得以流传。

本集刊将以年刊的形式，持续结集出版。我们将努力提升集刊的学术品质，以作品的学术水平作为采编的标准，凡属法律史领域的佳作，均予以刊载；我们将努力保持本集刊的开放性，使其成为法律史学界的公共论坛，凡属本领域的学术作品，不违反学术规范的作品均可刊载。本卷《中国法律史研究》因时间仓促，所收稿件格式并不统一，编辑工作在恢复之初也有些许生疏，难免存在诸多疏漏，不足之处还请各位方家多多指正。

殷切希望各位学人将自己的大作不吝赐予《中国法律史研究》，让更多的人分享您的思想。

编　者

乙未年冬月十五日

图书在版编目(CIP)数据

中国法律史研究. 2016年卷 / 吴玉章主编. -- 北京：社会科学文献出版社，2016.9

ISBN 978-7-5097-9699-3

Ⅰ.①中… Ⅱ.①吴… Ⅲ.①法制史-研究-中国 Ⅳ.①D929

中国版本图书馆CIP数据核字(2016)第215836号

中国法律史研究(2016年卷)

主　　编 / 吴玉章
执行主编 / 高旭晨

出 版 人 / 谢寿光
项目统筹 / 芮素平
责任编辑 / 郭瑞萍　张　延

出　　版 / 社会科学文献出版社·社会政法分社（010）59367156
地址：北京市北三环中路甲29号院华龙大厦　邮编：100029
网址：www.ssap.com.cn
发　　行 / 市场营销中心（010）59367081　59367018
印　　装 / 三河市尚艺印装有限公司

规　　格 / 开　本：787mm×1092mm　1/16
印　张：20　字　数：320千字
版　　次 / 2016年9月第1版　2016年9月第1次印刷
书　　号 / ISBN 978-7-5097-9699-3
定　　价 / 79.00元